RICOS & MENDAZES
O Dilema das Cláusulas Sociais nas Relações
Multilaterais de Comércio Internacional
(Um Itinerário Sinuoso-Bloqueante para o Direito ao Desenvolvimento)

RODRIGO GAVA
Mestre em Direito (Ciências Jurídico-Econômicas).
Especialista em Sociologia Política. Advogado.

RICOS & MENDAZES
O Dilema das Cláusulas Sociais nas Relações Multilaterais de Comércio Internacional
(Um Itinerário Sinuoso-Bloqueante para o Direito ao Desenvolvimento)

RICOS & MENDAZES
O DILEMA DAS CLÁUSULAS SOCIAIS NAS RELAÇÕES
MULTILATERAIS DE COMÉRCIO INTERNACIONAL

AUTOR
RODRIGO GAVA

EDITOR
EDIÇÕES ALMEDINA, SA
Avenida Fernão de Magalhães, n.º 584, 5.º Andar
3000-174 Coimbra
Tel.: 239 851 904
Fax: 239 851 901
www.almedina.net
editora@almedina.net

PRÉ-IMPRESSÃO • IMPRESSÃO • ACABAMENTO
G.C. – GRÁFICA DE COIMBRA, LDA.
Palheira – Assafarge
3001-453 Coimbra
producao@graficadecoimbra.pt

Janeiro, 2008

DEPÓSITO LEGAL
270520/08

Os dados e as opiniões inseridos na presente publicação
são da exclusiva responsabilidade do(s) seu(s) autor(es).

Toda a reprodução desta obra, por fotocópia ou outro qualquer processo,
sem prévia autorização escrita do Editor,
é ilícita e passível de procedimento judicial contra o infractor.

Para Odemir Gava, *meu companheiro, meu irmão, meu mentor e, mais do que tudo isso, meu grande herói, cuja magna lição de vida – como pai e como homem – diariamente me inspira;*

para Leyla, *iluminada e amiga mãe, cujo eterno amor (e zelo, e dedicação) será capaz de sempre me trilhar pelos atalhos da felicidade e da bela vida;*

para Ana Maria, *mulher amada, estrela derradeira e minha amiga e companheira, que, fazendo-nos resistir ao desespero e à solidão, tem, de tudo, o meu maior amor atento antes;*

para Giovana, *grande irmã e parceirinha cem por cento, e para* Juliana, Alessandra *e* Gabriela, *irmãs e afilhada também amáveis, todas sempre juntas sabendo unir a ação ao sentimento, em carinho, alegria e comprometimento;*

e,

para Luís, *meu avô, com quem o destino não me permitiu compartilhar dos mesmos vagões desta vida, mas que certamente faz guardar o esperado encontro para a estação final dessa minha viagem.*

Agradeço, exponencial e infinitamente, a *Deus* e ao *Seu Filho*, pela benção, pela proteção e pela Santa companhia em todos os dias desta empreitada;

e, também,

agradeço à augusta FACULDADE DE DIREITO DA UNIVERSIDADE DE COIMBRA (FDUC), seio de mentes brilhantes e em cujo testamento reside a indelével contribuição para a formação da história e do pensamento jurídico brasileiro, pela oportunidade e pela estrutura proporcionadas no decorrer do Curso e da Investigação, como, também, pelo excelso acolhimento oferecido nesses dezoito meses, interregno no qual as suas dependências serviram-me como um verdadeiro lar;

agradeço, de modo singular, ao *Professor Catedrático Doutor Manuel Carlos Lopes Porto*, uma grande pessoa, pela sapiência jus-econômica com que me orientou, me instigou e me animou nas aulas e nas conversas, pela cordial maneira com que sempre me atendeu neste trabalho – cuja idiossincrasia elegantemente ressalvava – e, ainda, pela complacência em permitir parte do desenvolvimento desta tese em minha terra, uma terra em desenvolvimento;

agradeço, em especial, ao *Professor Catedrático Doutor António Avelãs Nunes*, por ter muito acreditado neste trabalho e em sua publicação e, mormente, pelas brilhantes, críticas e sociais lições de economia política, de globalização e mercado, nas quais sempre mostra a urgente necessidade de ser construído um novo e admirável mundo; também, agradeço ao *Professor Doutor Fernando Borges de Araújo*, o qual também fez parte do Júri das minhas provas de Mestrado, pelas construtivas críticas e pontuais arguições, as quais se consolidaram como indiscutíveis fontes para a minha reflexão;

agradeço, muito, às várias pessoas que contribuíram de alguma forma para a idealização deste trabalho, dentre as quais relevo, da minha ora extendida família, *André, Vó Angelina, Tia Dete, Pe. Gabriel, Tio Luizinho, Márcio, Pastor, Tati* e tantos outros, pela amizade, o apoio e os muitos gestos e pensamentos positivos; assim como agradeço a alguns dos tantos professores que tive, principalmente aqueles *(i)* da "Escola de Coimbra", sobretudo o *Prof. Cated. Dr. Diogo Leite de Campos* (pelas sábias e precisas reflexões jurídicas e, especialmente, da vida) e o *Prof. Dr. Jorge Leite* (pelas grandes aulas de um sempre social direito laboral), e, de forma genérica, *(ii)* do "Colégio Marista Santa Maria", núcleo da minha primitiva formação humano-acadêmica; e, ainda, ao *Prof. Dr. Renato Flôres*, da Fundação Getúlio Vargas, pela importante consulta prestada, em um momento chave da elaboração desta dissertação; e, como também não poderia deixar de ser, também sou bastante grato a alguns dos grandes amigos, da nova e velha guardas, que acompanharam – de perto ou de longe – estes escritos, entre eles *Bernardo, Daniel, Filipe, Guida, Guilherme, Julian, Lanfredi, Marcelo e Samy* (a *malta* de Coimbra), e *Chico, Cris, Dayan, Gerson, Jeco, Mauro, Nego, Neto, Raphael e Zappa* (a *turma* de Curitiba), pela dedicada parceria, pelas boas e estranhas idéias e, maiormente, pelas tantas horas de boêmia e discussão mundanal;

agradeço, enfim, às diversas obras literárias, cinematográficas e musicais, ora representadas em Kafka, Drummond, Pessoa, Dostoievski, Hitchcock, Buñuel, Vinícius, Chico, Tom, Ludwig, Tchaikovsky... por terem se apresentado como providenciais acompanhantes neste meu voluntário exílio e, principalmente, por terem sido oportunos escapes, abstrações e inspirações nos momentos de cotidiana angústia e de aridez cerebral.

e, neste presente momento, agradeço à Editora Almedina, *locus* das máximas obras das ciências jurídicas portuguesas, que, ao dar crédito a esta tese, permitiu que o abstrato e eremítico tempo de reflexões e estudos no *velho mundo* fosse, agora, eternamente materializado e publicitado.

*De cada um segundo as suas capacidades,
a cada um segundo as suas necessidades.*

Karl Marx, *in* "Crítica ao Programa de Gotha"

Tem-me animado até hoje a idéia de que o menos que o escritor pode fazer, numa época de atrocidades e injustiças como a nossa, é acender a sua lâmpada, fazer luz sobre a realidade de seu mundo, evitando que sobre ele caia a escuridão, propícia aos ladrões, aos assassinos e aos tiranos. Sim, segurar a lâmpada, a despeito da náusea e do horror. Mas, se não tivermos uma lâmpada elétrica, acendamos o nosso toco de vela ou, em último caso, risquemos fósforos repetidamente, como um sinal de que não desertamos o nosso posto.

Érico Veríssimo, *in* "Solo de Clarineta: Memórias (I)"

PREFÁCIO

Quando, em 1996, fui eleito para a Direcção da minha Faculdade, a Faculdade de Direito de Coimbra, propus que, no âmbito das nossas relações internacionais, atribuíssemos a primeiríssima prioridade às relações com o Brasil. E acrescentei que deveríamos fazê-lo com humildade, dispostos a dar o que tínhamos, mas com a consciência de que iríamos receber muito mais do que aquilo que déssemos.

Como eu esperava, a Faculdade apoiou, sem reservas e com entusiasmo, a minha proposta de trabalho, comungando da minha ideia de que deveríamos trabalhar para este projecto com todo o carinho – porque se tratava de reforçar o convívio pessoal e intelectual entre irmãos – mas também com a atitude de quem investe no seu próprio futuro, certos de que a cooperação com o Brasil é hoje muito mais importante para os portugueses do que para os brasileiros. Portugal é um pequeno país, "cercado de mar e de Espanha por todos os lados"; o Brasil – a vaidade das vaidades da nossa vaidade de sermos portugueses – é já uma grande potência mundial.

Os méritos da proposta – que não os do proponente – asseguraram o seu êxito. Hoje, são fortíssimas e muito gratificantes e enriquecedores para a Faculdade de Direito de Coimbra as relações com várias congéneres brasileiras e entre os professores de Coimbra e os professores dos mais importantes centros jurídicos brasileiros desenvolveram-se relações de amizade e de trabalho que já começaram a dar frutos. Pelos menos metade dos nossos alunos de Mestrado e de Doutoramento vêm do Brasil. E do Brasil têm vindo, nos últimos anos, vários Colegas para estágios de Pós-Doutoramento.

Muitos deles têm produzido trabalhos de grande qualidade e têm ficado ligados, pela inteligência e pelo coração, a uma Universidade e a uma cidade com forte marca identitária e com a magia dos lugares eleitos. *"Coimbra, terra de encanto/ Fundo mistério é o seu/ Chega a ter saudades dela/ Quem nunca nela viveu"*. É o que dizem os versos de uma canção coimbrã. Os que nela viveram algum dia nunca mais a deixam, enredados que ficam na teia das suas lendas, da sua história, das suas ruas estreitas, da sua beleza espelhada nas "serenas águas do Mondego". Mas agradados também com o bom ambiente de trabalho que, enquanto cidade universitária, proporciona aos estudantes provenientes dos quatro cantos do mundo.

Entre os que vieram para Coimbra, quero hoje e aqui recordar e homenagear o RODRIGO GAVA. Não fui professor dele no Curso de Mestrado que frequentou na FACULDADE DE DIREITO DE COIMBRA. Diplomata e Amigo, ele insiste, porém, em considerar-se meu aluno, alegando que leu e estudou alguns livros meus e que aprendeu com eles. Mas fiz parte do Júri que apreciou a sua dissertação de Mestrado, e, nessa qualidade, dei público testemunho do muito apreço que o trabalho me mereceu. Encontrei-o depois em Curitiba, terra de muitos Amigos meus, alguns deles Amigos do RODRIGO. E é claro que os Amigos dos meus Amigos meus Amigos são. Por isso tenho a sorte de contar o RODRIGO GAVA entre os meus Amigos.

Tão Amigo, que insistiu em que fosse eu a escrever umas palavras para servir de pórtico a esta edição da sua dissertação de Mestrado, embora perfeitamente ciente de que poderia encontrar quem lhe escrevesse, muito melhor do que eu, um Prefácio à altura dos méritos da dissertação. Que são muitos.

Estudando as cláusulas sociais, entre o proteccionismo hegemónico e o ideário altruísta, no âmbito das relações multilaterais de comércio internacional, RODRIGO GAVA não se ateve aos aspectos técnicos, envolvidos numa problemática tão rica e tão actual. Fiel ao ensinamento de Érico Veríssimo, que ele próprio invoca, optou por "não desertar do seu posto", enfrentando os problemas políticos e os problemas sociais implicados nas matérias que investigou.

E fê-lo com grande maturidade e bom senso, fê-lo no respeito das "regras da arte" de um trabalho de investigação de nível universitário, mas fê-lo também – honra lhe seja – sem a hipocrisia beata dos que, apesar das "mãos sujas" de compromissos que não querem confessar, teimam em jurar que a sua ciência é uma ciência "positiva", uma ciência "neutra" em relação aos fins, uma ciência que não é "política". Só que essa 'ciência', muitas vezes adornada com elegantes e sedutoras construções matemáticas (para dar um ar de ciência "séria" e "infalível", ignorando ou não querendo assumir que a matemática não é uma ciência, mas uma lógica), é muitas vezes um "deserto de pedras", onde não há lugar para os homens de carne e osso.

RODRIGO GAVA "meteu as mãos na massa", firmando assim, a meu ver, os seus méritos e os seus créditos de investigador preocupado em *transformar o mundo* (foi este o objectivo que Marx-filósofo-economista-sociólogo cometeu aos intelectuais), para atingir o ideal de uma sociedade em que "de cada um [se exija] segundo as suas capacidades e a cada um [se dê] segundo as suas necessidades", na formulação de Karl Marx, que o RODRIGO escolheu para abrir a página de apresentação da tese de Mestrado que apresentou à FACULDADE DE DIREITO DE COIMBRA. E está em boa companhia, porque os grandes cientistas sociais foram cientistas comprometidos. Basta recordar David Ricardo, Karl Marx e John Maynard Keynes, para ficar apenas no âmbito das ciências económicas.

A sua obrigação era a de fazer uma dissertação para um CURSO DE MESTRADO EM CIÊNCIAS JURÍDICO-ECONÓMICAS. Mas não se limitou a estudos jurídicos e/ou económicos. Centrando as suas preocupações na perspectiva do Direito do Comércio Internacional, RODRIGO GAVA não hesitou em percorrer o caminho mais difícil. Analisou sempre os problemas à luz da história; enquadrou-os do ponto de vista da filosofia e da ética (com particular atenção aos direitos humanos); estudou-os na óptica do Direito do Trabalho e do Direito do Desenvolvimento; foi à Economia Política buscar os ensinamentos necessários à boa compreensão dos interesses em causa e dos mecanismos ao seu serviço.

Compreende-se, por isso, que, com muito e honesto trabalho no estudo reflectido de uma bibliografia extensa, actualizada e de qualidade, o RODRIGO GAVA tenha feito uma boa tese. Ao valorizá-la com elevada classificação, o Júri limitou-se a fazer justiça, reconhecendo os méritos da investigação e do investigador. Estou certo de que os leitores desta obra acompanharão o Júri no juízo sobre ela.

Coimbra, Janeiro de 2008

ANTÓNIO JOSÉ AVELÃS NUNES
Professor Catedrático da Faculdade de Direito de Coimbra

APRESENTAÇÃO

Com um título bem sugestivo, é dado à estampa pelo Mestre RODRIGO GAVA um estudo de grande valor e com a maior actualidade, podendo dizer-se aliás que a sua actualidade irá aumentando nos próximos anos.

Assim acontece porque tudo aponta para o prosseguimento do processo de globalização. Trata-se de processo a que não conseguirá fugir--se, ainda que tal seja desejado; acontecendo contudo que é um processo desejável, com o aumento de oportunidades de mercado que com ele é conseguido.

É todavia bem claro que tem de tratar-se de *free trade* com *fair trade*, sob pena de haver situações de grande injustiça, que além disso comprometem os objectivos que podem e devem ser atingidos com a abertura das economias; sendo nesta linha, correcta e indispensável, que se coloca o AUTOR do livro.

Pondo-se o problema naturalmente também a outros propósitos, designadamente em relação ao respeito por regras mínimas no domínio ambiental, é de reconhecer que tem um relevo e uma sensibilidade muito particulares no domínio social. Havendo países que não sigam regras com as mesmas exigências, são por isso beneficiados, à custa dos trabalhadores e dos demais agentes económicos dos países mais exigentes.

Só por isto teriam estes últimos legitimidade, mesmo a obrigação de fazer exigências no plano internacional: na defesa de interesses legítimos dos seus cidadãos.

Mas acontece que se trata de exigências que acabam por beneficiar também os trabalhadores dos países que com eles concorrem, em alguns casos com autoridades que de outro modo não tomariam medidas básicas de melhoria ou mesmo garantia mínima de condições sociais: incluindo a liberdade sindical (mesmo de organização), o direito à greve, a imposição de horários máximos, com os indispensáveis tempos de descanso, a proibição de trabalho infantil ou ainda a garantia de condições de segurança e higiene nos locais de trabalho.

Nas palavras do AUTOR, "refuta-se com veemência a exploração humana em um trabalho indecente, os movediços sistemas de (in)segurança social e a contínua miserabilidade de salários e de condições laborais que frequentemente infamam a paisagem do terceiro mundo"(p. 332).

Sendo esta perspectiva inequivocamente correcta, justifica-se contudo bem que RODRIGO GAVA aponte também o dedo para casos em que países mais ricos, invocando cláusulas sociais, queiram afinal proteger ilegitimamente sectores que não conseguem ser competitivos. Muito em particular, há que admitir, sendo mesmo desejável que assim aconteça, na lógica do teorema de Heckscher-Ohlin-Samuelson, que países menos pobres "beneficiem" da sua vantagem comparativa com remunerações do trabalho mais baixas. Como escrevemos nas nossas lições de *Teoria da Integração e Políticas Comunitárias* (Almedina, 2001, pp. 281-2), "tal como ninguém põe em causa que um país beneficie no comércio internacional de vantagem relativa por ter muito capital e consequentemente juros baixos, também não pode pôr-se em causa a vantagem de um outro (mais pobre...) que, por ter muita oferta de trabalho, dispõe de salários mais baixos".

Só assim poderá avançar-se num caminho a todos os títulos desejável. Voltando às formulações de RODRIGO GAVA, "admite-se que os PED [Países em Desenvolvimento], ao conseguirem dispor no mercado mundial produtos com preços diferenciados, mesmo que dependentes dos baixos custos de mão-de-obra, nada fazem além de beneficiarem-se dessa vantagem comparativa para, a posteriori, consolidarem-se no mercado global em setores comerciais intensivos em trabalho, acumularem riqueza, distribuírem e aplicarem esses recursos de maneira eficaz e, ao final, apresentarem verdadeiras "vantagens competitivas", mais estruturantes e permissivas de um sustentável desenvolvimento" (p. 333).

Neste quadro, há que saber como intervir, para se assegurarem as situações desejáveis: parecendo claro que importa que haja mecanismos de julgamento e intervenção de âmbito mundial, fugindo-se a que sejam os países, designadamente os países mais poderosos, a julgar por si sós acerca do não cumprimento por outros de regras, sociais, ambientais ou quaisquer outras, bem como a estabelecer medidas "anti-*dumping*" ou de natureza similar.

Numa posição "bem brasileira" (e de outros países...), RODRIGO GAVA parece reconhecer maior legitimidade à OIT do que à OMC para intervir a este propósito. Sem estar em causa o papel próprio da primeira no estabelecimento correcto dos parâmetros sociais a respeitar, julgamos todavia – tal como o AUTOR (p. 334, por exemplo) – que a segunda não pode fugir também à responsabilidade de assegurar o cumprimento de todas as condições para que o comércio seja livre e justo: incluindo, naturalmente, as condições a respeitar no domínio social, além do mais estando em causa o respeito mínimo pela dignidade moral e física da pessoa humana.

Não podemos concluir estas linhas sem sublinhar que o nosso AUTOR, acompanhando o mérito substancial da análise feita, evidencia ao longo do texto uma grande mestria na escrita e uma grande cultura, o que faz da sua leitura uma oportunidade rara de enriquecimento a aprazimento.

MANUEL CARLOS LOPES PORTO
Professor Catedrático da Faculdade de Direito da Universidade de Coimbra e Ex-Deputado ao Parlamento Europeu (1989-1999)

MAPA PRELIMINAR

"*No princípio, Deus criou os céus e a terra*" – sinceramente, temeu--se chegar a este ponto inaugural, haja vista a amplitude direcional primeiramente, e porventura ainda, oferecida à presente dissertação de Mestrado, defendida e aprovada em Júri (18 valores) perante a Faculdade de Direito da Universidade de Coimbra, na área de Ciências Jurídico--Económicas, e que doravante se apresenta ao leitor com razoável e necessário abreviamento.

Faz-se evidente que a temática, *per se*, motiva e seduz para a realização de uma análise da história jus-econômica do mundo; porém, na medida do (im)possível, pretendeu-se concretizar no plano real algumas das tantas aspirações ideológico-científicas e, com a delimitação das investigações pretendidas, promover-se enfim a montagem de um *puzzle* lógico e lúcido, ainda que alternativo.

Assim, nas veredas do direito internacional, do direito econômico, do direito laboral e do direito comunitário e nos muitos atalhos (e labirintos) da economia política, chegou-se ao (nada) circunscrito universo da *cláusula social* como medida instrumental a ser adotada nos acordos multilaterais de comércio internacional e em cujo cerne está a proposição de padrões sócio-laborais como contentores do inditoso *dumping social*.

Isento de qualquer instrumento mandatário – não obstante sob a inevitável predileção pela insurreição da plena igualdade entre os povos, o que, logo, conduz ao patrocínio de idéias, teses e políticas apropriadas aos mais pobres e periféricos –, todo o circunlóquio imiscui-se no (*eterno*) desequilíbrio a envolver o "Norte" e o "Sul" e no qual se procura expor, extensiva mas incabalmente, os mais essenciais aspectos inerentes à íntima relação entre comércio internacional e normas sócio--laborais, a qual, regularmente, não se faz de modo tão afável e justo, em especial pela constante presença de predisposições ambivalentes, antagônicas e paradoxais resididas nas perspectivas mendaz-altruístas do centro e anômalo-desenvolvimentistas da periferia.

Dessarte, após as considerações introdutórias, busca-se iluminar o cenário no qual o debate hodiernamente se insere, maior e patentemente assinalado pelo (novo) processo de *globalização*, e, também, via um célere percurso histórico, expor o contexto no qual essa presente idéia desenrola-se, cuja dimensão inicia-se com um périplo pelas *relações e teorias do comércio internacionais*, perpassa pela questão do *desenvolvimento* – e, principalmente, do *direito ao desenvolvimento* – até chegar na crítica à constituição do *protecionismo* e das suas modernas formas (*neoprotecionismo*).

A seguir, o capítulo dois vem demonstrar os reflexos desse *atual paradigma mundanal* no cotidiano das *relações de trabalho e de emprego*, com a dissertação dos principais aspectos que colorem o *renovado ordenamento jus-laboral*. No terceiro capítulo discorre-se sobre a presença (*real* ou *fabulosa*) do *dumping social* nas relações econômicas internacionais, fundamentalmente na revelação de argumentos que, respectivamente, sustentam e repelem tal "fenômeno", ou seja, a *concorrência desleal* e a *vantagem concorrencial* (ou, então, a *realidade nacional*).

Com o capítulo quarto insere-se, de modo definitivo, no exame das *cláusulas sociais*. Assim, sem pretensões tautológicas e colecionando os resultados alcançados nas exposições e conclusões anteriores – comércio internacional, globalização, direito ao desenvolvimento, neoprotecionismo, relações laborais tuitiva-flexibilizantes, dumping social e vantagens concorrenciais –, tem-se o escopo de, afora uma análise das suas origens, das suas expectativas e da sua formatação atual, trazer à baila a posição e o papel segmentado dos *Estados*, dos principais *blocos regionais* – e nesse momento oferece-se uma especial atenção à União Européia, de modo a analisar as nuances existentes no espaço comunitário europeu em que o dumping e a cláusula sociais são bastante discutidos – e das *organizações internacionais* (nomeadamente a OIT e OMC) envolvidos no tema.

Ad ultimum, já antes das considerações finais, põe-se à vista as mais exponenciais particularidades implicadas na relação entre trabalho e comércio internacional, ao serem apresentados os *raciocínios* (teóricos e aporéticos) que servem como supedâneos à admissão ou à rejeição da cláusula social – respectivamente em *pérfido* proveito do egocentrismo humano e em *justa* defesa da viva propagação do direito (humano) ao desenvolvimento e da minoração das atuais distâncias institucionais, sociais e econômicas havidas entre as nações –, a culminar com a proposição de algumas idéias alternativas – indiretas, mínimas e mais viáveis – intentadas na promoção de padrões sócio-laborais *harmonicamente* relativizados e *umbilicalmente* relacionados ao *estágio-caminho* do desenvolvimento de cada nação.

O Autor

ABSTRACT

The purpose of this dissertation is to investigate the eternal linkage between international trade and labour standards, specifically concerning the (in)convenient implementation of social clauses in world trade, analyzing whether the argument of social dumping is valid or, on the other hand, it means uniquely a protectionist measure that seeks to compensate (or to put out) the competitive advantages of developing countries.

In order to deal with this subject in a more efficient way, after the introduction, the context are exposed– present and historical – in which the problem is inserted, i.e., in a global conjuncture marked by the globalization process and by an international trade stained by neo-protectionist measures that, therefore, exigent on a continuous and close accomplishment by all countries involved, with a special regard to a poor country's group and their right to development as a justification to maintain labour standards lower than practiced in rich countries.

After that, in the second chapter some reflexes of this new paradigm are demonstrated in the labour and employment relations and some proposals are described for a labour law renewed and more equalized. In the next chapter the presence (real or fantastic or imaginary) of social dumping in the international trade relations and the ability of this phenomenon to reveal multiples pros and cons arguments that, respectively, support and repulse the idea, mainly related to unfair competition and competition advantage are analyzed.

In the sequence (chapter four), without tautological pretensions, but making use of issues that we have already examined – international trade, globalization, right to development, neo-protectionism, renewed labour relations, social dumping and competitive advantages – and with results obtained until this moment, we focus, definitely, on some specific aspects of the social clause. In this manner, we examine its origin, its expectations and its "core" of fundamentals rules (or standards); also, the views and the roles of the States (developed and developing) are echoed, of the main regional trading areas ("blocks") – in this moment, we offer special attention to the European Union, when social dumping and social clause so frequently on the European agenda are discussed –, and of the international organizations (specifically ILO and WTO) involved with the problem.

Finally, before the conclusion, in the fifth chapter we discuss the main ideas present in the relation between labour and international trade, specifically those which work as a support to admission or rejection of the social clause and social dumping, and, next, we indicate some alternative (indirect, minimal and more feasible) proposals for the promotion of social and labour international standards.

RÉSUMÉ

Cette présente dissertation a pour objectif d'examiner l'éternelle relation existante entre le commerce international et les normes fondamentales du travail (*"international labour standards"*), en particulier de la question de l'(in)convéniente implémentation des clauses sociales dans les traités commerciaux, tout en analisant si le "dumping social", en tant qu'argument, est valable ou si, au contraire, il ne représente qu'une mesure protectionniste ayant pour but uniquement de contrebalancer (ou d'éliminer) les avantages compétitifs des pays en développement.

Ainsi, après l'introduction, nous exposerons le context – actuel et historique – où l'idée principale est inséré, à savoir: le processus de mondialisation ainsi qu'un commerce international taché par des mesures neo-protectionnistes qui, ainsi, exigeaient un continu et intime accompagnement de tous les pays enveloppés, avec une particulière attention en ce qui concerne le groupe de pays pauvres et leur droit au développement en tant que justificatif de l'existence d'un bas *standard* de normes sociales et de règles de travail par rapport aux pays riches.

Dans le deuxième chapitre nous démontrerons les réflexes de ce nouveau paradigme dans les relations de travail et d'emploi et, ensuite, nous décrirons les principaux aspects qui colorient le rénové droit du travail. Puis, dans le chapitre trois, nous analiserons la présence (véri-table ou légendaire) du "dumping social" dans les relations de com-merce international et l'habilité de ce phénomène à révéler de multiples arguments, des pours e des contres, qui, respectivement, fomentent et répugnent l'idée, surtout des ceux qui sont en rapport avec la concurrence déloyale et avec la avantages concurrentiels (ou avec la réalité de la nation).

Ensuite, sans prétentions tautologiques et en utilisant les thèmes déjà evoqués – du commerce international, de la mondialisation, du neo-protectionism, des nouvelles relations de travail, du dumping sociale et de l'avantage concurrentiel – ainsi que les résultés obtenus jusqu'ici nous focaliserons les aspects specifiques de la clause sociale. Nous examinerons notamment l'origine, les expectatives et le "noyau" (*core*) des normes fondamentales (*standards*), mais nous analiserons également le point de vue et le rôle des États (devéloppés et en devéloppement), des principales zones regionales de commerce ("blocs") – à ce moment là nous offrirons une particulière attention à l'Union Européenne, une fois qui dans cet espace le dumping et la clause sociales sont très discutés – et aux organisations internationales (notamment le BIT et l'OMC) impliqués dans le problème.

Finalement, avant de conclure, nous discuterons les plus importants raisonnements impliqués dans la relation entre le travail et le commerce international, qui fonctionnent comme cirtère d'admission ou de rejet de la clause sociale et du dumping social, pour, ensuite, indiquer des propositions alternatives (indirectes, minimales et plus viables) pour la promotion des normes internationales sociales et du travail.

ABREVIATURAS

Ac.	– Acórdão
ACANDU	– Acordo Antidumping da Organização Mundial do Comércio
ASMC	– Acordo sobre Subsídios e Medidas Compensatórias da Organização Mundial do Comércio
BIRD	– Banco Internacional de Reconstrução e Desenvolvimento
BRIC	– Brasil, Rússia, Índia e China
CE	– Comunidade Européia
CEPAL	– Comissão Econômica para América Latina
CMC	– Conselho do Mercado Comum da Comunidade Européia
COIT	– Constituição da Organização Internacional do Trabalho
FDI	– *Foreign Direct Investment*
FMI	– Fundo Monetário Internacional
GATS	– *General Agreement on Trade in Services*
GATT	– *General Agreement on Tariffs and Trade*
GMC	– Grupo Mercado Comum do Mercosul
IDH	– Índice de Desenvolvimento Humano
IILS	– International Institute for Labour Studies
MERCOSUL	– Mercado Comum do Sul
NAFTA	– *North American Free Trade Agreement*
NITF	– Normas Internacionais Trabalhistas Fundamentais
OCDE	– Organização para Cooperação e Desenvolvimento Econômico
(OECD)	– *Organization for Economic Cooperation and Development*
OIC	– Organização Internacional do Comércio
OIT	– Organização Internacional do Trabalho
(BIT)	– *(Bureau Internationale du Travail)*
(ILO)	– *(International Labour Organization)*
OMC	– Organização Mundial do Comércio
(WTO)	– *(World Trade Organization)*

ONG	– Organização Não Governamental
ONU	– Organização das Nações Unidas
OSC	– Órgão de Solução de Controvérsias da Organização Mundial do Comércio
PEA	– População Economicamente Ativa
PECO	– Países Europeus Centrais e Orientais
PED	– País(es) em Desenvolvimento
PIB	– Produto Interno Bruto
SGP	– Sistema Geral de Preferências
SPOCE	– Serviço Público Oficial da Comunidade Européia
TCE	– Tratado da Comunidade Européia
TH-O	– Teoria Heckscher-Ohlin
TJCE	– Tribunal de Justiça da Comunidade Européia
TST	– Tribunal Superior do Trabalho do Brasil
UE	– União Européia
UNCTAD	– *United Nations Conference on Trade and Development*
UNDP	– *United Nations Development Program*
UNESCO	– *United Nations Educational, Scientific and Cultural Organization*
UNRISD	– *United Nations Research Institute for Social Development*

DAS CONSIDERAÇÕES INICIAIS

Phnom Penh, Camboja. À sombra do Natal, centenas de pessoas buscam restos de alimentos no chorume de um dos depósitos sanitários da Capital, assim como plásticos, caixas, latas e qualquer outro produto que possa ser aproveitado ou comercializado. Dentre estes cidadãos, a jovem Nhep Chanda consegue perfazer setenta e cinco centavos de dólar ao dia como resultado da faina em tal ambiente. Diante disso, admite como maior vontade a conquista de um emprego em alguma fábrica local, seja nacional ou transnacional – as quais empregam trabalhadores pagando--lhes dois dólares diários e mediante uma jornada de seis dias semanais e mais de oito horas diárias –, para, assim, dispensar e esquecer de todo esse tempo, de todos esses dias do ano em que mendiga e cavouca, ao léu, pelos rincões da cidade em busca da sobrevivência[1].

Washington, Estados Unidos da América. Os EUA realizam um acordo comercial com o Sri Lanka no qual se aumentaria consideravelmente a cota de importação de produtos têxteis e, como contrapartida, caberia ao país asiático aprimorar e enriquecer as condições sócio-laborais nacionalmente vigentes. Então, para isso, o governo cingalês envida os máximos esforços na implementação de uma série de mudanças nas relações laborais domésticas, e, ainda, com a expectativa de um aumento nas exportações, diversas empresas surgem e milhares de postos de trabalho são criados. No entanto, chegado o momento do Estado, das empresas e dos trabalhadores cingaleses gozarem dos frutos do acordo, eis que os representantes estadunidenses resolvem atender aos reclames dos sindicatos nacionais – que se opõem ao aumento das cotas alegando que ainda persistem as violações às normas-padrões laborais internacionais – e, então, não cumprem o compromisso comercial assumido. Como resultado, quase imediatamente há o fechamento de dezoito fábricas têxteis, milhares de trabalhadores voltam ao desemprego e àquele miserável status quo e, como pior (e ainda atual) conseqüência, o Estado cingalês não está a conseguir absorver ou manter as alterações das regras laborais promovidas no setor, irrazoáveis às vicissitudes locais[2].

---

[1] Dossiê publicado no *NEW YORK TIMES* (edição de 14/01/2004).

[2] Relatório sobre o comércio internacional divulgado pelo jornal *VALOR ECONÔMICO* (edição de 21/06/2003).

Harare, Zimbabwe. Aos arredores verifica-se um progressivo aumento na oferta de empregos como resultado do exponencial crescimento das vendas obtido pelos produtores locais de hortaliças, legumes e verduras, os quais avistaram no negócio de fornecer ("exportar") vegetais frescos aos mercados londrinos uma grande oportunidade comercial, cujo êxito apenas se concretizou em virtude de um esquema conjugado de fatores, arranjado pelo processo globalizatório, vez que os alimentos (i) são produzidos com a tecnologia apropriada, i.e., plantados e colhidos com base em métodos de mão-de-obra intensiva, (ii) são armazenados e logo conduzidos para o aeroporto, mediante um eficiente sistema de telecomunicações que arranja as encomendas, (iii) são transportados para Heathrow em vôos noturnos, meio viabilizado em razão de existir um frete aéreo muito mais barato e rápido e, na manhã seguinte, (iv) já se encon-tram à disposição dos consumidores nas prateleiras das lojas de Londres, mercado acessível tão-somente pela existência de uma economia inglesa (mais) aberta e livre[3].

Como a axiologia constitui uma básica preocupação no assentamento dos princípios sustentantes dos marcos teóricos das ciências jurídica e econômica – o que requer o não-isolamento em conjecturas e abstrações exclusivamente doutrinárias – e diante da interdisciplinaridade que medeia o desenvolvimento de ambas, as inaugurais ilustrações casuísticas relatadas têm o livre (des)propósito de se inserirem em uma (*hesitante*) tentativa de trazer do *cotidiano da vida* a reflexão dos estudos científicos promotores dos argumentos principiológico-funcional-alternativos que assinalam as vindouras linhas dessa dissertação, construídas sob os alicerces da viva (ou da ambicionada) realidade que sobressalta às discussões doutrinário-ideológicas, aos regulamentos e aos acordos multilaterais viventes no *campus* das relações comerciais internacionais.

Todo momento de renovação paradigmática alcança incertezas, incongruências e inaptidões sanáveis apenas com uma intransigente atitude moral e uma ampla conscientização legal, as quais serão as grãs--responsáveis para o (re)dimensionamento do *tempo de normalização*. Hoje, não mais surpreende a retórica afirmativa de que as novas tendências observadas no *ambiente jus-econômico* global afetam o conteúdo e a eficácia do direito laboral e da economia internacional; e, assim, a despeito da sua polissemia, o processo de *globalização* com base na alteração provocada no binômio *espaço-tempo*[4] e como uma referência de *reorga-*

---

[3] Cf. KRUGMAN (1999:94ss).

[4] Para GIDDENS (1997), a globalização refere-se ao processo de *"alongamento do espaço-tempo"*, vez que as modalidades de conexão entre distintas regiões ou contextos sociais envedaram-se pelo planeta como um úanico todo, a intensificar as relações

nização da vida social, faz, indubitavelmente, alterar as relações (já sempre íntimas) a envolver o trabalho (*direito*) e o comércio (*economia*).

Faz-se incontroverso que a profunda reestruturação do sistema econômico internacional a partir da Segunda Guerra Mundial fez as trocas comerciais entre as nações atingirem – com raros períodos de *isolamento* – um crescimento e uma abertura consolidantes, atualmente vinculados às irretroativas interdependências comercial e cultural, à unificação dos mercados de consumo e de produção, à expansão transnacional das indústrias e do capital financeiro, à transformação e à especialização das formas produtivas e à evolução assustosa das telecomunicações. Ademais, a formação mundana que refletia a existência de Estados soberanos e "quase--eremitas" – outrora preocupados em preservar as suas margens de segurança político-econômica – tem sido gradualmente substituída e integrada por uma *pluralidade* de sociedades e Estados nacionais cada vez mais interligados e *quase-autárquicos*. Porém, concomitantemente, reluz uma situação paradoxal: por um lado, a necessidade (e o discurso) de plena *internacionalização*, com o recrudescimento das instituições internacionais e o lento, mas progressivo, processo de inclusão dos *países em desenvolvimento* (PED); e, por outro, a persistência (expressa ou dissimulada) de comportamentos individualizados e relacionadas ao poder, à garantia de *autodesempenho* e ao bem-estar exclusivamente nacionais – em maior proporção advindos dos países hegemônicos – e que desabonam a necessidade de uma conjugação de interesses comuns e de múltiplos caracteres, inclusive social e ambiental. A esse dilema assoma--se um dos mais intricados problemas vigentes no seio da comunidade global, nomeadamente as condições econômicas em que se desenvolve todo o processo, a demonstrar um sistema que ainda se colore de entes soberanos e marginalizados, brindados ou estigmatizados pela desregular distribuição da riqueza e que vem sendo retratada nos malévolos processos históricos de acumulação, de hegemonia e de dependência,

---

sociais em escala mundial. E, aqui, convém salientar que a presente obra já desenvolve a hipótese de não discutir se as economias devem ou não ingressar neste processo, à medida que as decisões de ordem econômica, política e social – das quais decola toda a estrutura funcional global – tomam um rumo cuja irretroatividade não se torna viável (ou mesmo factível). Logo, a mais urgente resposta reside na questão de *"como"* globalizar, ou seja, como estruturar e regulamentar as relações mundiais – e especificamente as relações comerciais e laborais – de modo a serem respeitados os desequilíbrios de desenvolvimentos, as soberanias nacionais e os interesses legítimos da coletividade.

ainda opressores do pleno desenvolvimento do globo (e da globalização). Contudo, ainda como seu produto econômico, faz-se inolvidável o surgimento de uma nova multiplicidade de concorrentes internacionais, cuja efetividade torna mais factível um vindouro *remapeamento* global.

Tendo em vista os avanços da Revolução Industrial, a qual progressivamente permitia a consolidação do *trabalho assalariado*, a mão-de-obra avigorava-se como um diferencial insumo capaz de locupletar os Estados e as suas indústrias – ambos, então, em condições de oferecer também aos demais cidadãos (os *trabalhadores*) um melhor qualidade de vida. Porém, como eco dos reclames socialistas (científicos e utópicos) – que lobrigavam, além da existência de uma "exploração do homem pelo homem", uma crescente onda de *desumanização* do trabalhador – e diante das múltiplas e diversificadas condições laborais as quais se submetiam os trabalhadores e na realidade dos (nascentes) ordenamentos nacionais que principiavam uma regulação das atividades laborais, pretendeu-se estabelecer regras ou padrões[5] internacionais a serem incluídos nas relações comerciais entre os Estados, de modo a superiorizar o bem-estar da classe operária. Logo, entre o fim do século XIX e a Primeira Guerra Mundial, desenvolve-se verdadeiramente uma corrente favorável à criação de uma legislação internacional sócio-laboral que regulamentasse o livre comércio internacional[6].

Destarte, não obstante as relações comerciais internacionais invariavelmente caracterizem-se por uma *ciclotimia* baseada no *egocentrismo* dos Estados, a *germinação* e o *recrudescimento* da Organização Mundial do Comércio (OMC) e as *benesses* oferecidas pela promoção (e tutela) do *livre comércio* parecem não mais aceitar tal variação idiossincrática de postura político-econômica, a exigir uma definitiva transparência nos laços e nas trocas comerciais.

À guisa de planeamento introdutório, *la raison d'être* de uma normatização internacional do trabalho sustenta-se, historicamente, em diver-

---

[5] Consoante ensina FERRATER MORA (1994:3368), um "padrão" (ou *standard*) consiste em *"un elemento, una pieza, un sistema, etc., que son lo suficientemente extendidos como para constituirse en 'típicos' y 'universales'"*; e, embora não seja *"siempre fácil determinar las razones por las cuales son calificados de este modo, as veces es porque son un sistema clásico – o 'el' sistema clásico – con respecto al cual todos los otros sistemas son no standard, a veces porque son ele sistema más extendido o más generalmente aceptado, a veces porque son ambas cosas a un tiempo"*.

[6] Nestes termos, v. CHARNOVITZ (1987:641ss), BESSE (1994:841) e ADDO (2002:286).

sos *elementos-fins*[7]; todavia, hodiernamente, NICOLAS VALTICOS (1983: 99ss) considera que a sua consecução convalida-se de modo exponencial sobre dois "fins-gêmeos", ou seja, a *"edificação da paz universal"* e a *"justiça social"*. Deste modo, conquanto a configuração racional das normas laborais internacionais repouse maiormente sobre a pacificidade e a igualdade-justiça social entre os povos, a concorrência jamais deixou, manifestamente, de ser uma preocupação constante das nações.

Já a passos largos, e a retornar ao ambiente e aos preceitos *globalizantes*, surge como um dos seus mais representativos produtos a criação de um *mercado de trabalho e de produção global*, donde cintila a questão da relação entre comércio internacional e padrões sócio-laborais[8], a qual pode ser vislumbrada sob dois aspectos: (i) *"ético"*, no sentido de *descoisificar* o trabalho humano, equiparar as condições laborais aos direitos humanos básicos e universais e assegurar uma plena justiça social, a impedir (ou a evitar) que as relações econômicas construam-se sob um terreno social débil e lúgubre – e eis a outra face, intransigente e contra-argumentativa, a considerar que os padrões sócio-laborais são *"development-dependent"*[9] e, por isso, de realização não tão simples; e (ii) *"econômico"*, assente nas idéias de *concorrência desleal* e de

---

[7] VALTICOS (1983:100ss) também admite entre outros "elementos-fins" que alimentam uma *padronização internacional do trabalho*: (i) a "necessidade de uma política social conjunta e de uma regulamentação técnica precisa", (ii) "a ação por um desenvolvimento econômico e social equilibrado" e (iii) "a consolidação e promoção das legislações internacionais"; mas, o autor assevera que o mais clássico argumento utilizado em favor de uma *legislação internacional do trabalho* – e que inspirou ensaios preliminares à OIT – era a "concorrência internacional", especificamente uma "disputa concorrencial no trabalho", cuja existência sustentava-se no fato de que certos ordenamentos prejudicavam e faziam os outros Estados experimentarem desvantagens no mecado internacional em razão do custo mais elevado de sua mão-de-obra – diante disso, acordos internacionais sobre as normas sócio-laborais evitariam que *"la concurrence se fasse au détriment des travailleurs, par une espèce de 'dumping' inhumain"*.

[8] Para AMARAL JR. (2002:321ss) a relação entre direitos sócio-laborais e comércio internacional apresenta-se sob um quadrante fundamental: *(i)* o temor com a profusão de práticas desleais de comércio, *(ii)* a busca por soluções capazes de reduzir os níveis de desemprego nos países que sofrem as conseqüências do processo de globalização, *(iii)* a expansão do desconforto ético-moral diante da violação dos direitos humanos fundamentais e *(iv)* o temor de que esses argumentos sirvam e favoreçam ao protecionismo dos países desenvolvidos, a afetar diretamente as exportações dos PED.

[9] Cf. SAPIR (1995:791), ao prelecionar que, como ponto de vista alternativo às cláusulas sociais assentes em padrões universais de normas sócio-laborais está a justificativa dessas regras serem *"development-dependent"* ou *"means-related"*, e, portanto, *"that they may vary between countries and across time"*.

dumping social (ou de um *"race to the bottom"*), e cujo combate equilibraria e resolveria as situações em que os resultados comerciais frutificam-se do abuso ou do artificialismo na dotação de fatores nacionais – e, por seu turno, em direta oposição as justas e rasas vantagens concorrenciais dos países que se especializam (ou se sustentam) em bens intensivos em trabalho. Diante disso, como explicita GUY CAIRE (1996: 805ss), desejar-se-ia uma norma – a *cláusula social* – que interviesse, naquele primeiro caso, *"comme une sorte de plafond et de valeur à promouvoir dans le cadre de droits de l'homme universellement reconnus"*, e, no segundo, *"comme une sorte de plancher ou de seuil minimum à respecter pour que, dans un cadre de règles commerciales équitables, la clause 'ceteris paribus' puisse trouver sa pleine signification"*. Dessa compreensão despontam, por conseguinte, análises (e vontades) distintas relacionadas à implementação de cláusulas sociais nos acordos comerciais multilaterais.

Assim, conquanto não se apresente como uma matéria *recente* – essa superposição entre o comércio internacional e os direitos humanos do trabalho já advinha, como prescrito, do século XIX e, de modo menos remoto, do "Tratado de Versalhes" (1919)[10] e da malograda "Carta de Havana" (1948), em cujo artigo 7.º previa "padrões justos de trabalho" – ou mesmo *inédita* – por se tratar de um instrumento presente com já certa assiduidade nos acordos bilaterais (como o "Sistema Generalizado de Preferências") e nos tratados comunitários –, na atualidade o mecanismo das cláusulas sociais reveste-se de maiores contestações por consistir em uma tentativa de ser implementada no plano multilateral e com o recurso de sanções econômico-comerciais como meios coercitivos de serem alcançados os *pré-determinados* "padrões", a opor, mais uma vez, *Primeiro e Terceiro Mundos*: do Primeiro, reverberam os brados de *dumping social*, responsável pelo desemprego e pelo desmoronamento dos padrões sócio-laborais internacionais e, por isso, clamante de cláusulas sociais *uniformizadoras* e *penalizadoras*; do Terceiro, ecoa a idéia da configuração de um *direito ao desenvolvimento* (e a inauguração do caminho ao *desenvolvimento lato sensu*) a nascer do crescimento econômico assente nas vantagens concorrenciais nacionais – o baixo custo do trabalho, fruto da mão-de-obra abundante como fator de produção e da sua baixa pro-

---

[10] Nota-se na Parte XIII do "Tratado de Versalhes" que *"the failure of any nation to adopt humane conditions of labour is an obstacle in the way of other nations which desire to improve the conditions in their own countries"*.

dutividade, a resultar em salários relativamente mais baixos, aos quais, são integrados custos sociais também menores, advindos de um sistema sócio-laboral mais débil como conseqüência do *(sub)*nível de desenvolvimento nacional[11] – e capaz de ensejar um reequilíbrio nas distâncias entre os povos. Portanto, não carece de certeza o fato das cláusulas sociais constituirem um tema de máxima complexidade no cenário internacional[12], cuja solução cerca-se de inquebrantáveis idiossincrasias – ricos e pobres, desenvolvidos e subdesenvolvidos, todos a sustentar argumentos altruístas com *doses de protecionismo* ou argumentos comerciais com *doses de barbárie*.

Ademais, acalora-se o controverso debate em torno do vínculo entre comércio internacional e direitos sócio-laborais[13] quando se analisa o *caminho terapêutico* para a realização e elevação dos padrões trabalhistas, ou seja, se há a necessidade de prescindir do *campus* da instituição historicamente competente – a Organização Internacional do Trabalho (OIT) – para ir assentar-se no *locus* imperativo da OMC, a qual progressivamente está a incluir diversas matérias *extra commercium* à sua agenda e à sua realidade institucional; em suma, o foco da contenda reside na proposta de ser atribuída uma nova perspectiva à consecução de melhores condições de trabalho, minimizando-se a validade (e a viabilidade) das sanções morais e da intensa cooperação entre os atores internacionais para dar preferência às sanções econômicas.

Logo, a presente idéia das cláusulas sociais sucede-se também sob outras duas dimensões, *(i)* econômica e *(ii)* institucional, havendo em

---

[11] Como aduz FEIS (1927:533), *"les differences que présent la capacité productrice des divers pays constituent la cause première de la diversité des conditions de vie et de travail des salariés, c'est même cette diversité qui donne en général la mesure de ces différences de capacité".*

[12] A apresentar sob a perspectiva da criação da OMC, CARREAU *et* JUILLARD (1998:192) afirmam que *"il n'y eut probablement pas de sujet plus controversé à la fin des négociations du Cycle de l'Uruguay que celui de l'introduction ou non d'une 'clause social' dans le nouveau régime juridique du commerce multilatéral mondial".*

[13] Nas palavras de LANGILLE (2002:30), *"the issue of international labour standards has become, perhaps surprisingly, one of the central political issues of our time".* Na acepção de LAFER (1998:86) o tema é controvertido porque consegue confluir uma série de fatores em uma única medida, uma vez que *"nele se mesclam preocupações com a 'concorrência desleal'; (...) ao problema muito mais complexo de desemprego estrutural nos países desenvolvidos (...); sensibilidades éticas em matéria de direitos humanos (...); e fundamentados receios de que tudo isso se converta em novas formas de protecionismo, prejudiciais aos países em desenvolvimento".*

ambas a revelação de um fenômeno comum, ou seja, a *paradoxalidade* ou *ambigüidade* argumentativa. Do ponto de vista econômico serve-se, de um lado, do *modelo protecionista* pelo qual as vantagens competitivas dos PED são erodidas, e, do outro, do *modelo altruísta* a protagonizar uma forma de serem preservados os "direitos humanos fundamentais do trabalho"; e, sob a ótica institucional, há queixas de que a OIT não se faz *suficiente* (e *eficiente*) na promoção e na tutela das normas e dos padrões sócio-laborais, enquanto há vozes contrapostas a assegurar que a intromissão da OMC e a aplicação de penalidades comercial-financeiras (embargos, restrições, multas e retaliações) apenas causariam um dano ainda maior à economia dos PED.

Ainda nessa senda, sobrevém a *dicotomia* dos efeitos da globalização e do crescimento econômico sobre o "trabalho decente", de modo a classificá-los como *fenômenos* que fazem prosperar a situação dos trabalhadores – com a maior oferta de empregos e o desenvolvimento econômico nacional – ou, ao revés, como as causas para que os salários e os outros custos de mão-de-obra – as outras condições do trabalho – sejam mantidos em um baixo nível, tendo em vista a (insaciável) necessidade de preservação e conquista de mercados e de mais capital.

Diante disso, e de modo a consolidar ainda mais a sua posição de *guardiã* dos direitos dos trabalhadores, a OIT adotou a "Declaração sobre os Princípios e Direitos Fundamentais no Trabalho" (1998) – maiormente representada pela eleição de oito "convenções fundamentais" que conjugam quatro regras elementares (a eliminação da discriminação no trabalho, a abolição do trabalho forçado, a limitação do trabalho infantil e a plenitude dos direitos sindicais) –, a qual marcou uma nova etapa institucional na promoção e respeito pelas normas internacionais trabalhistas fundamentais. Outrossim, a OIT tem criado múltiplos programas e estudos e, principalmente, investido em projetos de *cooperação e acompanhamento técnico-prático* a fim de promover um trabalho decente em todos os Estados, cujo êxito demanda a atuação pró-ativa dos próprios PED (com a transparência institucional, a democracia econômica e um plano de desenvolvimento sustentável), dos Estados hegemônicos (com a transferência de *know how* e *savoir faire*, o pleno livre comércio e a cooperação financeira), das empresas (com a responsabilidade social) e dos cidadãos e da sociedade civil (com a fiscalização e a participação político-social).

Desta feita, para uma análise coerente (e relevante) de toda a situação, faz-se necessário avaliar as condições e as circunstâncias inerentes à maioria dos Estados para, então, ser entendida a medida exata da transcendência que subsiste na relação entre o comércio internacional e as regras e padrões de trabalho – e, para isso, o estudo da fruição desses padrões (e normas) sócio-laborais pressupõe a reflexão simultânea em um único âmbito sócio-político-econômico-jurídico, sem subordinação ou dependência, e assinalado por uma *interdependência de valores*. Ademais, apesar dos campos distintos em que se costumam colocar a *política econômica* (regulação, orçamento, trocas comerciais e mercado de capitais) e a *política social* (saúde, educação, habitação e alimentação), considera-se que esses diferentes aspectos da ação dos poderes públicos formam *"un tout indissociable"*[14] que se assentará no trabalho e na distribuição da riqueza conseguida com o desenvolvimento – e eis, então, o propósito nuclear alternativo às cláusulas sociais.

Aqui, exsurgem variegados questionamentos perpassados por reticentes incertezas, pois, como se estabelecer as diretrizes públicas nacionais que regeriam a economia mundial pretendente de uma justiça social? Em que nível o direito e a economia mundial (e comunitária, e nacional) deveriam desregulamentar-se? Haveria de ser elaborado mecanismos jurídicos internacionais para substituírem (ou auxiliarem) os regimes nacionais e mesmo intervirem nas atividades internas ou internacionais, mormente no caso dos PED, pela característica de hipossuficiência que os personifica nas relações com as estruturas hegemônicas? Outrossim, e ainda com uma infindável profusão de interrogações, esse debate em torno da mundialização do direito laboral e dos padrões internacionais do trabalho perquire: dever-se-iam ser individualizadas as normas do trabalho das regras de livre-mercado? E em qual espaço da globalização o direito do trabalho e o comércio realizam-se? Ainda, qual seria o foro adequado para examinar (e estabelecer, e tutelar) os padrões e as normas sócio-laborais internacionais? Como compreender o papel dos Estados, dos blocos econômicos, das organizações internacionais e dos novos atores presentes no cenário *pluralístico* mundial?

Por fim, ao revés da confusa admissão da *"dualidade das fontes"*[15], catalisadoras de incoerências normativas e de desigualdades, o que se pretende analisar é a medida de alternância desse *círculo vicioso* do comércio e do desenvolvimento internacional ainda presente no ambiente

---

[14] Cf. FIELDS (2003b:269).
[15] Cf. DELMAS-MARTY (1999:137), ao expor as fontes relativas aos direitos do homem e as fontes com inclinações econômicas.

global e expor de que modo o livre-cambismo, o pleno gozo das vantagens concorrenciais, as relações de trabalho protegidamente flexibilizadas e a ingerência daqueles diversos atores multinacionais podem contribuir para que um Estado política, social e economicamente democrático possa cumprir as suas mais cruciais funções para a busca do progresso e a formatação de um *círculo virtuoso*. E, para tal, desconfia-se que a mundialização da economia possa constituir-se em um fenômeno assaz importante para esse progresso e, conseqüentemente, para a plenitude social, então representada em uma vindoura evolução das condições de trabalho e dos padrões de normas sócio-laborais, pois, antes de ser uma realidade desordenada que vem enublar o *desenvolvimento social*, representa a reforma e o remodelamento das estruturas nacionais à luz do próprio processo global e sob a mira de um aparelho estatal que não deve prescindir das vicissitudes e dos condicionantes internos essenciais para crescimento e, então, o desenvolvimento.

Evidentemente, não há uma absoluta verdade ou inconcussa solução para uma quase *"philosophical question"*[16] como essa pela qual se aventura examinar; ou, muito menos, não se acredita que seria possível investigar todos os afluentes que entremeiam a questão maior desse estudo. Porém, ainda que diante de enormes desafios práticos[17] e científicos – em razão do amplo horizonte indispensável à mais profunda e multidisciplinar investigação e que por ora não fora possível –, o que resta como pontual certeza é a modesta e honesta tentativa presente de contribuir (minimamente) para a reconstrução dos alicerces das relações jus-político--econômicas internacionais – ora *não* imiscuídos nas cláusulas sociais –, a fim de recriar uma *estrutura condômino-global* modificante capaz de elevar os eternos habitantes do *rés-de-chão* mundial para sítios mais altos e mais seguros – ou, *ao menos*, mais humanos.

---

[16] Cf. SAPIR (1995:793).
[17] FIELDS (2003:61) indica as estimativas do Banco Mundial e da ONU que demonstram *"that three bilion people – nearly half of humanity – subsist on less than US$ 2.00 per person per day"*.

CAPÍTULO 1

DO COMÉRCIO INTERNACIONAL, DO DESENVOLVIMENTO E DO PROTECIONISMO

1.1. Do Comércio Internacional: História e Teorias

> *Nothing, in my opinion, would be more highly advantageous to both countries than this mutual freedom of trade. It would help to break down the absurd monopoly which we have most absurdly established against ourselves in favour of almost all the different classes of our own manufactures.*[18]
>
> Adam Smith

1.1.1. Das Relações de Comércio Internacional: um Breve Regresso Histórico

Ab initio, convém expor uma perfunctória digressão histórica das relações internacionais de comércio[19], que ora tem por cabo o pensamento econômico clássico-liberal do século XVIII.

---

[18] «Nada, em minha opinião, seria mais vantajoso para os países que esta mútua liberdade comercial. Ela ajudaria a acabar com o absurdo monopólio que tem ainda mais absurdamente sido estabelecido contra nós mesmos em favor de quase todas as classes de nossas próprias fábricas» – Adam Smith, *in* "Inquérito sobre a Natureza e a Causa da Riqueza das Nações" (*An Inquiry of the Nature and Causes of Wealth of Nations*).

[19] As relações comerciais internacionais têm as suas raízes em tempos históricos muito remotos. Assim, Truyol y Serra (1998:19), embora enfatize a possibilidade de, certamente, haver outros acordos, firmados de forma oral e sob juramentos, anuncia que o primeiro instrumento bilateral de comércio conhecido em sua literalidade foi concluído em meados de 3000 a.C, entre o rei de Elba e o soberano de Assíria, a regulamentar as relações entre os dois reinos, com particular ênfase às relações de amizade e de comércio, e a aplicar sanções em função dos delitos cometidos pelos respectivos súditos – entretanto, o autor ainda indica um outro, ainda mais antigo (cerca de 3010 a.C.), que se conclui na Mesopotâmia, mas que figura no impasse entre o miticismo e a história.

Na Antiguidade, as relações comerciais "extramuros", existentes entre os pequenos Estados e as cidades-Estados, eram consideradas parte de um direito laico e a principal intervenção normativa no domínio das relações comerciais acontecia nos postos fronteiriços mediante a cobrança de taxas sobre a circulação de bens[20]. Nessa perspectiva, não se poderia olvidar das cidades-Estado gregas que, presentes em toda a bacia do Mediterrâneo, elastificavam o alcance regimental das relações comerciais[21] e firmavam *"tratados internacionais com obrigações mútuas em matéria de concessões comerciais e de tratamento de mercadores estrangeiros"*[22].

Mais adiante, já a passos largos, observa-se um Estado romano assinalado por uma atividade econômica muito mais intensa, mediante a promoção e a conclusão de diversos tratados comerciais bilaterais concomitantes ao recrudescimento de suas estratégias marítimas e à regulamentação da vida econômica de todo o Império por intermédio de um sistema jurídico coerente e uniforme: instituía-se, aqui, a *Pax Romana*. Assim, diante de tal desenvolvimento comercial, observava-se a necessidade de serem refinados os instrumentos que ofereceriam suporte a essas relações econômicas, a originar um direito universal internacional do comércio que, *a posteriori*, catalisaria uma "globalização romana"[23].

Durante a Alta Idade Média e após a queda de Roma, o compassado processo de reorganização da sociedade européia traduziu-se em um nada

---

[20] No entanto, salienta DAL RI JR. (2003:30) que na Antiguidade, no que diz respeito à organização territorial dos postos de aduana, *"pouco serviam as linhas de fronteira ao território controlado por um Estado – o que realmente servia eram portas, canais de comunicação controladas com outros Estados"* sendo que, desta forma, *"era o posto de aduana, inserido em lugares estrategicamente importantes, como um vale ou um porto, que representava o verdadeiro elemento de separação territorial entre os Estados"*.

[21] Sobre esta decisão, e já a partir do pressuposto motivacional de serem adotadas as "vantagens competitivas", HUGON (1959:37) afirma que *"o comércio e a navegação se impõem aos gregos: a pobreza do solo, a exigüidade do território e o excesso de sua população tornam o comércio necessário"*.

[22] Cf. DAL RI JR. (2003:33).

[23] Fundamentalmente em razão do projeto romano – não obstante mais *imperialista* que *globalizante* – basear-se numa realidade fática que demonstrava a sua nobreza e os seus cidadãos com o domínio de *quase* todo o mundo até então conhecido, em *quase* todas as atividades econômicas e com o trabalho de *quase* todos os povos por eles administrados, na medida em que *"a capital administrava o exército com soldados germânicos, a agricultura com escravos vindos do norte da África e do leste europeu e com os camponeses locais, a cultura e a instrução com mestres gregos, a navegação com os fenícios e cartagineses e a metalurgia com os artesãos etruscos"* (DAL RI JR., 2003:38).

próspero período de prática comercial. Nesse mundo, o comércio invocava um conceito de *atividade marginal* e, senão inexistentes, fazia-se rara a circulação de mercadorias ou de fatores produtivos, limitada *"à sombra do castelo senhorial"*[24] e a apresentar um comércio internacional restritamente (ou até exclusivamente) realizado entre os Estados da Península Itálica e o Império Bizantino, apenas com certas ressalvas ao comércio havido entre o Oriente e os Estados da Península Ibérica e os reinos francos[25].

Esse contexto fora alterado entre os séculos XI e XII, com as primeiras *Cruzadas* e o fortalecimento das cidades – conseqüências da necessária coalizão entre os Estados europeus em face das invasões muçulmanas nas Penínsulas Ibérica e Itálica – conjungidas às primeiras contestações externadas pelos pequenos Estados soberanos emergentes diante do poder temporal da Igreja e que proporcionaram o início de um período importante de crescimento econômico no velho continente com o ressurgimento de uma vida econômica e de trocas comerciais.

Também neste momento reconhece-se a plena *dignidade* do trabalho humano, ora reabilitado pelo descrédito alcançado na Antigüidade, mas cujas tarefas ainda são assinaladas por uma diferenciação conceitual, fundamentada nas fortes idéias religiosas que buscavam, sob a escora da ética cristã, a *moralização do interesse pessoal* – principalmente relacionada à propriedade e ao lucro[26] –, e que levava ao preconceito e às reservas em relação às atividades ligadas às *artes pecuniativae*, predispondo-as à especulação e à busca do lucro excessivo; entretanto, este ressábio aos poucos mitiga-se com o advento de um *espírito moderador* capaz de oferecer um limite para o exercício dessas atividades: a proteção da sociedade, tanto pela sua ausência de utilidade (*limite inferior*)

---

[24] Cf. HUGON (1959:57), ao ilustrar esse momento no qual: *"a produção é quase que exclusivamente rural e as trocas, insignificantes e na maioria das vezes familiais, jamais ultrapassando o quadro local: é à sombra do castelo senhorial que a vida econômica transcorre"*.

[25] Como ensina RENOUVIN (1994:27ss), ao afirmar nesta perspectiva que *"il semble bien que l'Italie n'ait jamais cessé d'entrenir des relations comerciales avec l'Orient byzantine: en tout cas l'Italie impériale et, par son intermediaire, vraisemblablement l'Italie lombardie, tout au mois aux époques de paix"*.

[26] Convém lembrar nessa questão que o vínculo entre a religião e o desenvolvimento econômico sempre fora bastante estreito, pois, historicamente, constata-se que a religião católica (e também a muçulmana) sempre se opôs às instituições que facilitavam o desenvolvimento econômico, enquanto o *protestantismo* fomentava-o a partir do princípio de uma sólida ética no trabalho – v. WEBER (2001) e LANDES (2000).

quanto pela constatação de lucros usurários (*limite superior*). E, com relação umbilical a essa moralização do interesse pessoal, a *justiça* nas trocas também exsurge no cenário medieval como outra doutrina eclesial para a economia que, dentre outras aplicações, insere-se na questão do *justo salário*, a apregoar que o seu montante deveria *"permitir ao operário viver, com sua família, de acordo com a tradição da sua classe e os costumes locais"*[27].

Mais tarde, em um panorama tingido pelas transformações *intelectuais* (advindas dos espíritos renascentista e reformador, com o pensamento a *laicizar-se* e o sistema a *capitalizar-se*), *geográficas* (resultantes das grandes descobertas marítimas) *e políticas* (surgidas com o Estado moderno, assinalado pela centralização monárquica no lugar dos pequenos núcleos feudais), geraram-se os pressupostos para a formação do sistema econômico vindouro – o "mercantilismo" – e das suas bases jurídicas, a findar com o modelo medieval de conceber as relações econômicas entre os Estados[28] e permitindo a expansão e transição do mercado de regional para nacional[29].

Conquanto tenha trazido inovadas recomendações[30] e postulasse a necessária ênfase no comércio exterior, o mercantilismo – a *"forme économique du nationalisme"*[31] – repousava sobre dois desacertos principais: *(i)* a identificação da riqueza de qualquer nação como a quantidade absoluta de ouro e prata possuída, ou seja, apresentava como

---

[27] Cf. HUGON (1959:65).

[28] Entretanto, DAL RI JR. (2003:53) anuncia que já nesta Baixa Idade Média exsurgem os primeiros monopólios direcionados ao comércio internacional e as primeiras políticas protecionistas e mercantilistas. Na Inglaterra, por exemplo, promulga-se uma lei obrigando que a navegação *de* e *para* a Inglaterra fosse reservada somente a barcos ingleses e com a introdução de normas que pretendiam proteger os artesãos nacionais do mercado concorrente internacional, especificamente nos ramos dos tecidos de renda e da lã.

[29] Como afirmam diversos autores, o grande mérito do mercantilismo, a despeito dos seus erros e abusos, foi *"ter concorrido para que vencesse a nossa civilização uma etapa decisiva: a da transição da economia regional para a economia nacional"* (LUCIEN BROCARD [*Principes d'Economie Nationale et Internationale*, tomo I, p. 10-11. Paris, 1928] apud HUGON, 1959:103).

[30] Como, por exemplo, a importância da poupança, que deveria ser incentivada de modo a criar capital, e a orientação, quase doutrinal, de que as *"exportações geravam empregos ao passo que as importações estrangeiras baratas o destruíam"*, de modo que *"as exportações deviam ser sempre maiores que as importações, assegurando assim uma balança comercial positiva"* (STRATHERN, 2003:21).

[31] Cf. SIRÖEN (1998:170).

objetivo maior alcançar uma abundante *reserva monetária*[32]; e, *(ii)* a crença de que a soma de todas as riquezas do mundo seria constante e que uma nação somente se enriqueceria às custas de uma outra[33]. Outrossim, advogava-se a tese de que a ação de guerra entre os Estados estava intimamente ligada à idéia da atividade econômica[34], remetendo a uma concepção corrompida da economia que conduzia ao sentido único da "politica comercial", caracterizada pelo estímulo às exportações e pela redução das importações, e, logo, pela prática de tarifas aduaneiras proibitivas, pelo desenvolvimento de uma produção local autárquica baseada na intervenção estatal e pelo foco no enriquecimento próprio e no empobrecimento alheio, todos intentos motivados pelos mercantilistas na instrução de um "necessário" sistema protecionista, que negasse ou dificultasse a saída de matérias-primas e metais preciosos – favorecendo a entrada dos mesmos – e que também proibisse ou gravasse a entrada de produtos manufaturados. Dessa forma, em suma, até o início do séc. XVIII, as relações internacionais de comércio eram vistas, geralmente, como um processo de "soma zero", então sumarizado no axioma de MONTAIGNE no qual *"le profit de l'un est le dommage de l'autre"*[35].

Todavia, a partir desse período iniciaram-se as primeiras contestações a esta assertiva e os primeiros levantes a reclamar das incongruências deste sistema, observando que as transações mercantis claramente produziam benefícios às partes da relação e propiciavam a consolidação do "espírito do comércio" kantiano. Ademais, não obstante dispersos desse estratégico interesse econômico, filósofos iluministas como

---

[32] V. VINDT (1999:30ss), SMITH (2003:534ss), STRATHERN (2003:22ss) e DAL RI JR. (2003:66ss).

[33] Pela comprovação factual e teórica, denota-se que o comércio internacional não se sustenta e não deve reter as suas bases sob a égide de um sistema *"to win, to lose"*, mas, soberanamente, na busca de ganhos recíprocos e, mormente, na busca de proporcionar maiores ganhos aos menores países, a reequilibrar as diferenças.

[34] Apesar deste contexto, e que poderia oferecer uma permanente situação de guerra, DAL RI JR. (2003:85ss) indica o posicionamento de IMMANUEL KANT, o qual afirmava que o *"espírito do comércio não poderia coexistir com a guerra"*, com uma *"tendência natural dos povos à construção de uma rede de relações comerciais, voltada a estender-se sempre mais e a envolver um número de pessoas e de povos sempre maior"*, cuja consolidação encaminharia para um *"convívio mais harmonioso entre os Estados e, por conseqüência, a possibilidade de instalação da paz perpétua"*.

[35] Diante da sumarização expressada por MONTAIGNE, BECKER (2002) demonstra que naquele período as relações comerciais entendiam-se como uma *"manifestación de explotación, por donde los gobiernos debían regular o incluso monopolizar la mayor parte de las actividades – esto constituyó el corazón del sistema mercantilista"*.

Rousseau, Montesquieu e Kant já demonstravam uma tendência favorável à *liberalização* do comércio, na medida em que, para eles, tal comportamento justificava-se pela *"sua comprovada capacidade de corroer o poder absoluto do soberano, assim com servir de elemento de equilíbrio nas relações internacionais, encaminhando a paz entre as nações"*[36]. Concomitantemente, ainda nos primórdios do classicismo econômico, alguns teóricos tendiam a considerar que as relações econômicas internacionais deveriam ser realizadas tão-somente entre as corporações e os indivíduos das diferentes nações; porém, a realidade próxima demonstra, ao contrário, que o Estado se apresenta ou atua com bastante assiduidade nessas relações, mas também sob os mais diferentes aspectos, sejam eles econômicos, políticos, jurídicos e, claro, sociais.

Destarte, renovados os papéis dos particulares e dos Estados, o *ideal* de uma liberalização econômica permitiu uma releitura das relações internacionais, cujo foco comercial não seria mais menoscabado ou admitido com vesgueiros olhares, sempre em prol de um absolutista Estado, mas compreendido como catalisador de um bem-estar geral.

1.1.2. Da Liberalização das Economias: o Percurso de Adam Smith à OMC

Na segunda metade do século XVIII, os pensadores franceses (François Quesnay e os *fisiocratas*) e ingleses (Adam Smith e os *clássico-liberais*) promovem um raciocínio com supedâneo em uma tríplice constatação: *(i)* a riqueza não é limitada, *(ii)* os interesses econômicos das nações, outrora incompatíveis, poderiam tornar-se complementares e *(iii)* os vários Estados poderiam enriquecer-se simultaneamente, mediante a reciprocidade nas trocas[37]. Assim, pretende-se com a

---

[36] Cf. Dal Ri Jr. (2003:78). Ademais, Friedman (1980:63) destaca que *"o século transcorrido entre Waterloo e a 1.ª Guerra Mundial oferece um exemplo notável dos efeitos benéficos do livre comércio sobre as relações entre as nações"*, pois durante todo o período *"houve comércio quase inteiramente livre (...) e foi um dos mais pacíficos da história humana nas nações ocidentais, desfigurado apenas por pequenas guerras (...) e a grande Guerra Civil nos Estados Unidos da América"* – ora, então, onde cabe a citação de Dal Ri Jr. (2003:86), ao parafrasear Kant no sentido de que *"através do 'poder do dinheiro' os Estados estariam quase que automaticamente vinculados a buscar a paz"*.

[37] V. Hugon (1959), Hunt (1999) e Nunes (2003a; 2003b).

clássica doutrina liberal contrapor definitivamente os malefícios mercantilistas, uma vez que *"le mercantilisme conduit au commerce étranger à sens unique, à l'autarcie, au militarisme et à la guerre; le commerce libre conduit à la balance (équilibre) des importations et des exportations, à l'interdépendance des nations, au statut du contrat substitué au diktat (l'ordre autoritaire) de la guerre, à l'enrichissement des nations et à la paix des peuples"*[38].

ADAM SMITH, fundador da escola clássico-liberal, ao se aplicar em criticar o âmago da teoria mercantilista, contribui decisivamente para a expansão do comércio internacional, mormente ao argumentar que a verdadeira riqueza das nações deve ser medida pela qualidade e quantidade de seus bens e não por suas reservas metalíferas – assim, a riqueza *"deixou de ser o estoque acumulado em um certo momento para ser entendida como o fluxo do rendimento nacional produzido ao longo de períodos sucessivos"*[39]. Ademais, SMITH vem admitir o "trabalho" (ou a atividade produtiva da relação trabalho e capital, responsável pelos resultados qualitativo e quantitativo dos bens) como o problema central de toda a economia, elevando-o à fonte de toda riqueza[40], contrariamente às idéias centrais *mercantilistas* (do "ouro") e *fisiocráticas* (da "terra"), e asseverando que a sua produtividade explica a *riqueza das nações*. Logo, nota-se que o *cerne* da teoria smithiana está na questão da "divisão do trabalho", que incrementa as energias produtivas de mão-de-obra, espicaça o aumento na quantidade de trabalho, estimula a invenção de máquinas e impulsiona as trocas, e, por outro lado, exige a *"solidariedade entre os homens, as economias e as nações"*[41].

Neste ponto, SMITH alarga o conceito de "lucro", que não mais se resume nos rendimentos auferidos na agricultura, e passa a ser também admitido o *"lucro industrial"*[42], advindo da teoria do valor-trabalho – a

---

[38] Cf. RENOUVIN (1994:76).
[39] Cf. NUNES (2003a:04).
[40] Ainda que não descarte o valor da terra, SMITH (2003:11) pretende negar o seu caráter absoluto dentro da doutrina mercantilista, ao assinalar que é o produto da relação trabalho e capital o critério definidor de riqueza".
[41] Cf. HUGON (1959:133ss).
[42] Cf. NUNES (2003a:07ss), o qual vem assinalar, adiante, que além deste "lucro" industrial dos capitalistas, o produto global criado pelo trabalho produtivo vai ser distribuído também em "salários" e "rendas", sendo que aquele asseguraria *"a manutenção e a reprodução dos trabalhadores produtivos"*, enquanto *"da parte restante (o 'produto líquido' ou 'excedente') vão sair a renda dos proprietários e o lucros dos capitalistas"*.

qual relacionava a "teoria do valor"[43] ao trabalho em geral em razão do valor de qualquer mercadoria ser igual à quantidade de trabalho que tal mercadoria lhe permitia comprar – e que se assenta na noção de trabalho produtivo, ou seja, aquele que origina e que eleva o valor do respectivo objeto; para SMITH (2003:38), portanto, o trabalho é, pois, *"a medida real do valor de troca de todas as mercadorias"*.

A doutrina liberal também afirmava que a intervenção governamental *atravancaria* o progresso econômico porquanto impede os particulares de estarem livres e em busca dos seus próprios interesses, visto que a busca de proveitos individuais corroborava e estimulava a expansão econômica e, conseqüentemente, trazia benefícios para toda a sociedade[44]. No entanto, insta salientar que esta liberdade econômica não se via como um direito ilimitado e absoluto dos particulares, pois existiam restrições impostas pelo Estado a objetivar o atendimento do interesse público, embora tais medidas não corporificassem uma massiva atividade intervencionista sobre a economia.

Efetivamente, vislumbrou-se a *ação individual* como o melhor mecanismo para propiciar um "ilimitável" progresso e desenvolvimento, com o estabelecimento de um Estado "limitado" em poderes ("Estado de Direito") e funções ("Estado mínimo")[45], competindo-lhe apenas a restrita manutenção da lei (com a administração da justiça) e da ordem (com a segurança pública e a defesa da nação), a consolidar as idéias fisiocratas da livre realização do indivíduo (*"laissez-faire"*) e do livre trânsito das forças do mercado (*"laissez-passer"*), cujo funcionamento igualar-se-ia a uma "mão invisível"[46], representada pela concorrência (*força moderadora*) e que iria regular o desejo egoísta os indivíduos (*força motora*), a

---

[43] Para ADAM SMITH o termo "valor" exibe dois significados: *i)* o "valor de uso", que exprime a *utilidade* de um determinado objeto, e *ii)* o "valor relativo" ou "valor de troca", que se exprime na *quantidade de trabalho* que uma mercadoria pode ser adquirida, isto é, a capacidade de ser adquirida uma riqueza (um valor de uso). Em sua análise, SMITH ignora o "valor de uso" de um produto, pois geralmente as coisas que tinham maior valor de uso tinham pouco ou nenhum valor de troca e vice-versa (como, citadas por ele, a água e o diamante), e passa a se importar apenas como valor de troca, a qual orientará a sua "teoria do valor-trabalho" (SMITH, 2003).

[44] V. SMITH (2003:564ss), STRATHERN (2003:90) e SEN (2000a:301ss).

[45] HUGON (1959:137) indica as três tarefas que, segundo SMITH, caberia ao Estado fazer a fim de assegurar o desenvolvimento econômico do país: *"a paz, impostos módicos e uma tolerável administração da justiça"*.

[46] Na época, esta "mão invisível" era encarada como a *"gravidade newtoniana da nova ciência da economia"* (STRATHERN 2003:91).

nortear os interesses dos homens para as atividades complementares e que promoveriam o bem-estar de toda a sociedade.

Assim, ao promover a inclusão do espírito capitalista – talvez um *"espírito de Fausto"*[47] – na ética cristã, em especial no *corretismo* em desejar acumular riquezas, ADAM SMITH consagra-se como o homem principal na institucionalização do liberalismo na Europa, cuja pertinência teórico-prática revelou-se fecunda para a abolição de todas as barreiras comerciais que restringiam a competição, porquanto tais medidas restritivas provocavam um deslocamento da produção de locais onde as condições naturais são mais favoráveis para sítios onde elas são menos propícias, prejudicando o desenvolvimento do bem-estar geral.

Todavia, foi apenas com DAVID RICARDO que o modelo liberal do comércio alcançou o seu apogeu, com a consolidação da *teoria do valor* smithiana – sob o princípio de que o valor de troca dos bens depende da quantidade relativa de trabalho necessária para a sua produção – e com a formatação da "teoria das vantagens comparativas", a caracterizar o interregno entre o século XIX e os anos 20 como o período com a *maior* taxa de liberalização de sempre[48].

Bem adiante, conquanto o século XX tenha se iniciado com uma *alta* internacionalização do fator trabalho, logo na sua segunda década resplandesce um novo tempo, marcado pela eclosão da Primeira Guerra Mundial e pela crise econômica de 1929, caracterizando uma época de *fechamento* dos mercados e de *aumento* das barreiras tarifárias, a resultar no recrudescimento da *solidão* e da *recessão econômicas*, cujo remédio aviado fora a *operacionalização*, de uso milimetricamente cirúrgico, do Estado-providência keynesiano, idealizador de uma nova visão estatal que se caracterizava pela sua intervenção no mundo econômico e pela

---

[47] Cf. NUNES (2003b:24), ao assinalar que o *"espírito da Europa moderna ter-se-ia concretizado, na esfera econômica, no espírito de lucro do capitalismo, como síntese do 'espírito burguês' (...) de ponderação, de laboriosidade, de cálculo e racionalidade) do artesano medieval e do espírito de aventura e de empreendimento (espírito de Fausto, já se lhe chamou) do homem moderno"*.

[48] De acordo com PORTO (2004:385ss), esta "taxa de liberalização" (ou *taxa de abertura das economias*) mede-se pelo *quociente* da relação havida entre o conjunto das importações e das exportações mundiais e o PIB global (ou, se requerida a "taxa individual", utiliza-se os dados individuais de cada país) e que seu grau de abertura depende de diversos fatores, dentre os quais a dimensão dos países, a situação geográfica e o grau de desenvolvimento – e, assim, cotejando-se os dados desse período com os demais tempos históricos, constata-se um nível muito maior de liberalização. Sobre este período de grande pujança no comércio internacional, v. KRUGMAN *et* OBSTFELD (2001:200).

ampliação das suas atividades, fatores que, sensivelmente, estagnaram as relações comerciais internacionais.

Após, já com o fim da Segunda Guerra Mundial – e após a *"mais dramática experiência de protecionismo comercial e de exacerbação de práticas bilaterais conhecida na história"*[49] – os Estados dela egressos passaram a compreender o comércio internacional como um instrumento essencial para a recuperação do progresso, quando, então, decidiram regular as relações econômicas internacionais, não só com o objetivo de melhorar a qualidade de vida de seus cidadãos, mas também por entenderem que os problemas econômicos influíam seriamente nas relações entre os governos.

Assim, vislumbrou-se o crescimento de uma nova onda liberalizante das economias, com a redução de tarifas e a promoção dos negócios interestaduais como orientadores da construção de um "sistema multilateral de comércio", primeiramente com a "Conferência das Nações Unidas sobre Comércio e Emprego", em Havana (1947), destinada a elaborar a carta constitutiva de uma Organização Internacional do Comércio (OIC) – a "Carta de Havana"[50] –, e depois, em razão do seu insucesso, com a instituição do "Acordo Geral sobre Tarifas e Comércio" (*General Agreement on Tariffs and Trade* – GATT), o qual pretendia impulsionar a liberalização comercial e combater as práticas protecionistas adotadas em maior escala desde a década de 30.

Destarte, o real surgimento de um *Sistema Multilateral de Comércio* – confirmado com a instituição do GATT e dos atos normativos refletidos[51] – coincide com a tentativa de se estabelecer um equilíbrio entre

---

[49] Cf. ALMEIDA (1998:155), ao asseverar que *"a reconstrução da ordem econômica e política no pós-guerra teria de partir praticamente do zero e, no contexto da bipolaridade emergente, a própria agenda negociadora internacional (...) tinha de ser traçada em condições inéditas para os padrões conhecidos até então de relativo equilibrio entre as grandes potências"*.

[50] A Carta de Havana (1947) era ambiciosa e pretendia disciplinar as questões internacionais de emprego e de trabalho via a imposição de "padrões laborais" (*labour standards*) com o fim de estabelecer "justas" condições de trabalho ao redor do planeta; porém, nunca entraria em vigor, principalmente em razão da sua não-ratificação pelos EUA, que alegava incompatibilidades políticas internas, cujo resultado foi o não-nascimento da OIC – v. BATISTA (1994).

[51] Na acepção de ARAÚJO JR. et NAIDIN (1989:38), *"o texto do GATT forneceu a metodologia que tornou possível a remoção de grande parte do entulho burocrático resultante da escalada protecionista da década de 30 (...) [e] consistiu, essencialmente, do princípio da reciprocidade nas concessões comerciais, que assegurava que só seriam eliminadas aquelas barreiras sobre as quais houvesse consenso quanto à sua inutilidade como instrumento de proteção"*.

as concepções *extremadas* das funções a serem desempenhadas pelo Estado na seara econômica ("Estado Liberal" e "Estado Intervencionista") e que, a seguir, evolui para a *pretensão-necessidade* de se atingir uma crescente liberalização do comércio, pela assunção dos países de compromissos que eliminassem os entraves e as barreiras ao seu desenvolvimento e, mormente, à expansão dos seus *capitalismos*, os quais devidamente passavam pelo incremento das trocas comerciais como estímulo à produção e aumento da *eficiência*. E, de modo a consagrar a tese da plena liberalização, o GATT institui a "cláusula da nação mais favorecida"[52], ou seja, uma *regra de não-discriminação* entre as nações disposta no artigo I do GATT que visa a garantir às demais nações um tratamento não diferenciado ou não menos favorável do que aquele oferecido a um determinado país – como no caso de um acordo bilateral –, devendo, pois, serem repassadas a todos os demais membros as vantagens concedidas a um único país ou a um grupo de países.

Assim, com o tempo, o GATT desdiz os prognósticos iniciais[53] e robora-se; todavia, com "[i] *a crescente erosão das regras comerciais multilaterais, justificadas pela multiplicação dos sistemas preferenciais e dos obstáculos não pautais*", "[ii] *a ausência de coerência entre os mais de duzentos instrumentos jurídicos que compunham o sistema jurídico*" e "[iii] *as lacunas existentes, visto que importantes domínios do comércio internacional não se encontravam regulamentados*"[54], exsurge a máxima necessidade de uma intensa reforma no sistema comercial multilateral vigente, sendo imprescindível a imposição de um mecanismo que funcionasse com uma *maior independência*, sobretudo em relação às demais organizações internacionais, uma *maior amplitude*, via a formulação de políticas econômicas global, e um *maior rigor*, mormente pela

---

[52] Também conhecida como "regra de não-discriminação entre as nações", trata-se da *"mais importante das regras e dá caráter multilateral ao GATT, em detrimento do caráter bilateral (...), [que] proíbe a discriminação entre países que são partes contratantes do Acordo Geral"* (THORSTENSEN, 2001:33), embora disponha, no seu próprio bojo, algumas exceções "gerais" (Artigo XX) ou "especificas", como as do Artigo I, 2a (sobre os regimes preferenciais históricos, como da *Commonwealth*), Artigo XII (sobre as restrições para salvaguardar a balança de pagamentos) e Artigo XIV (exceções à própria regra da não-discriminação e relacionadas às zonas de livre comércio ou às uniões aduaneiras).

[53] Deve ser ressaltado que o sucesso do GATT contrariou as expectativas pessimistas iniciais que marcaram a sua criação, mormente pelos péssimos reflexos advindos da "Carta de Havana" – nestes termos, v. FLORY (1995:09).

[54] Cf. MOTA (1998:25ss).

inevitabilidade em estancar as medidas comerciais unilaterais adotadas pelos Estados, em regra, desenvolvidos[55].

Diante disso, o ápice da institucionalização das relações multilaterais de comércio sucede-se com o *Uruguay Round*, ao promover um Acordo que gera a Organização Mundial do Comércio (OMC)[56] – *'the most ambitious world-wide trade negotiation ever attempted"*[57] –, no qual se incorporam e se sofisticam as normas estabelecidas na vigência do GATT, mormente com a criação do Órgão de Solução de Controvérsias e do Acordo Geral sobre Comércio de Serviços (GATS).

Da OMC exsurge um conceito de *"empreendimento único"*[58], que outorgou efetividade jurídica à codificação das negociações comerciais multilaterais havidas no *Uruguay Round* e, maiormente, que promoveu a consolidação do direito econômico internacional e conferiu-lhe, logo, a natureza de um "ordenamento jurídico unificado". No bojo, essa entidade constitui um fórum de negociações governamentais responsável pela administração e aplicação de acordos – verdadeiros pilares configuradores de um novo *sistema de comércio* – que estabelecem as normas jurídicas do comércio internacional, que garantem e, concomitantemente, obrigam os governos a manterem suas políticas comerciais dentro de um limite conveniente a todos e que, predominantemente, pretendem *"cortar tarifas ao redor do mundo"*[59], com a promoção do livre comércio internacional de mercadorias e serviços e a redução de medidas protecionistas, consolidadores de um bem-estar geral.

Com isso, nota-se que a progressiva liberalização do comércio mundial não acontece via a *desregulamentação* de normas jurídicas res-

---

[55] Ademais, consoante prescreve MOTA (1998:35), *"a necessidade do alargamento do sistema comercial multilateral a campos não tradicionais, tornava indispensável a existência duma organização que pudesse cobrir esta novas realidades, supervisionar de forma integrada e global todos os acordos, garantir a sua gestão uniforme e estabelecer um sistema comum que garantisse a coerência na resolução dos litígios (...)"*.

[56] Do seu Acordo Constitutivo, são funções da OMC: *i)* servir de foro para as negociações multilaterais; *ii)* administrar e aplicar os acordos comerciais multilaterais e plurilaterais que configuram o novo sistema de comércio; *iii)* administrar e aplicar as normas e procedimentos que regulam o OSC e supervisionar as políticas comerciais nacionais; *iv)* cooperar com as instituições internacionais que participam da fomentação de políticas econômicas em nível mundial.

[57] Cf. JOHN CROOME ([*Reshaping the World Trading System*. Genève, 1995] apud OMC (2004a:09).

[58] Cf. REIS (2005:114).

[59] Cf. KRUGMAN et OBSTFELD (2001:244), ao informar que *"mas importante que esta redução geral nas tarifas é o movimento para a liberalização do comércio em dois setores importantes, agricultura e roupas"*.

tritivas do comércio, mas em função da instituição de um corpo normativo no âmbito das instituições encarregadas de zelar pelo comércio internacional – GATT ou OMC – que, em vez de uma desregulamentação comercial, promove a gradual substituição da regulamentação *nacional* "restritiva" por outra, *internacional*, mais "liberal"[60], destinadas *"a conectar economias nacionais distintas em um mercado globalizado"*[61].

Outrossim, cumpre lembrar neste momento os princípios norteadores do sistema de comércio intentado pela OMC, os seja, um sistema de comércio (i) *"não discriminatório"*, estabelecido sob a égide dos princípios da "nação mais favorecida" e do "tratamento nacional"[62], (ii) *"livre"*, com a progressiva redução dos obstáculos comerciais, (iii) *"previsível"*, sem arbitrariedades e vinculado ao arcabouço normativo da OMC, (iv) *"competitivo"*, distante das viscosas amarras desleais da concorrência, e (v) que *"ofereça vantagens para os países menos desenvolvidos"*, aplicado, *v.g.*, no caso do "princípio da não-reciprocidade"[63] e, no seu fruto, o "Sistema Geral de Preferência"[64], dando-lhes mais tempo para as necessárias adaptações, sendo mais flexível e concedendo privilégios especiais (*"principe de gradualité"*)[65]. Ainda, de modo a confir-

---

[60] V. NASSER (1999:44).

[61] Cf. LAFER (1998:24ss), ao afirmar que estas normas fundamentais, visto que *"o mercado não opera no vazio, não é um arranjo espontâneo, é uma ordem que exige normas jurídicas, nacionais ou internacionais"*.

[62] O princípio do "tratamento nacional" é uma regra de não-discriminação que prevê a equivalência de tratamento entre o produto importado, quando este ingressa no território nacional, e o seu produto similar nacional, a condenar qualquer discriminação no que diz respeito ao comércio de bens, de serviços e de propriedade intelectual.

[63] Presente no Artigo XXXVI, 8, do GATT, o "princípio da não-reciprocidade" visa estabelecer *"a prática de um tratamento discriminatório 'a favor' dos países em desenvolvimento (...) como regra válida do comércio internacional"* (ALMEIDA, 1998:163), e funciona como resposta aos reclames dos PED, que consideravam impraticável aceitar o pleno funcionamenento da regra da "nação mais favorecida" haja vista as suas condições de não-industrialização impossibilitarem o equilíbrio nas trocas e raramente conseguir alcançar quaisquer benefícios comerciais.

[64] O Sistema Geral de Preferências (SGP), definido no primeiro encontro da Conferência das Nações Unidas para o Comércio e o Desenvolvimento (1964), constitui um *sistema oficial* no qual os países desenvolvidos concedem redução parcial ou total nas tarifas de importação incidentes sobre certos produtos quando originários e procedentes de países não-desenvolvidos, *"dentro de certos limites de ordem técnica ou institucional"* (BÉLANGER, 1999:211).

[65] Cf. BALASSA (1986:187), o qual prescreve este princípio como um reconhecimento acerca da *"nécessité d'accorder aux pays en développement un traitement spécial et différentiel, et donnent une base légale à ce traitement"*. Assim, como aproximadamente

mar a sua característica de *unicidade*, as normas adotadas pela OMC vêm estabelecidas nos seus respectivos acordos e podem ser classificadas em normas de "princípios gerais" (orientadoras do comércio entre os países), de "liberalização comercial" (assuntivas de compromissos comerciais a envolver alíquotas, barreiras etc.), de "exceção" (permissivas de uma inaplicabilidade irrestrita das normas), de "práticas desleais" (promotoras de mecanismos de proteção contra tais práticas) e de "resolução de controvérsias" (informadoras da estrutura e funcionamento dos órgãos encarregados de aplicar as normas anteriores e dos mecanismos de fiscalização das políticas comerciais dos seus membros)[66].

Embora regularmente malfadada[67], a OMC pretende (e já com certo êxito) colocar um fim no antagonismo campal em que se propendia a eternamente fixar os Estados *norte-ocidentais* (desenvolvidos) e os *sul-orientais* (em desenvolvimento), cujo mapa caracterizava-se pela consolidação de uma nítida linha divisória entre ambos, mas que hoje, conquanto ainda apresente esbatidos sinais delineares e ressinta da forma deturpada com que alguns acordos comerciais são estabelecidos, que

---

dois terços dos membros da OMC são países considerados como "não desenvolvidos", além do SGP, todos os acordos no âmbito da OMC incluem disposições especiais para estes países, seja com períodos de transição ou prazos mais dilatados para cumprir de modo integral os compromissos existentes, seja com medidas destinadas a aumentar as suas oportunidades comerciais, via um maior acesso aos mercados ou mediante dispositivos que salvaguardem os seus interesses, ou, ainda, na forma de assistência para ajudá-los a criar a infra-estrutura necessária para levar a cabo as tarefas relacionadas à OMC – todavia, fixam-se mais no discurso retórico e menos na atitude prática.

[66] Elenco disposto por NASSER (1999:45ss), aos enfatizar que *"a existência desses diversos grupos de normas (...) constitui um resultado que está em sintonia com a evolução histórica da concepção sobre o papel que o Estado deve desempenhar enquanto agente regulador da economia"*.

[67] Deve ser observado que a OMC ainda é encarada com ressalvas e como um organismo "dupla-face". Por um lado, é considerada, ao lado do Banco Mundial e do FMI, o *bastião* formador do tripé das organizações internacionais que trabalham sob um modo "legal" de ser avalizado o interesse oculto dos países hegemônicos em detrimento dos periféricos – nestes termos, GUIMARÃES (1999:32) arrola-a ao lado da ONU, OTAN, G-7, OCDE e FMI como pertencentes à *"primeira estratégia de preservação e expansão das estruturas hegemônicas de poder, [que] se verifica através da expansão das organizações internacionais sob seu controle"*; por outro, é encarada como o instrumento necessário e facilitador à elevação global do nível de vida, dos empregos e do bem-estar, principalmente nos países periféricos, na medida em que liberaliza, de modo normatizado, o comércio mundial, além de propiciar – se tal medida vier a ser comparada com outros momentos das relações econômicas internacionais – que países política e economicamente mais frágeis possam ingressar no mercado global com menos desequilíbrio.

negam o livre comércio e prejudicam a generalidade dos países – em especial os países não desenvolvidos –, colore-se de alguma tenuidade e leva a OMC a despontar como um dos principais meios condutores à liberdade comercial e ao desenvolvimento de todos países.

Ademais, observa-se que à OMC não cabe assumir (ou pretender) um papel de pancresto universal para o equilíbrio sócio-econômico entre as nações[68], como hoje demonstra ao pretender exorbitar o seu papel de organismo libertador (e regulador) do comércio para, também, avançar no domínio do meio ambiente e do trabalho; todavia, admite-se tratar de uma das entidades mais eficientes (e confiantes) do âmbito mundial, a representar um rumo *liberalizante* das relações comerciais, como jamais institucionalizado, e destinada a garantir um equilíbrio global dos direitos e obrigações, reforçado pela existência de regras vinculativas que garantem a transparência dos seus atos e das suas normas, eleitas para coibir a não-discriminação e o protecionismo dos Estados, então contrários às novas regras do comércio internacional.

1.1.3. Das Teorias do Comércio Internacional: Clássicas e Neoclássicas

Fora visto que o avanço das relações internacionais progrediu mediante a liberalização das economias nacionais e, conseqüentemente, mostrar-se-á que esse progresso consistira em produto da aplicabilidade das teorias do comércio ou das trocas internacionais, então dinamizadoras das conexões econômicas responsáveis pelas condutas transacionais dos países e permissivas de uma especialização na divisão do trabalho e da produção em grande escala com a redução dos custos.

ADAM SMITH e DAVID RICARDO, no tentame de conseguir persuadir seus Estados das vantagens do livre comércio, desenvolveram, respectivamente, as teorias clássicas da vantagem absoluta (no século XVIII) e a teoria da vantagem comparativa (no século XIX).

SMITH ensina na sua "Teoria da Vantagem Absoluta" que cada país deveria especializar-se nas áreas em que produz a menores custosque outros, beneficiando-se se exportasse mercadorias dessas áreas e impor-

---

[68] NUNES (2002:22) critica a posição da OMC de colocar a liberdade das trocas comerciais acima de tudo e *"considera o 'comércio livre' quase como uma panacéia capaz de resolver todos os problemas"*.

tasse-as das demais; assim, justifica a importância do comércio internacional em razão de estimular os países a especializarem-se naquelas vantagens naturais que possuíssem, porquanto *"as vantagens naturais que certo país tem sobre outro na produção de mercadorias específicas são as vezes tão grandes que o mundo inteiro reconhece que seria inútil lutar contra elas. (...) [pois] enquanto um desses países possuir essas vantagens e o outro carecer delas, será sempre mais vantajoso para este último comprar do primeiro que fabricar por si mesmo"*[69].

Destarte, defendeu SMITH que a existência de negociações internacionais submeter-se-ia à verificação de *diferenças absolutas* nos custos de produção entre as nações, uma vez que essas consolidar-se-iam como o *"dínamo do comércio internacional"*[70]. Em resumo, buscava-se uma produção pelos menores custos possíveis em termos absolutos ou custos absolutamente mais módicos (no caso menos horas de trabalho), cuja vantagem, além de caber ao próprio país exportador, abraçaria também todos os países, cujos povos comprariam com preços melhores e cuja vida econômica especializar-se-ia, com um aumento na produção e nos empregos.

A "Teoria das Vantagens Comparativas" (ou "Relativas") de DAVID RICARDO aprofunda a teoria smithiana e passa a demonstrar que mesmo quando um país capacita-se a produzir diversos bens a um menor custo que outros – apresentando uma "vantagem absoluta" na produção dos dois bens (ou de todos) –, ainda assim ele terá maior vantagem se, ao contrário, estiver concentrado apenas na produção daquela mercadoria em que a sua "vantagem comparativa" seja a maior[71].

Nesta concepção, os países *exportam* os bens produzidos de modo relativamente eficiente e, em contrapartida, *importam* os bens produzidos de maneira relativamente ineficiente, sempre sob o princípio da *vantagem comparativa* de se produzir o bem que apresente o menor "custo de oportunidade" na sua produção[72]. Assim, ao conceber que as produtividades relativas do trabalho diferem entre as indústrias dos distintos paí-

---

[69] Cf. SMITH (2003:570ss).
[70] Cf. GALVES (1996:357).
[71] Como exemplos de sua aplicação, entre outros, v. HUGON (1959), HUNT (1999) e PORTO (2004:399).
[72] Embora não citado por DAVID RICARDO, o "custo de oportunidade" indica o custo de algo em relação a uma oportunidade renunciada, *i.e.*, o montante que um recurso poderia render no melhor de seus usos alternativos. Assim, KRUGMAN *et* OBSTFELD (2001:15) admitem que um país terá *"vantagens comparativas na produção de um bem se o custo de oportunidade da produção do bem em termos de outros bens é mais baixo que em outros países"*.

ses, estimula ao máximo a especialização de cada país na produção de bens diferentes, o que resulta em ganhos de comércio mútuos – dependendo a sua repartição dos *termos de troca* existentes – e a minimização dos referidos custos de oportunidade.

Na teoria ricardiana, portanto, haverá dois tipos de ganhos do comércio: *(i)* o aumento da produtividade, como derivado da representativa mão-de-obra – e conseqüência da vantagem comparativa existente; e, *(ii)* o aumento do nível do consumo, como derivado do aumento de renda – e resultado da necessidade de mercadorias serem importadas). Ainda que este modelo não seja uma completa e adequada descrição das causas e conseqüências do comércio mundial[73], as suas duas implicações principais – a importancia das vantagens comparativas (e não das vantagens absolutas) e a preponde-rância das diferenças de produtividade no comércio internacional – *"parecem ser corroboradas pela experiência (...) e têm sido confirmadas por um grande número de estudos"*[74].

Assim, como maneira de serem aperfeiçoadas as lacunas deixadas pelos clássicos, exsurge a *teoria neoclássica* do comércio internacional, cujo principal modelo remete aos economistas ELI HECKSCHER e BERTIL OHLIN – "Teoria Heckscher-Ohlin" (TH-O) – e no qual se demonstra que as vantagens comparativas são influenciadas pela *interação* entre os recursos da nação (a abundância relativa dos fatores de produção) e a tecnologia de produção (a intensidade no uso de diferentes fatores na produção de diferentes bens), a afirmar que todos os fatores de produção podem ter efeito na diferença de custos entre os países, e não apenas o fator trabalho como admitido pelos clássicos.

Como fonte explicativa às vantagens das trocas comerciais, a TH-O – também denominada "Teoria da Proporção dos Fatores" – fundamenta-se na diferente dotação em fatores de produção de cada mercadoria (terra, trabalho e capital) e em cada país, expandindo, logo, o limitado "custo comparativo-trabalho" dos clássicos para alcançar o "custo comparativo-oportunidades", a culminar na aquisição global de produtos menos custosos, como se os países *"estivessem importando os fatores de*

---

[73] KRUGMAN *et* OBSTFELD (2001:32ss) demonstram como principais motivos desta *imperfeição*: *i)* o grau extremo de especialização previsto; *ii)* os efeitos brandos e indiretos provocados pelo comércio internacional sobre a distribuição de rendimentos; *iii)* a não permissão de nenhum papel para as diferenças de recursos entre os países como uma causa do comércio; e, *iv)* a ignorância do papel das economias de escala como uma causa do comércio (não explicando os grandes fluxos comerciais entre nações aparentemente similares).

[74] Cf. KRUGMAN *et* OBSTFELD (2001:35ss).

produção que lhes são escassos e de que necessitariam para produzir o importado"[75].

Assim, nas palavras de Ohlin, a causa do comércio internacional estaria *"in a difference in the relative scarcity of productive fators, wich in each region manifests itself in lower absolute prices of some fators and goods and higher prices of other fators and goods relative to those abroad"*[76], o que vem sublinhar a explicação da TH-O, ou seja, cada país está propenso a se especializar e a exportar o bem que requer uma utilização mais intensa de seu fator de produção abundante[77] – em termos gerais, *"uma economia tende a ser relativamente mais eficaz na produção de bens que são intensivos no fator com o qual o país é relativamente bem dotado"*[78].

Ao final, Heckscher e Ohlin concluem que a livre circulação internacional dos produtos equivaleria à livre circulação mundial dos fatores[79] e que essa livre concorrência entre os países[80] permitiria a uniformização das rendas dos fatores em todo o mundo.

---

[75] Cf. Galves (1996:358).

[76] Cf. Ohlin (1991:88), como também, de modo uníssono, preclara Heckscher (1991:48) ao afirmar que *"a difference in the relative scarcity of the fators of production between one country and another is thus a necessary condition for differences in comparative costs and consequently for international trade"*, embora entenda ainda a existência de uma outra condição, *'that is the proportion in which the fators of production are combined not be the same for one commodity as for another"*.

[77] Nestes termos, Ohlin (1991:90) conclui que *"exports from one region to another will on the whole consists of goods that are intensive in those fators with which this region is abundantly endowed and the prices of which are therefore low; if, on the other hand, those goods that would be expensive to produce in [a country] A are imported from others regions, then it follows that imports generally consist of goods that embody relatively large quantities of fators that are relatively scarce and expensive in the importing region"*.

[78] Cf. Krugman et Obstfeld (2001:75), os quais assinalam que *"uma economia com alta proporção terra/mão-de-obra vai ser relativamente melhor na produção de alimentos que a economia com baixa proporção terra/mão-de-obra"*. Ainda, de acordo com Ohlin (1991:90), *"each region has an advantage in the production of those goods intensive in the fators of production that are particularly cheap in that region,*

[79] Esta relação entre livre comércio e livre mobilidade de fatores foi descrita por Heckscher (1991:63) da seguinte forma: *"free trade alone guarantees the same relative and absolute process of the fators of production in different countries; the mobility of the fators of production alone always guarantees the same prices of the fators in different countries, but nor proportionality among the quantities of these fators; free trade and perfect mobility taken together assure proportionality among the quantities of the fators"*.

[80] Existem divergências doutrinárias no tocante à assertiva de que as nações funcionam como uma grande corporação que compete no mercado internacional. Dentre

Destarte, a despeito da constatação de algumas antinomias[81], resta a teoria considerada como *"extremamente útil (...), vital para o entendimento dos efeitos do comércio"*[82]; entretanto, atualmente, se houver um confronto entre tal teoria do comércio internacional e o que acontece na vida econômica internacional, observa-se que ela não se aplica em "estado puro", em virtude do mundo não ser ideal e retilíneo, o que a torna incompleta por se basear *"no modelo irreal da concorrência perfeita entre as economias das diferentes nações, situação que não se encontra sequer no plano interno das economias nacionais"*[83].

Assim, com alguns complementos (e contrapontos) à TH-O, desponta uma renovada teoria do comércio internacional, cuja figura de proa é PAUL KRUGMAN, e que vem explicar os novos fenômenos característicos do comércio internacional, especialmente relacionados *(i)* com o fato desse desenvolver-se com maior intensidade entre as nações mais desenvolvidas cujas dotações fatoriais têm poucas diferenças ("rendimentos de escalas crescentes"), ao contrário da essencialidade de diferentes características entre as nações admitida pela TH-O, e *(ii)* com o dinâmico e significativo avanço do comércio internacional intra-setorial ("diferenciação de produtos"), cuja existência era incompatível com a visão anterior da *especialização* internacional[84].

Diante disso, essa nova teoria vem (tentar) fundamentar as duas proposições citadas com base, essencialmente, no *"desenvolvimento simultâneo das hipóteses de rendimentos de escala crescentes e da diferenciação dos produtos"*[85], momento no qual as trocas comerciais são intentadas e otimizadas pelos Estados via o aumento do tamanho das empresas (*microescala*) ou do crescimento geral do setor ao qual pertence a empresa

---

estes autores, PAUL KRUGMAN sobressai como porta-voz, ao admitir que *"a idéia de que o sucesso econômico de um país seja, em grande parte, determinado por seu desempenho no mercado mundial é uma hipótese, não necessariamente uma verdade; e, em termos práticos, empíricos, essa hipótese é totalmente equivocada; ou seja, simplesmente não é verdade que as grandes nações do mundo estejam, em algum sentido, competindo economicamente entre si ou que qualquer de seus grandes problemas econômicos possa ser atribuído à incapacidade de competir no mercado mundial"* (KRUGMAN, 1999a:04).

[81] Principalmente relacionada com o "paradoxo de Leontief" – v. PORTO (2004: 404ss).

[82] Cf. KRUGMAN *et* OBSTFELD (2001:86).

[83] Cf. GALVES (1996:358).

[84] Nestes termos, RAINELLI (1998:39) explica que há este comércio intra-setorial quando *"um país importa e exporta simultaneamente os mesmos bens"*.

[85] Cf. RAINELLI (1998:56).

(*macroescala*) conjugados com as variedades e as particularidades diferençais dos produtos comercializados.

Isto posto, em uma síntese dessas teorias, salvo os casos mais acentuados de distorções ou falhas de mercado[86], firma-se uma tese na idéia de que o comércio internacional, a abertura e a liberalização comercial representam alternativas bastante viáveis, pois são capazes de aumentar o crescimento econômico e o bem-estar geral da população, principalmente nos PED[87]; entretanto, não se pode olvidar que o comércio puro e simples – e tão-somente assente nas vantagens comparativas – não conduz, necessariamente, à igualdade ou ao desenvolvimento semelhante[88], cabendo aos Estados a construção efetiva, estável e solidária de um projeto de desenvolvimento do qual o comércio internacional revela-se apenas um dos seus instrumentos de sustentação, afinal, *"(...) o comércio não deve constituir um fim em si mesmo, como se o comércio fosse a estrada real para o desenvolvimento; o comércio mundial e a liberdade de comércio devem ser um instrumento ao serviço do desenvolvimento"*[89].

---

[86] Embora parte da doutrina também admita que, nestes casos, *"(...) a via correcta de intervenção (não distorçora) é a via também interna"* (PORTO, 2002:165).

[87] BALASSA (1986:137) professora que, de modo geral, *"l'expansion du commerce international a des effets favorables sur la croissance économique; en plus de l'amélioration de l'allocation des resources en fonction de l'avantage compartif, ces effects tirent leur orige de l'exploitation des économies d'échelle obetenus par la construction d'établissements de plus grande taille (...), de la réduction de la variété des produits dans chaque établissement (...), de la plus forte spécialisation dans la production des pièces, composants, et acessoires (...), comme des modifications de technologie qui sont stimulées par la concurrence étrangère"*.

[88] Convém indicar MYRDAL (1979:65ss), ao insistir que *"tanto en el nivel internacional como en el nacional, el comercio, por sí mismo, no conduce necesariamente a la igualdad (...) el comercio, por sí mismo, no conduce a un desarrollo semejante"*. Sobre a negativa visão do comércio sobressai a tese (neo)mercantilistas, a qual afirmar que *o livre comércio expõe a economia às vicissitudes e instabilidades do mercado mundial (...) destacam que ela [a especialização] reduz a flexibilidade, aumenta a vulnerabilidade da economia aos acontecimentos indesejáveis, subordina o mercado interno à economia internacional, ameaçando a indústria doméstica da qual dependem o emprego, a segurança nacional e outros valores dignos de proteção"* (AMARAL JR., 1998:79).

[89] Cf. NUNES (2003c:123). Nessa linha, é o mesmo o discurso de CHOMSKY (2003: 275), ao asseverar que *"o comércio, evidentemente, não tem valor em si; é um valor para se fomentar o bem-estar humano"*, e de SEN (2000a:295), ao comentar sobre o crescimento com desenvolvimento dos países do leste e sudeste asiático: *"não foi apenas a abertura das economias – e seu maior apoio no comércio interno e internacional – que levou à rápida transição econômica nessas economias; os alicerces foram assentados também por mudanças sociais positivas, como reformas agrárias, difusão da educação e alfabetização e melhores serviços de saúde"*.

1.1.4. Da Globalização: o Ambiente Atual em Exposição

Caso se pretendesse um distante retrocesso, poder-se-ia observar que o entrelaçamento econômico dos povos teve início ainda na pré-história – mas, não se irá tão longe; todavia, deve-se, todavia, registrar o fato dele não se constituir um fenômeno recente, visto que é arroupado com a veste nominal da "globalização" já a partir dos portugueses e das suas expedições marítimas[90], e tem, ao longo do tempo, assumido diferentes conotações: cultural (diante do mundo helênico), política (no mundo romano), econômica (com o mundo ibérico dos descobrimentos) e religiosa (pelo poder da fé, como no mundo cristão).

Entretanto, passado o (pouco) *romantismo* que caracterizou esta época, cuja globalização progredia em marcha lenta e invariavelmente segmentada, hodiernamente o seu progresso atinge uma velocidade altíssima, em cruzeiro, e vem em bloco, fundida em múltiplos sentidos e presente em todos os rincões e em todas as classes, seja ativa ou passivamente, seja participativa ou impositiva, seja para o bem ou para o mal.

Indubitavelmente um fenômeno paradoxal, assinalado por princípios e frutos *chocantes* ou *antitéticos*[91], o atual processo de *globalização* – e também de mundialização – surge como uma das noções-chave da evolução do sistema econômico internacional e da *(neo)liberalização* global das economias. Em suma, trata-se de um *"projecto político"*[92] que consiste na internacionalização máxima dos fatores de produção, via a interligação generalizante dos mercados, impulsionada pela revolução no sistema de transportes e na tecnologia da informação ("terceira revolução industrial")[93] e culminando na desterritorialização das atividades capita-

---

[90] Neste sentido, v. VINDT (1999).

[91] BARRAL (1998:147) identifica vários paradoxos no fenômeno da globalização: *"o primeiro deles se refere justamente ao papel devido da entidade estatal, [pois], com efeito, a minimização do Estado convive com o fato de que este mesmo Estado constitui o único garante dos direitos individuais e o único fator de equilíbrio de mercado (...) um segundo paradoxo se refere justamente ao papel da sociedade, afinal a debilitação dos valores inter-individuais, em prol do individualismo, convive com a necessidade de organização da sociedade civil e com a urgência de se criarem mecanismos de controle social autônomos do Estado"*.

[92] Cf. NUNES (2003d:54), ao asseverar que a globalização *"não é um 'produto técnico' deterministicamente resultante da evolução tecnológica"*.

[93] Diante disso, alguns autores admitem uma "terceira evolução industrial", como afirma COHEN (1997:75): *"deux siècles après une première révolution industrielle qui a*

listas e na criação de um mercado mundial, cujo resultado, se processado em medidas solidárias, equilibradas e controladas, é o aumento do bem--estar geral – ainda que, de modo plangente, venha a exorbitar o *mundu œconomicus* para ingressar no libidinal e medúsico mundo do *pensée unique* ideológico e cultural[94].

Dentre os elementos caracterizadores da "globalização econômica"[95], nomeadamente a *transnacionalização da produção*, o *consumo massivo e apátrida* e a *integração desnacionalizada do capital errante*, é nessa última que residem os maiores problemas[96].

Assim, essa "globalização financeira" – quando utilizada para fins dissimulados, à sombra de uma *"economia de casino"*[97] e revestida de abusos e descompassos econômicos via a *nomadização do capital* – vem apresentar substanciais riscos à economia mundial, acentuando a

---

créé le chemin de fer, un siècle après la seconde révolution industrielle qui a produit la voiture et l'avion, nous nous engageons inexorablement dans une révolution qui fait de chacun de nous le moteur immobile d'une infinité de déplacements virtuels: la révolution informatique".

[94] Esta globalização que pode, então, consolidar-se apenas como *"instrumento de domínio por parte dos produtores da ideologia dominante, a ideologia do pensamento único, a ideologia da massificação dos padrões de consumo, dos padrões de felicidade, a ideologia que impõe a sociedade do consumo como paradigma de desenvolvimento, a ideologia que pretende anular as culturas e as identidades nacionais"* (Nunes, 2002:16)

[95] No tocante à globalização da economia, Santos (2002:251) assinala quatro traços da evolução da economia mundial nas ultimas décadas: *"a deslocação da produção mundial para a Ásia consolidando-se esta como uma das grandes regiões do sistema mundial, (...), a primazia total das empresas multinacionais, enquanto agentes do mercado global, (...), a erosão da eficácia do Estado na gestão macro-económica, (...), o avanço tecnológico"*. Por sua vez, Giddens (1997:71ss) entende a globalização sob outras quatro dimensões interdependentes: *i)* o "sistema de Estados-nação"; *ii)* a "economia capitalista mundial"; *iii)* a "ordem militar"; e *iv)* a "divisão internacional do trabalho".

[96] Entretanto, na sua essência, se este caráter *cigano* resumir-se apenas ao fato de as indústrias minorarem a importância do fator nacional em prol das vantagens relacionadas aos ganhos de escala, à redução de custos e à diversidade de produtos, e alcançados mediante uma multiplicação dos terrenos fabris, resta claro que todo o processo deva ser bem-visto e a problematicidade sensivelmente minorada.

[97] Cf. Nunes (2002:16), que descreve as características desta globalização financeira: *"desintermediação"* (a perda de importância da intermediação dos bancos nos mecanismos ligados ao crédito), *"descompartimentação"* (o fim das fronteiras entre os mercados) e a *"desregulamentação"* (plena liberalização dos movimentos de capitais).

instabilidade e a *incerteza* no funcionamento da economia e prejudicando os Estados alvos desses rompantes especulativos centrados no *capital-voador*, cuja navegação está no cerne desta "globalização do capitalismo" que enseja um *"processo de internacionalização do capital [que] é, simultaneamente, um processo de formação do capital global"*[98].

As conseqüências desse *"shopping center global"*[99], fruto da globalização com a internacionalização do capital produtivo, também crepitam no *universo sócio-laboral*, com a crescente participação de novos atores – como a consolidação da OIT no posto de maior entidade reguladora da matéria – e, embora bastante *desdita* nesse aspecto, capaz de se revelar um processo criador de melhores e maiores padrões de trabalho; da mesma forma, alcança o *mundo júridico*, por meio das idéias de uma *lex mercatoria* – mormente no plano do direito internacional privado – e das resoluções estabelecidas e administradas pelas suas organizações internacionais, como o caso da OMC – maiormente no plano do direito internacional público –, cujos programas almejam um quase "direito mundial", com normas de alcance amplo e caracterizadas por uma busca de *legitimidade*, via a criação de normas supra-internacionais a serem respeitadas pelos membros das instituições internacionais e de *factibilidade*, a denotar uma exeqüibilidade harmônica em face das múltiplas disparidades a envolver os atores políticos no cenário global[100].

Assim, manifestam-se certas rupturas institucionais nas estruturas jurídico-políticas existentes, por intermédio, segundo JOSÉ EDUARDO FARIA (1998:12ss), *(i)* da desconcentração do aparelho estatal, com *"a descentralização de suas obrigações, a desformalização de suas responsabilidades, a privatização de empresa públicas e a 'deslegalização' da legislação social"*, *(ii)* da internacionalização do Estado, com o advento

---

[98] Cf. IANNI (2004:70).

[99] Cf. IANNI (2004:63ss), ao trazer a idéia da *"fábrica global"* como resultado da intensificação da internacionalização do capital, cujo contexto mostra *"que o capital se torna ubíquo, em uma escala jamais alcançada"*.

[100] Segundo DELMAS-MARTY (2002:16), *"a questão está em saber se a globalização do Direito é factível apesar das tensões atuais entre a globalização econômica e a universalização dos direitos do homem; tensões ainda acrescidas do fato de que a ordem jurídica do mercado e aquela dos direitos do homem estão se construindo separadamente"*, ao se referir ao duplo encabeçamento institucional, com o crescimento da OMC perante a ONU.

dos *"processos de integração formalizados pelos blocos regionais e pelos tratados de livre comércio"* e *(iii)* da expansão de um direito paralelo ao dos Estados, de natureza mercatória, decorrente da *"proliferação dos foros de negociação descentralizados estabelecidos pelos grandes grupos empresariais".*

Em decorrência desses (e de tantos outros) efeitos que se extrai do processo de *mundialização*, mormente pela sua repercussão na estrutura do Estado Nacional e na organização de sua atividade econômica, é mister ressaltar que, dialeticamente[101], tais processos (acessórios ou motivacionais) trazem consigo mecanismos que visam a potencializar (ou resgatar) a *legitimidade*, a *capacidade* e o *equilíbrio* do Estado na gestão da crise e das adversidades que o cercam[102], mormente àquelas referentes ao extenso, difuso e antagônico colégio de interesses e de necessidades que caracterizam os diversos Estados do globo, razão pela qual os brados de repulsa a esse processo são marcantes e de importante configuração em ambos os lados.

Dessas considerações, portanto, deve-se não olvidar da necessidade de uma gestão prudente do processo, a fim de respeitar não apenas o *ritmo* e as *etapas* da liberalização do comércio, mas as *vicissitudes* e a *estabilidade-sustentabilidade* das economias nacionais, ou seja, uma gestão marcada por medidas destinadas a favorecer – licitamente e dentro do perímetro permitido pelas organizações internacionais (e pelas próprias leis nacionais) – os produtores domésticos, baseadas nos investimentos públicos em infra-estrutura, nas reformas financeiras que ampliem as possibilidades de obter crédito e nas políticas públicas que promovam a formação dos trabalhadores em novas especializações, profissões ou atividades técnicas e que fomentem as exportações.

---

[101] Acerca desta natureza dialética da globalização, GIDDENS (1997:73) atesta que *"one aspect of the dialetical nature of globalisation is the 'push and pull' between tendencies towards centralization inherent in the reflexivity of the system of states on the one hand and the sovereignity of particular states on the other".*

[102] Dentre essas adversidades, insta transpor as palavras de SANTOS (2002:251), ao aduzir que *"a desregulação dos mercados financeiros e a revolução das comunicações reduziram a muito pouco o privilégio que até há pouco o Estado detinha sobre dois aspectos da vida nacional – a moeda e a comunicação – considerados atributos da soberania nacional e vistos como peças estratégicas da segurança nacional"*, cujo reflexo motivaria a uma progressiva fragilidade estatal e a sua transfiguração em "quase--Estados".

Entretanto, ante ao maior conjunto de *benfeitorias* – se bem adotada[103] – que de *malfeitorias* – em seu uso vil[104] –, o processo da globalização permite consolidar-se como um interessante e promissor caminho para o (mais equânime) desenvolvimento dos países, ou, melhor ainda, consegue significar um sinal de luz para o início de uma nova realidade para os PED.

---

[103] Bastante realista com o fim que o processo de globalização pode alcançar, SEN (2000b:129) professa que *"la mondialisation de l'économie, ce phénomène que tant de gens et de populations en situation précaire observent avec effroi, peut se muer en un processus efficace et fécond pour peu que nous sachions envisager dans une optique assez large les conditions que régissent nos vies et notre travail; il importe de promouvoir par une action réflechie les réformes sociopolitiques et économiques nécessaires pour transformer une perspective redoutée en une réalité positive"*. Outrossim, grandes defensores da globalização – como BHAGWATI (2004:61) e KRUGMAN (1999b:68) – também não deixam de fazer as suas ressalvas, mormente relacionadas à inadmissibilidade do *crescimento econômico* como via única.

[104] Sob essa perspeciva do fenômeno, e "para não dizer que não se falou das flores", v. BAUMAN (1999), já como um dos mais importantes críticos das idéias e das propostas contidas no processo de globalização – para quem ela consiste em *"uma palavra da moda que se transforma rapidamente em um lema, uma encantação mágica, uma senha capaz de abrir as portas de todos os mistérios presentes e futuros"* – e FORRESTER (1997), que sugere a ausência radical de perspectiva de sobrevivência das economias (*"o horror econômico"*) e do trabalhador (*"o fim do trabalho"*).

1.2. Da Busca pelo Desenvolvimento

> *O desenvolvimento é uma questão prévia às próprias relações internacionais, que só podem sedimentar-se seguramente se esse problema se resolver; mais ainda, o desenvolvimento é a única forma de criarmos sociedades mais justas, que poderemos transmitir às gerações futuras com a consciência de termos desempenhado o nosso papel no progresso da humanidade, tarefa que deixou de ser possível (se é que alguma vez foi) levar a cabo apenas dentro das fronteiras nacionais.*[105]
>
> Paz Ferreira

1.2.1. Da Paisagem Conceitual, dos Fatores, das Etapas e da sua Relação com o Comércio Internacional

Ainda com certa indiferença e com pouco rigor por parte da doutrina, as noções de "desenvolvimento", "crescimento" e "progresso" econômicos são por vezes sinonimizadas, razão que ora exige um atento olhar em suas conceituações.

Assim, Gilbert Blardone propõe uma clara definição a cada elemento e esclarece uma ordem crescente de conceitos perante um cenário ótimo nacional: crescimento (um fenômeno quantitativo, representado pelo *"aumento contínuo da produção ou do produto nacional em um longo período de tempo"*), desenvolvimento (*"criação de um verdadeiro circuito econômico na nação"* por intermédio de uma transformação das estruturas sociais, políticas e culturais) e progresso (*"melhoramento das condições da vida para a maioria da população"*), a representarem modos conjugados mas não obrigatoriamente inter-relacionados ou conjuntamente atuantes[106], razão pela qual os Estados buscam políticas que as tragam reunidas e com efeitos simultâneos, a fim de se alcançar uma sustentável mudança econômico-social, com um melhor e mais bem equilibrado bem-estar via o aumento real, contínuo e permanente da renda *per capita* a longo prazo.

---

[105] Eduardo Paz Ferrreira, *in* "Valores e Interesses".
[106] Bladorne ([*Le Circuit Économique*, 1962] apud Ferreira, 1993:37) afirma ser *"possível que as instituições e estruturas sociais não se adaptem às exigências de tal crescimento, podendo ocorrer um crescimento sem desenvolvimento, ou ainda sem o melhoramento das condições de vida da população; (...) é certo que podendo ocorrer desenvolvimento de uma maneira desequilibrada, não harmônica, em favor de certas classes, grupos, regiões do país e em desproveito de outros, em suma ter-se-ia desenvolvimento sem progresso".*

Porém, ainda que às vezes tenha o estatuto de um puro *"corolário do crescimento"*[107] e que venha sinonimizado com o termo "progresso" (no momento em que transforma *"os progressos particulares num progresso do todo social"*[108]), ampla doutrina admite o "desenvolvimento" como um estágio final e maior da política nacional, pois que transforma as estruturas produtivas, econômicas, sociais e institucionais do Estado.

Destarte, há diversas definições para a noção de "desenvolvimento", fundamentadas em perspectivas razoavelmente distintas: algumas "econômico-pragmáticas", como a proposta por ROBERT BALDWIN *et* GERALD MEIER, ao entenderem o desenvolvimento *"como o processo pelo qual a renda real de uma comunidade aumenta a longo prazo"*[109]; outras "institucionais", como a firmada por FRANÇOIS PERROUX, ao defini-lo como *"a combinação das transformações de ordem mental e social duma população que lhes possibilitam o aumento cumulativo e duradouro do seu produto real global"*[110], ou por JOSEPH SCHUMPETER, quando o define como *"un cambio espontáneo y descontinuo en los causes de la corriente, alteraciones del equilíbrio, que desplazan siempre el estado de equilibrio existente con anterioridad"*[111]; outras mais "subjetivas", como a estabelecida por LOUIS LEBRET, o qual se refere ao desenvolvimento como *"a passagem de uma situação menos humana para uma situação*

---

[107] Cf. MARQUES (1988:25), o qual enxerga "desenvolvimento" e "crescimento" como *"fenómenos dinâmicos de longo prazo"*, sendo que o primeiro *"tem um caráter essencialmente funcional em relação ao do crescimento"*. Acerca da importância do crescimento econômico para o desenvolvimento, porém, insta expor a idéia de MISHAN (1976:29ss), crítico do desmedido crescimento econômico procurado pelos Estados, ao afirmar que, embora *"não exista prova evidente indicando que o processo de crescimento econômico os favoreça"*, apenas *"pode-se admitir a importância de crescimento econômico em uma sociedade indigente, em um país com excessiva população no qual a massa do povo luta pela mera subsistência"*, na medida em que, para os Estados desenvolvidos, o crescimento econômico não é necessário; nestes, o que se precisa é alcançar uma *"distribuição mais eqüitativa do produto nacional e uma melhor alocação de recursos naturais"*, devendo, portanto, haver *"essa mudança em prioridades"* nos Estados.

[108] Cf. PERROUX (1967:179ss), ao admitir o "progresso", na forma de *"um projecto comum a todas as classes da sociedade"*, e os "progressos", que são *"as eficácias de desenvolvimento e de crescimento que, relativas a parcelas ou componentes duma sociedade global, são precisamente dissimuladas pelo cálculo das médias"*.

[109] Cf. BALDWIN *et* MEIER (1968:04), cuja definição vem a simbolizar o fato da renda *per capita* ser o critério mais amplamente adotado pela doutrina e pelos países para a medição do nível de desenvolvimento de cada país.

[110] Cf. PERROUX (1967:155).

[111] Cf. SCHUMPETER (1944:48), ao afirmar que o desenvolvimento consiste em algo novo, em uma "inovação", com profundas raízes sócio-culturais.

mais humana"[112]; algumas "histórico-estrutural", invocadas principalmente por autores latino-americanos, como CELSO FURTADO, que admitia o problema do desenvolvimento fundamentado em um *"determinismo estrutural"*[113]; algumas "globalizantes", como a definição de GUNNAR MYRDAL, que o concebe *"como um movimento ascendente do conjunto do sistema social (...) diz respeito não só a produção, à repartição do produto e às formas de produção, mas também aos níveis de vida, às instituições, aos comportamentos e às políticas"*[114]; umas "libertárias", como a proposta por AMARTYA SEN, ao estabelecer que a noção de um *"desenvolvimento como liberdade"* está relacionada ao intenso investimento para a construção de uma sólida base social, a fim de criar oportunidades sociais e econômicas *eqüitativas* ("democracia econômica") que garantam as liberdades políticas, econômicas e sociais[115]; outras "decisionistas", como a promovida pelos teóricos da idéia do subdesenvolvimento relacionada à *dependência*[116]; e, ainda, algumas "culturais", como a idéia de LAWRENCE HARRISON, ao apregoar que a questão de se alcançar ou não o desenvolvimento depende, apenas, do *"estado de espírito"*[117] de cada Estado.

---

[112] Cf. LEBRET ([*Dynamique Concrete du Développement*, 1961] apud FERREIRA, 1993:39).

[113] Cf. FURTADO (1974:73), ao entender que o desenvolvimento deve buscar a saída para *"uma conexão, surgida em certas condições históricas, entre um processo interno concentrador e um processo externo de dependência"*, a qual não estaria, porém, na unicidade de uma teoria econômica geral.

[114] Cf. MYRDAL ([*Procès de la Croissance*, p. 194. Paris, 1972] apud MARQUES, 1988:28).

[115] V. SEN (2000a:113). A tese social-econômica de AMARTYA SEN traz que *"uma concepção adequada de desenvolvimento deve ir muito além da acumulação de riqueza e do crescimento do PNB e de outras variáveis relacionadas à renda"* (SEN, 2000a:28) e que a visão do desenvolvimento a ser adotada deve residir em *"um processo integrado de expansão de liberdades substantivas interligadas"* (SEN, 2000a:23).

[116] Com a "teoria da dependência", RAUL PREBISH, FERNANDO H. CARDOSO e ENZO FALETTO buscam identificar as condições histórico-políticas de uma relação de dependência da "periferia" em relação ao "centro".

[117] Em sua obra, HARRISON (1985:168) admite que *"a cultura mediterrânea não parece oferecer uma base propicia para a organização de uma sociedade industrial moderna"*, entendendo que este é o fator que mais influencia o desenvolvimento dos países, e que explica por que alguns se desenvolvem mais rápida e homogeneamente que outros. Nesta álea, PERROUX (1967:155) assoma à sua doutrina, ainda que de modo complementar, este fator "psíquico", pois *"o crescimento e o progresso econômico têm raízes profundas no psiquismo dos indivíduos e grupos sociais"*.

Destarte, em virtude das diversas nuances que afetam o termo "desenvolvimento", ora se pretende (e dispõe) um conceito multifacetado, com suas diversas conotações aglutinadas e descritas nas suas idéias mais relevantes – crescimentos econômico e social –, como um processo de mudança estrutural orientado no sentido de consolidar e otimizar o bem-estar coletivo, mediante um crescimento econômico auto-sustentável com o incremento real, contínuo e bem distribuído da renda e o cumprimento, via a provisão estatal, das necessidades vitais da população[118].

Não obstante seja indisfarçável a relação entre o PIB e o grau de *desenvolvimento humano*, exsurge indispensável verificar de qual maneira ocorre a distribuição desta renda interna[119] e como atua o Estado na prestação de seus serviços, ou seja, na realização de seu papel cumpridor do bem-estar social – logo, no cumprimento destas metas desenvolvimentistas, deve *"ser criada a capacidade de um país resolver seus próprios problemas através de métodos adequados aos seu spróprios recursos e às suas condições específicas"*[120], como *modus operandi* de se buscar a satisfação das necessidades básicas de sua população.

E são estas incompatibilidades de rendas, de distribuição, de serviços públicos e de tecnologia que distanciam e distinguem os países ricos dos países pobres, a consolidar a *dicotomia* entre países em "desenvolvidos" e "subdesenvolvidos" – sendo estes, com a pretensão de se oferecer uma maior *dinâmica* e um conteúdo *transitivo* à sua situação, doravante denominados "países em desenvolvimento" (PED). Sabe-se, é impossível descrever todas as diferenças que separam os dois grupos de países e que ilustram os dois mundos existentes, comumente também denominados Primeiro e Terceiro Mundos; assim, cabe indicar os três

---

[118] Esta conceituação faz-se próxima daquela indicada pela ONU em sua "Declaração sobre o Direito ao Desenvolvimento" (1986) – v. PECES-BORBA MARTÍNEZ *et al.* (2001:354).

[119] Com relação ao dilema que envolve *crescimento* e *distribuição*, WILLIAMSON *et al.* (1977:148) lembram três teorias determinantes: *(i)* a "teoria produtivista" ou a "teoria do bolo", que se divide em Teoria Maximalista (o máximo de investimentos nas regiões e nas atividades mais produtivas, para só ao final, preocupar-se com a distribuição) e Teoria Redirecional (promover a distribuição concomitantemente ao crescimento, redirecionando uma massa de investimentos para a satisfação de necessidades básicas); *(ii)* a Teoria Confiscatória, via o confisco patrimonial para a redistribuição, mediante reformas agrárias ou urbanas e tributação; e *(iii)* a Teoria Caritocrática, que privilegia a distribuição de benefícios, mesmo em detrimento da acumulação de capital.

[120] Cf. WILLIAMSON *et al.* (1977:125).

aspectos principais que identificam as economias dos PED, que, resumidamente, são: *(i) desarticuladas*, com a ausência de uma rede homogênea de preços, fluxos e informações no decorrer do território, *(ii) dominadas*, com um fraco papel político-econômico externo, seja perante outros Estados ou mesmo grupos privados, e *(iii) estéreis*, pois não fornecem à maioria da população os básicos recursos a uma vida digna. Dessas características, as quais em seu conjunto fazem perpetuar a incapacidade de um desenvol-vimento, exsurge o "círculo vicioso" – *"un proceso circular y acumulativo que deprime continuamente los niveles de vida y en el cual un fator negativo es, a la vez, causa y efecto de otros"*[121] – ao qual tais países encontram-se acorrentados, uma redoma de pobreza capaz de fazê-los trilhar uma *estrada circular* que os leva, invariavelmente, ao mesmo lugar.

Assim, hoje, a saga dos PED em busca do desenvolvimento apresenta-se assinalada pelos desafios e pelas oportunidades sucedidas com a globalização, a qual exige como motor impulsor[122] a total integração, ainda que evolutiva e estagiária, entre crescimento econômico sustentável, progressos tecnológico e educacional e mudanças estruturais nas condições sociais e institucionais.

A retomar a *faceta econômica* do desenvolvimento, múltiplos são os modelos e os padrões pelos quais a doutrina imagina ser o rumo para esse desenvolvimento, iniciando-se pela fixação de padrões rígidos, uniformes e inflexíveis – nomeadamente o capitalista e o socialista – e chegando a formulação de distintos processos de desenvolvimento, como o extensivo ou intensivo (imiscuída na relação entre a população e os recursos disponíveis – maior ou menor unidade econômica), o dominante ou periférico (em referência ao grau de dependência de um país em relação ao outro) e o espontâneo ou induzido (divididos entre os clássicos e os

---

[121] Cf. MYRDAL (1979:22), momento no qual faz a contraposição ao *"espiral ascendente"* dos países desenvolvidos. e afirmar que *"es obvio que una relación circular integrada por menos pobreza, más alimentos, una salud mejor y uma capacidad mayor para el trabajo sostendría um proceso acumulativo positivo en vez de negativo"*.

[122] NEVES (1993:83ss) identifica quatro motores essenciais de desenvolvimento: *i)* acumulação de capital (*"motor mais comum e importante do desenvolvimento"*, baseado nos modelos clássico e neoclássico, propostos respectivamente por DAVID RICARDO e ROBERT SOLOW); *ii)* inovação (nas palavras de JOSEPH SCHUMPETER, o *"o fenômeno fundamental do desenvolvimento econômico"*); *iii)* vantagem comparativa (a qual é o estimulo para as relações internacionais de comércio e, estas, determinantes do progresso econômico – embora, pela intensa discussão em torno dos benefícios ou malefícios destes relacionamentos, considera-o como o *"motor mais polêmico do desenvolvimento"*); e, *iv)* dimensão de mercado (via o aproveitamento das "economias externas e de escala").

atuais), cuja combinação tríplice redunda em variados "padrões de desenvolvimento"[123].

Ainda, dentre estes processos, não se pode olvidar da teoria de WALT ROSTOW (1961), a qual conjuga a motivação humana às forças sócio--político-econômicas para ser estabelecida a mudança econômica desejada pelo Estado, cuja formação (ou dimensão) desenvolve-se em cinco etapas: a sociedade tradicional, as "precondições para o arranco", o "arranco", a "marcha para a maturidade" e o "consumo em massa". Dentre essas, é com o arranco (*"take-off"*) – definido *"como uma revolução industrial ligada diretamente a modificações radicais nos métodos de produção e exercendo efeitos decisivos num período de tempo relativamente curto"*[124] – que superam as resistências e os obstáculos ao desenvolvimento regular, ora incentivado pela acumulação de capital social, pelo surto de evolução tecnológica da indústria e da agricultura, e, principalmente, pelo acesso ao poder político de um grupo preparado para encarar a modernização da economia e consolidar uma *estrutura interna* de arranco, que assiste a um triunfo político-social definitivo. Além deste cenário de estimulação, ROSTOW ainda considera que o "arranco" possa ser incitado na forma de uma "revolução política", a afetar diretamente o equilíbrio do poder social, o caráter das instituições econômicas e o padrão de distribuição da renda e dos gastos com investimento, ou, também, na forma de um *"novel ambiente internacional favorável"* ou como conseqüência de um *"desafio apresentado pela mudança desfavorável no ambiente internacional"*[125]. Contudo, o que deve ser considerado não é a forma desse estímulo ao *arranco*, mas a conversão desse progresso anterior da sociedade e da economia em uma reação positiva, prolongada e sustentável, assinalada – ainda por ROSTOW (1961:60) – pelo cumprimento simultâneo de três condições: *(i)* um aumento da taxa de investimento produtivo, *(ii)* o desenvolvimento de um ou mais setores manufatureiros básicos e *(iii)* a existência ou surgimento de um renovado arcabouço político, social e institucional.

Como contrapartida a esses processos desenvolvimentistas, despontam os obstáculos que dificultam a sua realização, cujas concepções abar-

---

[123] Nesta senda, dispondo sobre alguns arranjos que caracterizam o processo ou o modelo de desenvolvimento adotado por vários países, v. FERREIRA (1993:49).

[124] Cf. ROSTOW (1961:84), o qual vem introduzir o termo *"take-off"* para caracterizar o momento histórico de transição – de "decolagem" ou "arranco" – de uma sociedade com uma base preponderantemente agrícola para uma sociedade com base preponderantemente industrial.

[125] Cf. ROSTOW (1961:56).

cam teses biológico-raciais, prendem-se ao ambiente de misérias naturais, justificam-se nas religiões, nas explosões demográficas e, de modo mais sensato, coerente e diligente, na deficiência *(ou quase ausência)* de um sistema técnico-educacional, na falta de uma base tecnológica suficiente (ou mínima, que busque utilizar adequadamente os recursos produtivos, a fim de reduzir o seu *technological gap*), na inóqua industrialização e, *last but not least*, em função da maneira de utilização dos excedentes econômicos gerados pelos sistemas econômicos dos PED – e especialmente da agricultura – que depende, substancialmente, *(i)* das estruturas das respectivas sociedades, *(ii)* do seu perfil de estratificação social e *(iii)* da própria situação das classes ante ao poder político.

Ainda, não obstante o desenvolvimento econômico e as suas teorias exponham *"a nu a inexistência de um modelo júrídico de desenvolvimento"*[126], convém traçar certas diretrizes para uma concepção jurídica desse instituto[127] – subsistidas mediante o estreito relacionamento com alguns elementos econômicos e, claro, com as teorias do desenvolvimento supramencionadas –, a qual é apresentada por CALIXTO SALOMÃO FILHO sob três princípios, os quais permearão as idéias indiretas de consecução de melhores padrões sócio-laborais internacionais: *(i)* o redistributismo, a *"grande função do novo Estado (...) [e que] integra o próprio conceito de desenvolvimento"*[128] e cuja forma mais eficaz reconhece-se na conjugação de instrumentos tributários setoriais com medidas regulatórias; *(ii)* a diluição dos centros de poder político-econômico, com a difusão de informações e de conhecimento por toda a sociedade, de modo a previnir que determiandos indivíduos ou empresas concentrem o conhecimento econômico e imponham os seus valores aos demais; e, *(iii)* a cooperação, como conseqüência do ideal distributista e da difusão do conhecimento econômico – ambas reguladoras do auto-interesse, individual ou

---

[126] Cf. SALOMÃO FILHO (2003:24).

[127] Essa análise jurídica do problema, como ensina FERREIRA (2004:159), advém da tentativa de consagrar *"um corpo normativo que desse forma e vida ao direito ao desenvolvimento"*. Para um exame histórico-evolucionista dos estudos dos aspectos jurídicos que permeiam o desenvolvimento, v. também GÓMEZ ISA (1999).

[128] Cf. SALOMÃO FILHO (2003:29). Quando se fala em "redistribuir" deve-se ter a consciência de que, como aduz ARAÚJO (2005:479), *"ao menos neste ponto, o simples e típico cálculo da racionalidade econômica ao serviço da eficiência perde a sua validade, e cede perante valores sociais que transcendem a própria Economia, valores aos serviço dos quais ela não pode deixar de se colocar assumidamente – os mesmos valores de justiça, de solidariedade, de humanidade que justificam a vida em comunidade e lhe conferem uma coesão valorativa, uma razo de ser"*.

grupal –, a qual deve ser condicionada pelo Direito, instrumento que a torna uma alternativa social viável mediante a criação de condições (instituições e valores) férteis para a sua desenvolução.

Assim, como exposto na última parte deste trabalho, esses três princípios permearão as idéias indiretas como alternativas viáveis à mera implementação de cláusulas sociais para a consecução de melhores padrões sócio-laborais internacionais, proclamadas na realização de uma justiça social como política nacional ("redistributismo"), na inclusão de atores ao processo ("difusão de informações e de conhecimentos") e na na conjugação de forças internacionais ("cooperação").

Também é importante analisar a relação existente entre o comércio internacional e o desenvolvimento econômico, a qual vem sendo estudada ao longo dos anos com o objetivo de identificar os principais problemas que os PED enfrentam em relação à deterioração de seus termos de troca com países desenvolvidos, bem como indicar trilhos que orientem para as possíveis soluções e, assim, retomar (ou fazer nascer) o crescimento econômico.

Destarte, como já fora considerado o contexto histórico e institucional dos países envolvidos no processo de desenvolvimento, se torna menos árduo refletir acerca das relações entre a abertura econômica e o crescimento. Nesta direção é importante registrar que o balanço de pagamentos é um elemento essencial para qualquer teoria de crescimento econômico vinculada ao livre-mercado, representando uma importante variável para se delimitar o nível ótimo de abertura que deve estar associado a uma economia específica, uma vez que países de grandes dimensões tendem a serem mais fechados. Além disso, a eleição da melhor estratégia de crescimento para uma nação depende de fatores como a taxa de câmbio, a dinâmica inflacionária, os constrangimentos fiscais, o ambiente internacional etc., a sugerir, portanto, a existência de diferentes e variadas prescrições de políticas relacionando a postura comercial (aberta ou fechada) e o crescimento e que, logicamente, devem considerar as realidades institucionais de cada país, pois, mesmo que se aceite a fundamental importância do comércio para o crescimento, não é possível deixar de lado que as receitas políticas podem ser distintas e específicas a cada nação.

Ainda, GOTFFRIED HABERLER (1976:187) afirma que o comércio internacional pode influenciar positivamente no desenvolvimento econômico por várias formas, preponderantemente: *(i)* na condução à utilização plena de recursos domésticos, antes subutilizados em função da distribuição da geografia desigual dos recursos naturais; *(ii)* na expansão dos mercados e criação das economias de escala; *(iii)* no incentivo e na otimização das transferências internacionais de recursos reais (mão-de-obra, capital, tecnologia, pesquisa etc.) e no crescimento da divisão internacional do trabalho e do comércio; *(iv)* no combate ao monopólio, pois estimula o fluxo de mercadorias.

À guisa de concluir esta prévia e sumária discussão sobre os diferentes desenvolvimentos havidos nos países ricos e nos países pobres, necessária para conferir e oferecer as oportunidades e as estratégias de desenvolvimento à disposição dos países e como modo de alcançá-lo definitivamente como um *direito*, cumpre dispor as palavras de PAUL BARAN, ao sustentar que *"o domínio do capitalista monopolista e do imperialismo nos países adiantados e o atraso econômico e social nos países subdesenvolvidos estão intimamente ligados, representam apenas aspectos diferentes do que é, na verdade, um problema global"*[129].

Eis, portanto, uma problemática cuja solução não está, definitivamente, somente de um lado ou em um ponto, pois, para diminuir os efeitos (quase todos) negativos deste desenvolvimento desigual, criador de uma *sociedade dual*[130], faz-se necessário promover uma viagem conjunta e solidária por parte dos países desenvolvidos em busca da excelência no bem-estar social dos PED, por intermédio da cooperação, do fomento e da liberdade.

1.2.2. Do Desenvolvimento Econômico para o Desenvolvimento *Lato Sensu*

Como visto, a regra nos anos 50 era delimitar o desenvolvimento à fenomenologia da economia, identificado *"essencialmente com o pro-*

---

[129] Cf. BARAN (1977:342). Embora conclua pela impossibilidade dos países atrasados tornarem-se desenvolvidos – como o faz CELSO FURTADO, com o seu "mito", ou seja, *"algo inalcançável no arcabouço de um sistema que destrói recursos naturais, agrava disparidades de renda e tende ainda a produzir uma homogeneização cultural danosa"* (FURTADO, 1974:15) –, BARAN (1977:369) admite que *"longe de ser auxiliada pelos países adiantados, a transição das nações atrasadas para uma ordem social e econômica que lhes assegurassem desenvolvimento progressivo está ocorrendo 'apesar' da resistência feroz das potências imperialistas"*

[130] FERREIRA (1993:42) assinala que *"o desenvolvimento tende a criar uma sociedade dual, dividida em amplos setores, dos quais um representa o moderno e o progressista, enquanto o outro representa o velho e arcaico (...) o núcleo do desenvolvimento tende a drenar as riquezas da periferia, pelas próprias relações de intercâmbio comercial, em que os termos de troca da sociedade nuclear são vantajosos em desproveito da sociedade periférica, a primeira repousando em produtos manufaturados e a segunda da agricultura".*

gresso material, com o crescimento econômico"[131]; hoje, contudo, há uma inflação conceitual em torno do termo "desenvolvimento", o qual se encontra em um processo fragmentário, que acaba por desembocar em uma idéia ampla e multifuncional, o *desenvolvimento sustentável*, ou seja, um desenvolvimento conjuntamente social, humano e econômico, que seja consideravelmente presente a longo prazo e impassível diante de qualquer alteração ou desequilíbrio conjuntural ou mesmo esporádico.

Assim, *prima facie*, o desenvolvimento configurava-se nas arestas econômicas da sua existência, à medida que se confundia com a sua espécie: o *desenvolvimento econômico*; porém, soberano de sua ampla construção, com o tempo apoderou-se das áreas social e humana para adquirir o seu formato integrado ou *lato sensu*, em uma forma intransitiva: *desenvolvimento*.

Desse momento em diante, o conceito de desenvolvimento adquire uma nova dimensão no âmbito institucional, a extrapolar o seu viés simplesmente econômico e a agregar uma acepção social e humana, uma vez que "*a economia de mercado floresce sobre os alicerces desse desenvolvimento social*"[132], dando, pois, privilégios aos "*valores*", aos "*interesses*" e às "*instituições*" da sociedade[133]. Aqui, então, caberia considerar o desenvolvimento econômico como um sinônimo para o "crescimento", sendo ambos, então, parte de um desenvolvimento *lato sensu*, ou seja, tratar-se-iam, respectivamente, do componente econômico e quantificável do processo (econômico) e da expansão das capacidades humanas e da qualidade de vida (social), para formar um gênero amplo de desenvolvimento e que isolados não permitem adotar o conceito puro.

Diante disso, os Estados devem maximizar a conjugação de diversos indicadores – de ordem econômica, tecnológica, educacional, política, monetária, sanitária etc. – que denotem a superação do (mórbido) estado subdesenvolvido e que possibilitem uma visão global do progresso, a reduzir a exclusão social caracterizada pela pobreza e pela desigualdade. Assim, conquanto não se negue a imperiosidade de se consolidar o desenvolvimento *lato sensu* ou de um "*développement inclusif*"[134] – visto que

---

[131] Cf. CARDOSO (1995:150), a analisar que tal afirmação "*tinha uma certa simplicidade: admitia-se que era o centro do progresso social*".

[132] Cf. SEN (2000a:295), ao vaticinar que "*a ausência de desenvolvimento social pode impor graves limitações ao alcance do desenvolvimento econômico*".

[133] V. FERREIRA (2004) e SALOMÃO FILHO (2003).

[134] Cf. SACHS (2004:185ss), ao pretender que o desenvolvimento deva estar fundamentado na forma de uma "*inclusivité equitable*", esteada na "*garantie de l'exercise des*

os salários mais altos estimulam a demanda e o consumo, a distribuição de renda e de terras incrementa a produtividade, a tecnologia fortalece a competitividade e a educação enriquece a consciência política –, almeja-se como condição prévia e como inaugural medida dinamizadora e combustiva o ânimo nacional em busca do crescimento e do desenvolvimento econômico[135], pois, mesmo cônscio dos custos que tal *trade-off* acarretará[136], acredita-se que o caminho seja menos tortuoso, mais breve e com resultados melhores e menos incertos.

1.2.3. Do Direito ao Desenvolvimento no Âmbito Jurídico Internacional

Da concepção contemporânea da história depreende-se que a consolidação do modelo de Estado Nacional, o modo de produção capitalista industrial e o desenvolvimento científico foram fatores preponderantes para a realização do progresso e do desenvolvimento social, mas apenas com a melhoria da qualidade de vida de uma parcela da população mundial, situada principalmente (ou exclusivamente) nos países ricos, a deixar, porém, de alcançar a maior parte dos habitantes do globo (a "periferia"), tendo em vista que a maioria de sua gente não desfruta dos benefícios promovidos por esse desenvolvimento, sendo, portanto, não abrigadas por uma que transcende uma moral para representar um fundamental direito[137].

---

droits civis, civiques et politiques (...) le même accès aux programmes de protections sociale, (...) aux services publics, (...) à l'education (...) [et] aux services de santé" e atenta às outras formas de eficácia, que não apenas à "alocativa" (inserida nas concepções de SMITH) e à "inovativa" (nos moldes do proposto por SCHUMPETER), nomeadamente à *"l'efficacité keynésienne"* (pleno emprego dos recursos humanos e materiais), à *"l'efficacité sociale"* (plena utilização da mão-de-obra) e *"l'écoefficacité".*

[135] Dentre outros que admitem a possibilidade inversa, SEN (2000a:170ss) crê que *"há evidências até de que, mesmo com a renda relativamente baixa, um país que garante serviços de saúde e educação a todos pode efetivamente obter resultados notáveis da duração e qualidade de vida de toda a população (...) as recompensas do desenvolvimento humano vão muito além da melhora direta da qualidade de vida, e incluem também sua influência sobre as habilidades produtivas das pessoas e, portanto, sobre o crescimento econômico em uma base amplamente compartilhada".*

[136] Como indica SACHS (2004:188), *"le capitalisme est déficient en matière d'efficacité keynésienne, d'efficacité sociale" et d'écoefficacité".*

[137] ISRAËL (1983:11) afirma que o desenvolvimento *"d'abord, été presenté comme une simple obligation morale avant d'être conçu, en terms normatifs, comme un véritable droit".*

Antes de ingressar propriamente no tema supramencionado, convém destacar que, não obstante apresente a sua remota origem já no princípio da "cooperação" consagrado na Carta das Nações Unidas e esteja expressamente disposto na Resolução 41/128 da Assembléia Geral da ONU e em outras declarações[138], o *direito ao desenvolvimento* não se trata de uma unanimidade jurídico-institucional, uma vez que a sua inclusão no rol dos "direitos humanos fundamentais" – e, agora, de modo a referi-lo especificamente aos *direitos de terceira geração*[139] – cerca-se, por vezes, de rejeitáveis questionamentos e descrédito[140]; todavia, hoje é indubitável a sua entranhável relação com os direitos humanos fundamentais (*"hecho consumado"*[141]) – na verdade, talvez como um dos *"pressupostos de direitos fundamentais"*, atentando-se ao fato de que *"alguns deles, como*

---

[138] Para visualizar os diversos diplomas legais e convencionais que orientaram a criação e o desenvolvimento da matéria, principalmente com a sua linha evolutiva, v. FLORY (1997:618), TRINDADE (1990:321), PECES-BORBA MARTÍNEZ et al. (2001:351ss), ALVES (1997:210), FERREIRA (2000:33ss) e DELGADO (2001:91ss).

[139] BOBBIO (1992:05ss), ao seguir a proposta idealizada pelo jurista francês KAREL VASAK – o qual idealiza as "três gerações" dos direitos fundamentais correlacionando-as ao lema da Revolução Francesa, com a "liberdade" a caracterizar os direitos de primeira geração, "igualdade" os de segunda geração e "fraternidade" os de terceira geração –, divulga intensivamente a idéia deste jurista acerca da divisão destes direitos fundamentais em "três gerações". Todavia, insta salientar que não é uníssono o gosto da doutrina pela teoria das "gerações de direitos", como critica TRINDADE (1990:323), ao entender que ela, ao ensejar uma debilidade dos direitos anteriormente formulados, *"sugere que uma geração surge naturalmente do desenvolvimento da anterior e que o surgimento de uma nova geração torna a anterior obsoleta"*, o que leva muitos autores, para evitar esta (falsa) impressão de que existe uma substituição gradativa de gerações, a preferirem o termo "dimensões" dos direitos fundamentais.

[140] Em regra, questiona-se o caráter verdadeiramente jurídico dos textos das organizações internacionais – como no caso da ONU – que visam regulamentar este "direito", uma vez que tais textos, por vezes, se aproximam mais de meras *declarações de intenção*, sem qualquer força jurídica ou fundamentada e apoiada em acompanhamentos constantes por parte dos seus órgãos auxiliadores – v. GÓMEZ ISA (1999:64) e FERREIRA (2000:31). Ademais, há entendimentos de que as estruturas hegemônicas não têm mais interesse em promover ou admitir um "direito ao desenvolvimento" – como FLORY (1997:625), ao lembrar que, após o fim da bipolarização mundial, agora *"il n'y a plus ici place pour le droit international du développement"*.

[141] Cf. GÓMEZ ISA (1999:67), o qual assevera que *"el derecho al desarrollo cumple, de una o otra forma, los requisitos propuestos"*, quer sejam os seguintes: *"debe reflejar un valor social fundamental; debe ser relevante en un mundo en el que coexisten diversos sistemas de valores; (...); debe ser consecuente con el cuerpo existente del Derecho Internacional de los Derechos Humanos; debe ser compatible (...) con la práctica general de los Estados; e, debe ser lo suficientemente preciso como para dar lugar a derechos y obligaciones claramente identificables"*.

os da distribuição dos bens e da riqueza, o desenvolvimento económico e o nível de ensino têm (...) particular relevância"[142] – e, com supedâneo em ampla doutrina, tentar-se-á demonstrar o cabimento e a necessidade dessa vinculação que, *quae sera tamen*, tenta produzir os seus frutos.

O direito *ao* desenvolvimento apresenta uma relação bastante aliada e próxima do direito *do* desenvolvimento, sendo que *"ce dernier aurait pour objet les normes assurant la mise en oeuvre du droit au développement et des obligations qui en découlent"*[143], já que *"estuda as formas de cooperação internacional, bem como os organismos internacionais, tudo visando à concretização do direito ao desenvolvimento"*[144]. Outrossim, a doutrina costuma fazer uma singela distinção entre ambos: o "direito ao desenvolvimento" contemplaria o homem, o povo e os Estados – ou seja, seria um *direito da coletividade*; por sua vez, o "direito do desenvolvimento" referir-se-ia a um direito dos Estados, que visa a buscar soluções para minimizar as diferenças econômicas entre os diversos países por intermédio de normas (típicas do Direito Econômico e do Direito Internacional Público) que tratam de políticas econômicas no âmbito nacional ou internacional. Todavia, na prática, ambos atingem o indivíduo, pois pretendem conferir um melhor bem-estar coletivo e oferecer condições básicas (ou *mínimas*) de vida a todos os povos, sendo que, mais comumente, a primeira realiza-se pelo viés do "desenvolvimento *sensu lato*" e, a segunda, pelo viés do "desenvolvimento econômico".

Assim, o direito ao desenvolvimento aparece com uma dupla perspectiva, a consistir tanto em um direito do Estado como em um direito do Homem (*"droit mixte"*[145]) e, em uma das suas definições inaugurais[146], depreende-se que se estabelece *"comme un ensemble de*

---

[142] Cf. CANOTILHO (2003:471).

[143] Cf. ISRAËL (1983:10). Este autor assevera que entre estes dois "direitos" há *"un rapport logique d'antériorité"*; assim, sob o ponto de vista teórico, indica que *"le droit au développement constituerait le fondement des règles espéciales du droit du développement"*, e, sob o ponto de vista histórico, *"le terme de droit du développement est né avant celui de droit au développement (...) c'est le droit du développement qui conduit au droit au développement"*.

[144] Cf. MELLO (1993:28), que lembra o "direito do desenvolvimento" como o antigo *"direito de assistência"*.

[145] Cf. ISRAËL (1983:24), ao afirmar que o direito ao desenvolvimento é *"droit de synthese de nature mixte, individuel et collectif"*, que exsurge do *"carrefour du politique, de l'économique, du social, de l'étique et du culturel"* e, por isso, também lhe pode ser admitido características de "complexidade" e "multidimensão".

[146] Sobre o conceito de "direito ao desenvolvimento", GÓMEZ ISA (1999:167) dispõe a posição divergente da doutrina: de um lado, a adepta à autonomia conceitual e, de outro,

principes et règles sur la base desquels l'homme en tant qu'individu pourra obtenir dans la mesure du possible, la satisfaction des besoins économiques, sociaux e culturels indispensables à sa dignité et au libre épanouissement de sa personnalité"[147] e, embora não se enquadre nos direitos humanos de segunda geração por excelência, na prática, e até pelo caráter harmonizador e dependente que circundam as três dimensões dos direitos humanos, não consegue dele desviar[148], ao se fazer entendido como um processo global e multidimensional relacionado ao fato de que *"todo ser humano y todos los pueblos están facultados para participar en un desarrollo económico, social, cultural y político en el que puedan realizarse plenamente todos los derechos humanos y libertades fundamentales"*[149], cuja implementação recai no regime jurídico da proteção internacional dos direitos humanos e seu objeto em *"obligations de comportement"* e não em *"obligations de résultat"*[150].

Não obstante seja um *direito* que deva ser exercido perante os próprios Estados e sob a guarida e incentivo desses[151], é imprescindível a reunião de forças internacionais (governos, instituições internacionais, organizações civis e empresas transnacionais) no sentido de possibilitarem o exercício deste direito ao desenvolvimento e cumprirem o seu caráter de "fraternidade". Em razão dessa separação, a motivação dos países periféricos para que fosse reconfigurado o painel dos direitos

---

a que admite o conceito como mera síntese dos direitos humanos existentes. O autor, porém, sustenta que *"este derecho supone algo más que una mera síntesis o yuxtaposición de derechos humanos (...) es más que una mera suma de sus partes constitutivas (...) incluyendo aspectos todos que no quedan recogidos plenamente en los principales instrumentos de derechos humanos"*, e, assim, conclui pela *autonomia* deste "direito", como *"un derecho distinto, integrador, cuya autonomía conceptual reside en su carácter de derecho a los medios para la realización del ser humano, sirviendo así de cobertura ético-jurídica a los distintos derechos humanos"*.

[147] Consoante as palavras de ZALMAÏ HAQUANI ([*Le Droit au Développement: Fondements et Sources*, "Académie de Droit International de la Haye". 1980] apud DELGADO, 2001:87).

[148] V. BOBBIO (1992:13ss) e TRINDADE (1992:41).

[149] Cf. PECES-BORBA MARTÍNEZ *et al.* (2001:355), indicando artigo 1.1 da Declaração sobre o Direito ao Desenvolvimento da ONU. No âmbito desta Declaração, ainda, ALVES (1997:210) dispõe que a ONU vem modificar a noção de desenvolvimento, *"antes medido exclusivamente por critérios econômicos de crescimento e indicadores do tipo renda nacional e renda per capita"*, para colocar o sujeito como idéia central do processo de desenvolvimento, acompanhado do preponderante papel assumido pelos Estados.

[150] Cf. TRINDADE (1990:323).

[151] V. artigos 2.3. e 3.1. da Declaração sobre o Direito ao Desenvolvimento da ONU.

humanos com a inclusão do direito ao desenvolvimento chocou-se com os *ideais* dos países centrais e ocasionou uma variação conceitual sobre o tema, a remontar à querela entre o universalismo e o relativismo dos direitos humanos fundamentais; em outras palavras, se esses direitos devem merecer tratamento igualitário em todas as nações ou se eles estão sujeitos a variações de classificações hierárquicas de acordo com as diferentes bases culturais ou político-estratégicas sobre as quais se desenvolveu uma sociedade[152].

Para os "universalistas" existiria um complexo de direitos mínimos herdados por todos os povos que representariam uma lei superior, então considerada o parâmetro supremo a ser observado na elaboração das normas nacionais e internacionais, cujas prerrogativas mínimas iriam além das divergências culturais e deveriam funcionar como um *norte magnético* na elaboração das leis sobre direitos fundamentais e que tutelariam todos os integrantes de uma sociedade e estariam estabelecidas em um organismo internacional representativo de (quase) todas as nações. Com o "relativismo" há o entendimento de que existe uma imensa variedade cultural entre as inúmeras sociedades e, por conseguinte, não seria correto eleger um reduzido número de modelos culturais – tidos como padrões universais, como frutos da "ocidentalização" – para passar a avaliar e a estigmatizar todas os outros que com eles não se coadunassem[153].

Evidentemente que ambos os lados não são muito cediços em suas posições; entretanto, abstendo-se de rivalidades e preconceitos, e, diante de um mundo instantaneamente globalizado, há a possibilidade de ser realizada uma permuta crescente de valores culturais que acarrete uma maior predisposição à tolerância por parte dos diferentes povos no tocante ao ideal de tutoria à dignidade humana em todas as suas vertentes, para que, assim, possa ser estabelecido um código comum de normas que *galgue* aceitação em todas as nações, vindo a proporcionar uma proteção

---

[152] DELGADO (2001:108) afirma que *"na concepção asiática não há quaisquer direitos e liberdades individuais absolutos, (...) [visto] que os direitos e interesses não devem estar acima do Estado e das sociedades".*

[153] Nestes termos, IANNI (2004:98ss) aduz que a *"modernização do mundo implica a difusão e sedimentação dos padrões e valores sócio-culturais predominantes na Europa Ocidental e nos EUA. (...) Estão em causa os processos de urbanização, de industrialização, de mercantilização, de secularização e de individuação. No âmbito da ocidentalismo, predominam não só a individuação, mas também e principalmente o individualismo (...) possessivo, relativo à propriedade, à apropriação e ao mercado (...) que tende a predominar na sociedade moderna".*

mais eficaz dos direitos inerentes à pessoa humana, independentemente de sua linhagem racial, e uma corrida harmônica rumo ao terceiro milênio sequioso pela consolidação de um mundo mais justo e igual.

Ainda, não se pode olvidar que na seara desse direito ao desenvolvimento arrisca, em dado momento, haver a sobreposição de uns direitos em detrimento de outros[154], na medida em que a ânsia pelo desenvolvimento pode relativizar o cumprimento de outros direitos – embora exista maior entendimento na hipótese de uma *complementaridade de direitos* e não "antinomia" – e um conflito de interesses nacionais, pois as políticas para a realização do desenvolvimento de um Estado podem impedir o pleno desenvolvimento de outros, solução que ora se admite estar na prevalência dos interesses das nações em desenvolvimento em detrimento das demais.

Outrossim, com a realização prática do direito ao desenvolvimento – *"um direito que pertence a cada um dos cidadãos e ao conjunto dos cidadãos confrontados com situações de carência, de pobreza e de opressão"*[155] – ter-se-ia aprimorado e fortalecido o *corpus* dos direitos humanos já reconhecidos, revelando *"novas dimensões de implementação dos direitos humanos"*[156] e contribuindo para clarificar o contexto social em que todos deveriam se inserir, de modo a definitivamente reconhecer que a plena realização dos *direitos de primeira geração* (civis e políticos) torna-se pouco factível sem o efetivo gozo dos direitos sociais (*direitos de segunda geração*)[157] e, esses, por sua vez, tornam-se estéreis se não cumpridos os *direitos de terceira geração*, em razão do cenário

---

[154] De acordo, *v.g.*, com a concepção do governo chinês, para o qual respeitar e proteger os direitos humanos consiste, sobretudo, em adotar *"a position supporting the primacy of economic growth by stressing the right to subsistence as the primacy right from which all others derive"* (PITMAN B. POTTER [*The Right to Development: Philosophical Differences and Political Implications*, "China Rights Forum". Washington, 1996] apud DELGADO, 2001:109), e também de Cingapura, cujos representantes *"have consistently made clear their conclusions about the primacy of economic growth as a precursor to other aspects of development"* (POTTER [*op. cit*] apud DELGADO, 2001:109). Logo, denota-se que os países do sudeste asiático entendem que o desenvolvimento econômico – e a expansão, o crescimento e o progresso – devem, ainda que paradoxalmente, se sobrepor aos demais direitos humanos como modo de erradicar a pobreza e garantir a dignidade humana.

[155] Cf. FERREIRA (2000:31).

[156] Cf. TRINDADE (1992:58).

[157] Como já fora reconhecido na Primeira Conferência de Direitos Humanos, em Teerã (1968), ao dispor que *"a consecução de um progresso duradouro na implementação dos direitos humanos depende de sólidas e eficazes políticas nacionais e internacionais de desenvolvimento econômico e social"* (DELGADO, 2001:81).

mundanal tingir-se de injustiça e desigualdade e que, se não cumpridos tais direitos, privam os países mais pobres de uma plena liberdade.

Destarte, com a efetivação desse direito ao desenvolvimento, é diminuto o risco de vir à tona a profecia de AMARTYA SEN sobre a pobreza como *privação de capacidades*, ao preclarar que *"a despeito de aumentos sem precedentes na opulência global (...) – pobreza e tirania, carência de oportunidades econômicas e destituição social sistemática, negligência dos serviços públicos e intolerância ou interferência excessiva dos Estados repressivos – (...) o mundo atual nega liberdades elementares a um grande número de pessoas (...) e a privação de liberdade econômica, na forma de pobreza externa, pode tornar a pessoa uma presa indefesa na violação de outros tipos de liberdade"* [158].

---

[158] SEN (2000a:18ss) admite que *"a privação de liberdade econômica, pode gerar a privação de liberdade social, assim como a privação de liberdade social ou política pode, da mesma forma, gerar a privação de liberdade econômica".*

1.3. Do Protecionismo Comercial

> *Ich habe den Bau eingerichtet und er scheint wohlgelungen. Von außen ist eigentlich nur ein großes Loch sichtbar, dieses führt aber in Wirklichkeit nirgends hin, schon nach ein paar Schritten stößt man auf natürliches festes Gestein. (...) Wohl tausend Schritte von diesem Loch entfernt liegt, von einer absehbaren Moosschicht verdeckt, der eigentliche Zugang zum Bau, er ist so gesichert, wie eben überhaupt auf der Welt etwas gesichert werden kann (...).* [159]
>
> Kafka

1.3.1. Do Painel Geral

No âmbito das relações comerciais internacionais o mercado está sujeito à ingerência do Estado, seja mediante uma conduta liberalizante ou protecionista, as quais são exteriorizadas e levadas a efeito por intermédio de normas desenvolvidas para regular o fluxo de bens, de pessoas e de capitais.

Assim, os governos aplicam instrumentos estratégicos de política comercial no interesse do bem-estar nacional[160], e, com alguma freqüência, manipulam as forças do livre mercado em resposta às pressões e aos interesses de grupos especiais que dispõem de algum pode político interno, a ocorrer em ambas as situações o fenômeno do "protecionismo", determinado como *exceção* ou *desvio* ao princípio do "livre comércio". Todavia, vislumbra-se nesta segunda hipótese argumentos pouco cândidos para tal medida, pelo fato de se passar a enxergar a liberdade do mercado do ponto de vista dos interesses apenas dos produtores nacionais, e não do ponto de vista do conjunto da sociedade e do bem público, visto que são criados regulamentos ou situações que pervertem a liberdade de mercado não como coerentes *algemas flexíveis* do Estado, mas sim para

---

[159] «Arranjei o meu covil e o resultado parece ser um sucesso. Do exterior vê-se apenas um grande buraco, mas na realidade esse buraco não conduz a parte nenhuma (...). Provavelmente a alguns passos do buraco abre-se a verdadeira entrada, dissimulada sob uma camada de musgo que eu posso levantar (...) não há, neste mundo, lugar que possa ser mais bem protegido » – Franz Kafka, *in* "O Covil" (*Der Bau*).

[160] Nesta hipótese, consoante Dougherty et Pfaltzgraff Jr. (2003:611), os Estados aplicam tais medidas para promoverem o interesse nacional (*"ao manterem a viabilidade de uma indústria vital para a defesa ou ao promoverem a investigação tecnológica"*) ou para estabilizarem e fortalecerem a economia (*"ao prevenirem a perda de indústrias, o aumento da taxa de desemprego, o alargamento do fosso comercial ou a desvalorização da moeda"*).

serem extraídos e proporcionados lucros adicionais e individualizados. Interessante, assim, expor o pensamento de ADAM SMITH acerca da matéria: "(...) *o interesse particular dos que exercem um ramo particular de comércio ou de manufatura é sempre, em alguns aspectos, diferente e mesmo contrário ao do público. O interesse dos comerciantes é sempre expandir o mercado e restringir a concorrência dos vendedores; com freqüência, a expansão do mercado pode ser bastante conveniente ao bem geral, mas a restrição da concorrência dos vendedores é sempre contraria a esse publico e não pode servir para nada, senão para permitir aos comerciantes elevar seus lucros acima de seu nível natural (...). Toda proposta de uma nova lei ou regulação do comércio que venha dessa classe deve sempre ser ouvida com grande desconfiança e jamais ser adotada antes de ser examinada longa e seriamente (...) pois essa proposta vem de uma classe de homens cujo interesse nunca coincide exatamente com o do público, homens a quem em geral interessa enganar e até oprimir o público, assim como já o enganou e oprimiu tantas vezes*"[161].

Sabe-se que tal política pública de proteção comercial tem uma longa história[162], mas foi na primeira metade do século XIX que o protecionismo fora reelaborado e reafirmado, a figurar com habitualismo no campo dos recursos político-econômicos nacionais, passando a ser uma finalidade cônscia e declarada em matéria de comércio internacional, comumente refletido no aumento das tarifas aduaneiras ou dos grupos econômicos[163]. Assim seguiu, como absoluta conduta comercial dos Estados, até a consolidação da *Pax Britannica* e a retomada das políticas liberais de comércio, levando a cabo a supressão ou subtração das normas proibitivas (ou restritivas) de comércio.

Entretanto, passado este relativamente longo período, inicia-se uma verdadeira gangorra nas relações liberalizantes e protecionistas[164]: sob a

---

[161] Cf. SMITH (2003:324), que entende a liberdade do mercado como base do bem-estar social e refuta qualquer derrogação a ela, quer por regulamentos e leis, quer por práticas anticoncorrência dos agentes econômicos. Entretanto, o autor também recusa qualquer despesa pública em favor dos pobres, seja por considerar que se está a favorecer uma classe em detrimento de outra, seja por entender que se cria obstáculos à mobilidade dos trabalhadores.

[162] Para DOUGHERTY *et* PFALTZGRAFF (2003:611), *"mais longa que a do comércio livre"*, pois *"Platão, Aristóteles e muitos outros (...) advogavam a auto-suficiência económica como ideal para a comunidade política"*.

[163] BALASSA (1986:156) afirma que *"entre 1929 e 1937, 42% du commerce mondial était cartelisé ou sujet à des accords analogues à des cartels"*.

[164] Variações que, pelo lado protecionista, SAUTTER (1992:60) indica advirem com *"a aceleração do crescimento econômico no período pós-guerra, [onde] cresceu nos*

égide de uma *Pax Americana* e com a retomada do viés protecionista no comércio internacional pela adoção, em regra, de tarifas aduaneiras; depois, com a proposta de equilíbrio advinda com o GATT, inicia-se uma forte onda liberal nas economias mundiais; e, já com a crise mundial dos anos 70 (caracterizada, *inter alia*, pelo fim da paridade do dólar com o ouro e o desmoronamento do sistema de taxas de câmbio fixas, pela generalizada inflação cumulativa e pelo choque petrolífero), vislumbra-se uma nova retomada protecionista caracterizada pelo crescimento exponencial de "barreiras não tarifárias" ou "barreiras não visíveis"[165], a consolidar novos *espaços protegidos*.

Assim, no intento de restringir o acesso ao mercado interno (ou mesmo intervir no mercado), os Estados legitimam-no de diversas formas, e, principalmente, com a subjetiva idéia de ser preservada a segurança nacional. Porém, como dispõe Daniel Azúa (1986:85), há outras importantes razões explicativas utilizadas pelo Esatdo, caracterizadas pelo *(i)* "protecionismo regulador" (que visa a limitar a ação das forças alheias e fazer com que as regras de mercado retornem aos seus canais normais), *(ii)* "protecionismo educador" (aplicado em benefício das indústrias nascentes, a objetivar conceder um prazo para que dominem a tecnologia aplicada e para amortizarem o capital investido) e pelo *(iii)* "protecionismo reequilibrante" (adotado quando um Estado atravessa um grave problema de balanço de pagamentos e nos termos de troca, sendo permitido a estes países a restrição de suas importações), todas admitidas como instrumentos de proteção plenamente justificáveis, inclusive com as duas últimas respaldadas no próprio Acordo do GATT que os admite essencialmente de modo transitório e sem dissimulação no uso. No entanto, ainda há um outro tipo, o "protecionismo político", que

---

países industrializados a disparidade econômica entre a agricultura e o setor industrial, o que acabou se transformando num problema crescente, [razão pela qual] diversos países decidiram-se por dar um apoio aos rendimentos auferido pela agricultura, com medidas no campo da política de preços, que tornaram necessária a existência de uma política protecionista no comércio exterior".

[165] Em um cotejo entre ambas as espécies protecionistas – "tarifárias" (*visíveis*) e "não tarifárias" (*invisíveis*) –, Balassa (1986:151) aduz que *"les droits de doune sont instruments de l'economie de marche [car] les consommateurs choisent entre les produits domestiques et les produits importés, et entre les différents fournisseurs et des autres caractérisques du produit, et les producteurs domestiques et étrangers se concurrencent sur le marché sans interférences gouvernamentales et sans restrictions quantitatives (...). Au contraire, les mesures non tarifaires bloquent les mécanismes du marché en restreignant le choix du consommateur et en limitant la concurrence entre les producteurs domestiques et étrangers".*

embora se revista de natureza social (conservação do bem-estar nacional) para a sua aplicação, tem o efeito de proteger o mercado de trabalho, as indústrias ineficientes, as atividades improdutivas e determinados grupos privados, invariavelmente sob a auréola de um "dever patriótico"[166].

Portanto, se distante dessa última razão motora, observa-se a realidade de certas políticas de restrição ao comércio apresentarem-se justificadamente aplicáveis a algumas situações nacionais[167], a funcionar como meio de intervenção do Estado no mercado[168]; entretanto, além da pouca viabilidade *per se*, a sua costumeiramente incorreta utilização deforma e prejudica o comércio e a generalidade da comunidade interna[169], a desgastar (ou anular) os seus propósitos motivacionais.

1.3.2. Do Neoprotecionismo

Com a crescente liberalização do comércio internacional e a construção institucional de um sistema legal multilateral verificadas a partir da metade do século XX, evidenciou-se uma problemática nunca igualada pelo Direito Internacional, com a consagração dos princípios do livre comércio, do multilateralismo, da não-discriminação e da reciprocidade.

Até aquele momento, os Estados eram bastante livres para controlar a entrada de bens estrangeiros em seu território, fundamentalmente sob a forma de tributos ou de limites quantitativos – era o êxtase do *protecio-*

---

[166] Como veementemente assinala ARAÚJO (2005:131), o "protecionismo político", sob a faceta do *dever patriótico*, é sempre e estritamente prejudicial aos interesses da maioria.

[167] Ainda, BHAGWATI (1996:36) dispõe que outra exceção *"in which protection could improve a nation's economic well-being is when a country has monopoly power over a good (...) economists have argued that a country that produces a large percentage of the world's output of a good can use an "optimum" tariff to take advantage of its latent monopoly power and, thus, gain more from trade".*

[168] Ainda que parte da doutrina, manifestamente, entenda que a via da correção *externa* não seja a mais adequada e benéfica – v. PORTO (1986:1669).

[169] Na dicção direta de FRIEDMAN (1980:53), o *"protecionismo significa realmente explorar o consumidor".* Ademais, ao demonstrar a necessidade de ser feita uma "comparação de ganhos" entre os nacionais, PORTO (2004:468) entende que *"com o afastamento do proteccionismo haverá sempre sectores penalizados e espíritos derrotistas ou pelo menos inquietos: mas a comparação tem de ser feita com o interesse da generalidade dos cidadãos e com o que teria acontecido sem a abertura comercial, havendo factores não dependentes de nós que teriam levado também aos problemas que agora nos afectam, com especial relevo para o problema do desemprego".*

nismo clássico[170]; porém, com a criação do GATT (1947), os Estados assumem o compromisso internacional de progressivamente reduzir as barreiras tarifárias sobre o comércio, em favor de um sistema constituído de regras transparentes e que garantisse as concessões pactuadas nas negociações multilaterais, fatores que passaria a inibir a aplicação daqueles clássicos métodos de proteção à indústria nacional.

Destarte, essa razão, impulsionada pela recessão iniciada nos anos 70 que gerou desemprego estrutural e resultou em pressões nacionais por políticas protecionistas nos paíess desenvolvidos concomitantes à assunção da estratégia dos PED de "substituição de importações" e aos avanços do intercâmbio comercial internacional, conduz a uma crescente tendência de criação (e constante adoção)[171] de novas barreiras comerciais, centralizadas nas formas "não tarifárias" e "técnicas", a indicar, portanto, uma reconfiguração na forma adotada de protecionismo da era globalizada: o neoprotecionismo, que se caracteriza *"par l'emploi de restrictions non tarifaires aux échanges, par des aides publiques aux industries domestiques et par des tentatives d'organisation du commerce mondial [qui] contrastent avec celles de l'ancien protectionnisme, qui*

---

[170] Ainda em voga, esse protecionismo assenta-se em quatro argumentos exponenciais: *(i)* na consolidação da "segurança nacional", cujo argumento convalida-se e torna-se necessário se pretende resguardar aspectos inerentes à garantia e à ordem do Estado; *(ii)* na mitigação das "falhas de mercado", que busca concertar (ou readequar) as deficiências relacionadas, em regra, aos mercados de trabalho, de capitais e de tecnologia ineficientes e que não cumprem a sua função, diante do que se exige a intervenção governamental para compensar tais falhas e aumentar o bem-estar coletivo; *(iii)* no reequilíbrio dos "termos de comércio", quando um Estado com significativa parcela do mercado importador internacional interessa-se pela imposição de restrições às importações, pois, na medida em que diminui a sua procura, estimula a queda dos preços das respectivas mercadorias e, não havendo alteração nos preços das mercadorias por ele exportadas, consegue importar uma maior quantidade em troca de cada unidade exportada, havendo, assim, uma melhoria por termos de troca; e, *(iv)* na encubação das "indústrias nascentes", cujo argumento recebeu aprovação internacional no Artigo XVIII do GATT e que advém da idéia básica de *"uma indústria, ou a indústria em geral, pode vir a revelar-se capaz de competir com as indústrias estrangeiras dentro de um espaço de tempo previsível, no mercado doméstico ou mesmo internacional, mas não ser capaz de suportar um período inicial de desenvolvimento"* (PORTO, 1979:18ss). Ainda, v. AZÚA (1986), BHAGWATI (1989), KRUGMAN *et* OBSTFELD (2001) e ARAÚJO (2005).

[171] Nestes termos, v. OLIVEIRA (2005:220), a qual indica um estudo da UNCTAD destacando *"um concenso relativo à política comercial de que as barreiras não tarifárias (BNT) ao comércio internacionl haviam se tornado mais importantes do que as tarifárias, em razão da extensão em que as mesmas podem distorcer e restringir o comércio"*.

s'appuye surtout sur les droit de douane"[172]. Tal fenômeno demonstra a paradoxalidade do momento: em um primeiro plano, verifica-se o avanço na formação de blocos econômicos entre diversos países, a implicar na diminuição das barreiras políticas, econômicas e jurídicas, almejando o estabelecimento da livre circulação de bens, serviços e pessoas; e, em outro, tem-se justamente a criação de novas barreiras comerciais, diante da constatação da vulnerabilidade de certos setores da economia interna dos países desenvolvidos, do desemprego em face da concorrência externa advinda dos PED[173] e da necessidade de proteção de alguns ramos do mercado nacional (unilateralismo)[174].

Embora o arcabouço institucional promovido pelas comunidades regionais ou organizações internacionais – *v.g.*, a Organização Mundial do Comércio – praticamente proíba as tradicionais limitações tributárias (*ad valorem duties*), isso não significa a inocorrência de medidas protecionistas, uma vez que se denota o próspero (e ilegal) uso das "barreiras não tarifárias" por parte dos Estados, veiculadas sobre os bases da discricionária aplicação, da ausência de transparência e da flexibilidade e multiplicidade de formas[175].

Diante disso, a maior complexidade apresentada na aplicação dessas medidas tem fecundado uma série de situações ilegais e inapropriadas para o (livre) mercado internacional, cuja busca de solução apresenta guarida no âmbito regional (mediante os acordos regionais de integração econômica) e no domínio multilateral (via OMC). De fato, se trata de um protecionismo utilizado, maiormente, por países desenvolvidos que visam à proteção de determinados setores nacionais em crise ou que estão sujeitos a uma concorrência inesperada dos países em desenvolvimento, a convergir, em regra, nos setores têxtil, de confecções, de calçados, da

---

[172] Cf. BALASSA (1986:150), ao predizer que *"l'utilisation de mesures non tarifaires implique aussi une intervention discrétionnaire de l'administration, qui introduit l'arbitraire dans le processus de prise de décision, lorsque des décisions effectivement prises dépendent du pouvoir relatif de différents groupes".*

[173] Nesses termos, v. COHEN (1997:13).

[174] V. AMARAL JR. (1998:85).

[175] OLIVEIRA (2005:225) indica mais uma vez um estudo da UNCTAD, a assinalar que *"a ausência de transparência conduz a dois problemas: o da identificação e o da mensuração. As medidas não tarifárias contribuem ainda mais à ausência de transparência nas condições atuais do comércio. O problema da identificação relaciona-se a seu grande número, sua variedade, sua natureza e à possibilidade de ter acesso à legislação que lhe diz respeito. O problema da mensuração é relativo a sua aplicação e seus efeitos prováveis".*

construção civil e siderúrgico, fazendo surgir *"problemas de desemprego (...) a que as autoridades procuram fazer face através do impedimento ou da dificultação da entrada dos bens concorrentes provindos de países com mão-de-obra mais abundante e mais barata*[176].

Em busca desse objetivo, há diversos modos *não tributários* para os Estados imporem barreiras comerciais, algumas das quais são reguladas em um nível global, enquanto outras são reguladas apenas mediante tratados multilaterais ou bilaterais e, outras ainda, sem qualquer regulação, são impostas pelo mercado ou por setores da sociedade civil organizada. De uma forma geral, entretanto, poder-se-ia mencionar que as principais barreiras não tarifárias são as "barreiras técnicas" (relativas ao desembaraço aduaneiro, de rotulagem etc.), "sanitárias", "ambientais" e "sócio-laborais", as quais serão, ainda que de modo perfunctório, analisadas a seguir, exceto a ultima, tema da presente obra e detalhada nos capítulos vindouros.

As medidas técnicas de proteção, convenientemente designadas no "Acordo sobre Barreiras Técnicas ao Comércio" da OMC, constituem barreiras ao comércio internacional *"lorsqu'elles sont utilisées dans un but proteccionniste comme lorsque le coût de mise en conformité est plus élevé pour les produits importés que pour les produits domestiques"*[177]. No caso em tela, por conseguinte, as barreiras técnicas ao comércio – por maior que seja a amplitude oferecida ao termo – acabam por fazer referência aos regulamentos, às normas, aos procedimentos e à operacionalidade – *v.g.*, regras para embalagem –, como, também, às formalidades administrativas e às especificações técnicas que resultam, por vezes, em impedimentos ou restrições comerciais que (*dolosamente*) travam o processo orientador para o pleno desenvolvimento das trocas internacionais.

As barreiras não tarifárias do tipo sanitárias (e fitossanitárias) também estão reguladas no âmbito da OMC, agora pelo "Acordo sobre Aplicação de Medidas Sanitárias e Fitosanitárias". Como assinala esse Acordo, a aplicação da respectiva medida apenas deve ser realizada na dimensão e no rigor necessários para a proteção da vida ou da saúde humana, animal ou botânica, devendo ser baseada em princípios científicos e sendo vedada qualquer forma discriminatória (injustificada ou arbitrária), configuradoras de uma gratuita restrição ao comércio. Ademais, assim como acontece com o Acordo sobre Barreiras Técnicas, esse também prevê a obrigação de serem levadas em consideração as necessidades especiais

---

[176] Cf. PORTO (1986:1671).
[177] Cf. BALASSA (1986:180).

dos países em desenvolvimento, pois que, de modo especial, são os maiores prejudicados com essa nova face do protecionismo.

Como um dos temas mais recorrentes na agenda do sistema multilateral de comércio, as medidas de proteção ao meio ambiente recheiam-se de discussões e divergências quanto a sua aplicabilidade. Dessas medidas, inclusive, surge o fenômeno do dumping ambiental (*eco-dumping*), com supedâneo na alegação de que os Estados desprezam ou rebaixam normas ou regulamentações ambientais em busca do facilitado ingresso no mercado mundial com custos de produção menores e, logo, de modo mais competitivo[178]. É manifesta a situação em que se poderia relacionar meio ambiente e produtividade, sendo esta limitada pela inaugural indisposição daquela, ainda que a linha limítrofe ocasione menores ganhos de produtividade; entretanto, insiste-se com a relação canibalística entre ambas, na medida em que a preocupação com o desenvolvimento econômico anularia o desenvolvimento do meio ambiente, e vice-versa.

Também, convém expor as principais medidas de defesa comercial implementadas atualmente na esfera da OMC – designadamente os subsídios e as medidas compensatórias, as salvaguardas e as medidas antidumping – e que costumam servir de apoio *(neo)protecionista* aos Estados. Entretanto, insta esclarecer que, originariamente, essas medidas servem como sadias formas de proteção contra o comércio desleal; logo, se não desviadas do seu propósito legal, mostram-se, nestes termos, mecanismos válidos para resguardar os países da conduta anticompetitiva alheia.

O "subsídio", também denominado *subvenção*, ocorre quando uma empresa recebe incentivo ou auxílio estatal para atuar em setores – de importação ou de exportação – nos quais é pouco competitiva, a fim de aumentar a sua rentabilidade e a participação no mercado internacional, a pressupor não apenas a concessão positiva de uma vantagem ou bene-

---

[178] Acerca desta situação, percebe-se que "*nas sociedades industriais contemporâneas, os fluxos de investimentos foram guiados pela disponibilidade de recursos naturais renováveis e não-renováveis, pelos custos de mão-de-obra e que, a partir dos anos 70, investimentos produtivos movem-se no planeta em busca de espaços com regulamentações menos restritivas, favorecendo a transferência de tecnologias e de riscos entre países centrais e periféricos, (...) em que se permitam o dumping ambiental e o dumping social*" (RIGOTTO, 2002:16). Como *leading case* do funcionamento *mendaz* deste "dumping ambiental", v. KRUGMAN et OBSTFELD (2001:243), a relatar o caso a envolver o México e os EUA, no qual o primeiro se preocupava com a pesca e o comércio de atum e, o segundo, com a proteção dos golfinhos.

fício (*v.g.*, empréstimo ou financiamento a juros subsidiados), como, também, a dispensa de quaisquer exigências que visem ao incentivo à exportação ou à instalação de parques industriais em certas localidades, concomitantemente à condutas político-fiscais que onerem sobremaneira as importações. Hoje, a prática de subsídios está regulamentada no "Acordo sobre Subsídios e Medidas Compensatórias" (ASMC) – instruído na Ata Final do *Uruguay Round* – e caracteriza-se pela contribuição financeira estatal que implique em benefício à indústria que a recebe, devendo ser concedido, obrigatória e exclusivamente, a determinadas empresas ou a setores específicos da indústria nacional, sendo tão-somente esses "subsídios específicos" sujeitos à disciplina estabelecida no ASMC[179].

As "medidas de salvaguarda" são adotadas por um membro da OMC a fim de restringir temporariamente as importações de um produto quando essas importações tiverem aumentado em tal quantidade que causem ou ameacem causar grave dano a um segmento produtivo nacional, estando dispostas no "Acordo sobre Salvaguardas" da Ata Final do *Uruguay Round*. Ainda, esse Acordo estipula que os países-membros não devem adotar ou manter limitações voluntárias às exportações ou às importações, cabendo aos setores produtivos ou às empresas solicitar aos seus governos a adoção das respectivas medidas, as quais devem evitar métodos arbitrários e primar, portanto, por uma meticulosa e prévia investigação, sendo unicamente aplicada na medida necessária para prevenir ou reparar o (grave) dano e facilitar a compensação à parte prejudicada. E, por último, as *salvaguardas* impostas devem se pautar pelo "princípio da não-seletividade", uma vez que o artigo 2.º, II, do Acordo dispõe que *"safeguard measures shall be applied to a product being imported irrespective of its source"*, ou seja, esse instrumento não deve restringir a generalidade de importações de determinado país, mas, sim, fixadas de maneira indiscriminada e independente da procedência do produto, o que de certa maneira inibe o uso desta medida para fins protecionistas.

Em suma, a regra do *neoprotecionismo* faz refletir uma prática discriminatória que cria restrições disfarçadas no comércio internacional,

---

[179] O ASMC ainda cataloga os *subsídios* em "proibidos", cabíveis de impugnação imediata perante o OSC, com o seu levantamento ou a aplicação de "medidas compensatórias", e "acionáveis", quando cabe ao reclamante comprovar o dano para serem requeridas as devidas providências ao órgão institucional, cujos prazos e cuja burocracia para o *decisium* são sensivelmente maiores. Para maiores detalhes sobre as diferenças de ambos, v. arts. 3.º e 5.º do ASMC.

tendo como base a aplicação de barreiras não tarifárias sustentadas, por exemplo, nas características técnicas do produto, na sua segurança para o consumo ou, ainda, nos padrões ambientais e sócio-laborais. Evidentemente, não se recusa por completo a sensibilidade dessas barreiras, pois, não obstante sejam prejudiciais à liberdade de comércio, visam a alcançar objetivos legítimos como a proteção da vida e da saúde humana, animal e vegetal, ou ainda a proteção do meio ambiente; todavia, se não bem estudadas e não submetidas democraticamente à análise (e vindoura tutela) das próprias organizações internacionais e dos Estados, há o pecaminoso risco de se apresentarem tão-somente como nova modalidade de estancar o avanço do amplo comércio e privilegiar os mercados centrais.

1.3.3. Dos Resultados Pretendidos

Faz-se manifesto o histórico gosto estatal pelo *egocentrismo* no comércio internacional, o qual conduz os Estados a sempre buscarem os melhores resultados no mercado mundial e propiciarem ganhos máximos às industrias locais, ainda que disso resultem desagradáveis conseqüências ao plano econômico internacional e mesmo aos consumidores nacionais.

É por isso que se deve atentar para o resultado final dessas medidas, com uma minuciosa análise do custo-benefício dessas intervenções governamentais e se elas estão atentas e alinhadas ao "ótimo" e ao "justo" (*"the big trade-off"*)[180], no sentido da decisão tomada ser feita em busca daquela mais eficiente e justa dentro de um conjunto de alternativas factíveis, ou seja, alternativas que atendam aos objetivos e superem as restrições dos problemas (um conjunto de *alternativas eficientes*); outrossim, claro está que se busca, além da máxima eficiência econômica, a maior satisfação social possível – isto é, o eterno equilíbrio entre *eficiência* e *justiça* –, sendo conveniente não limitar aos aspectos econômicos (e "utilitários") toda a atitude governamental, com aparente descaso aos aspectos sociais, pois, por mais pragmático que transpareça, a escolha final deve basear-se no equilíbrio entre essas alternativas, o qual se sustenta no máximo bem-estar coletivo, conseqüência maior da necessária "escolha social"[181].

---

[180] Cf. ARAÚJO (2005:505).
[181] Sobre as escolhas relacionadas à aplicação e aos investimentos de recursos públicos, com predominância para a "escolha social", v. SEN (1999, 2000a).

No âmbito internacional, as medidas protecionistas adotadas pelos Estados – inclusive àquelas encrostadas no argumento do "dumping" social – devem buscar o equilíbrio nos seus resultados, centralizados (ou pendentes) nos ganhos coletivos, principalmente focados na distribuição mais justa e harmônica dos ganhos, sem pretender o favorecimento dos grupos privados poderosos ou o único beneficiamento dos países desenvolvidos que, além de não oferecerem ganhos ótimos ao mercado mundial, fomentam a estagnação ou mesmo o rebaixamento do outro grupo, via a ineficiente proteção do mercado interno, principalmente de trabalho.

Portanto, eis aqui o limite para a adoção de recônditas medidas protecionistas do Primeiro Mundo, cuja prática vulgariza-se diante dos bens intensivos em trabalho (ou também denominados intensivos em mão-de-obra ou em capital humano) produzidos nos países em desenvolvimento e que são soerguidas sob o manto do bem humanitário e ora pretendidas nas cláusulas sociais.

CAPÍTULO 2

DAS RELAÇÕES DE TRABALHO E DE EMPREGO

2.1. DA HISTÓRIA PARA NOVOS PARADIGMAS E UM RENOVADO PANORAMA – O FIM DOS ANOS DOURADOS E UM PLANETA COMO MÃO-DE-OBRA DISPONÍVEL

> *Es la historia madre de la verdad, émula del tiempo, depósito de las acciones, testigo de lo pasado, ejemplo y aviso de lo presente, advertencia de lo provenir.*[182]
>
> CERVANTES

A relação entre trabalho e capital produz, no início do século XX, um sustentável e aperfeiçoado modelo jus-laboral, situado no âmbito de um sistema produtivo consolidado na *administração cientifica taylorista* e cuja pretensão imiscuía-se na regulação dos vínculos existentes entre empregado e empregador.

Esse sistema organizacional teve como principal adepto HENRY FORD, com o seu modelo "fordista" de produção – centralizado na produção rígida, verticalizada, padronizada e massificada – que, porém, extrapola um simples processo fabril e faz germinar um novo modelo social e de concepção de vida, porquanto inova em visionar um tipo de sociedade democrática e de consumo de massa, a resultar em uma moderna psicologia do comportamento, cujo modelo propiciava ao trabalhador uma melhor renda e um maior tempo de lazer (*"dia de oito horas e*

---

[182] «A história é a mãe da verdade, êmula do tempo, depositária das ações, testemunha do passado, exemplo e anúncio do presente, advertência para o futuro» – MIGUEL DE CERVANTES, *in* "Dom Quixote" (*Don Quijote de la Mancha*).

cinco dólares"), ambos fatores que possibilitariam o maior consumo dos bens produzidos[183].

Nessa *"época gloriosa"*[184] também se desenvolveu um novo modo de regulação da relação salarial – relação salarial fordista –, traduzida em uma *"particular forma de compromisso social (a contratualização da relação salarial) nos termos do qual os trabalhadores aceitariam a modernização do aparelho produtivo e a lógica do seu funcionamento em troca de empregos estáveis e de um Estado social redistributivo"* [185], e cujos pressupostos ou características estruturais representam-se *(i)* na coletividade das relações laborais, com a perda de centralidade do contrato individual de trabalho; *(ii)* na uniformização dos estatutos sociais ou das condições jurídicas dos diferentes trabalhadores e *(iii)* na efetividade do emprego, mediante a ação estatal para a garantia da segurança e estabilidade na relação entre as partes[186].

Conseguinte à tese fordista – e já a passos largos –, JOHN MAYNARD KEYNES propôs a direta interferência estatal no sistema econômico como saída para as cíclicas crises mundiais e, combinados, fordismo e keynesianismo consolidaram a base de organização daquele capitalismo: o Estado se esforçava por regular ciclos econômicos com políticas intervencionistas dirigidas às múltiplas áreas da política nacional, dentre elas o mercado de trabalho, cujo quadro homogeneizava-se e estabilizava-se, com *"empregos estáveis, a tempo completo, com certas garantias de carreira profissional, tendo a empresa como seu lugar exclusivo ou privilegiado"*[187].

Desse ambiente – ansioso por amparar o trabalhador que restava à margem do progresso industrial e do desenvolvimento econômico, a fim de equilibrar as forças econômicas desproporcionais na relação capital/

---

[183] CLARKE (1991:129) sublinha que a proposta do *fordismo* não se restringia à simples criação de uma nova forma de organização do trabalho, mas em *"uma nova forma de sociedade, construída sobre as instituições pelas quais os conflitos de interesses pudessem ser melhores resolvidos, e também um Novo Homem, com as qualidades morais e intelectuais exigidas por essa nova sociedade (...), com a imposição de padrões de moralidade e comportamento, tanto no local como fora dele"*.

[184] Cf. LEITE (1990:23), em alusão ao período que se seguiu à Segunda Guerra Mundial.

[185] Cf. LEITE (1997:08), ao também fazer referência ao fordismo como *"princípio de organização do trabalho, sendo então considerado como o taylorismo da fase de mecanização"*.

[186] V. SANTOS *et al.* (1990:145ss).

[187] Cf. LEITE (1990:23).

/trabalho e como uma forma de intervenção do Estado para assegurar (com a desigualdade imposta pela lei) um mínimo de igualdade que poderia permitir uma negociação minimamente aceitável – exsurge, com robustez, aprimoradas e revitalizadas regras trabalhistas fundamentadas na base de um direito laboral que regulamente e harmonize as relações de produção (com um tratamento desigual aos desiguais), em razão da metamorfose figurativa do trabalhador, visto que de uma qualificação jurídica de insumo, de simples matéria-prima, transforma-se em um estatuto jurídico original e que admite uma *dimensão pessoal*.

Articulado ao estado regulador e keynesiano, propugnava-se pelo "pleno emprego" – ou seja, a total utilização de recursos para a produção de um bem ou serviço, no caso, a mão-de-obra – e, como um dos pilares de organização do trabalho e da sociedade, o trabalho formal, assalariado e de tempo integral, indicativos da proposta fundamental de integração do homem à sociedade e a construção da sua própria identidade se fazia pela incorporação ao trabalho.

Assim, além de roborar as negociações, o Estado colocava-se como parceiro e avalista dos acordos entre empresas e trabalhadores, a exercer direta ou indiretamente o seu poder sobre as disputas salariais ou outras questões do trabalho, obrigando-se na assunção de medidas destinadas à promoção da produção e do consumo mediante o investimento público em setores que pudessem assegurar uma relativa plenitude de emprego[188] e, não por menos, buscando complementar o salário obreiro, com gastos em seguridade social e assistências médica, educacional, habitacional e em transporte. Em suma, este regime *fordista-keynesiano* garantiu a expansão do período pós-guerra e o bem-estar dos trabalhadores e dos capitalistas, a favorecer o trabalho formal e regulamentado, a fomentar a produção e o consumo de massa, a elevar os padrões de vida da população e a propiciar estabilidade e segurança nos lucros das empresas.

Todavia, com a *construção de muros* sendo substituída *pela construção de pontes*, a humanidade começa a encarar uma nova fase e uma nova realidade, tingida pela ruptura de barreiras ideológicas, econômicas,

---

[188] Como a "situação ideal" de pleno emprego dificilmente é alcançada – *"uma situação extremada, vivida talvez pelas nações em períodos de guerra, quando são efetivamente mobilizadas todas as forças de combate e, na retaguarda, todas as possibilidades de produção que não tenham sido danificadas"* (ROSSETTI, 2000:217) –, cabe ao Estado, ao menos, elegê-lo como importante objetivo sócio-econômico e implementar políticas que direcionem a atividade produtiva e o mercado de trabalho nacionais na efetiva busca de um "pleno (ou relativamente pleno) emprego".

políticas e culturais, e cujo processo de adaptação, como sempre, faz-se difícil, na medida em que os (re)ajustes estruturais no mercado de trabalho são mais complexos, gerando a crescente desocupação, a marginalidade social e a deterioração da qualidade de vida, esta ainda mais acentuada nos países periféricos[189].

Outrossim, ao longo do último quarto do século, formaram-se os oligopólios transnacionais e as redes mundiais informatizadas de gestão que possibilitaram as formas globais de interação e que constituem na nova configuração do sistema internacional de produção, que cria um novo paradigma de produção industrial com a transição do modelo fordista para o modelo de automação flexível "toyotista", então *"capaz de responder à variabilidade e à complexidade crescentes de uma demanda criada pela abertura ao mercado internacional"*[190], mas que gerou crises econômicas mundiais e deu início a um período no qual as organizações tiveram a necessidade de promover a racionalização, a reestruturação e a intensificação da exploração do trabalho, mormente em suas formas de contratação e em suas regras contratuais.

Deste modo, esse novo modelo flexível, atomizado e universal de produção (a *"nova divisão internacional do trabalho"*[191]) avança no processo de descentralização das unidades fabris, deixando de se basear no grande espaço físico organizacional e profissional para ocasionar (e promover) a *instabilidade* e a *pré-determinação* dos contratos de trabalho, mitigando a estabilidade de emprego e o clássico contrato por prazo indeterminado, além de pulverizar os estatutos dos trabalhadores que até então eram bastante padronizadas. Diante desse cenário, portanto, privilegia-se a *"exteriorização"* de fases do processo produtivo ou de simples trabalhos, a retumbarem em contratos de prestação de serviços, de terceirização, de subcontratação e de trabalho temporário; ademais, a esse novo sistema produtivo começam a serem incorporados modernos

---

[189] Ora sendo possível fazer uma analogia entre o direito do trabalho e o direito econômico, DAL RI JR. (2003:148) adverte que *"o grande problema atual concerne em encontrar mecanismos apropriados para, em meio ao processo de liberalização da economia, impedir que o mercado se desenvolva em um vazio institucional, jurídico e político, e que sejam cometidos abusos na economia internacional (...) a principal função do direito internacional econômico é a de atuar no processo de liberalização da economia preservando-a dos seus aspectos antropofágicos, de todos os radicalismos que, através da idolatria do livre mercado, pregam uma espécie de 'teologia da liberalização"*.

[190] Cf. OLIVEIRA (2003:224).

[191] Cf. JACINTO (2002b:132).

sistemas de informática e de automação industrial, que permitem prescindir de maior mão-de-obra. Outrossim, com a automação e o aumento da relação capital-produto, as empresas constatam que a mão-de-obra passa a apresentar um elevado custo, ainda mais se, em certos casos, comparada às maquinas (o que provoca um declínio na rentabilidade), e, adiante, com a produção globalizada, certifica-se da necessidade de reaverem a estrutura dos seus custos a fim de permitir uma maior competitividade.

Neste momento, por conseguinte, o ainda vívido círculo virtuoso[192] do período fordista – da produção massificada, das grandes unidades fabris, da concentração produtiva e do amplo uso de mão-de-obra – denota desgastes que acabam por culminar no seu rompimento paradigmático, a ensejar o início de novas medidas e novas características produtivas e de relação trabalhista. A esse novo panorama agrega-se o crescente e incessante processo de globalização, que põe abaixo as fronteiras em busca de menores custos e maiores benefícios, a gerar e a consolidar, enfim, o desemprego (ou a precarização do trabalho)[193] em escala mundial, a *inflar e condensar* uma massa de desempregados que, como produto desse novo mundo, vê a liquidação dos postos de trabalho.

A idade de ouro começa a perder a resplandecência em todos os níveis[194] e desse processo de opacificação vislumbra-se a formação de um círculo vicioso, flagrado na oposição entre os modos que estabeleciam a nova formação dos salários e a necessidade de restauração da taxa de

---

[192] Santos *et al.* (1990:140) demarcam-no como *"a garantia de que os trabalhadores beneficiarão, no seu nivel de vida, dos ganhos de produtividade correspondentes"*.

[193] Embora a particular idéia aproxime-se da dicção exposta por Redinha (1998:328), segunda a qual é *"inviável qualquer catalogação ou identificação abstracta do trabalho precário"*, não se olvida da lição de Leite (1990:37), o qual professora que a *"precarização do emprego resulta de um conjunto de circunstâncias que, de um modo ostensivo ou apenas latente, fragilizam o vínculo contratual, ampliando as margens de manobra do empregador na definição das condições de trabalho, designadamente as respeitantes à estabilidade, e reduzindo, conseqüentemente, as possibilidades jurídicas e praticas de resposta do trabalhador"*.

[194] Evidentemente, mesmo neste cenário *dourado*, existiam setores e classes não abastados pelo sistema vigente, como Clarke (1991:141) observa: *"nem todos eram atingidos pelos benefícios do fordismo, existindo sinais abundantes de insatisfação mesmo no apogeu do sistema; os mercados de trabalho estavam divididos entre um setor 'monopolista' e um setor 'competitivo', cujas desigualdades resultantes produziram sérias tensões sociais e fortes movimentos sociais por parte dos excluídos – movimentos que giravam em torno da maneira pela qual a raça, o gênero e a origem étnica costumavam determinar quem tinha ou não acesso ao emprego privilegiado"*.

lucros, ganhando relevo *"novas modalidades de mobilização da força de trabalho e, portanto, novas formas de organização do processo de produção"*[195], a solapar a "relação de trabalho típica"[196], a emergir formas inusuais de trabalho e, ainda, a culminar na nova situação de (falta) de empregos, a qual se denomina "desemprego estrutural", caracterizado como *"um epifenômeno da automação dos produtos e serviços"*[197] que assinala a desnecessidade de operários em razão da robotização das fábricas e a dispensa de gerentes como função da informatização dos escritórios ("desemprego tecnológico"), sendo então distinto do "desemprego conjuntural" que se conhecia até aquele momento, esse motivado por recessões transitórias ou sazonais e remediável por medidas menos complexas e mais habituais. De modo diverso, esse vivo cenário demonstrava que o arsenal farmacológico para tal moléstia não se resumiria a simples políticas públicas ou a pequenas doses de paciência para aguardar a passagem de uma crise transitória até se iniciarem os tempos de bonança; agora, a conjuntura tornava-se regra e se estruturava.

Outrossim, esse desemprego estrutural representa outro paradoxo do sistema globalizado, visto que esse se ergueu com o fito de otimizar, melhorar e tornar mais acessível os bens e produtos comercializados em uma escala planetária, mas que, por serem manufaturados, na maior parte, por máquinas e orientados por computadores, fazem cortar o emprego das pessoas e, conseqüentemente, a sua renda, o que leva à diminuição da demanda e um excesso da oferta. Entretanto, aqui não se trata de bloquear o *processo macro e pluridimensional* da globalização; trata-se, talvez, apenas de rever a própria formação das estruturas laborais nacionais.

Afora a concentração total de esforços públicos e privados no sentido de se pensar uma solução para o problema do trabalho, contempla-se no

---

[195] Cf. SANTOS *et al.* (1990:147), ao asseverarem que neste novo quadro *"o imperativo da flexibilidade se opõe à concentração de tarefas de trabalhadores dentro da empresas e o imperativo da mobilidade dos trabalhadores se opõe ao da garantia do emprego"*.

[196] Dentre outros, adota-se o conceito de "relação de trabalho típica" a proposta por RAMALHO (2003:110), identificada com *"a relação de trabalho empresarial e industrial, duradoura ou por tempo indeterminado, com uma integração plena do trabalhador nas empresas e à qual está associado um certo nível de tutela do trabalhador"*. Por outro lado, REDINHA (1998:334) admite que o "trabalho atípico" consiste na *"designação comum às modalidades de trabalho que se desviam do arquétipo da relação laboral"*.

[197] Cf. OLIVEIRA (2003:230).

horizonte, talvez, o despertar de um novo paradigma motivacional e social da ação humana, – eis, então, a oportunidade da sociedade liberar--se das preocupações materiais e dedicar-se *"ao cultivo de sua personalidade e aos problemas sociais, o que possibilita não só uma vida mais feliz em massas, mas uma vida mais satisfatória do ponto de vista da auto-realização dos indivíduos"*[198].

Ainda, outra mudança paradigmática pode ser verificada no tocante às funções deste direito do trabalho atual, na medida em que a sua (*eternal*) bipartição entre a tutela ao trabalhador (de maior peso) e a estabilidade social devesse, talvez, ceder espaço para uma preponderância da sua função *estabilizadora* e, mais, expor-se como sequaz aliado da promoção social, nomeadamente da promoção de empregos[199], a fazer valer (e equilibrar) o dependente, influente e íntimo relacionamento havido entre capital e trabalho[200].

Muito distante de se pretender qualquer *"crónica de una muerte anunciada"* deste Direito Laboral e sem intentar qualquer subjunção do social ao econômico, busca-se recristalizá-lo nesta nova *onda* mundana que modifica por completo o cenário econômico[201], pois, hoje, esse con-

---

[198] Cf. SCHAFF (1995:134).

[199] Como salienta REDINHA (1998:330), *"o Direito do Trabalho deixou uma fase de certa passividade para passar a desempenhar um papel promocional do emprego; hoje, espera-se que a normatividade laboral não constitua um entrave à gestão pura-mente financeira da mão-de-obra, mas, mais do que isso, que favoreça a manutenção ou a criação de novos postos de trabalho"*.

[200] Por vezes, esta adjetivação pejorativa à inter-relação entre as ciências econômicas e jus-laborais tem sede no fato de que, *"se a retracção reguladora é um imperativo dos tempos, certo é que o critério economicista não é o suficiente pra sopesar os custos sociais derivados do obscurecimento do trabalho pelo emprego"* (REDINHA, 1998:344).

[201] Na acepção de BARROS (1998:58), *"o direito do trabalho, depois de ser, por longo tempo, o direito das relações do trabalho subordinado, pouco a pouco, torna-se um direito de todos os trabalhadores, não somente daqueles que estão em atividade, mas também dos desempregados, dos jovens, das mulheres, dos aposentados (...)"*. PEREIRA (2001:42), por sua vez, indica seis pontos principais nos quais a construção do futuro Direito do Trabalho deve equacionar-se, dos quais se destacam: *i)* a ultrapassagem do paradigma clássico assente na relação de trabalho juridicamente subordinada, para abranger também a integração de fato (econômica) em uma empresa ou organização alheia; *ii)* a deslocação do centro de gravidade da intervenção normativo-protetora trabalhista para a busca da satisfação e concretização dos direitos sociais constitucionalmente garantidos; *iii)* a criação e o alargamento de novas matérias e conteúdos jus-laborais que permitam regular e flexibilizar as novas formas de relação laboral e as novas realidades organizacionais; e,

junto de crises[202] que permeiam o capitalismo – mediante *"a busca incessante de ganhos de produtividade e a busca incessante de zonas de salários baixos"*[203] – vem demonstrar a série de inadaptações encaradas pelo atual modelo jurídico-laboral: novas tecnologias, novas modalidades de trabalho, novos mercados, novas formas de organização produtiva, novas atividades econômicas etc.

Assim, esses fatores catalisadores da instabilidade mundanal necessitam de um novo modelo (piramidal) de Estado, de sociedade, de economia e de relações de trabalho, com a busca por uma solução à problemática do atual direito do trabalho[204], o qual acumula diversas alterações – nomeadamente *"l'affaiblissement du role protecteur du droit du travail (l'individualisation de la relation de travail, développement de différentes modalités de flexibilité du travail, tendance vers la décentralisation de certains mecanismes du droit du travail et la contestation du role de l'État) et la crise de la dimension collective du droit du travail"*[205] – e contesta as principais referências até então utilizadas para regular a

---

iv) a alteração ponderada do atual sistema de suas fontes e princípios, com a instituição de uma autêntica "constituição material" das relações de trabalho formada por normas internacionais e nacionais, com a redução do número das normas imperativas absolutas e com a "despositivação" de um amplo conjunto de matérias em favor da negociação e contratação coletivas.

[202] Embora Santos *et al.* (1990:140) contestem a realidade deste conceito de *crise* (da "economia", do "Estado" e do "Direito", pois, respectivamente, admitem que há pleno crescimento e desenvolvimento em diversos lugares ou setores, que o Estado democrático parece manter intacta a sua posição como aglutinador popular e que o Direito ainda se mantém como convergente social), são inegáveis as diversas situações em que se alteram a normalidade dantes admitida como tal e que parecem estar direcionadas ao desequilíbrio e às diferenças econômico-sociais.

[203] Cf. Santos *et al.* (1990:171). Segundo estes autores, estas duas estratégias do novo modelo de regulação do capitalismo resumem-se nos seguintes termos: *"a busca de ganhos de produtividade preside à crescente internacionalização dentro do centro e faz com que neste o poder de direcção efectiva do processo produtivo passe a residir em quem detém o capital do conhecimento tecnológico e da capacidade de inovação"* e a *"busca incessante de zonas de salários baixos preside à internacionalização crescente no interior das periferias e as semiperiferias; a flexibilização da mão-de-obra, onde esta não era suficientemente flexível, é tão-só o produto da desvalorização da força de trabalho com que se pretende ganhar ou manter a competitividade externa"*.

[204] Robortella (1994:42) assevera que *"a crise não é do direito do trabalho, mas sim do direito do trabalho clássico, que se vê forçado a encontrar formas de adaptação às novas realidades sociais, econômicas, tecnológicas, políticas e culturais"*.

[205] Cf. Spyropoulos (2002:391ss).

relação de emprego, como *(i)* o vínculo de subordinação, *(ii)* o contrato de trabalho e *(iii)* o tempo de trabalho[206].

Ademais, como a concorrência internacional processa-se cada vez de modo mais intenso, seja na mobilidade geográfica, na flexibilização dos mercados laborais, na organização das empresas ou nos mercados consumidores, vislumbra-se um estreitamento cada vez maior das relações entre os mercados de trabalho, e, dessa amplitude de fronteiras, surge um mercado de trabalho planetário[207], no qual o mundo passa a ser uma gigantesca vitrine formada por nações que oferecem a sua mão-de-obra em concorrência uma com as outras, em uma disputa na oferta de trabalho e na consolidação de vantagens para, então, representar significativos contratos e instalações produtivas internacionais. No entanto, faz-se importante pensar nas conseqüências internas deste acontecimento, sendo fundamental analisá-lo a olhos nus, sem intenções demasiadamente ufanistas ou mercantilistas, mas com uma sensatez que permita encará-lo pelo viés da política tripartite (social, econômica e laboral) nacional, ávida por uma imparcial cooperação internacional apenas destinada a salvaguardar as normas de trabalho mínimas (ou básicas) em face da crescente globalização, sempre se resguardando a eviterna dimensão social do trabalho.

Acredita-se, por fim, que o mérito dessa avaliação esteja em descortinar o cenário atual e apontar os desafios às novas posturas para o

---

[206] Sobre as três modalidades, BOISSONAT (1998:76) assinala, respectivamente, que (i) o vínculo de subordinação *"se enfraquece ou se torna menos visível nos novos sistemas de prescrição das tarefas, nas novas organizações de horários e na evolução das relações hierárquicas, no mesmo instante em que, de outro lado, a autonomia de alguns trabalhadores independentes se reduz progressivamente"*; (ii) *"as fronteiras jurídicas que limitavam o objeto do contrato de trabalho, atribuindo-lhe como conteúdo normal o trabalho de produção direta mensurável em tempo, distinto da pessoa do assalariado e em ligação direta com a atividade da empresa com fins lucrativos (...) implicam a imprecisão dos contornos ampliados do objeto do contrato de trabalho"*; e, (iii) *"o tempo individual de trabalho, em alguns ofícios e para um número cada vez maior de setores, coincide, cada vez menos, com o tempo coletivo do trabalho 'controlado' do período taylorista, claramente delimitado e mensurável em unidade breve, a hora [e] tende a se tornar um tempo de trabalho difuso e disperso"*.

[207] CAMPBELL (1994:216) indica três aspectos da relação entre a organização da produção internacional e esta crescente interdependência dos mercados mundiais de trabalho: *i)* a dispersão da produção, *ii)* a integração e a especialização do mercado de trabalho, e, *iii)* a melhora da qualidade da mão-de-obra, causa e efeito do processo que transfere numerosos empregos de transnacionais para os PED.

enfrentamento das adversidades que a evolução técnico-científica e o novo modelo sócio-produtivo já impõem aos trabalhadores, o que, no campo das relações de trabalho, pode significar o surgimento de um novo direito do trabalho – adaptado às contundentes transformações do nosso tempo e garantidor das conquistas fundamentais já positivadas[208] –, e, talvez, de um novo homem.

---

[208] É nesse sentido que ADAM SCHAFF encontra outro destino a esta nova inserção do operário no mercado de trabalho. O autor considera possível que a revolução tecnológica desemboque em uma transformação dos valores que marcam a vida da humanidade, na medida em que *"essa mudança pode produzir modificações de longo alcance na esfera moral e sociopolítica da vida humana. Na esfera moral, preparará naturalmente o caminho para posições altruístas e filantrópicas. O egoísmo estreito, tão comum hoje, está ligado principalmente ao medo da penúria, ainda que esse medo seja na maioria dos casos apenas imaginários. Na esfera sociopolítica, a mudança desses valores poderá preparar o caminho para seus valores derivados: o igualitarismo (...) e o engajamento social do indivíduo"* (SCHAFF, 1995:144).

2.2. Da Renovação Tuitiva-flexibilizante dos Ordenamentos Laborais – A Precisa Recuperação de um Modelo

Se vogliamo che tutto rimanga com'è, bisogna che tutto cambi.[209]

Giuseppe Tomasi

Como disposto, as transformações da relação de emprego propiciam um confronto impetuoso entre o conservadorismo visionário e o modernismo real que busca a harmonia entre a elaboração das normas sociais e as condições concretas da atividade laboral.

Evidentemente, descaracteriza-se de possibilidade uma imoderada reforma do direito do trabalho, que a caracterize como predatória ou anti-social; cabe, sim, pensar em uma renovação que promova o desenvolvimento de espaços amplos para o exercício dos poderes de organização do trabalho, para a gestão dos recursos humanos e para a profusão do emprego, sem envilecer nenhum dos fundamentos ou valores que consolidam e legitimam o próprio direito do trabalho.

O núcleo desta proposta – advinda de uma crise do direito laboral[210] que emergiu do campo da economia para emigrar, em seguida, para outros domínios até contaminar *"as múltiplas dimensões do real"*[211] – está na delimitação, justa e legal, da zona de equilíbrio que pondera os interesses individuais e coletivos em confronto, capaz de acobertar os trabalhadores e manter o escopo social que sempre o originou (missão primordial e essencial), mas, também, no modo de ser útil e viável ao capitalista, para que esse auxilie na construção de um cenário que fomente a economia e os empregos e, principalmente, dele permita ser exigido uma irrefragável responsabilidade social – eis, aqui, talvez a verdadeira *raison d'être* desse sistema. Portanto, reunindo esses dois pontos, observa-se a

---

[209] «Se quisermos que tudo permaneça como está, é preciso que tudo mude» – Giuseppe Tomasi di Lampedusa, *in* "O Leopardo" (*Il Gattopardo*).

[210] Ramalho (2003:108) expõe que as valências da crise do direito laboral estão nas suas fontes ("desregulamentação"), na alteração do modelo de vínculo laboral ("relação de trabalho atípica"), nos entes laborais coletivos (sindicatos e comissões de trabalhadores), e, ainda, nas negociações coletivas.

[211] Cf. Leite (1990:22), ao expor que a crise alastra-se *"como fio de azeite a todos os interstícios do tecido económico, social, político e cultural"*, a admitir a economia como *"espécie de vírus"* que tudo rapidamente contamina.

necessidade-viabilidade de uma tuitiva-flexibilização (*"flexicurité"*)[212], assente em um modelo que, embora de forma complexa, muito bem combina (e não antagoniza) a flexibilização da relação laboral e a segurança dos trabalhadores[213].

A multipresente idéia da *flexibilização* das leis laborais desponta da atrelagem entre globalização e direito do trabalho e invariavelmente é tratada de modo maniqueísta como panacéia ou como autofagia, não obstante possa galgar pródigos frutos se bem instrumentado e fiscalizado, uma vez que remete *"para o conjunto de respostas exigíveis às relações e condições de trabalho, perante as mudanças profundas, de vária natureza, que estão a criar as sociedades a que se vem dando o nome de sociedades de informação (...) [e] impor-se-ia, portanto, como uma exigência do mercado de trabalho"*[214].

---

[212] Embora seja um termo equivalente, essa idéia da "tuitiva-flexibilização" não pode ser absolutamente confundida com o conceito-modelo de *"flexicurité"* (ou *"flexicurity"*) dinamarquês (e escandinavo em geral) e holandês. Apesar de ambos terem como idéia central o "diálogo social", a *flexicurité* tem por condição a necessidade de apresentar um Estado rico e com instituições bastante sólidas e desenvolvidas. Essa proposta fora inicialmente promovido na Dinamarca, durante o período de 1992 a 2001, pelos políticos social-democratas da base de sustentação do governo, tendo como grande marco o fato de estar fundamentado na assunção de que flexibilidade e segurança não são contraditórias, mas complementares. Desta acepção, GAUTIÉ (2005:10) afirma que o precursor modelo dinamarquês de *flexicurité* baseia-se em um "triângulo de ouro" – generoso sistema de proteção social, política ativa de emprego e de recolocação e poucas restrições à dispensa e à contratação – e outras medidas, como uma sustentável política macroeconômica e políticas especificas aos trabalhadores idosos. Evidentemente, esta nova (ou remodelada) concepção resta, em sua plenitude, de difícil realização nos PED e mesmo em alguns países menos ricos e com um sistem social pouco desenvolvido. Contudo, em parte e em sérias medidas, similar avanço é fundamental para preliminares soluções em todos os países, como *i)* a questão de *"l'activation"* na política de emprego, com um plano de ação individualizado que busca medidas para "ativar" o trabalhador, sendo este obrigado a cumprir os programas nacionais de reinserção, atualização e treinamento propostos e, ainda, em um intervalo de seis meses a um ano de desemprego, estes trabalhadores são "ativados" por intermédio de empregos subvencionados nos setores público ou privado – sob pena de, não querendo, ter seus direitos indenizatórios (subsídios) suspensos –, depois, ainda, *ii)* há um conjunto de regras controladas pelos parceiros sociais a evitar que o mercado de trabalho "ativado" se transforme em um mercado secundário aos empregos precários. Ainda, para uma análise geral e como proposta européia do sistema, v. TROS (2004) e LARSEN (2004).

[213] PORTES (1994:170) admite que *"the dilemma between worker's rights and firm's need for flexibility is a false dichotomy – in reality, the two may co-exist through a flexible and realistic application of labour standards"*.

[214] Cf. RODRIGUES (2003:59).

A ampla altercação em torno da situação atual do mercado e das leis do trabalho instrui, mais uma vez[215], a relevância da matéria jus-laboral no cenário econômico, sendo inevitável o debate em torno da flexibilização das normas de direito trabalhista[216], com as discussões a repousar no seu conceito, na necessidade e na forma da sua aplicação, nas suas conseqüências em face da relação de emprego, na possibilidade de deixar o trabalhador sem proteção e, ainda, de modo mais grave, nos riscos de uma desregulamentação[217].

Conceitualmente, diversas são as propostas doutrinárias para o termo flexibilização[218]; contudo, ARNALDO SÜSSEKIND (1997:73) irrompe a insipidez das múltiplas e equivalentes definições para alcançar o cerne do conceito ou da idéia da flexibilização ao proclamá-la como *"uma fenda no princípio da intangibilidade das normas imperativas do Direito do Trabalho a ser exercitado nos limites do sistema jurídico pertinente"*, pois miscra propostas quase antitéticas – mas factíveis e essenciais – para o fenômeno, ao admitir a discreta maleabilidade de certas normas laborais, desde que circunscritas à indelebilidade daquelas imperativas ou fundamentais, embasadas no diálogo social e coletivo e no reconhecimento dos encargos do Estado.

A princípio, exsurge a noção de uma bivalência civil do direito laboral: primeiro, deixando-o mais "civilizado", com uma representatividade real e um consistente instrumento de arrimo a todo trabalhador,

---

[215] Não se pode olvidar do fato desde assunto e desta proposta, há tempos e com certa sistemática, retornar à pauta de discussões jurídico-sociais e econômicas, pois, conforme ressalva STANDING (1999:49), *"systems and relations of production evolve through eras of flexibility until the prevailing procedures and regulations become rigid and overcomplex. Historically, all labour systems have evolved through flexible and more 'rigid' (or stable) phases, the rigid collapsing into more flexible forms, and flexible practices stabilizing through the establishment and legitimation of norms and regulations, until theses have fettered the development of production".*

[216] Como professa SÜSSEKIND (1997:78), ao afirmar que a matéria jus-laboral *"precisa (...) ser atualizada, para que nela se contenham normas mais gerais; normas mais gerais capazes de serem suplementadas – aí sim, suplementadas – pela autonomia privada, individual ou coletiva; isto é, pelo contrato individual do trabalho ou pelas convenções e acordos coletivos. Mas essas normas gerais devem ser indisponíveis, porque devem traçar um mínimo de direitos abaixo dos quais não se pode conceber a dignidade humana".*

[217] Entretanto, alguns autores entendem que mesmo o termo "desregulamentação" não se reveste, necessariamente, de uma adjetivação negativa, como assevera DELMAS-MARTY (1999:138), ao preclarar que *"é uma ilusão semântica julgar que a desregulamentação é o inverso de regulamentação".*

[218] V., entre outros, PASTORE (1994), ROBORTELLA (1994) e RAMALHO (2003).

em qualquer circunstância; e, segundo, abraçando certas premissas "civilísticas" (do direito civil), jungidas à idéia dos contratos e das negociações, mormente de caráter coletivo. Nesta medida, as matérias juslaborais deveriam reconcentrar-se na ordem pública, econômica e social, a definir a base intocável dos direitos de proteção dos trabalhadores (os "direitos sociais fundamentais"), organizar de modo mais vigoroso e equilibrado as relações coletivas do trabalho e, ainda, deixar de normatizar o que resulta da gestão das empresas – a evitar a "inflação legislativa" – e deixar às partes, em negociação coletiva, a liberdade de disporem sobre as próprias regras de conduta em termos de relação laboral, em função de suas possibilidades e necessidades, mas sem, incondicionalmente, permitir a açambarcação dessa relação pela parte mais poderosa, a tornar ineficaz qualquer proposta flexibilizadora pois permitiria o agravamento ainda maior da situação, sinalizante de uma parceria social fraca e desequilibrada.

Assim, nesse instante, não se pactua por um tratamento aos trabalhadores (empregados) semelhante àquele oferecido aos cristãos na Roma Antiga, arremessando-os aos leões do livre-mercado, expostos à plena liberdade (e desigualdade) de negociação, imersos em um espetáculo dantesco; a proposta, porém, é adequá-los a um novo episódio mundanal, ao processo econômico dominado pela globalização e pelo desenvolvimento tecnológico, ao qual a legislação laboral necessita ser integrada, para que não resulte em ordenamentos laborais apartadas da realidade social, eunucos da vontade geral e decapitados em sua gênese pela ingerência das classes dominantes.

Ao cumprimento da flexibilização, assim, emana o seu *locus* eqüidistante da polaridade assinalada pelas concepções heterotutelar do direito do trabalho e autotutelar dos direitos dos trabalhadores. A heteroproteção do trabalhador é a concepção que surgiu no mundo com as primeiras regulamentações laborais, as quais reconhecem o trabalhador como o pólo mais fraco da relação de emprego, trazendo princípios que o privilegiam e sem detrimento da igualdade entre as partes, visto que se conhece uma concepção de igualdade substancial. Nos moldes dessa concepção heterotutelar do direito do trabalho, ainda rigidamente presente em muitas legislações nacionais, o Estado intervém na relação de emprego em favor do trabalhador e limita o poder do empregador, a fim de assegurar a manutenção das condições de emprego as quais o empregado tem direito (e necessita). Já a concepção autotutelar do direito dos trabalhadores vem ao encontro do Estado Neoliberal e é contrária à intervenção estatal nas relações de trabalho, primando pela relação única entre empregados e empregadores, pois sustenta que a proteção do pólo hipossuficiente não deve se dar pelo Estado, mas sim mediante a valorização das convenções ou acordos coletivos do trabalho, com a plena participação dos trabalhadores na empresa, a fim das duas classes interagirem e formarem um interesse único. Nesse âmbito, ainda faz parte a concepção de desregulamentação do direito do trabalho, que defende a minimização (ou extinção) de leis que regulamentam a relação de trabalho, pelo qual os direitos trabalhistas não teriam a necessidade de se apresentarem escritos na forma da lei, a deixar os trabalhadores (coletivamente) livres para as negociações e decisões a respeito da relação de trabalho existente.

Diante disso, há a particular tendência para, se obrigado a escolher uma das direções acima[219], adotar-se a primeira via, pois, ainda que por demais conservadora e que nas suas minuciosidades acabe por não ser harmônica com a *época pós-moderna*, apresenta-se, certamente, melhor que uma desregrada autotutela, visto que o trabalhador ainda (ou eternamente) é a parte economicamente mais fraca da relação de emprego, tradução literal da sua posição hipossuficiente no mundo capitalista; todavia, como adiante aduzido, roga-se pela proposta intermediária, entreatos, que se configure como apto recurso e válido instrumento público-privado.

Segundo estudos da Organização Internacional do Trabalho (OIT), os acordos de flexibilização da jornada de trabalho vêm crescendo nos últimos anos em vários países[220]. Porém, essa flexibilização vem se dando de diferentes maneiras: dependendo da força do movimento sindical e da

---

[219] No âmbito europeu, Treu (1992:533) dispõe as propostas ideológicas dos dois grupos – embora minimize o radicalismo conservador dos autores defensores da segunda idéia. Da primeira corrente, informa que seus autores têm uma *"eurosclérose"* imputada à rigidez das instituições, que se figuram como *"un obstàcle majeur à la compétitivité internationale des pays européens et à l'usage optimal des possibilités d'innovation qu'offrait l'informatique naissante (...) [et] qui les empêchainent de s'adapter convenablement aus turbulences du marché"*; da segunda, observa que seus autores não atribuem a crise econômica somente à rigidez das instituições, para eles *'tenaient non pas uniquement à une réglementation insuffisante des relations professionnelles, mais aussi à l'existence des estructures d'organization et de méthodes de gestion typiques du système Ford de production"*.

[220] Em frases pontuais, Barros (1998:58) diz que *"o elenco de direitos trabalhistas, que vigorou até há pouco e que é fruto de um outro momento histórico, já não encontra a mesma sustentabilidade. A tendência à flexibilização parece inarredável. Levará a relação de trabalho a novas configurações, estimulando a sociedade de serviços e aumentando os tipos de contrato de trabalho, como o teletrabalho, a tempo parcial"*.

eficiência das estruturas de relações trabalho, os acordos selados podem levar a uma maior ou menor volatilização do emprego e a precarização do mercado de trabalho. Os próprios levantamentos da OIT indicam que nos segmentos primários do mercado de trabalho, pode-se encontrar a flexibilidade combinada à estabilidade no emprego e à qualificação do trabalhador, ou seja, para muitos empregadores e empregados a flexibilização surge como uma maneira de mesclar quantidade e qualidade, tendo como base a manutenção e a melhoria do emprego. Contudo, ao mesmo tempo, para setores mais desprotegidos a flexibilização pode representar a erosão das relações de trabalho[221], caracterizada pela diminuição salarial, pelo aumento do trabalho extraordinário, pela intensa rotatividade etc.

Dessarte, a flexibilização das relações trabalhistas seria uma das formas de ampliar as possibilidades para a contratação de trabalhadores[222], com o empregador valendo-se da convenção coletiva para harmonizar as vontades contratantes mediante a adoção de regras e cláusulas expressamente convalidadas neste uso flexibilizante dos preceitos laborais; todavia, insta salientar que, com tal elasticidade, não se pretende uma inversão da hierarquia das normas, visto que a lei não pode desvaler-se ou subjugar-se ao convencionado – ou seja, a convenção deve estar em conformidade com a lei, a possibilitar somente a criação de cláusulas para melhor (*in melius*) no contrato de trabalho. Dessa necessidade emanam duas correntes, estereotipadas ou descomedidas na *(i) corrente desreguladora*, propensa à noção autotutelar do trabalhador (e selvagem e injusta) e na *(ii) corrente antiflexibilizante*, defensora da heterotutela na relação laboral (e camicase e arcaica).

A primeira – a desregulamentação – definitivamente não é uma forma de flexibilização, porquanto não maleabiliza, não elastifica e não adapta as leis trabalhistas, mas, apenas, por mais que não exista um consenso sobre o que o termo descreve ou prescreve, significa a eliminação de regras – em uma perspectiva mais radical – ou o recuo da regulação legal, com a abertura de novos espaços à contratualidade coletiva, intentando retirar do Estado a proteção ao trabalhador e negá-lo a intervenção, ainda que básica, para que as partes usem (e abusem)

---

[221] LEITE (1990:38) preleciona que esta erosão exsurge em detrimento do "emprego normal", e cujos efeitos se fazem sentir em vários aspectos da relação de trabalho, nomeadamente em três grupos: a duração do contrato, a organização do tempo de trabalho e a "opacidade do empregador".

[222] Todavia, existem diversos indícios estatísticos que demonstram a esterilidade deste processo, como dispõe FERNANDES (2000:46).

da autonomia privada (coletiva ou individual) a fim de estabelecer as condições de trabalho que melhor aprouverem-lhes. Diante disso, deveria ser possível, para que se modernizassem as relações de trabalho nos países, que as convenções coletivas de trabalho pudessem ter cláusulas *in melius* e *in pejus* para o trabalhador, possibilitando uma maior adequação à realidade da época, do setor e do tamanho da empresa, em razão da convicção de que *"o livre funcionamento do mercado de trabalho permitirá esgotar o potencial de emprego que a economia contém, o que não sucederá se houver constrangimentos normativos a algumas modalidade de emprego que são susceptíveis de serem oferecidas e aceites"*[223].

A segunda corrente – rígida (antiflexibilista) – defende que a tentativa de flexibilização é uma forma velada de acabar com os direitos dos trabalhadores, pelos quais esses lutam há séculos. Com o fim da intervenção do Estado nas relações laborais, estaria o trabalhador sem a possibilidade de garantir os direitos mínimos, já que representa a parte hipossuficiente na relação de trabalho. Outrossim, essa corrente admite que o esfacelamento da tutela estatal via a desregulamentação do ordenamento laboral e a irrestrita autonomia das partes, a pretexto de apaziguar conflitos, não seja a maior responsável pelo desemprego ou pela crise geral no mercado de trabalho; entendem, para isso, que os governos devem otimizar a aplicação da verba pública, com maiores investimentos nos setores produtivos, de educação (e tecnologia), de saúde e de infra-estrutura, oferecer uma maior estabilidade econômica, um melhor controle do déficit público e, mormente, avanços nas reformas tributárias. Evidentemente, tratam-se de argumentos de extrema retidão e legitimidade, mas, infelizmente, de pouca aceitabilidade prática e, ainda, de rasa eficiência, na medida em que tal configuração perpassa, *ipso facto*, pelo próprio desenvolvimento econômico, viabilizado com medidas que flexionem a produção.

Todavia, não se pode concluir pela adoração irrestrita de uma (*desumana* e *desreguladora*) ou outra corrente (*paleolíptica* e *paquidérmica*), pois, ainda que com patentes peculiaridades individuais, ambas carregam o mesmo risco final, visto que a ausência de normas ou a infecundidade delas auxiliam na construção de um anômalo cenário social. Assim, portanto, se deve perseguir um terceiro caminho, uma flexibilização posicionada entre os extremos e motivada de forma negociada, gradual e progressiva, distante do alvitre de ser (dolosamente) minimizado o direito

---

[223] Cf. FERNANDES (2000:48).

do trabalho ou da cega defesa de diversas normas ineficazes e marcadas pelo seu *"esvaziamento prático (...), na sua inaplicação e, portanto, no apagamento da sua validade social"*[224].

Em suma, roga-se pela maleabilidade dos ordenamentos jus-laborais na medida em que se constata nessa atual sociedade (e neste atual sistema) a necessidade de uma impendente *(re)*inserção de um infindável contingente de trabalhadores; assim, sem jamais tencionar um papel secundário do Direito do Trabalho ou do Estado no controle dos conflitos laborais, prega-se a "tuitiva-flexibilização" das normas laborais. Nesse diapasão sustenta-se que ambos os lados envolvidos na relação laboral, em conjunto com os parceiros sociais, tem mais ciência das necessidades, dos limites e das pretensões havidas nas negociações de emprego e na tentativa de encontrar os melhores meios para a solução dos conflitos de interesses, uma vez que a *"a norma jurídica, para ser justa, deve ter o atributo da adequação ao fenômeno que pretende reger, sob pena de se tornar um obstáculo ou de retardar a satisfação do interesse comum"*[225].

Se as condições econômicas, políticas e sociais do mundo contemporâneo exigem ajustes e adaptações através da flexibilização do direito do trabalho – pelo fato de ser admitido que o *"lavoro regolare, a tempo pieno e indeterminato sai sepolto sotto una coltre di vischiosità ideologiche"*[226] –, que tais mudanças sejam realizadas com responsabilidade, pois não podem significar a mera adequação dos trabalhadores às leis de mercado, exponencialmente por se trazer à memória um mundo que tanto combateu para o aprimoramento das questões sociais e do trabalho.

Para tanto, sem dessacralizar tal memória e essas conquistas, consagra-se a imprescindibilidade da preservação de um *standard* capaz de lhes proporcionar a necessária dignidade, donde urge a cintilante presença do Estado – e mesmo dos sindicatos e das organizações civis – como intransigentes fiscalizadores dos acordos ou convenções firmados entre as partes, para que a classe laboral não sucumba à supremacia do poder patronal no tocante à disponibilidade de direitos fundamentais (segurança e saúde) ou à concessão de direitos que poderiam ser resol-

---

[224] Cf. FERNANDES (2000:51).
[225] Cf. ROBORTELLA (1994:96).
[226] Cf. ROMAGNOLI (2005:535), embora, também como aqui se admite, ressalve que *"se per la flessibilità delle condizioni di lavoro s'intende precarietà e insicurezza delle persone, il diritto del lavoro è destinato, or più che mai, ad evolvere 'a misura del cittadino' che guarda al lavoro come all'unica o principale risorsa con la quale construirsi un progetto di vita"*.

vidos de outro (e melhor) modo que uma simples flexibilização e, ainda melhor, aumentar a empregabilidade – como no caso das horas extraordinárias de trabalho, que bem poderiam ser taxadas ao dobro e limitadas.

Assim, entende-se que essa "tuitiva-flexibilização" não deve ser observada como um simples rebaixamento de direitos, mas, em consonância à necessidade de ser introduzido um inumerável contingente de trabalhadores ao mercado de trabalho formal e *minimamente* garantista, uma readequação da classe trabalhadora ao (improlífico) sistema vigente[227] – contudo, repita-se, desde que com a constante e resoluta participação do Estado nas negociações, novamente via sindicatos e a sociedade civil organizada, e com o tenaz controle-fiscalização do orgãos nacionais competentes (por intermédio, no caso brasileiro, do "Ministério Público do Trabalho" e das "Delegacias Regionais do Trabalho") –, ainda que aparentemente um "sistema não ideal", mas transitoriamente viável por estar desnivelado da miséria[228] e com fito em uma (re)conquista futura de poder, de tranqüilidade e de indelével *status*.

Em ambos os sentidos, o grau de flexibilização das relações e das leis laborais não se isenta de críticas, como aquela que professa a existência de um *"paradoxo do flexível"*[229]; todavia, essa imponente tarefa de encontrar o equilíbrio deve sopesar o conjunto de valores inerentes a sua própria razão de ser, ou seja, o sempre privilégio e a contumaz atenção (ainda que por vias indiretas) ao trabalhador, atentando-se para o fato de que *"não é de todo impossível pensar uma reforma do direito do trabalho que não seja predatória nem anti-social (...) uma reforma (...) no*

---

[227] Como assevera RAMALHO (2003:120), ao questionar a *"viabilidade da subsistência de um regime tão rígido e protectivo do trabalhador, que, em si mesmo, condena a relação jurídica laboral ao triste destino de ser protagonizada por um número cada vez menor de trabalhadores subordinados"*, ao prescrever que *"é pois necessário equacionar algumas alterações jurídicas da relação de trabalho"*.

[228] Exsurge neste ponto a constatação da possibilidade (ou certeza) de se estar formando uma grande classe de trabalhadores empregada, mas pobremente empregadas (*"working poor"*).

[229] Cf. DELMAS-MARTY (1999:138). Neste ponto, como salienta , deve-se atentar para a possibilidade de haver uma abundância de normas jurídicas, a revelar um constante atrito entre as regras de comércio multilaterais e as regras internas nacionais, talvez incerto na determinação da melhor direção para os Estados, como proclama a autora, ao comentar que *"em França, a criação de numerosas autoridades administrativas independentes, surgidas para criarem uma legislação flexivel, não levou, por isso, à desaparição das sanções penais já existentes"* – desta sobreposição, sobressai o denominado *"paradoxo do flexível"*.

sentido da criação de espaços mais amplos para o exercício dos poderes de organização do trabalho e de gestão dos recursos humanos, sem por isso pôr em causa nenhum dos princípios e nenhum dos valores que fazem a substância do direito do trabalho"[230].

Nestes termos, portanto, consubstanciar-se-ia na forma de um *híbrido* baseado na flexibilização das normas e padrões com uma presente atuação tutelar do Estado, sendo que esta proteção dar-se-ia de dois modos distintos: *(i)* no caso dos países desenvolvidos, sob a forma econômica--financeira – ou seja, a sustentabilidade financeira do Estado por um certo momento, a fim de permitir a maleabilidade das dispensas e das demissões – talvez um breve retorno às políticas do *welfare state* –, e, *(ii)* no caso dos PED, sob a forma jus-*vigilante*, mediante um ativo papel fiscalizador do Estado, a fim de conter o abuso do poder privado-capitalista perante os trabalhadores[231].

Dessa maneira, portanto, a proposta de uma tuitiva-flexibilização atenderia a dinâmica do mundo hodierno e estaria, de modo irrestrito, resguardando o trabalhador na *desproporcional* relação; e nessa questão, ao ser vislumbrada a situação dos PED num cenário de remodelação de paradigmas sócio-produtivos e de flexibilização de normas trabalhistas, denota-se a necessidade de uma constante prática de medidas que os capacitem à plena adaptação de suas instituições e dos seus sistemas econômicos-laborais a este novo mundo, a fim de que a rigidez, a inatualidade ou a inconseqüente padronização das normas não se constituam em obstáculos ao desenvolvimento.

Logo, rogar pela aplicação tuitiva-flexibilizante do direito do trabalho não significa apenas buscar a sua útil renovação, mas fazê-lo adquirir uma identidade diferente, mais profunda e mais genuína que a atual,

---

[230] Cf. FERNANDES (2001:54).

[231] Assim, repita-se, enquanto a perspectiva da *flexicurité* funciona diretamente (e talvez exclusivamente) com a realidade dos países ricos e desenvolvidos, o seu modelo análogo (*tuitiva-flexibilização*) também poderia ser proposto nos PED, sob o mesmo princípio fundamental – flexibilização com segurança –, desde que se tenha um Estado capaz de fazer bem funcionar o seu "poder de polícia" junto às empresas e de elastificar esse controle – sociedade civil, sindicatos etc. –, de modo a ser tutelada (e não desregrada) a pretendida flexibilização. Outrossim, como ensina SERVAIS (2001:251), deve-se observar que *"menos leis não equivale a menos direito, pois os tribunais continuam a tomar conhecimento de todas as situações; assiste-se apenas a uma transição das competências do administrador para o juiz"*, na medida em que, *"como os textos de lei não regulamentam todas as circunstâncias, o juiz passa a ter mais poder de avaliação e de decisão (...) para controlar os atos da administração"*.

vinculada com o destino de uma sociedade que deve (e quer) realizar-se por intermédio do trabalho (e da produção) para se chegar, ao fim, no próprio *desenvolvimento do homem*. Para isso, são diversas as propostas e as abordagens de *maleabilização* da estrutura legal trabalhistas apresentadas pela doutrina – não obstante vários autores a entendam como *precarização do trabalho* –, de cujos modelos releva-se a *exteriorização do trabalho*, e que almejam consubstanciar a idéia, viável e possível, de readaptação do ordenamento jurídico-laboral ao mundo globalizado, ainda que se esteja diante de um problema cuja outra provável solução não esteja simplesmente no universo jus-trabalhista, mas mesmo além do viés "capitalista" [232].

Nas origens desse processo de exteriorização do trabalho e de descentralização da mão-de-obra produtiva despontam as figuras da subcontratação, da terceirização e da contratação de empresas de trabalho temporário, sendo as duas primeiras de constante adoção pelos conglomerados transnacionais.

A "subcontratação" configura-se como a situação em que uma empresa decide contratar outra ("subcontratada") para a execução de uma tarefa (de manufatura ou de serviços) integrante do seu processo produtivo e que ela própria ("contratante") deveria realizar[233], por ser considerada uma atividade plasmada com "função nuclear"[234] dentro da empresa e não apenas de caráter suplementar ou secundário, tendo, por fim a diversificação da normal modelação jurídico-negocial.

Certamente, para a recopilada exposição em tela, cuja brevidade impossibilita a análise de formas correlatas, a serventia dessa modalidade estreita na questão de tornar conhecida a sua cons-tituição jurídica – envolvida por três sujeitos, nomeadamente *"a empresa adjudicatária*

---

[232] Ao propor alternativas à crise do mercado de trabalho, que envolve países ricos e pobres – uma vez que o desemprego (ou a falta de ocupação) não é *sectária* –, SINGER (2003:119) indica que "soluções capitalistas" ao problema do desemprego (*v.g.*, emigração, microempresas, treinamento e qualificação etc.) não são mais factíveis, devendo, então, ser aberto e promovido o espaço para uma "solução não capitalista" para o desemprego: as cooperativas de produção e consumo, fincadas sobre a linha de uma *"cooperativa de economia solidária"*.

[233] Na acepção de MARTINEZ (1989:188), consiste no *"negócio jurídico bilateral, pelo qual um dos sujeitos, parte em outro contrato [dito contrato base ou principal], sem deste se desvincular e com base na posição jurídica que daí lhe advém, estipula com terceiro, quer a utilização, total ou parcial, de prestações a que está adstrito"*.

[234] Cf. REDINHA (1995:52).

(a empresa dominante), o cliente da empresa adjudicatária e a empresa subcontratada"[235] – e de saber distin-guir, nos diversos casos apresentados, aqueles enodoados pela enferma e falsa reestruturação organizacional – responsável pela *precarização* dos empregos e idealizada pela empresa dominante e catalisada pela empresa subcontratada – daqueles cujo escopo centraliza-se unicamente na otimização (e às vezes na própria possibilidade) de uma atividade sem vínculos estruturais ou empresariais (e apenas contratuais) entre dominante e dominada.

Atualmente, surge com bastante acuidade o processo de "subcontratação internacional", no qual diversas indústrias – em regra dos países desenvolvidos – transferem a produção ou fases produtivas para empresas de outros países (maiormente dos PED), de maneira a diminuir os seus custos, sejam fiscais ou relacionados aos insumos produtivos (como mão-de-obra ou matérias-primas), traduzindo-se em uma maior competitividade no mercado global e permitindo a estas indústrias subcontratantes centralizarem-se em atividades com maior valor agregado e que lhes possibilitem maiores retornos. Do ponto de vista das empresas dos países subcontratados, os ganhos também são diversos, pois lhes permitem aproveitar a sua capacidade produtiva excedente, gerar mais divisas e, ao mesmo tempo, criar oportunidades de trabalho – ainda que, a longo prazo, se não bem articuladas ou conduzidas, possam prejudicar o país no seu desenvolvimento "independente".

Outro movimento crescente e de constante utilidade às empresas na exteriorização de atividades – embora por vezes confundido com a *subcontratação*[236] – consiste na "terceirização" (também aclamada como *outsourcing*, ou, ainda, *externalización*), a qual permite à organização concentrar-se definitivamente na sua atividade principal, enquanto a empresa contratada ("terceirizada") executa algumas tarefas *non-core* e secundárias (aquelas não ligadas ao objeto empresarial, como os serviços de limpeza, segurança, alimentação etc.) ou de estrita e necessária especialização (tarefas com razoável especialidade, como informática, publicidade, etc).

---

[235] Cf. Leite (1990:40), o qual expõe a "relação trilateral" envolvida no objeto contratual da subcontratação.

[236] A subcontratação e a contratação de empresas de serviços (ora denominada "terceirização") estão bastante próximas, pois ambas buscam a exteriorização do emprego, sendo que *"apenas uma ténue dissemelhança atalha a identidade e justifica um tratamento autónomo"* (Redinha, 1995:51), ou seja, o "objeto do serviço" ante ao "objeto social da empresa". Para Leite (1990:41), a distinção entre as noções de subcontratação e de terceirização reside no fato de que, naquela, *"a empresa exterioriza funções*

Hodiernamente, a terceirização e a subcontratação aparentam uma importante ferramenta organizacional, como, também, jurídico-social, pois significam uma redução dos custos e a otimização no uso da mão-de-obra, o que lhes possibilitaria, em tese, melhor repartir os lucros com os trabalhadores, embora simbolize, por outro lado, um modo de precarizar o trabalho, visto que, em regra, são as micro ou pequenas empresas que se oferecem à terceirização ou à subcontratação, justamente aquelas que geralmente não oferecem grande respaldo em termos de direitos e garantias sócio-laborais, como também pode se tornar inócua, em razão de não resultar em aumento de empregos, pois as empresas apenas pretendem transferir a responsabilidade empregadora, muitas vezes até mesmo provocando uma diminuição no contingente empregado em virtude destas empresas subcontratadas ou terceirizadas atuarem com maior eficiência e menos mão-de-obra.

A terceira espécie mais comum de exteriorização do trabalho consiste no serviço realizado por intermédio de uma "empresa de trabalho temporário" (ETT), mediante a negociação com empresas cujo objeto é a *"contratação de trabalhadores para os colocar à disposição de terceiros, de maneira temporária e com fins lucrativos"*[237], podendo resultar em outra forma de ocultação do empregador real permissiva de uma precarização do emprego do trabalhador temporário.

Em que pesem as dúvidas depositadas na face útil e sã deste fenômeno[238], nas quais avultam delações de uma intermediação parasitária, não se pode desprezar os seus aspectos positivos, como a permitir o ingresso de diversas pessoas no mercado laboral; entretanto, as circunstâncias fáticas da realidade exigem a observância e a regulamentação atenta a esse fenômeno, a fim de salvaguardar os trabalhadores envolvidos no processo e, do mesmo modo, no tocante às empresas prestadoras deste gênero de serviço, no intuito de serem refutadas qualquer comportamento discriminatório ou restritivo à sua operacionalidade.

---

e mão-de-obra (...) fora do âmbito geográfico, por outra empresa, toda ou parte da produção (...); [e, nesta], a empresa dominante confia a outra ou outras tarefas correspondentes às suas próprias necessidades, a realizar, por isso mesmo, dentro do seu espaço físico e organizacional".

[237] Cf. CARVALHO (2001:125); ainda segundo REDINHA (1995:94), forma-se uma "relação tricéfala".

[238] REDINHA (1995:94), ao parafrasear CAIRE (*Les Nouveaux Marchands d'Hommes?* Paris, 1991), demonstra o repúdio de certos autores a esta modalidade, os quais nominam os empregadores de trabalho temporário como "mercadores de homens" ou *"negreiros do século XX"*.

Ademais, conquanto se atende ao paradoxalismo factual emergido, não se pode desconsiderar o importante papel de ambos os sujeitos (empregadores e empregados), cujos serviços são utilizados em várias áreas e atividades e que constituem uma importante contribuição para a flexibilização da organização da empresa utilizadora e para o fomento de empregos, ainda que se zele pelo não-abuso "permanente" e pela "não-permanência" dessa força de trabalho "temporária" por vezes à margem do ambicionado plano social.

CAPÍTULO 3

DO DUMPING SOCIAL

3.1. Do Dumping

> *Si possem, sanior essem! Sed trahit, invitam nova vis, aliudque cupido, mens aliud suadet: video meliora proboque, deteriora sequor.*[239]
>
> Ovídio

3.1.1. Dos Caminhos à Concorrência Desleal e à Infração da Ordem Econômica

O crescente e vistoso desenvolvimento do comércio internacional e a mundialização da economia trazem a supressão de barreiras comerciais e a necessidade dos Estados expandirem as suas fronteiras comerciais, e, mormente, insistirem na concentração política com vistas à conquista de mercados[240], o que os leva, por vezes, à atuação emulatória das suas empresas que invadem a esfera de direitos da concorrência, intensificando o não cumprimento dos preceitos éticos de competição e multiplicando as maneiras de infringir a ordem econômica.

Ao pretender um sistema jurídico notabilizado pela liberdade de iniciativa, pelo acesso juridicamente livre à atividade econômica e à livre concorrência, o Estado autolimita-se em prol da prática privada, a surgir um espaço de proliferação de interesses econômicos sem um condicionamento

---

[239] «Se eu pudesse, seria mais sensato! Mas uma força nova me arrasta contra a minha vontade, e o desejo me atrai a uma direção, e a razão a outra: vejo e aprovo o melhor, mas sigo a pior» – Ovídio, *in* "Metamorfose" (*Metamorphoses – VII, 17-21*).

[240] Sempre que há a referência a esse papel empreendedor do Estado, como ente que objetiva a "conquista de mercados", é suposto fazer crer tal atividade empresarial representada pelas respectivas empresas nacionais.

primário de Direito, senão a própria liberdade no direito de competir. Para esta não-intervenção do Estado, urge haver a razoabilidade e a compatibilidade do exercício dessa concorrência com a expectativa e a atitude comportamental dos que ingressam e praticam a atividade econômica, a fim de construir *"um espaço menos de direito, que de liberdade"* [241].

Logo, a noção de concorrência[242] constitui um dos elementos cruciais para o desenvolvimento harmônico da economia e, por conseqüência, dos Estados – e, mesmo ainda, em um ambiente de integração –, donde sempre houve regras reguladoras da conduta dos agentes econômicos no intento de alcançar resultados eficazes e eliminar as ameaçantes situações distópicas que maculassem o mercado[243]. Todavia, mormente no campo internacional, ainda não havia a consciência da necessidade de regulamentação da concorrência.

Assim, de modo definitivo, apenas no século XVIII o seu uso passa a abranger um sentido *técnico-econômico*, estritamente ligado à regulação do mercado, uma vez que a concorrência figura-se como a solução para congraçar o "interesse público" *com* a "liberdade econômica individual"[244], o que faz promover a idéia de serem protegidas as partes dos atos de concorrência desleal e a promulgar os primeiros entendimentos jurídicos em favor de uma *fair competition*[245].

Neste momento, no qual a sua definição global geralmente ainda se limita na forma negativa – *"questo è quanto dire: la concorrenza è sleale,*

---

[241] Cf. BARBOSA (2002:02).

[242] A noção tradicional de concorrência pressupõe *"uma ação desenvolvida por um grande número de competidores, atuando livremente no mercado de um mesmo produto, de maneira que a oferta e a procura provenham de compradores ou de vendedores cuja igualdade de condições os impeça de influir, de modo permanente ou duradouro, no preço dos bens ou serviços"* (VAZ, 1993:27). Para a viabilização (ou existência) desta noção de concorrência, exige-se, como ensina a tese de FERREIRA DE SOUZA ([*União de Empresas Concorrentes*. Rio de Janeiro, 1939] apud VAZ, 1993:24), a participação simultânea de três identidades: "objeto", "momento" e "mercado".

[243] Consoante lembra FORGIONI (1998:26), *"são várias as notícias que se tem sobre, por exemplo, a vedação dos monopólios na antiguidade, o acaparramento de mercadorias etc.; (...) essa visão (...) parte da inegável constatação de que a concorrência existe desde que haja comércio, desde que haja mercado"*, havendo *"indicações seguras de que a atividade dos agentes econômicos com um certo 'poder de mercado' era regulamentada com o escopo de proteger a população contra manipulações de preços e escassez artificial dos produtos"*.

[244] V. PORTO (2004) e ARAÚJO (2005).

[245] Para uma investigação jus-histórica do instituto da "concorrência desleal", v. DUVAL (1976:01), BITTAR (1989:35) e LEITÃO (2000:19).

quando non è leale"[246] –, exsurge a necessidade de haver normas de concorrência que não apenas resolvam as distorções do mercado, mas que combatam a prática negocial injusta e desleal – ainda que a noção dessa concorrência desleal, ora analisada, não esteja inteiramente coadunada com o contorno conceitual normalmente oferecido pela doutrina[247] – e promovam o uso honesto nas relações concorrenciais[248].

Logo, como maneira de coibir a perduração do monopólio – ainda sob os moldes do "privilégio real" – presente nos mercados pós-Segunda Guerra, vislumbrou-se a necessidade de se reprimir a concorrência desleal (e mesmo implementar um sistema internacional de defesa da concorrência), principalmente assente na forma de distorção da livre iniciativa, a culminar no estabelecimento das primeiras diretrizes que pretendiam argamassar os desvios da competitividade.

Em face da necessidade de tutelar os direitos dos concorrentes nas relações econômicas – feridos por uma ação contrária à lei ou à ética –, o ordenamento jurídico vem conceder uma resposta por intermédio da distinção entre os atos leais e desleais (ilícitos) de concorrência, sendo que esses *"desrespeitam as regras do jogo, turbando o livre funcionamento do mercado e acarretando prejuízos para os legítimos titulares dos direitos violados"*[249].

Muito embora o direito concorrencial e a concorrência desleal estejam vinculados ao direito econômico[250], reconhece-se que ambos são institutos que se distinguem em diversos pontos, como no tocante às infrações

---

[246] Cf. TORQUATO GIANNI ([*La Concorrenza Sleale*. Nápoles, 1898] apud DUVAL, 1976:125).

[247] Os conceitos oferecidos pela doutrina invariavelmente ligam a concorrência desleal à dissimulação de atitudes comerciais concentradas no proveito indevido *"de criação ou de elemento integrante do aviamento alheio, para captar, sem esforço próprio, a respectiva clientela"* (BITTAR, 1989:37) ou na *"agressão à atividade do concorrente em violação aos preceitos éticos da correção profissional"* (DUVAL, 1976:126).

[248] LEITÃO (2000:63ss) admite que a violação de usos honestos vislumbrada na concorrência desleal "representa a sua pedra angular" e reflete idéias permissíveis de conferir linhas de aplicação do uso honesto da concorrência, respectivamente emprestadas da doutrina alemã, italiana e helvécio-espanhola: os bons costumes (*"guten sitten"*), a correção profissional (*"correttezza profesionale"*) e a boa fé.

[249] Cf. BITTAR (1989:36).

[250] Não obstante a referência quase excepcional que LEITÃO (2000:17) faz, ao admitir que *"a concorrência desleal surge, primeiro, no âmbito do direito privado; posteriormente adquire um significado específico no direito comercial, e hoje, é, por vezes, situada no direito económico"*.

e penalidades deles advindos. Ao contrário do existido na concorrência desleal – em que os efeitos são refletidos diretamente apenas entre os empresários –, nas infrações à ordem econômica verifica-se um grau muito mais acentuado, e juridicamente muito mais relevante, de interferência no equilíbrio das estruturas da economia de mercado, a repercutir não somente entre os empresários, mas diretamente também na coletividade. Contudo, doravante, não se pretende uma análise apartada ou cingida desses dois institutos, mas um acompanhamento paralelo e emparceirado que busque o máximo respeito à concorrência e, por conseguinte, às regras da economia de mercado.

Diante disso, a presente apreciação da concorrência desleal exorbita a sua expressão precisamente jurídica para simbolizar uma conduta em desacordo com as sadias regras da concorrência perfeita[251]; no caso em estudo, significa imperfeiçoar o mercado mediante a prática de dumping, motivo direcionado ao entendimento de que, *lato sensu*, o dumping pode configurar-se como concorrência desleal – ou como prática desleal de comércio nocente à ordem econômica[252].

3.1.2. Dos Conceitos e dos Elementos Caracterizadores

Não obstante considerado um *"epifenômeno da economia internacional de mercado"*[253], atualmente o termo *dumping* tem sido utilizado para designar um vasto conjunto de situações que são subjacentes a uma subversão da eqüidade da concorrência no âmbito comércio internacional.

---

[251] Sobre a questão a envolver a "concorrência perfeita" e a "concorrência pura", PERROUX (1967:318) preleciona que *"(...) a concorrência é pura quando não comporta qualquer mistura com nenhuma força de monopólio; é perfeita quando exerce, sem falhar, as suas funções econômicas e nomeadamente a principal de todas elas: a melhor colocação para todos os recursos"*.

[252] Há autores que discordem da certeza dessa nocividade. Dentre eles, KRUGMAN et OBSTFELD (2001:148) afirmam que *"não existe uma boa justificativa econômica para considerar o dumping particularmente prejudicial (...) [e] a discriminação de preços entre os mercados pode ser uma estratégia de negócios perfeitamente legítima"*. Ademais, de antemão, BHAGWATI (1989:106) já afirma que *"o aumento insidioso da questão da 'lealdade' representa uma ameaça ainda mais inquietante ao comércio mais livre (...) porque cria o sentimento de uma injusta economia de comércio mundial em que um país que deixa seus mercados abertos parece estar negando indulgência a si mesmo, enquanto todos os demais se proporcionam satisfação"*.

[253] Cf. RODRIGUES (1987:35).

O dumping sempre representou uma das formas mais comuns de prática comercial desleal no campo internacional[254], motivada principalmente *(i)* pelo interesse do monopolista maximizador de lucro, o qual discrimina os mercados doméstico e de exportação, pelo fato desses serem distintos e *(ii)* pela tentativa das firmas eliminarem os seus rivais no mercado de exportação para diminuir a concorrência e, quiçá, a longo prazo, tornarem-se as únicas existentes no mercado (monopolização). Assim, a sua prática incitou uma série de reações dos países, os quais passaram a elaborar diversas leis para coibi-lo, principalmente no início do século XX[255].

Pelo conceito de dumping – classicamente designado por uma prática desleal de concorrência via o "dumping de preços"[256] –, entende-se a técnica na qual intencionalmente se estabelece o preço de venda externo inferior ao valor interno "normal" de um produto "similar", ou seja, quando uma determinada indústria oferece o seu produto no mercado exportador a um preço inferior (ou ainda igual, se abaixo do custo) ao que é corrente no seu mercado doméstico e praticado em operações comerciais normais – nas primogênitas e pragmáticas palavras conceituais proferidas por JACOB VINER, a característica essencial do dumping consiste na *"price-discrimination between purchases in different national markets"*[257].

Dentre as análises conceituais propostas pela doutrina, WELBER BARRAL fornece a conceituação de dumping com fundamentos de ordens "econômica", "jurídica" e "política". A idéia *econômica* de dumping refere-se à necessidade de proteção da indústria doméstica, que sofre concorrência alienígena e que justificaria, portanto, a aplicação de medidas

---

[254] Ao fazer uma regressão histórica desta antiga prática, BESELER *et* WILLIAMS (1994:03) expõe que *"as early as 1776, Adam Smith discussed in detail the custom of granting official bounties on exports and referred to practices which today would be considered as dumping"*. Entretanto, RODRIGUES (1987:05) afirma que *"o dumping como objecto das preocupações dos especialistas da economia internacional é bem um fenómeno do nosso século: as primeiras legislações conhecidas datam de 1904 (Canadá) e a primeira obra clássica foi publicada em 1923, por Viner"*.

[255] Para a perspectiva histórica das medidas, v. BESELER *et* WILLIAMS (1994) e JONES *et* SUFRIN (2001).

[256] KRUGMAN *et* OBSTFELD (2001:148), assim como parte da doutrina contrária à idéia de considerar o dumping uma prática proibida, considera que *"a definição legal de dumping desvia-se substancialmente da definição econômica"*, considerando-o senão fictício, um instituto cuja argumentação é fundamentalmente político-moral.

[257] Cf. VINER (1966:03), o qual esboça os estudos preliminares da matéria.

de defesa comercial sob quatro bases argumentativas: *(i)* preço predatório[258]; *(ii)* discriminação entre os preços praticados no mercado de origem e no mercado importador; *(iii)* redirecionamento de investimentos, uma vez que a prática de dumping afasta os investimentos no mercado importador, pois os novos produtores sabem não poder concorrer com o produto importado; e, *(iv)* justiça social, como forma de proteger empresas nacionais e trabalhadores dessas empresas contra a concorrência estrangeira. Porém, dessa fundamentação, depreende-se que o quarteto exposto ressente de coerência quando alega o dumping como capaz de motivar medidas estanques; não obstante, em determinadas situações é inegável o prejuízo causado por tal prática comercial que vem clamar por "ações antidumping", realmente úteis nas hipóteses de sua não-execução – a evitar a discriminação de preços e o aumento da renda mundial – ou, então, de execução – a servir como instrumento de comércio estratégico tutelar das indústrias nacionais com rendas monopolistas, mas que geram rendas positivas domésticas.

Em relação à definição *jurídica* de dumping, tem-se por supedâneo o Artigo VI do GATT, o qual dispõe que o dumping ("introdução de uma mercadoria em outro país por um preço menor que o seu valor normal") acontece *"if the export price of the product exported from one country to another is less than the comparable price, in the ordinary course of trade, for the like product when destined for consumption in the exporting country"*[259]; deste conceito se infere que, de *per se*, o dumping *não é* condenável, sendo nocivo apenas quando provocar (ou ameaçar provocar) *"prejuízo material à indústria nacional ou retardar o estabelecimento da indústria nacional"*[260].

Entretanto, a obnubilação em torno da necessidade inconseqüente de evitar, a todo custo, a concorrência (desleal ou não) por partes destes produtores estrangeiros, faz os países "inconscientemente" olvidarem dos preceitos supra-referidos e inserirem na órbita deste fenômeno qualquer exportador não-nacional com preços menores. Eis, então, o fundamento *político*, a representar um exercício quase arbitral, sem uma base racional

---

[258] Nos termos em que, *"após conquistar o mercado nacional, os preços dos produtos importados serão majorados para recuperar os lucros dos produtores estrangeiros"* (BARRAL, 2000:18).

[259] Consoante o artigo 2.º, da primeira parte do "Acordo Antidumping" da OMC (*Agreement on Implementation of Article VI of the General Agreement On Tariffs And Trade 1994*).

[260] Cf. BARRAL (2000:34).

e que se traduz em uma simples política protecionista, que ignora o fato dos preços menores serem praticados com base nas próprias *vantagens comparativas* do produtor alienígena, pois *"seja em razão do acesso às matérias-primas, ou da inovação tecnológica, ou da mão-de-obra mais barata ou especializada, tais vantagens reduzem o custo final do produto em questão, tornando-o altamente competitivo num mercado importador que apresente menores vantagens"*[261].

Em que pesem os diversos tipos de dumping existentes e classificados pela doutrina[262], segue-se a categorização proposta por JACOB VINER, mais notória e utilizada[263], para quem o dumping classifica-se *i)* de acordo com a sua *continuidade*, a especificação mais importante e que poderia ocorrer de modo (α) "esporádico", a suceder em ocasiões excepcionais, e, em regra, sem apresentar implicações negativas, (β) "permanente", a ser mantido por um longo período, cujas vantagens para o consumidor do mercado importador seriam superiores aos danos causados às empresas do mercado importador, ou, ainda, (γ) "breve", único no qual o dumping reveste-se de um caráter negativo, cuja redução dos custos e aumento das vendas significam um ilegítimo aumento de competitividade e de participação no mercado, na medida em que *"its objective may result in serious injury to or event total elimination of the domestic industry – the*

---

[261] Cf. BARRAL (2000:17).

[262] O objeto do presente estudo – e pretensa espécie de dumping – denominado "dumping social" consiste em apenas uma variante possível dentre as várias modalidades, cujo resultado tem o objetivo (ou a culpa) de melhorar a respectiva competitividade global por uma via "desleal", como acontece com o próprio, e clássico, "dumping de preços" (ou, simplesmente, "dumping"), com o "dumping ambiental", o "dumping fiscal", o "dumping cambial" e o "dumping de frete" – ademais, para as diversas classificações e categorizações de dumping oferecidas pela doutrina, v. AZÚA (1986:126ss), BESELER *et* WILLIAMS (1994:43) e WILLIG (1998:61ss). Por sua vez, a OMC, no artigo VI do GATT, apenas distingue o tipo de dumping que será regulamentado pela "norma antidumping", diferenciando-o daquele não passivo de regulamentação, ou seja, o *dumping condenável* e o *dumping não-condenável*: este último seria a sua ocorrência sem redundar em efeitos negativos à indústria estabelecida em um país; ao contrário, como condenável, o dumping implicaria dano à indústria doméstica e reconhecer o nexo causal entre o dano e a própria prática de dumping.

[263] Não obstante se reconheça que *"estudos acadêmicos recentes refutam a validade econômica desta categorização, argumentando que as formas de manifestação de dumping se diversificaram, na medida em que a maior atuação das empresas transnacionais e o crescimento do comércio intrafirmas tornaram as práticas comerciais mais sofisticadas (...), sua influência na doutrina é marcante e vem sendo utilizada acriticamente"* (BARRAL, 2000:11).

gain to the consumer may not be nearly great enough to offset the damage to te domestic industry"[264]; *ii)* de acordo com a forma, podendo acontecer do modo (α) "aberto" ou (β) "encoberto"; e *iii)* de acordo com o motivo[265].

Ademais, para a ocorrência do dumping predispõe-se uma competição imperfeita na indústria e uma segmentação do mercado[266], cenário que instigaria as firmas a tal prática como modo de maximização do lucro; e, para a sua constatação, diversos elementos de formação, conforme se infere do "Acordo Antidumping" (ACANDU) da OMC que estende, especifica e implementa os princípios gerais insertos no Artigo VI do GATT.

Assim, retome-se a proposta conceitual de dumping – introdução de um produto no mercado internacional a preço inferior ao normal – e, para tal compreensão, empreste-se a simplificada cadeia de idéias apresentada por WELBER BARRAL (2000:179) e que sugere os elementos constitutivos essenciais do fenômeno: o dumping ocorre na importação de um produto a preço inferior ao normal; o valor normal equivale ao preço de um produto similar, no mercado exportador; a comparação justa se fará entre o preço de exportação e o valor normal; desta comparação exsurge a margem de dumping; a prática deste "preço de dumping" resulta dano (ou ameaça de dano) às indústrias estabelecidas no mercado importador – portanto, ainda que de forma sumária, nota-se a presença de cinco elementos-chave: *(i)* o preço normal, *(ii)* o produto similar; *(iii)* a comparação (justa) de preços e custos, *(iv)* a margem de dumping e *(v)* a determinação de dano.

O "valor normal" significa o preço médio das vendas do produto (similar) sem impostos e à vista, pelo qual se comercializa a mercadoria exportada no mercado interno (de origem), em volume significativo e em relações comerciais normais. O "produto similar" consiste naquele produto idêntico ou com características bastante (e em todos os aspectos)

---

[264] Cf. VINER (1966:139).

[265] Aqui, VINER (1966:19) oferece, dentro outros, os seguintes motivos: desenvolvimento de vínculos comerciais em novos mercados; eliminação, obstaculização ou fragilização da concorrência no mercado-foco; retaliação de "dumping inverso"; obtenção de economias de escala sem alterar ou reduzir os preços domésticos; desfazimento de estoques excessivos; e, até, um não-motivo (a não-intenção).

[266] Dupla condição apresentada por KRUGMAN *et* OBSTFELD (2001:146), nos moldes em que *"primeiro, a indústria deve ser imperfeitamente competitiva, de modo que as firmas determinem os preços em vez de considerar os preços de mercado como dados; segundo, os mercados devem ser segmentados, de modo que os residentes domésticos não consigam comprar os bens com a intenção de exportar".*

próximas daquele sob exame[267]; e, quando não for possível o levantamento do valor normal ou o cotejo com um produto similar[268], far-se-á a comparação com o preço de exportação para um terceiro país ou com o cálculo dos custos envolvidos supramencionados daquela mercadoria[269].

Consoante o ACANDU, uma "justa comparação" entre o preço de exportação e o valor normal do produto similar deve efetuar-se sob os parâmetros do valor do produto semelhante (idêntico) no mercado exportador, do mesmo nível de comércio – valor *"ex-fatory level"*, a observar também fatores específicos dos produtos em comparação, como diferenças nas condições de venda, de tributação, de quantidades, características físicas e quaisquer outras diferenças que se demonstrem influentes na comparação de preços – e do mesmo período[270]. Já a "margem de dumping" constitui a quantia pela qual o valor normal excede o preço de exportação, a fundamentar-se na comparação (diferença) entre o valor normal médio do produto similar e a média de preços de todas as exportações equivalentes daquele produto. A determinação de uma margem positiva de dumping é, por assim dizer, condição necessária, mas não suficiente para a imposição de um direito antidumping, em razão da necessidade de ser constatado o dano à indústria doméstica.

Assim, por último, nota-se a essencialidade da determinação de um "dano" ao mercado doméstico ou às indústrias nacionais, o qual será baseado em elementos positivos e objetivos de prova[271] – soberanamente a verificação do nexo causal entre as importações a preço de dumping e o prejuízo[272] –, e desde que tais repercussões sobrevenham dos efeitos da importação de certa mercadoria, mormente sobre a eficiência das indústrias nacionais e sobre os preços de produtos similares praticados pelas indústrias locais que permitem afirmar a predatoriedade da conduta e a abusividade desta prática econômica em relação ao consumidor, ao mercado e à própria nação, criando um desequilíbrio artificial em determinado setor e beneficiando a vindoura monopolização do mercado. Aqui,

---

[267] V. artigo 2.6 do ACANDU.

[268] O ACANDU, em seu artigo 2.2, prevê que está hipótese pode ocorrer *i)* quando não há vendas de produto similar no comércio comum do mercado exportador ou *ii)* quando em razão de particularidades do mercado exportador, ou pelo baixo volume de vendas deste produto similar (no caso, uma quantidade insuficiente de exportação do produto, quantificada em menos de 5% das vendas).

[269] V. artigo 2.2 do ACANDU.

[270] V. artigo 2.4 do ACANDU.

[271] V. artigo 3.1 do ACANDU.

[272] V. artigo 3.5 do ACANDU.

mais uma vez, conclui-se que a simples venda de produto a menor preço – ou seja, a um preço menor que o valor normal – não configura necessariamente uma prática desleal, uma vez que necessita ser condenável e predatória, sendo de extrema relevância a relação de causalidade entre preço do produto e dano à indústria nacional do país importador.

Com isso, diante da busca pela descortinação das economias, a concorrência desleal passa a representar uma "tática" comercial adotada com crescente freqüência pelas indústrias no cenário internacional, e, por mais que não se ofereça azo à visão simplista que exalta a propositura incondicional das ações antidumping, permite-se trazer à baila medidas ecoantes desta espécie cuja vocação de instrumento de tutela vem integrar – além dos interesses privados dos seus concorrentes e do cômodo viés propagador da cega livre concorrência – os consumidores, a economia de mercado e os países que, lícita e justificadamente, venham a arcar prejuízos em face de tais condutas anticoncorrenciais, pois, como assinala MANUEL PORTO (1994:35), chega o momento no qual os países *"não podem se limitar a ter 'free trade', mas ter também 'fair trade'"*.

Destarte, como maiores potências mundiais, os EUA e a UE desempenham um papel crucial na promoção do livre comércio, a pressionar e a persuadir os PED, contra a vontade dos produtores nacionais, a abrir as suas economias em virtude da expansão do comércio mundial ser decisiva na busca por novos mercados para a agricultura, e, principalmente, para as manufaturas e para a tecnologia dos países desenvolvidos. Assim, os limites sobre os aumentos das tarifas e as medidas não-restritivas que a OMC estabelece geraram enormes ganhos na concretização de um comércio mundial mais livre; porém, essas medidas podem revelar seu lado mais obscuro e servirem como ferramentas de encolhimento do comércio mundial, a auxiliar os países que desejam um mercado mais fechado – ainda que propaguem, *exteriormente*, exigências de abertura comercial.

Dessa nova roupagem, ou simplesmente desta maneira de restabelecer a ordem economia e a lealdade concorrencial, exsurge o direito antidumping, que, em conjunto com as demais medidas de defesa comercial (salvaguardas e direito compensatório), substituem as tarifas e impostos alfandegários para, às vezes, co-funcionar como ferramenta protecionista, pois se constata que a ação antidumping, prevista teoricamente como um mecanismo legítimo para combater o comércio desleal, tem sido cada vez mais exercitada para servir aos produtores nacionais como último baluarte na defesa de seus interesses em detrimento dos consumidores domésticos e dos países estrangeiros.

3.1.3. Do Regime Normativo na Organização Mundial do Comércio

Consoante prévias considerações, não obstante os Estados já buscassem a sua normatização e a sua vinculação nas relações econômicas internacionais desde o início do século XX, o dumping fora regulamentado no âmbito do comércio internacional no Acordo do GATT de 1947, e, posteriormente, redefinido e evoluído em certos pontos durante algumas das rodadas seguidas de negociação (principalmente durante o *Kennedy Round*, em 1967 e o *Tokyo Round*, em 1979). Em seguida, diante da importância que o tema do dumping adquiriu nos anos subseqüentes, o "Acordo Antidumping" da OMC (advindo do *Uruguay Round*, em 1993, embora as tratativas tivessem iniciado ainda em 1986) regulamenta a matéria no presente momento de globalização, minimiza os seus efeitos, adapta-o às atuais exigências do comércio internacional e granjeia respostas benéficas, como também maléficas.

Esse atual acordo deve ser interpretado em consonância com as demais normas da OMC, de modo precípuo no tocante à sua excepcionalidade em relação ao "princípio do tratamento nacional" (Artigo III) e ao "princípio da nação mais favorecida" (Artigo I), sendo que ainda irá definir e regular a matéria na esfera internacional, nos moldes em que os seus membros devem adequar as suas legislações internas aos princípios vigentes nas normas daquela organização.

Como advertido, no plano diplomático as investigações antidumping costumam gerar atitudes cínicas entre os governos envolvidos: do país importador, aponta-se os exportadores de outros Estados como praticantes de condutas desleais, mesmo quando todas as evidências empíricas demonstram que o problema esconde-se no ambiente interno; e, em contrapartida, os governos dos países exportadores lamuriam a medida protecionista adotada pelo país importador, mesmo quando se cientificam dos cômodos e impeditivos benefícios auferidos pelas indústrias locais.

Outrossim, a OMC ressalva que a mera exportação de produtos a preços mais baixos que aqueles praticados no mercado interno do país exportador não justifica a aplicação de direitos anti-dumping; para isso, é imprescindível a prova do prejuízo ou de uma ameaça de prejuízo para autorizar a aplicação desses direitos, além da comprovação do nexo causal entre o alegado dumping e o prejuízo, pois será a constatação do dano que irá determinar todo o processo que decidirá sobre a aplicação ou não de um direito antidumping. Nesse sentido, mostra-se de extrema relevância a relação causal entre o preço de certo produto – no caso daqueles que tem os custos influenciados de modo majoritário pela mão-de-obra – e o dano à indústria nacional do país importador.

Portanto, o direito antidumping constitui uma exceção ao multilateralismo preconizado para o comércio internacional. A sua aplicação recai sobre as exportações específicas de um produto advindo de um país-membro e busca restringir os efeitos negativos decorrentes do dumping – exaltando-se o fato de que o comércio bilateral entre os países envolvidos no contencioso, entretanto, não é interrompido ou afetado além do estritamente necessário, assim como não há implicações negativas para o comércio com os demais países que comercializam o produto em questão.

3.2. Do Dumping Social

> *Vae vobis scribae et pharisaei hypocritae: quia similes estis sepulchris dealbatis quae aforis parent hominibus speciosa, intus vero plena sunt ossibus mortuorum et omni spurcitia!*[273]
>
> São Mateus

3.2.1. Da Ocorrência e dos seus Efeitos na Esfera Social

A exposição anterior demonstra que no mercado internacional as unidades de negócios dos países concorrem entre si na busca por melhores posições concorrenciais.

Diante disso, os Estados assumem papel preponderante, pois as suas políticas internas responsabilizam-se pelo comportamento e pela competitividade das suas empresas[274]; estas, por sua vez, deparam-se com distintas variáveis permissivas de galgá-los a superiores e consistentes patamares no comércio mundial. Assim dentre tantas variáveis, talvez a mais importante seja o "preço", em cujos fatores conformadores sobressaem, muitas vezes, os "custos laborais"[275].

---

[273] «Ai de vós, escribas e fariseus hipócritas, que sois semelhantes aos sepulcros branqueados, por fora parecem formosos, mas por dentro estão cheios de ossos de cadáveres e de toda a espécie de podridão!» – São Mateus, *in* Mt 23:27.

[274] Já fora exposto que parte da doutrina não admite a idéia dos países concorrerem entre si, pelo menos do mesmo modo que as empresas, pois *"ao mesmo tempo em que vendem produtos que competem entre si, são também os principais mercados exportadores uns dos outros e os principais fornecedores de importações úteis uns para os outros (...) é claro que sempre existe uma rivalidade por poder e status (...) mas afirmar que o crescimento japonês diminui o status norte-americano é bem diferente de dizer que reduz o padrão de vida norte-americano (...) pois o comércio internacional não é um jogo de soma zero"* (Krugman, 1999a:09ss). Porém, entende-se essa competição como uma "concorrência de produtividade", cuja *"influência do país-sede na busca da vantagem competitiva em determinados campos é de importância central para o nível e índice de crescimento de produtividade"* (Porter, 1998:03).

[275] Contudo, a concorrência de preço com base nos custos laborais não deve ser muito valorizada; antes disso, deve procurar vir acompanhada de outras variáveis, como exalta Fernandes (2001:50), ao afirmar que *"estratégia (...) da concorrência através dos preços pode revelar-se positiva do ponto de vista social se as vantagens forem procuradas agindo sobre a organização do trabalho, sobre a gestão dos recursos, sobre a dimensão das margens de lucro (...) a escolha da qualidade como critério da competição é, em princípio, favorável ao progresso e ao bem estar social"*.

Alguns países, portanto, poderão dispor de uma mão-de-obra baseada nas particularidades nacionais e em diferentes condições, ou seja, nos seus custos salariais mais baixos, nos seus ordenamentos laborais mais flexíveis, nos seus encargos sociais menores e mais variáveis e nos seus sistemas de seguridade social mais tenros[276], para, com isso – embora não dolosamente[277] –, permitir às empresas nacionais lograrem vantagens comerciais baseadas em tais diferenças.

Como adiante asseverado, por mais que a ampla maioria dos países gozadores das supracitadas vantagens comparativas no campo internacional não se sirva com má-fé destas características, não se deve olvidar que em certos casos tais diferenças de valores salariais são aplicadas com o propósito de discriminação de preços para vantagens comerciais[278]. Realça-se que, em tese, essa maior debilidade nos padrões sócio-laborais consiste tão-somente em um retumbo do panorama histórico, social, econômico e institucional que lhes permite uma maior adaptação às necessidades do mercado internacional, a redundar em um melhor funcionamento da economia e, portanto, em um maior número de empregos (e salários) para os trabalhadores; entretanto, ressalve-se que tais ressonâncias somente têm cabimento *"si consideramos que la liberalización del comercio y de las inversiones há alcanzado a los mercados nacionales y la reducción de las cargas sociales han originado unos bajos costes de fabricación de productos que otorgan una ventaja comparativa los países en desarrollo en los intercambios comerciales mundiales"*[279].

---

[276] Na busca por critérios prático-aplicativos para a averiguação de um sistema de seguridade social suficiente e adequada, GHAI (2003:135ss) apresenta dois tipos de indicadores: *i)* o gasto público em seguridade social medido em porcentagem do PIB, e, *ii)* o grau de cobertura dos trabalhadores em face dos imprevistos e das circunstâncias vigentes (desemprego, maternidade, invalidez e aposentadoria). Porém, como critério geral, o indicador da porcentagem do gasto público em seguridade social sobre o PIB consiste em um bom indicador da cobertura e do nível das prestações existentes nos diferentes países, sendo que dessa perspectiva a OIT (2001b) tem calculado que, em termos mundiais, apenas 20% dos trabalhadores e das pessoas que dependem desse sistema gozam de uma proteção social realmente suficiente.

[277] É verdade que, por outro lado, *"le fait de ne pas vouloir élever ce niveau de protection est en partie inspiré par un souci de flexibilité, et qu'il s'agit d'une forme indirecte et atténuée de dumping"* (GORCE et al., 2000:29).

[278] Por isso há a necessidade de ser feita *"a distinction between countries which benefit from a given comparative advantage, such as low wages, which is legitimate, and countries which consciously reduce labour standards and pay rates to attract investors"* (GOODHART, 1998:87).

[279] Cf. GARCÍA RICO (2003:126).

Perante essa realidade, certos países insurgem-se[280] e designam tal prática como "dumping social", que consiste na manutenção deliberada e voluntária de salários e condições sociais incipientes com o fito de obter uma maior competitividade no mercado internacional, então resultante da formação de custos mais baixos e menores preços que otimizariam a concorrência das empresas dos PED no mercado mundial[281], na medida em que *"l'abaissement des normes sociales renforce la compétitivité de l'ensemble des produits et assure un double effet de protection vis-à-vis des importations et de promotion des exportations"*[282].

Assim, no cenário mundial, a sua vulgarização exsurge e idealiza-se, maiormente, pelos países desenvolvidos e funcionar-lhes-ia – mediante "cláusulas sociais" – como outro escudete comercial, ora fundamentado no contra-argumento da prática de concorrência desleal pelos Estados incautos com as suas normas e padrões laborais, em (in)direto ataque aos países em desenvolvimento (PED)[283], haja vista ser evidente a tendência para tal comportamento (involuntário ou necessário) concentrar-se nos Estados onde os custos laborais são menores.

Neste momento bradam-se retóricas massivas de uma impendente presença do dumping social e de uma *"distorsion sociale"*[284], a qual seria

---

[280] CHARNOVITZ (1987:649) indica que *"plusieurs pays imposent des droits antidumping pour lutter contre le dumping social"* e cita diversos casos: em 1924, a Áustria *"autorisa la perception, à titre de sanction, de taxes pouvant atteindre le tiers du taux prévu par le tarif sur les biens produits par des travailleurs astreints à une durée du travail excessive"*; em 1931, o governo argentino decreta a majoração dos direitos de aduana quando os salários baixos ou o recuros ao trabalho forçado ameaçarem a produção nacional; a Espanha, em 1934, instituiu um decreto que se atentava para a questão dos padrões sócio-laborais e das normas da OIT vinculados ao comércio, na medida em que *"faisait entrer dans la définition du dumping la pratique de prix inférieurs dus à l'inobservation de règles internationales d'ofre social, en ce qui concerne notamment les salaires et les conditions de travail'"*.

[281] Nestes termos, VINER (1966:09) denominaria este fenómeno de *"spurious dumping"*, pois *"in international commerce the sale at different prices to purchasers in different national markets may occur without involving price-discrimination if the price-differentials are merely adjustments to differences in the size of the unit orders coming from different countries, in the length of the credits, in the extent of the credit risks, in the grade of commodities, in the time at which the sales contracts were made, in the method of conducting the selling operations, or in the treatment of freight and packing charges"*.

[282] Cf. SIROËN (1998:185).

[283] Ressalta-se que os EUA e a UE, difundem, com singular insistência, que dentre todos os PED, os BRIC's – Brasil, Rússia, Índia e China – representam as "quatro superpotências" do dumping social.

[284] Cf. MOREAU et al. (1993:688), os quais a consideram como *"la différence entre les coûts sociaux résultant des salaires et des législations nationales du travail entre les divers pays de la zone économique"*.

uma das principais responsáveis pela explosão do desemprego nos centros desenvolvidos – via a imigração de trabalhadores e a emigração de indústrias – e cujas características permitem resultar em vantagens concorrenciais às empresas dos países promotores, sobrevindas dos baixos preços dos produtos baseados nas "abjetosas" condições laborais (inexistência de um *trabalho decente*, ou seja, um trabalho realizado em condições de liberdade, de equidade, de seguridade e de dignidade) e nos "aviltantes" salários oferecidos à mão-de-obra produtiva, sendo, por conseguinte, passível e necessária uma "normatização" e uma "representação" multilaterais em face destes países infratores, visto que se estaria a vender produtos abaixo do "valor normal" e a caracterizar, de maneira análoga, o dumping. Porém, como outras espécies, o dumping social não encontra respaldo no âmbito da OMC, ainda que o assunto mereça intermitentes apologias favoráveis a uma intervenção desta organização internacional a fim de estipular uma harmoniosa regulamentação mundial, na perspectiva dos países desenvolvidos, via a imposição de cláusulas sociais e a consagração de padrões trabalhistas mundiais, os quais, se descumpridos, permitiriam a retaliação por intermédio de um alargado direito antidumping.

Porém, mesmo sendo invocados diversos pretextos para a imposição de ações antidumping social – débeis níveis de rendimentos, de encargos e seguridade sociais e de proteção jus-laboral –, a origem da preocupação dos países desenvolvidos centraliza-se no fato dos salários praticados nos mais diversos setores das economias internas serem mais altos que os praticados na periferia, na medida em que a segurança política, a infra-estrutura econômica e a avançada tecnologia não mais estão sendo suficientes para compensar as diferenças salariais entre os dois mundos, o que os leva a perder uma capacidade crescente de competitividade nos setores intensivos em mão-de-obra.

Ademais, a acusação de dumping social não pode subsistir simplesmente na análise isolada dos padrões laborais, de modo independente dos seus fatores motivacionais e dos seus resultados práticos, pois apresenta dois aspectos completamente distintos, mas freqüentemente alvos de enleio. O primeiro, advém do uso perverso do comércio internacional, assente em claros prejuízos aos trabalhadores nacionais, vez que se baseia em um modo doloso de apresentar como único objetivo a maximização do *lucro* dos grupos privilegiados, ou seja, sustentar condições de trabalho indulgentes e gratuitamente exploratórias aos trabalhadores; o outro, relaciona-se aos níveis de pobreza e de renda que permitem a alguns países disporem de diferentes vantagens em comparação a outros – ora assentes em débeis padrões laborais – e, com base nos recursos oriundos e alavancados pelos resultados comerciais, têm a capacidade de, sob a tutela e controle estatal, permitir a distribuição e a transferência de renda aos trabalhadores e à população em geral, aumentando-lhes o bem-estar.

Logo, nota-se que a utilização da mão-de-obra condiciona-se por múltiplos elementos, determinados pelas vicissitudes de cada país relacionadas principalmente com a sua oferta – a refletir o preceito econômico da oferta e da procura –, mas que também se revela no estado de progresso nacional, refletido na legislação trabalhista vigente, nos demais padrões de proteção social oferecidos e na interação de outros numerosos fatores cujo resultado retrata o longo processo de domínio e conformação históricos que produziram realidades nacionais específicas e diferenciadas.

Todavia, como efeito dos reflexos da própria integração econômica global, não pode ser atribuído tal fenômeno – ou, pelo contrário e com nova designação, tal vantagem comparativa – a todos os países que dispõem de normas laborais e salários abaixo de um mínimo aceitável ou de uma média remunerativa analisadas do ponto de vista ocidental. Na verdade, a comparação entre os países deve ser realizada sob determinadas restrições, visto que as simples diferenças de salários ou de condições e garantias laborais (quantificadas e adjetivadas pelos países desenvolvidos) não permite irrestrita extensão, especificamente aos PED, menos desenvolvidos e eivados por décadas de regimes político-econômicos fechados, ditatoriais ou coloniais, mas comumente bastante lúcidos na estipulação das regras mínimas de trabalho que permeiam as suas economias.

3.2.2. Das Hipóteses Factíveis e Conseqüenciais – Pseudolegitimação?

Na hipótese de haver um rebaixamento intencional nas condições laborais vigentes no país ou, ainda, que tais circunstâncias e padrões trabalhistas imponham-se, em relação à maioria dos outros países, desnecessariamente em níveis débeis, a acarretar apenas benefícios unilaterais em proveito dos capitalistas e em detrimento da classe trabalhadora, poder-se-á reclamar de uma concorrência desleal (ou de uma "queda livre" das normas e padrões sócio-laborais).

Assim, nestes termos, o alegado dumping social coonesta-se sob quatro planos conseqüenciais: *(i)* as indústrias dos países mais desenvolvidos seriam tentadas a baixar os seus salários ou a pressionar os seus governos para uma minimização dos níveis e dos padrões sócio-laborais[285]; *(ii)* as indústrias dos países centrais, onde os custos de mão-de--obra são mais elevados seduzir-se-iam a deslocar as suas unidades de produção para os "centros periféricos"; *(iii)* as indústrias com altos custos de produção seriam suplantadas pelas indústrias de baixo custo em razão destas apresentarem salários e proteção social baseados em legislações mais frágeis; e, *(iv)* os centros desenvolvidos seriam o destino de uma intensa mobilidade de trabalhadores que, em busca de melhores condições de vida e de trabalho, migrariam e sujeitar-se-iam a salários mais baixos e "contratos" mais flexibilizados, incorrendo em desemprego para os trabalhadores locais.

Salvo a excepcionalidade da primeira hipótese, visto que são ínfimas as possibilidades dos países desenvolvidos rebaixarem os estáveis e vigentes níveis de proteção ao trabalho e que foram penosamente adquiridos em séculos de luta social[286], as demais, ainda que supervalorizadas – a realidade fática demonstra que tais circunstâncias serão transitórias e de baixa intensidade –, revestem-se de algumas idiossincrasias verdadeiras.

Apenas para ainda tecer algumas considerações àquela primeira hipótese de "dumping social", alguns autores insistem no perigo da prática contaminar os Estados "prejudicados", e que, diante do silêncio das classes políticas, dos sindicatos e da sociedade em geral, sejam inflamados a se alinharem ao comportamento "nefasto" daqueles países que concorrem com menores custos laborais, a suceder o fenômeno conhecido

---

[285] Importante questão consiste na análise desta situação reacional de alguns países ricos que, para não perder competitividade (e receitas), tendem a reduzir os seus níveis de proteção e normas sociais, alterando os padrões normais de contrato (via de regra pela *subcontratação*), permitindo as suas empresa que desprezem certas cláusulas contratuais de trabalho e diminuam também os salários oferecidos aos trabalhadores, atingindo patamares mais atrativos para as empresas, em detrimento dos seus próprios trabalhadores, que passam a gozar de piores condições de trabalho.

[286] MOSLEY (1990:172) admite que este tipo *"de 'concurrence sociale' semble être impensable, par sa nature même"*. Ainda, SIROËN (1998:184) assevera que, *"dans les faits, le relèvement spontané des normes sociales a d'ailleurs été fréquemment bridé par les gouvernements; s'il a été finalement obtenu, c'est au prix de mouvements graves et socialement coûteux ou encore par l'évidence même de l'inanité de ces politiques en situation de suremploi"*.

como *"race to the bottom"*[287], ou seja, *"une spirale descendante destructive des conditions de travail et de vie des travailleurs partout dans le monde"*[288].

Por este entendimento, um país desejaria estimular a sua taxa de crescimento – especificamente com um aumento nas exportações – mediante o rebaixamento das condições laborais e, principalmente, comprimindo os salários, de modo a prejudicar a distribuição dos rendimentos nacionais em favor de certas classes sociais sob o pretexto de melhorar a competitividade da economia nacional. Aqui, neste caso, independentemente do *standard* adotado, seja mínimo ou elitizado[289], indubitavelmente poder-se-ia falar em dumping social, uma vez que se constata uma voluntária busca pelo rebaixamento dos padrões sócio-laborais.

---

[287] Dentre outros, a preocupação em torno de uma possível "queda livre" (*"race to the bottom"*) dos padrões sócio-laborais é externada por McRae (1996:195ss), Chau et Kanbur (2002:04ss), Addo (2002:285ss), Flanagan (2003:15ss), Cleveland (2003:90ss), e, também, por Staiger (2003:273ss), o qual usa a expressão *"regulatory-chill"* para identificar os possíveis efeitos desta argumentação. Ademais, alguns autores – como Flanagan (2003:17) – admitem que no próprio preâmbulo da Constituição da OIT consta uma previsão singela do fenômeno, ao dispor que *"(...) si cualquier nación no adoptare un régimen de trabajo realmente humano, esta omisión constituiría un obstáculo a los esfuerzos de otras naciones que deseen mejorar la suerte de los trabajadores en sus propios países"* – ou, ainda mais atrás, o próprio Tratado de Versalhes já admitia que *"failure of any nation to adopt humane conditions of labour is an obstacle in the way of other nations which desire to improve conditions in their own countries"* (in <http://www.lib.byu.edu/~rdh/wwi/ versa/versa12.html>).

[288] Cf. Van Liemt (1989:477). Perante esse fenômeno, Lee (1996:529ss) mostra que tal preocupação resplandece mediante a atuação de três mecanismos: *i)* a reação das empresas (nacionais ou transnacionais) em face dos seus concorrentes, no sentido em que *"lleva a estrategias de reducción de los costos al mínimo, las cuales tienen consecuencias potencialmente perjudiciales para los salarios y las condiciones de contratación y de trabajo en las empresas"*; *ii)* como conseqüência do primeiro, há *"el debilitamiento de la posición negociadora de los trabajadores, debido a que la curva de la demanda de mano de obra es tanto más elástica cuanto más expuesto se encuentra el mercado de trabajo a la competencia del extranjero"*; e, *iii)* a debilitação da capacidade reguladora do Estado ante à concorrência internacional mais acirrada, pois *"lleva a los gobiernos a responder de manera favorable a las demandas de las empresas nacionales y transnacionales [y] la amenaza de que las empresas instaladas en el país (tanto locales como foráneas) se vayan al extranjero limita la facultad del gobierno de gravarlas con impuestos o imponerles obligaciones"*.

[289] Como salienta (e indaga) Siroën (1998:186), *"la notion de normes minimales, est ici inadéquate; ce qui importe, en effet, c'est le sens du mouvement: un pays réduit-il ses propres normes pour contourner la levée d'autres restrictions aux échanges?"*.

Todavia, essa hipótese, embora pouco factível[290] – e, inclusive, mais próxima de ensejar um *"race to the top"*[291] –, além de acarretar claros malefícios domésticos – político-sociais (prejuízo das camadas populares e redefinição gratuita das margens e padrões laborais) e econômicos (a redução dos salários conseqüentemente afetará a demanda, o que pesará negativamente na expectativa de crescimento) –, servirá apenas como indutor para que outros Estados, e em larga escala os PED, no afã de evitar o êxito desta dolosa política expansionista, adotem um procedimento similar e busquem também comprimir os custos sócio-laborais internos[292], a significar, portanto, em uma estulta estratégia por parte dos países desenvolvidos, em razão da vantagem comparativa para os setores muito dependentes de mão-de-obra pertencer, em regra, aos PED.

Em razão da deslocalização de empresas ser apresentada posteriormente, faz-se preciso, por ora, expor as situações *iii)* e *iv)*, respectivamente no tocante à supremacia das indústrias dos países com baixos custos de mão-de-obra diante das indústrias daqueles centros com custos mais onerosos e no que tange a migração de trabalhadores para os grades centros desenvolvidos, em busca de melhores salários e condições de trabalho.

Em relação ao fato dos países menos desenvolvidos lograrem êxito no mercado internacional com o comércio de produtos *à bon marché* e

---

[290] Dentre outros, BHAGWATI (2001:03) assevera que *"most trade economist have now conclude that trade with poor countries is not the main driver of the pressure on rich country wages; in fact, it may well have moderated fall that would ensue from technical change that continually reduces the need for unskilled workers"*.

[291] Cf. OMC (2004a:13), ao asseverar que *"there is more reason to suggest pressures for a 'race to the top' – these take the form of political demands from the rich countries that poor nations upgrade their standards and raise their productions costs as the price for trade advantages"*.

[292] Neste momento, como também uma comum característica das idéias "cartelistas" ou protecionistas (v. PORTO, 2004:434), exsurge o "dilema do prisioneiro" – baseado na "teoria dos jogos" –, representado por SIROËN (1998:183). Adaptado à questão do dumping social, infere-se que se ambos os países resolverem diminuírem os seus custos sócio--laborais o resultado significará uma perda para ambos. Por outro lado, é evidente que ambos têm o desejo de que medidas deste porte sejam apenas unilaterais e não resultem em contrapartidas, situação na qual um país auferirá vantagens maiores do que o seu concorrente – embora aqui, na hipótese de uma diminuição dolosa dos custos laborais em detrimento dos trabalhadores, tais "vantagens" sejam desleais e não compatíveis com o perfil dos países desenvolvidos. Assim, como o "sonho" da *não-reação* não se realizará, resta para ambos os países a manutenção do *status quo* no que tange aos seus custos laborais (e, ainda, aos seus padrões laborais), para que assim nenhum se arrisque perder, principalmente se se atentarem para o fato de que o risco principal residiria no rebaixamento do bem-estar dos trabalhadores e dos valores sociais dos respectivos Estados.

fundamentados nos baixos custos sócio-laborais, há a necessidade de ser exposta uma dupla análise: α) se esses moderados custos do fator trabalho são obtidos mediante a refutação voluntária das mínimas garantias sociais e trabalhistas ou se, simplesmente, advêm das políticas nacionais, cuja economia permite e necessita uma maior flexibilização legal, menores salários e uma proteção laboral inferior; e, β) se resultam em custos de produção menores causados exclusivamente pelo baixo custo do fator trabalho e se tais diferenças causam, na sua essência, uma inexpugnável vantagem concorrencial.

Assim, adiante, pretende-se aclarar essas duas questões basicamente demonstrando que a primeira consiste em estratégia necessária (legal e justa), permissiva de adotar os meios de repressão adequados, e, a segunda, exsurge como resultado de uma *trade-off* dos PED, a qual, ainda que marcada pela singularidade motivadora desta vantagem comparativa, resulta em incertezas quanto aos benefícios a longo prazo. Por ora, resta afirmar que *"le terme de dumping social doit être manié avec prudence"*[293], vez que os baixos salários – principal mote, ainda que recôndito, que sustenta o levante dos países ricos – não são frutos de uma concorrência desleal, pois, claro deve estar, as distintas práticas remuneratórias entre os Estados – não correspondem, necessariamente, à práxis do dumping social, mas tão-somente às divergências nos padrões de desenvolvimento e às diferentes vantagens comparativas de cada Estado, que permite a alguns, e não a todos, apresentar salários mais competitivos e normas sócio-laborais mais tênues, devido, respectivamente, à abundância de mão-de-obra e à baixa produtividade, e, repita-se, aos baixos níveis de desenvolvimento.

O outro fenômeno hipotético nascente do argumento de dumping social, e talvez de sustentação menos desproposital, consiste na migração dos trabalhadores dos PED para os grandes centros desenvolvidos e a vindoura alteração no cenário laboral do país de destino, tanto no

---

[293] Cf. SIROËN (1998:181), a propor a seguinte indagação, cuja exemplificativa resposta traz em seguida: *"Si la productivité du travail d'un métallurgiste coréen est identique à celle d'un ouvrier métallurgiste allemand, la Corée pratique-t-elle un dumping social en rémunérant ses ouvriers métallurgistes trois fois moins que l'Allemagne? Pas nécessairement. Dans des économies concurrentielles, la rémunération des métallurgistes, en Allemagne comme en Corée, dépend du niveau général de la productivité du travail atteint dans chaque pays. Si on considère que le PIB par tête est un bon indicateur de cette productivité globale, un écart par exemple de 1 à 3 entre les deux pays justifie, grosso modo, le même écart dans la rémunération des ouvriers métallurgistes".*

campo do mercado de trabalho *(desemprego)*, como no dos salários e condições de trabalho *(rebaixamento)*.

As repercussões sócio-econômicas advindas dessas migrações evidentemente são causadoras de distúrbios econômicos internos, seja no país de origem, seja no país de destino; entretanto, diferente das mercadorias e dos serviços, a particularidade da circulação do fator trabalho deriva de *inseparabilidade* da pessoa que o presta, de tal modo que obriga a circulação de pessoas, o seu estabelecimento no território alienígena e a sua integração social e cultural. Mesmo no domínio comunitário[294], no qual a garantia de uma igualdade de tratamento está, *a priori,* "garantida" – note-se os princípios da igualdade, da não-discriminação e do tratamento nacional –, à força de trabalho imigrante subsistem questões como a da integração e da marginalidade, advindas dos problemas causados pelo excesso (não absorvido) do contingente imigrante.

Ainda que cercada de interrogações sobre suas reais conseqüências, a problemática envolvendo a migração populacional dos PED para os centros ocidentais adquire contornos especiais e mais imprecisos, donde se faz preciso conhecer, primordialmente, se estes migrantes constituem uma força de trabalho "substitutiva" ou "complementar". No primeiro caso, pretende-se que os eventuais postos de trabalho vagos ou criados sejam ocupados por cidadãos nacionais e, neste sentido, a chegada de mão-de-obra estampada como *suplementar* tenderia para o aumento no desemprego ou a redução dos salários, tendo em conta a concorrência mais acentuada entre os assalariados e também o emprego nas outras categorias que, com o declínio dos vencimentos, se retiram do mercado de trabalho[295]; em suma, há uma *inflação* de mão-de-obra, culminando – se não admitidas flexibilidades contratuais – no desemprego dos nativos, em particular nos setores de capital humano intensivo. Na outra situação, analisando ambas as categorias de mão-de-obra como *complementares* – forte

---

[294] Ainda, não se pode olvidar das migrações via contratação temporária de trabalhadores, bastante comum no âmbito da CE, principalmente em setores como da construção civil e dos transportes, alvos de diversas regulamentações.

[295] Todavia, as pesquisas nesta seara realizadas demonstram que o impacto da imigração sobre os salários e o emprego dos cidadãos nacionais é muito reduzido, quer seja positivo ou negativo. RUGY (2000:82ss) expõe que *"de fato, observa-se que o impacto dos estrangeiros sobre o mercado de trabalho é, em regra geral, positivo para todas as categorias de mão-de-obra. Quando é negativo, as suas conseqüências (diminutas) afetam principalmente os migrantes (...) Uma analise geral dos resultados dos principais estudos realizados mostra que o impacto sobre os salários de um aumento de 10% dos migrantes, quer seja positivo ou negativo, é sempre inferior a 0,5%".*

segmentação e recusa dos cidadãos nacionais a determinados trabalhos –, conclui-se que a chegada destes trabalhadores não aumenta necessariamente a taxa de desemprego, pois se supõe que as diferentes categorias sejam utilizadas em distintos segmentos do mercado de trabalho, com o aumento da produção e do emprego num certo segmento ocorrendo simultaneamente ao avanço de outro que exija a contratação de uma mão--de-obra pouco qualificada e remunerada.

Ademais, outras duas questões sobressaem: a primeira, relacionada ao país de destino (conseqüência neutra) e, a segunda, ao país de origem (conseqüência positiva). Não obstante se entenda, preliminarmente, que a migração traz um aquecimento do comércio no país receptor, a característica de *temporaneidade* que geralmente permeia essas migrações desobedece tal premissa, na medida em que o real objetivo destes cidadãos migrantes consiste em arrecadar e poupar o máximo possível, com a expectativa de remeter o capital para o país de origem e despender o mínimo possível no local, restringindo, por conseguinte, o consumo no país de acolhimento. No caso do país de origem, percebe-se uma possibilidade de ganho que resulta das receitas dos seus trabalhadores retornadas sob a forma de investimentos ou mesmo de poupança – embora o país perca no caso da migração de alta especialização, pois observa a saída de profissionais com qualidade.

Ainda, a retomada para o aspecto introduzido neste tema requer maiores *inquietações* no momento em que a situação desenhada pelo fenômeno não permite um desmembramento da construção feita com o trinômio "desemprego, trabalho excedente e vulgarização do emprego".

Em regra, o deslocamento dos trabalhadores para os centros mais desenvolvidos é conseqüência das baixas condições de vida oferecidas pelo Estado de origem[296]; com isso, seduzidos pela vida ocidental – e levando até mesmo a saída de trabalhadores especializados (*brain drain*) –, esses imigrantes sujeitam-se às piores condições de trabalho e a salários discriminatórios, ou seja, inferiores aos recebidos pelos trabalhadores nacionais (*precarização do emprego*).

Por ultimo, no que tange às empresas contratantes desta mão-de--obra – em regra oriundas de países desenvolvidos –, poder-se-á notar a

---

[296] O próprio OHLIN (1991:121) também tratou da questão inversa, ou seja, da mobilidade de mão-de-obra dos centros onde os salários são maiores para àqueles onde são menores, pois *"if costs of living are 20% higher in A than in B but nominal wages only 10% higher, then obviously real wages are higher in B. it is then advantageous to move from a to B, causing an increase in the difference in nominal wages"*.

redução nos seus custos de produção, com um aumento nos lucros e, talvez, o favorecimento desleal de uma posição concorrencial. Aqui, paradoxalmente, enfumaça-se a possibilidade da ocorrência do dumping social, visto estarem sendo adotadas condições e níveis de trabalho distintos daqueles para os quais as empresas (e os Estados) estariam aptas, ou seja, não condizentes com o status sócio-econômico nacional.

3.2.3. Da Questão do "Valor Normal"

Como visto, o ACANDU admite por valor normal o preço praticado pelo país exportador dentro do seu mercado nacional (mercado consumidor interno) para o produto idêntico ou similar àquele em referência – logo, a condição *sine qua non* para o dumping consiste no fato do valor comercializado no mercado externo (valor para exportação) ser inferior a este "valor normal". Todavia, a doutrina dominante já entende que esta simples venda de mercadoria abaixo do preço de custo não corresponde à prática de dumping, sendo necessário, também, o cotejo com outros critérios definidores de circunstanciais anormalidades na competição.

Naturalmente, constata-se que os PED não podem ser acusados como propagadores de um "dumping social" pelo simples fato de não incorporarem no preço de seus produtos os custos adicionais presentes nas mercadorias comercializadas pelos países ricos, como, por exemplo, a sólida estrutura de segurança social. Com a noção de um "valor normal" conjuga-se a proposta de um "valor justo" para o produto estrangeiro, idéia debilmente pretendida pela doutrina espavorida com o dumping social e cuja intenção alia-se aos demais *"fundamentos inconfessados"*[297] das medidas antidumping. Primeiramente, pode-se buscar o conceito de valor justo no período medieval e nas imposições eclesiásticas daquela época[298], mas que, por ora, permeia-se de negativas críticas, visto que não se traduz em bases científicas para a sua formulação e está muito vulnerável às variações da história, a carregar apenas vestígios da era feudal assinalada pela supremacia da ideologia cristã que condenava o lucro – eis, ainda que por via indireta, o despropósito do conceito, já que devem ser condenadas a arbitrariedade, a subjetividade e a unilateralidade nas quais

---

[297] Cf. BARRAL (2000:38).

[298] HUNT (1999:26) lembra que o preço justo era compreendido como aquele formado pelos custos (de transporte e de venda) e por um valor compatível com a *"condição tradicional e costumeira de vida"*, sendo que qualquer valor acima deste "preço justo" seria condenável, pois *"significaria a obtenção de lucros e a acumulação de riqueza"*.

se assentam os limites conceptivos do preço ou valor justo requerido pelos países desenvolvidos. Depois, se requerida a noção econômica literal do "preço justo", a sua inexatidão faz também distanciá-la de qualquer pertinência terminológica, agora em razão do *preço* ("valor de um bem") decorrer da correlação entre a oferta e a demanda de certo produto, e não da busca pela imposição racional da "justiça do preço", pois, aqui, deve-se exaltar que a única justiça permissiva de alegação relaciona-se à manutenção e ao equilíbrio das regras consolidadoras do livre mercado, com a devida participação estatal se, porventura, sobressaiam eventuais incompatibilidades entre os sujeitos[299].

Sem pretender a insulsa repetição de argumentos, deve restar claro que o "valor normal" apregoado pela legislação antidumping não consegue encontrar outro balizamento ou uma aplicabilidade diversa senão na órbita do "dumping de preços" já nela pretendido, distanciando-se, por conseguinte, de uma abordagem social, uma vez que também se observa o próprio descompasso metodológico adotado e assinalado pelo seu despropósito em cotejar "valores normais" evidentemente diversos e em voga nos distintos ordenamentos laborais e nas práticas salariais dos diversos países signatários da OMC, os quais, a principio e em regra, são incompatíveis e não-uniformizáveis. Portanto, a acusação de dumping social sustentada pela base factual dos padrões laborais dos países em desenvolvimento estabelecerem-se em patamares menores e que, refletidos nos preços dos seus produtos, se traduzem em um pseudovalor abaixo do normal, não pode prosperar, na medida em que *"the lag in wages and non-wage benefits in the still-undeveloped countries is the key characteristic of an efficient transformation process"*[300].

3.2.4. Do Descalabro Prático e Conceitual

Como observado antecipadamente, o fenômeno do dumping apresenta ressalvas construídas por parte da doutrina, a qual entende não haver razões, maiormente econômicas, para considerar a prática desleal ou prejudicial.

---

[299] Nestes termos, JUAN ALVAREZ AVENDANO *et* CLAUDIO LIZANA ANGUITA ([*Dumping y Competencia Desleal Internacional.* Santiago, 1995] *apud* BARRAL [2000:39]) salientam que *"los precios serán justos cuando deriven del libre comportamiento de quienes intervienen en el mercado, vale decir, precios competitivos no determinados por fraude, monopolio o violencia".*

[300] Cf. SINN (2003:137).

A própria preconização em torno da idéia terminológica de "dumping social" fomentada pelos países desenvolvidos soa, senão injustificada e protecionista, pelo menos despropositada. Primeiro, por não preencher os requisitos legais e elementares do dumping dispostos pelo ACANDU da OMC; depois, por estar em descompasso com os próprios preceitos econômicos do dumping[301]; e, ainda (e principalmente), pela desfaçatez das idéias e dos propósitos quando intentados na proteção dos direitos fundamentais dos trabalhadores e pela ausência de sólidos e bem-aventurados pressupostos quando empreendidos na defesa primaz do livre mercado e da plena concorrência, sempre sob o falacioso argumento de que *"a concorrência é desonesta e prejudica outros países quando baseada em salários baixos"* [302].

A expressão que pretende designar essa espécie de dumping tem fulcro nas discrepâncias havidas entre os "custos (valores) laborais" praticados por certos países em detrimento de outros, nomeadamente nos custos sociais diferentes do "normal" e que consubstanciariam um "preço diferenciado"; porém, notoriamente se sabe que os preços praticados no mercado interno (exportador) não são, em regra, inferiores aos praticados no mercado externo (importador), uma vez que os custos da mão-de-obra e de todos os seus condicionantes (salário, proteção social e sistema jus-laboral) são os mesmos, independente do destino do produto[303], o que resta descabida uma denominação de "dumping social", tendo em vista não haver tipos distintos de mão-de-obra a receber salários diferenciados e/ou a serem protegidas por regulamentos sócio-laborais alternativos.

---

[301] SINN (2003:137ss), inclusive, ao se basear na inexistência de preços ("custos laborais") distintos, refuta qualquer aproximação da prática de baixos padrões sócio-laborais com o dumping, pois, tanto no mercado interno como no mercado externo, os preços praticados são iguais. Nesta circunstância, portanto, a relação entre os baixos custos sócio-laborais e a concorrência desleal fincar-se-ia, no âmbito do GATT/OMC, no instituto do "subsídio", sendo que *"le dumping social apparaît donc comme une alternative aux subventions à l'exportation pour les pays qui souhaitent développer leurs exportations au-delà de leur volume optimal"* (SIROËN, 1996:51).
[302] Cf. KRUGMAN et OBSTFELD (2001:26), que, negando o raciocínio de um *"empobrecimento do trabalho"*, traz à baila um exemplo próximo do modelo ricardiano (de vinhos e tecidos) para demonstrar e revelar *"a falácia deste argumento (...) favorito dos sindicatos de trabalhadores que visam à proteção da concorrência internacional (...) e tem adquirido influência política"*.
[303] Como afirma HINOJOSA MARTÍNEZ (2002:86), *"si las condiciones sociales de los trabajadores en los países en vías de desarrollo afectan de igual modo a la producción destinada al mercado nacional y al extranjero, no podemos hablar de dumping en el sentido jurídico del término tal y como se contempla en el actual sistema de la OMC"*.

Em razão de denotarem realidades sócio-econômicas tão distintas, não se pode rechaçar, previamente, a postura dos PED e "anormalizar" as suas condutas comerciais e nominá-las, por isso, como desleais. Observa-se que os padrões sócio-laborais mantidos pela maioria dos PED, não obstante carentes em diversos aspectos, não se notabilizam pelo desrespeito aos preceitos fundamentais e exigidos internacionalmente, sob a égide da OIT, pois, em regra, *"tutelam a liberdade de associação, asseguram o direito de greve, proíbem o trabalho forçado, impedem o trabalho infantil e limitam o de menores, delimitam a jornada de trabalho, diferenciam horas extras das horas normais, estipula férias e o descanso semanal remunerado, têm salário mínimo e mecanismos de seguridade social e caracterizam-se por um sindicalismo forte e aguerrido na defesa dos direitos trabalhistas, (...) as relações e a organização do trabalho estão pautadas (...) pela prevalência da democracia e dos direitos humanos"*[304].

Não se pretende fazer crer que a realidade dos PED é cândida ou essênia, sendo isenta dos maiores males, como as situações acometidas pelo trabalho escravo. Isto acontece, é fato. Porém, não raramente, demonstra-se que tais desumanidades não sucedem com pretensões de conquista do mercado externo ou como "estratégia" política dos Estados, pois elas aparecem em pequenos (e pulverizados) focos, a representar--objetivar os lucros advindos do comércio interno, ou seja, no *mercado doméstico*[305]. Todavia, salários e padrões sócio-laborais relativamente mais baixos são resquícios de um processo histórico acometido pelos PED há um longo tempo, o que inviabilizará, em um curto prazo, qualquer processo de equalização de preços, mormente se assente em barreiras político-comerciais dissimuladas na forma de medidas antidumping,

---

[304] Cf. LAFER (1994:163).

[305] Como salienta HANSENNE (1996:25), *"dans la plupart des pays du Tiers-Monde, la majorité des enfants qu travail ne le sont pas dans les entreprises exportatrices, mais bien dans le cadre de l'économie informalle, moins impliques dans la concurrence internationale"*. Entretanto, resta possível verificar excepcionalidades, como nas situações em que alguns trabalhadores labutam em zonas específicas, próprias para a exportação, nas quais admitem-se regimes sócio-laborais menos favoráveis em relação àqueles aplicados aos demais trabalhadores. Mas, como a própria OCDE ressalva, o problema merece uma análise pormenorizada: embora possa se admitir que tais *diferenças internas de normas sócio-laborais* possam ser consideradas como equivalentes às *diferenças fiscais internas*, comum nas denominadas "zonas francas" de certos países, não se pode dar o mesmo tratamento quando a discriminação nas EPZ'revela-se ofensiva aos direitos humanos fundamentais – sobre a problemática das EPZ's, v. COTTIER e CAPLAZI (2000:26).

as quais buscam forçar uma simetria de valores e de condições certamente não apropriadas.

A intervenção estatal (ou, no caso, pluriestatal) – outrora benigna e necessária – que prega a existência do dumping social como (paranormal) fenômeno a ser passivo de sanções via direitos antidumping, vem, nesse caso, servir de contra-senso à política de liberalização mundial – representando uma nova fórmula neoprotecionista dos países ricos[306] – e, principalmente, opor-se ao *modus operandi* da plena (e então justa) concorrência e ao desenvolvimento, ainda que gradual, dos PED; ademais, deve tal debate arredar-se do pretenso domínio de uma organização reguladora do comércio (no caso a OMC), visto que não lhe cabe intervir em uma seara já devidamente velada por uma organização internacional do trabalho (a OIT), foro competente para a celeuma na qual se envolve o dumping social.

---

[306] Como afirma McRae (1996:144), *"(...) the considerations relevant to showing that something is a disguised restriction on trade are also relevant to showing that the measures concerned constitute arbitrary or unjustifiable discrimination".*

3.3. Das Vantagens Concorrenciais

Lume v'è dato a bene e a malizia.[307]
Dante

3.3.1. Das Vantagens Comparativas e Competitivas

No mercado, especificamente naquele onde desfila uma quase-perfeita concorrência, exsurgem diversos agentes, com as mais variadas espécies de produtos, serviços, preços e condições que conseguem despontar pelo acúmulo de vantagens concorrenciais (comparativas e competitivas) apresentado.

Evidentemente, são diversos os fatores permissórios de uma maior competitividade no cenário internacional, cujos parâmetros são examinados pelos agentes econômicos na tomada de decisões e, freqüentemente, identificados na qualidade das infra-estruturas e das políticas governamentais, nas perspectivas econômicas e no custo de vida locais, na natureza e na estabilidade das leis, na qualificação e produtividade da mão-de-obra, na quantidade de recursos naturais etc. Evidentemente que, isoladamente, nenhuma dessas variáveis explicativas da competitividade torna-se plenamente satisfatória; assim, faz-se necessário que as indústrias saibam os fatores terminantes para que possam eficazmente determinar as suas capacidades (e incapacidades) norteadoras da adoção prática das suas vantagens comparativas, afinal, *"nenhuma nação pode ser competitiva em (e ser exportadora líquida de) tudo"*[308].

Talvez à margem das intenções e características preponderantes, o nível dos salários, dos encargos sociais e dos demais aspectos jus-laborais alcança uma posição de destaque no momento em que se assume como parâmetro as indústrias dos setores que congregam um alto teor de trabalho humano (mão-de-obra) na produção. Ao serem analisados os negócios praticados pela maioria dos PED, infere-se que os setores cuja mão-de-obra consiste no insumo produtivo determinante lhes são os mais representativos, legando-lhes uma maior participação e penetração no comércio mundial; dessarte, intentam investir e envidar os esforços nacionais na promoção das atividades representativas desta inconteste vantagem comparativa.

---

[307] «A razão vos é dada para discernir o bem do mal» – Dante Alighieri, *in* "A Divina Comédia: Purgatório" (*La Divina Commedia: Purgatorio – XVI, 75*).
[308] Cf. Porter (1998:07).

Assim, a idéia desta vantagem relativa (comparativa) – *"deepest and most beautiful result in all economics"*[309] –, confirma-se como a (primeira) estrela-guia para o desenvolvimento de qualquer país[310], os quais, no caso dos PED, devem assumi-la naqueles setores de mão-de-obra intensiva e, principalmente, na busca por novos nichos de mercado dependentes deste fator.

Neste momento, esclarece-se que dentro da regra das vantagens comparativas existem duas perspectivas: em "sentido estático" e em "sentido dinâmico". Na dimensão *estática*, essa vantagem denota a diferença entre os países (indústrias) sob a perspectiva de diferentes fatores de produção de um país, sendo tal diferença determinada pelo critério da respectiva abundância de fatores, a revelar a existência de uma vantagem ou desvantagem comparativa. Já na perspectiva *dinâmica*, há uma mudança constante dessas vantagens, refletindo, por conseguinte, na estrutura e no modelo da produção (e do comércio) do país – e na sua "especialização internacional" –, que também acompanham as variações e mudam de acordo com as alterações da proporção dos fatores utilizados ou pretendidamente utilizados[311]; logo, há uma contínua redistribuição das vantagens comparativas, perante as quais cada país deverá se adaptar de modo a beneficiar-se nas relações comerciais.

No instante em que consolidam um posicionamento estratégico direcionado para essas atividades (ou valores) comparativamente vantajosas[312], de modo estático ou dinâmico, as indústrias dos PED permitem-se pensar em estratégias futuras que lhes possibilitem apresentar também vantagens competitivas, mais amplas e com mais consistência, devido a congregarem as vantagens proporcionadas por diversos fatores, em (quase) todas as suas formas. Assim, aqui, pretender-se-ia ir além da vantagem comparativa para chegar à "vantagem competitiva de uma nação", que ele-vará as indústrias (e os próprios países) para degraus superiores da

---

[309] Cf. FINDLAY (1987:515).

[310] PORTER (1998:63) vaticina, a citar os exemplos históricos, que *"a primeira tarefa é melhorar incansavelmente o desempenho da empresas em relação às suas vantagens existentes"*.

[311] Nestes termos, v. PORTO (2001:52ss).

[312] Embora estudos atuais demonstrem que a vantagem comparativa baseada em fatores de produção não seja suficiente para explicar os padrões de comércio, o próprio PORTER (1998:12) também admite que a *"vantagem comparativa baseada em fatores de produção tem uma atração intuitiva e as diferenças nacionais em custos de fatores influíram na determinação dos padrões de comércio de muitas indústrias"*.

economia mundial, mediante a conjugação de vantagens ("*value chain*")[313] resultante de deliberadas ações estratégicas, mais completas e não unicamente subordinadas aos custos laborais.

Assim, na perspectiva desta análise concorrencial e diante das falhas propiciadas pela adoção única das vantagens comparativas, cujas conseqüências certamente não solidificarão o desenvolvimento dos Estados, advém esta necessidade nacional pela conquista de vantagens competitivas no comércio internacional, as quais são fundamentadas no sistema "*diamante*"[314], cujos determinantes são *(i)* as condições dos fatores (a posição do país nos fatores de produção); *(ii)* as condições de demanda; *(iii)* as indústrias nacionais correlatas e de apoio (a presença ou ausência de indústrias nacionais que sejam internacionalmente competitivas); e *(iv)* a estratégia, estrutura e rivalidade das empresas no âmbito interno.

Outrossim, MICHAEL PORTER defende a existência de duas regras estratégicas básicas para a concretização das vantagens competitivas: o "*menor custo*" e a "*diferenciação*"[315], ambas possibilitando uma produtividade superior em relação aos concorrentes. Como já exposto, é patente que a abordagem oferecida para a minimização dos custos não se baseia em qualquer espécie de *dumping* (muito menos social), mas na conjugação de diversos fatores (instalações em escala eficiente, controle dos custos gerais etc.) que permita a superação da concorrência[316].

---

[313] Como toda atividade emprega matéria-prima, recursos humanos e alguma tecnologia, e, também, depende de infra-estrutura, MICHAEL PORTER cria o conceito de "cadeia de valor" ("*value chain*"), que consiste no conjunto de atividades realizadas por uma empresa que cria valor e aumenta a sua capacidade competitiva, com todas as atividades contribuindo para valor final do produto, logicamente respeitadas as diferentes importâncias que cada uma tem para a vantagem competitiva nos diferentes setores produtivos e industriais (PORTER, 1985:76).

[314] Trata-se do termo adotado por PORTER (1998:88) ao expor o quarteto de determinantes da vantagem competitiva como "*um sistema mutuamente fortalecedor*" e interdependente, cuja inter-relação é fundamental para a concretização das vantagens competitivas – todavia, não despreza outras duas *variáveis* que muito podem influenciar neste sistema de vantagens nacionais: o acaso e o governo.

[315] PORTER (1985:48ss), respectivamente, define-as como a "*capacidade de uma empresa projetar, produzir e comercializar um produto comparável com mais eficiência do que seus competidores*" e a "*capacidade de proporcionar ao comprador um valor excepcional e superior, em termos de qualidade do produto, características especiais ou serviços de assistência*".

[316] MOSLEY (1990:173) também aduz que não basta dispor apenas de baixos custos laborais para lograr êxito no mercado internacional, pois, "*si les coûts de la main-d'oeuvre étaient le seul facteur déterminant de la compétitivité sur le plain international,*

Ainda, dentro dessa idéia de uma "vantagem competitiva", PORTER (1998:48) ensina que o menor custo baseia-se na idéia da empresa ser capaz de *"projetar, produzir e comercializar um produto comparável com mais eficiência do que seus competidores"*. Assim, a vantagem baseada em um "menor custo" deriva não apenas de um *menor custo manufatureiro*, mas das vantagens de custos em toda a *"value chain"*, pois são países que também desenvolvem produtos de baixo custo, comercializam-no a preços razoáveis e dispõem de serviços a baixo custo, em regra relacionadas à mão-de-obra e aos níveis de rendimentos, encargos sociais e proteção jus-laboral.

Diante disso, como dantes asseverado, ainda que as políticas estratégicas iniciais de comércio internacional assentem-se em menores custos (*"enfoque de custos"*[317]), o caminho de uma eficiente participação concorrencial, conducente à conquista de vantagens competitivas, não pode estar individualizada em fatores únicos – caso específico da uma mão-de-obra pouco custosa, submetida a lenientes padrões sócio-laborais –, mas deve se estender a uma "concorrência de produtividade", na medida em que *"a capacidade de conseguir isso depende não da idéia amorfa de 'competitividade', mas da produtividade com a qual os recursos nacionais (trabalho e capital) são empregados"*[318], com os Estados instruindo as indústrias na concepção de novas maneiras de realizar determinadas atividades, empregar novos procedimentos, novas tecnologias ou diferentes insumos; na seqüência, deve ainda subsumir estas vantagens competitivas em princípios essenciais para o êxito concorrencial, cuja performance satisfar-se-á desde que tais vantagens estejam envoltas em uma "cadeia de valores" e esteadas em uma melhoria e inovação constantes.

Indubitavelmente, ao não serem aglutinados outros fatores à capacidade de competir das indústrias dos PED[319], ora baseada em baixos

---

il n'y aurait pas d'industrie dans de pays à salaires éléves, à mesure que les economies à salaires éléves semblent avoir des avantages compensateurs – une main-d'oeuvre qualifiée, des relations professionnelles empreintes d'un sprit de coopération des installations et du matériel modernes, une infrastructure solide, etc".

[317] Cf. PORTER (1998:50ss).

[318] Cf. PORTER (1998:06), ao admitir que *"o único conceito significativo de competitividade a nível nacional é a produtividade nacional (...) as empresas do país devem elevar, incessantemente, a produtividade das indústrias existentes, melhorando a qualidade do produto, acrescentando elementos desejáveis, apurando a tecnologia do produto ou intensificando a eficiência da produção"*.

[319] Até mesmo para evitar que se cumpra o "paradoxo de Kaldor" (v. COUTINHO, 1993:22). Outrossim, PORTER (1998:93) admite a existência de uma "hierarquia entre

preços via baixos custos sócio-laborais, desconsiderar-se-ão os malignos efeitos que tal atitude acarretará a longo prazo, comprometendo a competitividade e estancando o desenvolvimento – talvez diante deste panorama esteja a razão para um perpétuo estágio embrionário de progresso de muitos países que centralizam as suas políticas públicas em *"aumentos de produtividade do trabalho engendrados pela simples realocação de recursos visando a obter vantagens comparativas estáticas no comércio internacional (...) sem modificações maiores nas técnicas de produção"*[320]. Nesta oportunidade, há-de ser examinado pelos PED as conseqüências destas escolhas realizadas (*trade-offs*), pois se renegará uma idéia desenvolvimentista e sustentável ao longo ou indefinido prazo em prol de um ingresso imediato e estouvado no mercado mundial.

Aqui, a discussão não está apoiada no fato de ser ou não imperiosa uma atitude da OMC (ou mesmo dos blocos regionais formados por países econômica e socialmente díspares) que intente a regulação e a harmonização-uniformização dos padrões sócio-laborais ou a desconsideração deste fator como atrativo (e uma alavanca) para a produtividade nacional – *"should capital be free to drive down the price of labour or should there be a regulatory floor?"*[321].

Sabe-se que o foco particular desse processo centra-se na certeza de que o fluxo de capital não pode desconsiderar os custos do trabalho; entretanto, este necessita estar configurado, em seus *standards* básicos, pela competente instituição mundial – a OIT – ou pelos órgãos comunitários, no âmbito regional, para que não se torne, simplesmente, um mísero *refém* do capital, porquanto a competitividade sem a devida integração humana seria *autofágica*, razão pela qual a competitividade da mão-de--obra não pode subsumir-se apenas em si mesma, alicerçada tão-somente

---

fatores", prevalecendo os fatores adiantados (infra-estrutura, tecnologia da comunicação, trabalho graduado e institutos universitários sofisticados) e especializados (trabalho especializado e específico) em detrimento dos fatores básicos (recursos naturais, mão-de-obra pouco especializada) e generalizados; entretanto, aduz que as *"desvantagens seletivas"* dos fatores básicos podem servir de catalisador à inovação, apresentando um papel positivo e possibilitando a criação de vantagens competitivas, ao entender que *"o que representa uma desvantagem numa concepção estreita da competição pode tornar-se vantagem numa visão mais dinâmica"*, como, por exemplo, a existência de uma mão-de-obra escassa, cara ou difícil de demitir, condicionantes esses que certamente influenciam e impulsionam à inovação, à automação e ao uso da tecnologia em geral.

[320] Cf. FURTADO (1974:78).
[321] Cf. BHAGWATI (1988:120ss).

ao seu preço. Por isso, e de modo preponderante, deve também ser estendida a uma competitividade *do trabalho* – e não a uma competitividade *de padrões de trabalho* –, relacionada à qualidade da mão-de-obra, à gestão dos recursos humanos e à capacidade de adaptação do ordenamento laboral ao mercado, pois *"a desregulação, a flexibilização orientada pelas únicas preocupações de aumentar o controlo social do empregador sobre a empresa e de reduzir imediatamente os custos salariais (...) não são verdadeiramente fatores de competitividade sustentável"*[322].

3.3.2. Dos Custos do Fator Trabalho: a Mão-de-Obra como Critério Comparativo na Competição Comercial

Em qualquer setor da economia, o custo da produção resulta de um grande número de fatores, dos quais avultam os custos do capital e do trabalho. Os "custos do capital", dentre a sua diversidade de variáveis, abrange a compra de equipamentos, os investimentos em tecnologia, os pagamentos de empréstimos e juros etc. Por seu turno, os "custos do trabalho" congregam, diretamente, a *remuneração bruta* do trabalhador, ou seja, acrescentam-se ao salário contratual os tributos diretos que incidem sobre o empregador, e, indiretamente, os *encargos sociais* (as taxas e as contribuições pagas pelo empregador para o financiamento das políticas públicas e que beneficiam, de forma indireta, o trabalhador), os *encargos trabalhistas* (os valores pagos diretamente ao empregado mensalmente ou no final de seu contrato de trabalho, incluem também benefícios não expressos em valores) e, também, os benefícios jurídicos assegurados com as normas jus-laborais vigentes, como a segurança no trabalho e a tutela legal. Assim, permite-se adotar o conceito de "custo total do trabalho", que faz incluir as despesas remuneratórias (salários, bônus e prêmios) e as demais despesas adicionais referentes aos diversos itens legais cujo cumprimento e pagamento incumbr às empresas, desempenhando, ambas, uma valiosa participação no resultado final.

Contudo, muitas vezes, uma ou outra desponta com um peso maior na formação do custo, e reproduz, na seqüência, um desejo empresarial na sua redução com vistas a uma maior competitividade. Diante disso, os

---

[322] Na esteira de FERNANDES (2001:55), tal proposta, ao mesmo tempo em que estaria *"mais sensível à complexidade dos fatores da competitividade (...) não parece, de modo algum, incompatível com um direito do trabalho actualizado, mais fiel às origens"*.

custos do trabalho podem ser reduzidos em nuances múltiplas, das quais ANTÓNIO FERNANDES (2001:50ss) distingue a redução *(i)* nos *custos unitários diretos*, relativos à unidade de trabalho e obtida *"através da concorrência entre trabalhadores, em que o emprego é o bem disputado"*, *(ii)* nos *custos unitários indiretos*, relacionados aos encargos e aos sistemas de proteção sociais, com estreita proximidade, por conseguinte, às políticas públicas e *(iii)* no número de unidades de trabalho por unidade de produto (*produtividade do trabalho*).

Logo, além da produtividade da mão-de-obra, faz-se também necessário analisar na composição dos custos do fator trabalho a natureza (e a regulamentação) dos salários e, principalmente, dos "encargos sociais", ou seja, os teores de variabilidade e de rigidez formativos destes custos fixos, assim como a metodologia regimental dos sistemas de remuneração e de contratação. Outrossim, deve-se atentar para o fato de que um custo total do trabalho elevado não significa, necessariamente, uma onerosidade demasiada à produção e a responsabilização pela criação de dificuldades para a empresa competir e empregar; na verdade, o que efetivamente faz interessar é o conhecimento do "custo marginal do trabalho", no qual se tem que, com o aumento da produtividade e a ampliação da flexibilidade na contratação, na remuneração e na renúncia da mão-de-obra, diminui-se aquele "custo unitário" e, logo, traz vantagens em termos de competitividade.

Logo, sob a dinâmica de tal reflexo, são os PED que apresentam, em maior regra, um "custo total do trabalho", e, principalmente, um *"coût salarial de production"*[323] bastante atrativo – ao qual também tem influência um alto índice populacional *"economicamente mobilizável"*[324] e uma escassez de tecnologia e capital – e que lhes permitem identificar o seu produto interno concentrado nas atividades com alta incidência do fator trabalho no custo total.

Deste modo, ante ao incipiente desenvolvimento desses países – determinante de baixos salários – e, maiormente, em face do preceito econômico básico da "oferta e procura", estes países denotam um grande contingente à disposição para o *trabalho bruto*, sem muita consideração

---

[323] Cf. EGGER (2003:12), que o caracteriza como sendo *"un rapport entre le salaire nominal (variable exprimant le coût du travail payé par l'employeur) et la productivité du travail ou le rendement par personne employé"*.

[324] Cf. ROSSETTI (2000:103), que a define como a parcela da população total apta para o exercício de atividades econômicas, sendo a maior parte *economicamente ativa* e o outro pequeno contingente *inativo*.

à escolaridade ou à qualificação. Com isso, propendem a canalizar os esforços com investimentos nos setores cujo potencial de custos baseie-se na mão-de-obra (têxtil, calçados, vestuário, siderurgia e construção civil etc.), além daquelas atividades do setor primário (*commodities* agrícolas, extrativistas e de origem animal), se também farto o *fator terra*.

Assim, vê-se que a globalização despertou o fator trabalho. Apesar da mão-de-obra já constituir um histórico fator de competitividade, ela até então aparecia limitada e com seus efeitos minimizados; hoje, porém, uma conjugação de fatores – *"barreiras tarifárias mais baixas, melhoria nas telecomunicações, transporte aéreo mais barato"*[325] – desnublou os resultados benéficos oferecidos aos países centralizados na produção intensiva em trabalho e atenuou as desvantagens apresentadas pelos PED em relação aos países desenvolvidos.

Diante disso, faz-se irrefutável a considerável parcela de participação dos custos de mão-de-obra no desempenho das empresas globais, ainda que suas vantagens sejam por vezes limitadas; com isso, a instrução acerca do seu comportamento na decisão das empresas alcança uma importância seletiva como critério comparativo perante a competição comercial internacional, a possibilitar que novos mundos ingressem no mercado concorrencial, avancem na consolidação de vantagens competitivas, superem a sina de exportadores de matérias-primas e importadores de manufaturados e atinjam melhores condições de existência, com mais trabalho e mais desenvolvimento, ambos frutos, ainda que superlativados a curto prazo, de um início marcado quase unicamente pela vantagem dos custos do trabalho.

Não há duvidas de que a alegação frontal por parte dos países ricos desemboca em menos comércio e mais protecionismo, pois inibe o ingresso dos PED no cenário comercial mundial e impede (ou considera *revestida de vícios*) o jogo de forças idealizado por estes, os quais entrevêem nos seus menores custos sócio-laborais um meio pródigo de vindouros resultados, ainda que incompletos pelo prévio gozo desta simples (e *adâmica*) vantagem comparativa, mas, certamente, dinamizadores de uma sólida construção nacional de vantagens competitivas futuras – faz--se, assim, da mão-de-obra a *ponte* para a tecnologia.

Destarte, com a intensa e constante produção em bens de trabalho--intensivo, inicialmente fundamentada na mão-de-obra pouco custosa, os PED poderão atingir o desejado "círculo virtuoso", sintetizado nas

---

[325] Cf. KRUGMAN (1999b:90).

expressivas palavras de PAUL KRUGMAN (1999b:92): *"o crescimento do setor industrial exerce um efeito ondulante em toda a economia (...) onde quer que tenham se implantado os novos setores exportadores, constataram-se melhorias mensuráveis no padrão de vida das pessoas comuns (...) a pressão sobre a terra se torna menos intensa, elevando os salários rurais, a massa de habitantes urbanos desempregados, ansiosos por trabalho, também encolhe, as fábricas começam a competir entre si pelos trabalhadores, e também começam a crescer os salários nas cidades (...) e o resultado tem sido a transferência de centenas de milhões de pessoas da mais abjeta pobreza para uma situação ainda vil, mas significativamente melhor (...) e finalmente as pessoas não se mostram mais ansiosas por viver nos vazadouros de lixo".*

Portanto, neste meio concorrencial global, *"l'existence d'une reserve de main-d'oeuvre qualifiée relativement bon marché, sans emploi ou sous-employée peut constituer un avantage comparatif considérable"*[326], na medida em que o uso destas circunstâncias internas apresenta-se como um meio hábil, leal e, por ora, maioral, para se buscar a inserção, não apenas no *mercado* internacional, mas no próprio *cenário* internacional[327].

3.3.3. Da Deslocalização das Unidades de Negócios

Na gênese do capitalismo mundial a fase embrionária de uma vindoura industrialização já provocava importantes transformações no cenário econômico do final da Idade Média[328], as quais, em diversos aspectos, assemelhavam-se com certas decisões tomadas por empresas e indústrias pós-modernas, ou seja, com a deslocalização de empresas, voltadas para as regiões periféricas e distantes das perturbações sociais dos grandes centros.

Naquela época, os mercadores-fabricantes direcionavam os seus negócios às regiões pobres, invariavelmente rurais, cuja mão-de-obra, na procura por rendimentos complementares, contentava-se por receber muito

---

[326] Cf. CAMPBELL (1994:218).
[327] Cf. KRUGMAN (1999b:92), ao concluir que *"a única razão pela qual os países em desenvolvimento foram capazes de competir com essas indústrias é a capacidade de oferecer aos empregadores mão-de-obra barata, privá-los dessa capacidade talvez significasse negar-lhes a possibilidade de prosseguir com o crescimento industrial"*.
[328] V. VINDT (1999:34), que lembra da expresão *"proto-industrialização"* adotada para esse período.

menos, além de ser mais flexível à conjuntura sócio-laboral. Hoje, com o avanço peremptório do processo de globalização, as empresas também fazem uso desta estratégia, a escolher aquele país no qual montar produtos, fabricar bens ou explorar *commodities* apresente a maior rentabilidade possível. Assim, concretizam-se duas conseqüências principais: *(i)* a desterritorialização e reorganização do espaço da produção, mediante a substituição das plantas industriais rígidas (de caráter "fordista") pelas plantas industriais flexíveis (de caráter "toyotista") e a subseqüente flexibilização das relações contratuais; e, *(ii)* a fragmentação das atividades produtivas nos diferentes territórios e continentes, o que permite aos conglomerados transnacionais praticar o comércio interempresas, acatando seletivamente as distintas legislações nacionais e concentrando seus investimentos nos países onde elas são-lhes mais favoráveis[329].

Diante disso, o fenômeno da deslocalização[330] consiste em uma decisão organizacional cujo escopo é a otimização na alocação de recursos, uma escolha na qual as indústrias transnacionais pretendem transferir as suas unidades de negócio para um local onde os custos totais apresentem-se menores, seja mediante investimentos diretos ou apenas via licenças ou subcontratações (uma das maneiras de descentralizar ou externalizar a produção). Por conseguinte, além destes capitalistas, os seus reflexos atingem os trabalhadores – os quais também escolhem o seu local de residência em consonância com este fluxo de indústrias –, e, de modo evidente, os Estados-hospedeiros, cujas autoridades públicas nacionais são as responsáveis pela garantia e pela promoção de um equilibrado desenvolvimento interno, principalmente relacionado ao fato de não permitir que essa "recolonização" de empresas torne-se uma "deslocalização predadora", a produzir *"efeitos semelhantes aos de certas grandes árvores exóticas introduzidas em determinadas áreas"*[331].

---

[329] Na linha de FARIA (1998:11), ao indicar as principais rupturas institucionais nas estruturas jurídico-políticas – legadas pelos Estados Liberal (século XIX) e Social (século XX) – advindas com o processo da globalização.

[330] Com certa amplitude, ARTHUIS (1993:52) afirma que *"les délocalisations consistent pour des produits que pourraient être fabriqués et consomés dans une même aire geografique, à separer les lieux de production ou de transformation des marchandises, des lieux de leur consommation; en d'autrs termes, il s'agit pour le gestionnaire de fabriquer là où c'est le moins chèr et de vendre là où il y a du pouvoir d'achat (...)".*

[331] Cf. FURTADO (2003:40), o qual especifica esses efeitos da deslocalização predadora de transnacionais nos seguintes moldes: *"drenam toda a água e ressecam o terreno, provocando um desequilíbrio na flora e na fauna, com o surgimento de pragas e congêneres".*

Atualmente, a deslocalização pode ser entendida como a ambivalência de atividades organizacionais – o lugar onde se realiza a atividade produtiva (*"host country"*) e o lugar onde se produz o consumo do bem ou serviço em referência (*"home country"*) – em busca da *exteriorização do trabalho*, que, de forma crescente, constitui uma constante estratégia competitiva[332] adotada pelas empresas dos países – em geral dos mais desenvolvidos –, caracterizando-se e funcionando[333] de tal modo que fazem assumi-las o complemento nominal de "transnacional".

Na verdade, diante da intensificação da competição global motivou-se uma crescente dispersão de atividades, com uma incessante busca em minimizar os custos de fatores. Dentre eles, é axiomática a preocupação com a mão-de-obra, razão bastante considerável na tomada de decisão das empresas que intentam, com a deslocalização, gozar das vantagens proporcionadas pelas diferenças de custos apresentadas pelos custos sócio-laborais menos onerosos.

Assim, alguns elementos da globalização parecem emergir da experiência recente em termos de um ascendente, conquanto pequeno, volume de investimentos diretos (FDI) nos países em desenvolvimento por parte das empresas transnacionais centrais que, por conseguinte, asseguram não apenas a "auto-sobrevivência" estratégica em um mundo altamente competitivo, mas, também, abrem um novo fluxo de exportações no sentido contrário e na direção de terceiros mercados, garantindo, portanto, capital (e empregos) em seus próprios países.

---

[332] No tocante a esta estratégia empresarial, ERIC LAHILLE ([*Au-Delà des Délocalisations, Globalisation et Internationalisation des Firmes*. Paris, 1995] apud MAIA, 2000:24) indica quatro dimensões da deslocalização de empresas: (i) como fenômeno que explica a não sobreposição entre o local do processo produtivo e o consumo, com a separação entre o local de produção e o mercado; (ii) como um processo de FDI e típico de deslocalização internacional, via mobilidade de capitais e teoria as vantagens competitivas; (iii) como meio pelo qual se posicionam as empresas no contexto do mercado internacional; e (iv) como condicionante do modo de organização das grandes empresas à escala global, com a divisão do processo produtivo, de modo a maximizar lucros e minimizar os riscos das empresas.

[333] Dentre os diversos aspectos essenciais para a sua caracterização, indica-se *i)* a atividade supranacional (global ou transnacional), mediante a extensão da empresa (e de suas atividades) a vários países, em um nível de atuação internacional; *ii)* a pluralidade de componentes na sua atuação, até com a manifesta existência de personalidades jurídicas próprias em cada componente; *iii)* as relações de subordinação, ou, às vezes de coordenação, entre os componentes, pois, não obstante o grau de autonomia que disponham, existe um controle da empresa-matriz sobre a filial; e, *iv)* a unidade econômica, havida em razão da estreita vinculação (ou união) de seus componentes, devidamente concentrados.

3.3.3.1. Da Liberdade Econômica e Organizacional

Sob a égide da OMC, a ordem econômica mundial vem se basear em determinados princípios, uns de ordem "jurídico-política" (solidariedade, não-discriminação, proporcionalidade) e outros de índole "jurídico-econômica" (liberdade de mercado, concorrência efetiva), para, posteriormente, introduzir o preceito de economias abertas e em livre concorrência como diretriz do comércio internacional. Assim, precisamente, o "princípio da liberdade econômica" reflete a expressão de uma economia de mercado que comporta, além do elenco liberdoso supracitado, uma irrefutável liberdade *"de empreender e de agir"*[334].

No cerne desse princípio ostenta-se o propalado ideal de uma cessação de barreiras comerciais, desejada como certa fonte geradora de economias de escala e de crescimento a todos os países envolvidos, os quais se permitirão o repleto aproveitamento das individualizadas vantagens comparativas (ou concorrenciais), conducentes à especialização e à inovação.

Entretanto, há-de ser comentada a outra face dos efeitos de uma liberalização econômica, ou seja, as dificuldades existentes para a distribuição homogênea da riqueza produtiva de modo que todos se beneficiem. Diante disso, teme-se que a pretendida conjugação tenda à *utopia*, sendo por vezes mais fácil surgirem maiores e empedernidas diferenças (e aprofundarem-se as já existentes) a existir uma estabilidade proporcional e harmoniosa. A razão desta tese figura em uma idéia de *convergência fictícia* provocada no seio da OMC, pois os PED continuariam especializando-se em produtos intensivos em mão-de-obra semi-especializada e recursos naturais, enquanto os países desenvolvidos permaneceriam concentrados naqueles produtos intensivos em tecnologia, em capital e em trabalho especializado, a resultar na competição em distintos setores, cuja evolução, independente, individual e ímpar, incrementaria as desigualdades existentes para, então, culminar em uma ausência total de intercâmbio. Contudo, a busca pela integração (ou liberalização) de mercados não se faz cessar; e, atualmente, percebe-se diversas empresas ocidentais instaladas nos PED com elevados montantes de investimentos e contribuindo de forma vultosa para o crescimento da região.

Assim, dentre as formas de deslocalização compreendida na liberdade econômica das empresas, tem adquirido uma meritória função a

---

[334] Cf. CAMPOS (1997:495).

subcontratação industrial, cuja estratégia jurídico-organizacional é vista como um eficiente mecanismo de organização da produção industrial à medida que acarreta diversas vantagens para os contratantes – já além da bastante salientada redução dos custos, como o fato de possibilitar o acesso a regiões com perspectivas de crescimento potencial e responder de forma eficaz às flutuações da demanda – e para os contratados, em especial quando se trata de algum PED – maiormente por trazer uma maior produtividade e eficiência, seja pela utilização da capacidade excedente, pelas economias de escala ou pela transferência de tecnologia.

Portanto, é deveras interessante (e importante) a presença cada vez mais constante da deslocalização no domínio das relações internacionais, mormente na sua forma de subcontratação, uma vez que se trata apenas da mais plena concretização das liberdades econômica e organizacional, sendo, em regra, descabidas as hipóteses em que se pretende configurá-la como *abuso concorrencial*, seja por parte das contratantes, mediante a minimização dos custos, seja por parte das subcontratadas, mediante a atração de empresas pelos custos sócio-laborais menos onerosos.

3.3.3.2. Da Tiflose Cínica

Nas últimas décadas, os avanços tecnológicos têm permitido às empresas dividirem e selecionarem os processos produtivos, a fim de atenderem a uma diversidade de fatores, dentre eles os custos sócio-laborais, indispensáveis em diversos ramos produtivos.

Destarte, tendo em vista que os setores tradicionais, nos quais há um maior crescimento da deslocalização, são aqueles onde os custos de mão-de-obra têm grande participação no custo final dos produtos, os PED são um destino (quase) certo para as empresas dos outros Estados-membros.

Evidentemente, impende frisar que, além de existirem outras estratégias organizacionais para a diminuição dos custos (ou a anulação das vantagens dos concorrentes deslocalizados e com menores custos sócio-laborais) afora a deslocalização ou a subcontratação internacional[335],

---

[335] Na hipótese das empresas não buscarem o caminho da deslocalização, VAN LIEMT (1992:490) indica outras seis estratégias ou condutas comumente adotas (ou pretendidas) por elas no anseio de diminuírem os seus custos de produção ou anularem as vantagens dos concorrentes deslocalizados: i) *"diminuer la pression concurrentielle en poussant les pouvoirs publics à renforcer les obstacles aux importations (ou à cesse de les réduire)"*; ii) *"la substituition du capital au travail"*; iii) *"la diversification (...) au*

muitas vezes, por menor que sejam os custos desta mão-de-obra e por mais flexíveis ou rasas que sejam as normas de proteção do trabalho, as péssimas condições de infra-estrutura e a instabilidade político-econômica – *(in)segurança jurídica* – do país de destino acabam por inviabilizar a deslocalização das empresas. Assim, por este motivo, há a necessidade de serem elevadas tais vantagens comparativas à categoria de *diferenciais competitivos*, com os PED a oferecer concretos proveitos para as indústrias não-nacionais – e, no domínio interno, mesmo àquelas domésticas –, minimizando a possibilidade das empresas estrangeiras não introduzirem as suas unidades produtivas nas áreas em desenvolvimento pela simples refutação da frágil proposta de uma mão-de-obra *à bon marché*.

Desta maneira, reside nesta questão do deslocamento de unidades de negócios a maior *incoerência* para a justificativa defensora do afamado "dumping social": os países ricos, ao protestarem pelo baixo custo sócio-laboral existente nos PED e acusá-los de desleais, ignoram o fato de serem co-responsáveis e catalisadores para que esses países perifericos – principais destinos das empresas dos grandes centros – insistam com os seus baixos níveis, uma vez que os custos de trabalho não se tornam apenas uma vantagem concorrencial para as indústrias locais, mas *chamariz* para a instalação daquelas domiciliadas em outro país e que, assim, passariam a oferecer produtos também competitivos. Com o deslocamento das unidades de negócios para os Estados onde os custos sócio-laborais são menores, o brado de dumping social assume – *quase paradoxalmente* – matizes verdadeiros e possíveis pela própria atitude dessas empresas dos grandes e ricos centros, pois, ao promoverem a migração das unidades produtivas ou a exteriorização do trabalho para a periferia com o escopo de aumentar a competitividade dos seus produtos, trazem como conseqüência uma própria *concorrência* entre os Estados por padrões sócio-laborais mais competitivos.

Eis, então, a possível constituição de uma das hipóteses de dumping social, provocada pelos outrora "vitimados" países desenvolvidos e que

---

lieu d'investir dans as production traditionnelle"; iv) *"abandoner la production en masse d'articles de qualité courante pour exploiter au maximum les avantages inhérents à leur implantation dans de tels pays: bonne infrastructure, main-d'oeuvre très qualifiée, clientèle exigeante (...) [et, ainsi] s'orientent vers le haut de gamme"*; v) *"se concentrer sur les activités à forte valeur ajoutée et recourir à la sous-traitance internationale pour les autres"*; e, vi) *"les écarts salariaux existant à l'interieur d'un même pays à salaires élevés doivent être pris en considération [et] activités à fort coefficient de travail sont maintenant confiées à des entreprises faisant travailler une main-d'oeuvre nationale bon marché"*.

assume um deliberado propósito final – uma maior *rentabilidade* – pela exploração dos baixos níveis sócio-laborais alheios, atitude incompatível e desnecessária se cotejada às condições nacionais internas de desenvolvimento. Portanto, poder-se-ia alegar que os países centrais estariam por vedar os seus olhos para a própria concorrência desleal que em tese provocariam, pois são eles próprios e os seus consumidores domésticos os maiores beneficiados dos bens produzidos a menores custos e comercializados a preços menores; nesse caso, se realmente insistente a adjetivação de "desleal", dever-se-ia proibir que as empresas dos grandes países industrializados se instalassem nos centros *pecaminosos* de produção – contudo, sabe-se que, tão pérfida quanto a idéia de uma concorrência desleal fundamentada nos menores níveis sócio-laborais dos PED, seria esta proposta de "dumping social" nos processos de deslocalização, pelo fato de ser cabalmente contrária à liberalização das economias e à globalização.

Ainda, e contrariamente, se uma análise efetivar-se sob os reclames dos centros ocidentais em torno de uma verdadeira *atração fatal* por parte dos PED – consolidadas nos menores custos de trabalho –, o argumento de deslealdade concorrencial também não deve prosperar, pois, em que pese tal agonia, uma deslocalização em direção à periferia não significa uma predisposição com vistas a desregular e a rebaixar os níveis de proteção social e de salários no âmbito mundial, mas uma alternativa ante a estagnação e a perpetuação da transitoriedade desenvolvimentista latente nos PED.

CAPÍTULO 4
DAS CLÁUSULAS SOCIAIS

4.1. DA DIAGNOSE PRÉVIA

Absurdemos a vida, de leste a oeste.[336]
FERNANDO PESSOA

4.1.1. Do Conteúdo Histórico-Enunciativo

Chega-se ao ponto quinta-essencial da presente dissertação: explicitar amiúde as controvérsias em torno da cláusula social, instrumento previsto para integrar o arcabouço jurídico e político da OMC como modo de normalizar-regulamentar a concorrência mundial via a catalogação legal de padrões sócio-laborais internacionais mínimos – segundo idealização dos países desenvolvidos –, ou como modo protecionista de privilegiar o Primeiro Mundo via a defenestração das vantagens concorrenciais do Terceiro Mundo – consoante evocação dos países em desenvolvimento –, e cuja previsão, se descumprida, ensejaria a restrição comercial dos bens teoricamente produzidos sob condições que violem tais padrões normativos mínimos ou a imposição de sanções ou retaliações econômicas aos países inadimplentes, com o fito de pretender, portanto, o estabelecimento de uma direta conexão entre comércio internacional e normas sócio-laborais.

Não é recente a problematicidade das propostas que buscam um equilíbrio nas relações entre comércio internacional e normas de trabalho e que dinamizam (ou solucionam) a questão da dimensão social das

---

[336] FERNANDO PESSOA, *in* "Apoteose do Absurdo" (*Livro do Desassosego*).

trocas comerciais globais[337], pois há tempos a relação aparece cercada de incógnitas, discursos ideológicos ou proposições protecionistas e pancrestas, mormente quando intentada pelas denominadas "cláusulas sociais" e os seus padrões sócio-laborais, ou seja, *"accords internationaux définissant certaines normes sociales minimales qui devraient êtres respectées par les parties contractantes"*[338].

Assim, são diversas as passagens e os momentos históricos que demonstram a afluência de medidas ou ideais consubstanciadores desse fim[339], e, sem pretender qualquer marco histórico, denota-se que a época inaugural esteja nos meados do século XIX, mormente como ressonância das funestas conseqüências sociais da Revolução Industrial[340].

À frente, extrai-se que a discussão do tema da regulação internacional das condições de trabalho surge no ambiente europeu, com a Suíça

---

[337] Dentre vários, SERVAIS (1989:464) comenta que *"lier commerce international et normes du travail est une préoccupation ancienne, aussi ancienne sans doute que les normes elles-mêmes"*. FEIS (1927:530), ao vislumbrar a complexidade desta relação, já propunha diversas questões, a maioria ainda com poucas (e antagônicas) respostas: *"Quels sont, à la lumière de ces deux conceptions, les avantages et les incovénients d'une action internationale? Quel est le problème que posent, aux pays à regimes différents, les projets de réglementation internationale et quels sont les bénéfices qu'ils peuvent en attendre ainsi que les risques qu'ils courent? Comment l'Organisations internationales du Travail s'est-elle efforcé, sans renoncer à sa mission, de tourner les obstacles qui se dressent sur sa voie?"*.

[338] Cf. BIT (1964:490), ao denominá-las *"normes de travail équitables"*.

[339] SERVAIS (1989:464) indica, já no reinado de Louis XVI (1788), uma estratégica proposição do ministro e banqueiro JACQUES NECKER que admitia *"que, si un pays abolissait le repos hebdomadaire, il détiendriat sans aucun doute un avantage, mais pour autant qu'il fût seul à le faire: on en reviendrait à la situation antérieure si d'autres pays agissaient pareillement"*. Outrossim, menos remoto, VALTICOS (1983:07) lembra das lições de JÉRÔME BLANQUI – um dos *socialistas utópicos* –, o qual afirmava, no século IX, que, a partir de *"les risques que la concurrence ferait courir à une industrie que ne pourrait employer des enfants de moins de 10 ans, ou qui ne les ferait travailler que 10 heures par jour au lieu de 15, ou qui ne ferait travailler les ouvriers adultes que 13 heres au lieu de 15 (...) le seul moyen d'opérer une réforme sociale 'si belle, si juste, si nécessaire et si légitime' en evitant des 'suites désastreuses´ serait de la faire adopter en même temps par tous les pays industriels exposés à se faire concurrence au dehors"*.

[340] SAPIR (1995:791) diz que *"as far back as the early nineteenth century, proposals were made to harmonise national labour legislations in connection with increasing international competition.* À frente, LEARY (1996:182) afirma que *"(...) the relationship between the condition of workers and international competitiveness is a century and a half old, dating from the earliest concern about the conditions of workers during the Industrial Revolution in Europe"*.

sendo o Estado precursor da legislação sobre padrões mínimos de trabalho[341]; todavia, a proposta de igualizar as condições de concorrência por acordo internacional multilateral não progride, sendo que *"o progresso social viria, individualmente, por país, pela força das pressões das organizações de trabalhadores e pela crescente participação de democratas--cristãos e de socialistas reformistas nos parlamentos nacionais"*[342], a avançar em um primeiro e singelo passo no âmbito multilateral[343] com dois acordos, já no início do século XX, relacionado à proibição da fabricação, venda e importação de palitos de fósforos que contivessem "fósforo branco" e à imposição de limites ao trabalho noturno para a mulher[344].

Entretanto, a *trasladação* à efetiva prática desta intrínseca relação entre comércio internacional e padrões sócio-laborais exsurge com o advento do Tratado de Versalhes que cria a Organização Internacional do Trabalho (OIT), em 1919 – *"the big breakthrough in the development of international standards"*[345] – e, não obstante houvesse diversos acordos unilaterais (ou mesmo bilaterais) que buscassem aproximar e sujeitar o comércio internacional a determinadas normas sócio-laborais[346], esse tema apenas ingressou de modo mais expresso e direto no domínio das

---

[341] Como preclara BATISTA (1994:39), *"a Confederação Helvética se veria forçada a promulgar, em 1877, uma lei nacional em matéria de duração das horas de trabalho na indústria e de proteção ao trabalho feminino e dos adolescentes e crianças (...) [e] para defender-se da competição de outros países que não observavam tais limitações – era comum à época regimes de trabalho de 12 a 14 horas diárias para adultos sem direito a repouso semanal – Berna propõe, em 1881, uma conferência intergovernamental"*, cuja postura precursora a fez tornar-se, inclusive, a sede da OIT.

[342] Cf. BATISTA (1994:40).

[343] Embora se constatasse a ausência de tratados multilaterais, ENGERMAN (2003:62) admite que entre 1904 e 1915 houve mais de vinte acordos bilaterais firmados, em matéria laboral, entre as nações européias e também os EUA, sendo que *"the most frequent coverage related to equal treatment in regard to insurance compensation for accidents of the citizens of one country when working in another"*.

[344] V. ENGERMAN (2003:62).

[345] Cf. ENGERMAN (2003:66); para SERVAIS (1989:464), *"ces préoccupations se retrouvent aux origines de l'OIT"*, quando *"demands for international labour standards eventually led to the establishment of the International in 1919, at the end of an unprecedented expansionary period of international trade"* (SAPIR, 1995:791).

[346] GOULD IV (2003:83) assevera que *"between 1904 and 1915 there were more than twenty bilateral agreements on labor issues between various European countries and in one case even the United States – Italy, France, and Germany were the most frequently involved"*.

relações multilaterais internacionais na década de 40 com a "Carta de Havana", cujo escopo era a criação da (malsinada) Organização Internacional do Comércio (OIC). Essa Carta objetivava a negociação de diversas matérias, que compreendiam empregos e atividade econômica, práticas comerciais restritivas (defesa comercial) e, também, padrões trabalhistas, os quais poderiam configurar-se como uma mescla das duas idéias anteriores, na medida em que o longo período de recessão fazia ocorrer mudanças estruturais nas relações de trabalho e de comércio internacional, a apresentar uma situação de *"surcapacité et de chômage chroniques sous l'influence de laquelle les sentiments protectionnistes ont atteint un niveau tel qu'ils ne peuvent être passés sous silence"*[347], e em cujo rol de opções protecionistas vislumbravam-se discriminações arbitrárias (ou rasamente fundamentadas) das mais distintas estirpes, dentre as quais se procurou eleger os padrões sócio-laborais como uma dessas justificativas[348], como se depreende do artigo 7.º da Carta[349]. Assim, perante estes *"fair labor standards"*, os países signatários da OIC comprometer-se-iam a promover medidas internas ou a cooperar com a organização para pôr termo a qualquer meio de exploração do trabalho e de criar um mecanismo de consulta entre a OIT e a OIC. Ademais, como a grande inovação desse instrumento, poder-se-ia indicar a sua previsão – no capítulo V – de facultar ações por parte dos Estados-membros (e da própria OIC) a fim de coibir as práticas comerciais restritivas ou de concorrência desleal praticadas à margem de normas e padrões sócio-laborais considerados minimamente justos ou dignos e que se traduzissem em ganhos de produ-

---

[347] Cf. EDGREN (1979:557).

[348] Uma das idéias mais claras naquele momento envolvia as restrições aos produtos japoneses. Como indica EDGREN (1979:558), *"les protectionnistes avaient essayé, dans les annés cinquante, d'empêcher les pays à bas salaires, le Japon en particulier, de tirer avantage compétitif de leurs faibles charges salariales"*.

[349] *In verbis*, dispunha o artigo 7.º da Carta de Havana que: *"Les Etats Membres reconnaissent que les mesures relatives à l'emploi doivent pleinement tenir compte des droits qui sont reconnus aux travailleurs par des déclarations, des conventions et de accords intergouvernementaux. Ils reconnaissent que tous les pays ont un intérêt commun à la réalisation et au maintien de normes équitables de travail en rapport avec la productivité de la main d'œuvre et, de ce fait, aux conditions de rémunération et de travail meilleures que cette productivité rend possibles. Les Etats Membres reconnaissent que l'existence de conditions de travail non équitables, particulièrement dans les secteurs de la production travaillant pour l'exportation, crée des difficultés aux échanges internationaux. En conséquence, chaque Etat Membre prendra toutes les mesures appropriées et pratiquement réalisables en vue de faire disparaître ces conditions sur son territoire"* (v. GRANGER *et* SIROËN, 2004:25).

tividade ao país infrator – embora, nesse ponto, não exigisse qualquer nexo causal entre tais assertivas.

Como visto, ainda que a matéria não encontrasse o absoluto *limbo* nos anos predecessores à instituição da OMC, foi no decorrer do *Uruguay Round* (1986-1994) que o tema das cláusulas sociais – assim como do dumping social e dos padrões sócio-laborais internacionais – adquiriu renovada importância e difusão. Desse ponto, ANDRÉ CARVALHO (2002:79) identifica dois momentos significativos para a introdução de padrões trabalhistas no sistema multilateral de comércio: o primeiro, durante os trabalhos preparatórios do *Uruguay Round* (1986), quando o governo estadunidense tentou incluir o tema na agenda da Rodada, mas que restou em ato estéril diante da resistência da maioria dos PED e, principalmente, pela própria vontade do país norte-americano em não querer se descuidar dos novos temas em discussão e arriscar inviabilizar o futuro dessas negociações; e, o segundo, quase ao final da Rodada (1993), quando os EUA e a França promoveram uma vigorosa ofensiva a fim de incluir padrões trabalhistas na vindoura OMC[350] – contudo, novamente o resultado fora infrutífero[351] e o tema não apareceu no corpo normativo da *nova* entidade internacional.

Não obstante prosperassem, em maior ou menor tom, as discussões no cenário internacional em torno dessa problemática, a reverberar nos mais diversos foros econômicos e políticos mundiais, o "Grupo de Trabalho sobre a Dimensão Social da Liberalização do Comércio Internacional", por parte da OIT (1994-1995), e a "Reunião Ministerial de Cingapura", por parte da OMC (1996), constituíram-se nos instrumentos (ou momentos) decisivos do tema. No caso do "Grupo de Trabalho" da OIT[352], ele representou o firmamento para a consagração do conjunto nuclear de

---

[350] Segundo CARVALHO (2002:90), *"o governo norte-americano queria, com isso, diminuir as resistências das centrais sindicais de seu país à aprovação pelo Congresso dos acordos firmados na Rodada Uruguai; enquanto isso, a França procurava um bode expiatório para os seus problemas internos relacionados à crise do emprego".*

[351] BATISTA (1994:44ss) e CARVALHO (2002:96ss) afirmam que entre as maiores razões que frustraram a proposta franco-americana estava a ausência de consenso entre as nações ricas quanto à especificidade da matéria e a sistemática oposição dos PED, principalmente pelo fato desses exigirem que as restrições à entrada de bens nos mercados nacionais produzidos sob "condições desleais de trabalho" deveria, também, vincular uma discussão paralela da mobilidade de circulação de todos os fatores de produção, especialmente a mão-de-obra, tema esse que ainda apresenta-se intocável (ou sagrado) para os países hegemônicos.

[352] Com um profundo apuramento das propostas e dos resultados obtidos pelo Grupo em torno das posições conflitantes acerca das cláusulas sociais no sistema multilateral de comércio internacional, v. CARVALHO (2002:85).

normas-padrão[353], a ser submetido indistintamente a todos os seus membros e como forma de garantir as básicas condições laborais aos trabalhadores, com o produto desta vontade advindo da "Declaração sobre os Princípios e Direitos Fundamentais no Trabalho" (ou, doravante, "Declaração de Copenhague"); e, com a primeira "Reunião Ministerial" da OMC, inseriu-se inédita e expressamente um documento oficial da OMC abrangendo a questão dos padrões sócio-laborais, mas que, ao final, apesar do desejo da maioria dos países desenvolvidos em promovê-los como matéria oficial na agenda definitiva da entidade, teve prevalecida a dissensão de opiniões e, logo, foi considerada excetuada dos seus domínios[354].

Assim, em razão das reuniões ministeriais da OMC não mais terem avançado na idéia[355] e pela aparentemente total soberania da OIT nos assuntos relacionados às normas e padrões sócio-laborais, tem-se a impressão de ser outro assunto indiscutível à OMC; no entanto, sabe-se que esse não é o caso: hoje, os países desenvolvidos têm outros interesses (ou estão à mercê de outras circunstâncias) que são incompatíveis com quaisquer manifestações dessa natureza, obrigando-os a manter o tema das cláusulas sociais quedo e imoto – mas, decerto, apenas momentaneamente[356].

---

[353] Como preleciona ALSTON (2004:485), *"it was only after the fall of the Berlin wall that the idea of seeking to identify a small set of core standards began life within the ILO as part of an attempt to refine and sharpen the original system of classifying international labour standards according to their subject-matter as well as to their centrality to the work of the Organization and to human rights"*.

[354] A adoção desta Declaração adveio, em 1995, com a formalização da *"Copenhague World Summit for Social Development"*, e pode ser vista como *"the harbinger of a revolutionary transformation"* (ALSTON, 2004:458).

[355] As cinco Reuniões Ministeriais acontecidas seqüencialmente – Genebra (1998), Seattle (1999), Doha (2001), Cancún (2003) e Hong Kong (2005) – não foram terreno fértil para qualquer pretensão de ser inclusa tal matéria em negociações multilaterais momentâneas.

[356] Os dois maiores patrocinadores das cláusulas sociais – UE e EUA – apresentam-se neste momento atados para qualquer manifestação mais viril de uma incondicional exigência à sua vinculação no âmbito da OMC. A UE ainda sustenta e reserva a questão da PAC e dos subsídios à agricultura como um dos seus maiores trunfos comerciais e, como talvez o maior símbolo do protecionismo da atualidade, consegue sempre postergar – e agora para 2013 – a real e plena liberalização comercial dos produtos agrícolas – portanto, não tem o interesse em abrir outra frente séria e lenta de discussão com o Terceiro Mundo. E, com relação aos EUA, dois fatores explicam a sua atual posição pela latência desse assunto: *i)* o retorno dos republicanos ao governo presidencial, os quais são, tradicionalmente, contra as discussões não relacionadas diretamente ao comércio diante de um sistema multilateral de comércio; e *ii)* terem sido os principais padrinhos do ingresso da China e, por esse país ser um dos mais freqüentemente acusados de dumping social, não há como manter o ritual discurso no cenário internacional a favor da implementação das cláusulas sociais. Assim, porém,

4.1.2. Dos Aspectos Típico-Funcionais

Perpassada a análise histórica, cabe neste instante descrever a tipificação, a funcionalidade e o conteúdo das cláusulas sociais mais comumente pretendidas.

Assim, *lato sensu*, poder-se-ia considerar "cláusula social" como toda aquela que fixa condições e padrões mínimos em matéria sócio--laboral como requisito para a concretização de transações comerciais, sendo desimportante o modo pelo qual se efetivará o seu descumprimento; e, *stricto sensu*, entender-se-ia a *cláusula social* como normas ou regulamentos que vinculam, em termos multilaterais e sob a égide da OMC, acordos ou tratados comerciais (ou o acesso aos mercados internacionais) ao cumprimento de um certo número de normas sociais e trabalhistas, sob pena de serem impostas sanções ou penalidades econômico-comerciais aos Estados-membros inadimplentes – doravante, trabalhar-se-á com a compreensão nesse sentido estrito.

Em sua formação típica, as cláusulas sociais podem se apresentar de maneira direta ou indireta: a primeira, *"intentan crear normas jurídicas de pretendido acatamiento por una universalidad de sujetos generando obligaciones de derecho internacional público"*[357]; e, a segunda, *'imponem obligaciones sólo a las partes contrantes y su reproche es de derecho contractual"*[358].

Ainda, e talvez como sua perspectiva mais importante, as cláusulas sociais podem ser aplicadas de forma negativa (*"cláusula social sancionatória"*) ou positiva (*"cláusula social premial"*)[359]. No seu modo

---

com o possível fim do protecionismo agrícola europeu, a retomada do governo estadunidense pelo Partido Democrata – afinal, não se pode esquecer que foi com o próprio ex--presidente Bill Clinton que, na "Reunião Ministerial de Seattle" (1999), asseverou-se a necesidade urgente de serem impostas sanções comerciais e econômicas aos países que não cumprissem os padrões "normais" de trabalho – e a consolidação da China como maior potência econômica mundial, será bastante provável que a matéria retorne à ordem do dia no cenário internacional.

[357] Cf. Di Giorgio (2003:260), ao mencionar neste conjunto as "convenções e recomendações da OIT", os "normas, pactos e declarações de direitos humanos" e as "cartas sociais comunitárias".

[358] Cf. Di Giorgio (2003:260), a incluir "códigos de conduta", 'etiquetas sociais" e investimentos éticos".

[359] Como García Rico (2005:153), ao dispor, na esteira de Hinojosa Martínez (2002), a *"condicionalidad positiva y negativa"* das cláusulas sociais, e de Di Giorgio (2003:160), que indica *"cláusulas sociales negativas"* (via a aplicação de sanções ao país descumpridor)

negativo, preveriam a aplicação de restrições comerciais e de sanções retaliatórias ao país que não respeitasse as condições mínimas apresentadas-exigidas em seu conteúdo; e, no modo positivo, auxiliariam os países que as cumprissem, favorecendo-os de alguma maneira no comércio internacional. Porém, embora presente em alguns aspectos dos acordos bilaterais – como diretamente no caso dos SGP, ou, indiretamente, em formas público-privadas alternativas –, esse condicionamento positivo das cláusulas socias distancia-se do ora pretendido pelos países proponentes da íntima (e negativa) vinculação entre padrões sócio-laborais e comércio, visto que desse ponto de vista há o entendimento delas não produziriam os desejados efeitos. Logo, e com o decurso do tempo, o pretenso modo das cláusulas sociais funcionarem alterou-se apenas em termos das variáveis adotadas, visto que a *programática* ("cláusulas negativas ou sancionatórias") *e* o *escopo* ("altruísmo pelo protecionismo") sempre foram os mesmos, havendo diversas normas escolhidas para a efetivação dos padrões de trabalho, agrupadas de modo idiossincrásico pela doutrina, pelos Estados e, finalmente, pela própria OIT.

Por parte da doutrina convém destacar dois elencos. O primeiro, formado por STANLEY ENGERMAN (2003:10ss), divide os padrões de trabalho em três categorias: (i) *"labor market conditions"*, que compreende os salários e a jornada de trabalho, com as devidas provisões diferenciadas de acordo, entre outros fatores, com a idade e o sexo dos trabalhadores; (ii) *"laws dictate acceptable working conditions for the fatory"*, a incluir todas as questões relacionadas à saúde no ambiente de trabalho, como segurança, higiene e periculosidade; e, (iii) *"laws specify the general range of arregements permitted between labor and employert"*, abrangendo as regras relativas ao direito de associação, formação e manutenção de sindicatos, à negociação coletiva e os demais termos dos contratos de trabalho. O outro, exposto por ALEJANDRO PORTES (1994:171ss), estabelece os padrões de trabalho divididos em quatro grupos[360]: (i) *"basic rights"*, que constituem os direitos humanos fundamentais e admitidos

---

e *"cláusulas sociales positivas"* (via a concessão de benefícios ao país cumpridor). Por sua vez, JACINTO (2002a:656ss), propõe a *"cláusula social premial"* (com a *"aplicação de uma conseqüência positiva"* ao país que promove regras sócio-laborais mínimas) e a *"cláusula social sancionatória"* (com a *"aplicação de uma conseqüência negativa"* a quem não cumpre normas sócio-laborais mínimas).

[360] Segundo o autor, essa divisão dá-se pelo fato de que *"not all labour rights are equally important, nor do they all exert the same influence upon the labour market"* (PORTES, 1994:170).

quase indiscriminadamente como de aceitação universal, ou seja, o trabalho livre, o trabalho não-discriminado e a não-exploração do trabalho infantil; (ii) *"civic rights"*, que se vinculam à relação entre o trabalhador e o empregador e, por vezes, derivados dos direitos básicos pois estão estreitamente ligados à liberdade, nomeadamente nos casos da livre associação e repreentação coletiva; (iii) *"survival rights"*, compreendendo os direitos ao salário mínimo, à informação sobre as condições e os perigos do trabalho e a um limite de horas de trabalho; e, (iv) *"security rights"*, que abarcam, por exemplo, os direitos à aposentadoria, ao seguro-desemprego e à compensação pela demissão arbitrária.

No âmbito dos Estados, e já como modo exponencial, os EUA representam a posição clássica de um país desenvolvido na formulação de padrões de trabalho superiores, expressados em diversas legislações relacionadas ao comércio internacional e que dedicam às condições de trabalho o mais proeminente papel, como forma de exigir uma (desequilibrada e incapaz) contraprestação do *parceiro comercial* em desenvolvimento, a qual, invariavelmente, envolve aspectos substantivos do direito laboral relacionados à remuneração, à jornada de trabalho, ao descanso semanal e às condições do ambiente de trabalho[361].

Porém, exurge da criação da OIT o mais adequado (pela quase-universalidade) e válido (pela política da organização e pelo tripartismo decisional) argumento para o desenvolvimento dos *padrões sócio-laborais* que, passando pela "Declaração de Filadélfia" – *"la synthèse de la pensée sociale du XXe. siècle"*[362] –, culmina na "Declaração de Copenhague". Assim, embora sem inovar nas questões e nos direitos abrangidos[363] e sem pleitear qualquer vínculo com o comércio internacional, a OIT insere quatro normas a serem perseguidas por todos os Estados-membros, nomeadamente a *(i)* eliminação de qualquer trabalho forçado, *(ii)* a abolição do trabalho infantil, *(iii)* a supressão da discriminação no trabalho e *(iv)* a liberdade de associação sindical e de negociação coletiva[364]. Assim, no âmbito da OIT, todos os Estados-membros,

---

[361] Nestes termos, v. BROWN *et al.* (1996:274).

[362] Cf. VALTICOS (1983:77).

[363] Como preclara BLENGINO (2003:31), *"la Dichiarazione, pertanto, non tenta di impore nessuna obbligazione nuova ma, al contrario, si basa sul principio che tali obblighi si reflettano sugli Stati per il fatto stesso che sono membri dell'Organizzazione ed hanno aderito alla sua Costituzione ed alla Dichiarazione di Filadélfia, indipendentemente dall'aver ratificato le convenzioni relative promosse dall'OIL".*

[364] V. item 2 da "Declaração de Copenhague" da OIT.

ainda que não tenham ratificado as respectivas convenções[365] – sendo, logo, a aplicação dessas normas compulsória (e independente) a todos os Estados-membros[366] –, têm por compromisso respeitar, promover e tornar realidade a consecução de tais princípios relativos aos direitos fundamentais, os quais são considerados *direitos do homem* e, portanto, *"hautement chargée politiquement"*[367].

Conceitualmente, *labour standards* incluem normas e regras a serem consideradas (regulamentadas e fiscalizadas) pelos governos e que devem permear as condições de trabalho e as relações industriais; destarte, com a necessidade de serem reivindicadas regras moralmente mais persuasivas e mundialmente aceitas – e que não escapassem à ratificação pelos países-membros –, propugnou-se um *core labour standards*, o qual, contudo, não tem alcançado um critério universal de fácil aceitação e prática implementação, seja por se traduzirem em padrões que oferecem um mínimo irrisório ou elementar de proteção – clama-se por uma maior abrangência, a fim de preverem direitos sócio-laborais ligados à segurança no trabalho, à jornada de trabalho, aos períodos de descanso e até à remuneração global mínima –, seja por tratarem de um objetivo bastante ambicioso, face à completa inadequação com as *pluriangulares* realidades nacionais, mas, maiormente, pela inconcebibilidade na sua objetivação como intimamente relacionada ao comércio internacional.

A dubiez deste *elenco universal* – e já de sua vinculação com o comércio internacional – faz esplender predisposições que, na busca pela citada *perspectiva moral* do direito internacional do trabalho, indicam outras possíveis variantes consolidantes de um *núcleo básico* de normas-padrões internacionais, a substituir propostas pouco generalistas por outras menos indigestas, como ocorre com a questão da *liberalização sindical* infundida em um propósito (*neo*)liberal da livre associação, e que, como contra-argumento, distinguir-se-ia pela linguagem atual da concertação social.

---

[365] Nestes termos, são eleitas como convenções fundamentais as seguintes: Convenção n.º 29, sobre o trabalho forçado (1930); Convenção n.º 87, sobre a liberdade sindical e a proteção do direito de sindicalização (1948); Convenção n.º 98; Convenção n.º 100, sobre a igualdade de remuneração (1951); Convenção n.º 105, sobre a abolição do trabalho forçado (1957); Convenção n.º 111, sobre a discriminação no emprego e na ocupação (1958); Convenção n.º 138, sobre a idade mínima (1973); e, Convenção n.º 182, sobre as piores formas de trabalho infantil (1999).

[366] Este aspecto fora bastante exaltado, inclusive a ser considerado *"a common vision of the necessary social dimension of progress (...) a very significant step in international constitutional law"* (ALSTON, 2004:459).

[367] Cf. CARREAU *et* JUILLARD (1998:195).

Ademais, como assinalado, discute-se se a nomeação de um *"core labour standards"* não se traduziria em uma expressão *nonsense*, vez que os seus elementos deveriam ir muito além desses ora agrupados, ou, ainda, se estaria correto considerá-los "padrões" ao invés de "obrigações e deveres", sendo, então, impróprios para qualquer simples nivelamento como objeto-padrão – e, por isso, fosse melhor cabível a expressão *"normas internacionais trabalhistas fundamentais"* (NITF), pois são temas cuja essência já é observada desde a Constituição da OIT, consubstanciando-se em princípios constitucionais pelos quais *"os Estados-membros são obrigados a respeitá-los em virtude da participação na Organização, independente da ratificação das relativas convenções"*[368].

Assim, embora não se coadune com a idéia de apenas aquelas cinco premissas estarem inseridas em um seleto *core labour standards* – visto que a estrutura institucional-normativa da OIT permitiria uma elastificação de normas-padrões –, acredita-se que a idéia nominativa de "padrão", apesar de toda a sua dificultosa concretização[369], oferece um sentido mais *flexível* à norma (ou NITF) e mais próxima da idéia de *busca pelo desenvolvimento* que não permite a imposição de regimes ou comportamentos uniformizados na forma de *lei universal*, pois, embora se esteja diante de uma necessidade-vontade global na busca por melhores condições de trabalho, qualquer proposta mais legalista seria prejudicial aos PED[370].

Destarte, sem uma razão muita certa quanto à determinação[371], e talvez com base em uma *"moral perspective of international labour*

---

[368] Cf. SANNA (3003:449).

[369] Diante dessa situação, JACINTO (2002a:15) assevera que *"numa sociedade caracterizada por constantes desequilíbrios e reequilíbrios e por uma crescente indefinição dos papéis sociais, torna-se muito difícil definit padrões funcionais de comportamentos, ou seja, determinar quais são as condutas normais que contribuem para a reproducao da ordem social"*. Ademais, DAVID CHARNY lista uma série de barreiras aos padrões trabalhistas internacionais, que incluem *"irreconcilable cultural traditions, the unaffordability of social insurance schemes in the absence of international transfer payments, the inflexibility of international immigration policies which inhibits labour flexibility, and the problematic nature of international enforcement mechanisms"* (CHARNY [*Regulatory Competition and Economic Integration: Comparative Perspectives*, p. 311. London, 2001] *apud* ALSTON, 2004:471).

[370] Como professa ALSTON (2004:514), *"legalistic approaches, such as those in the traditional labour standards regime, are unworkable in most developing countries"*.

[371] ALSTON (2004:486) lembra que a determinação de quais direitos seriam designados como fundamentais (ou nucleares) e quais não seriam *"was not based on the consistent application of any coherent or compelling economic, philosophical, or legal*

law"[372] ou, então, de modo pouco universal, mediante *"labour practices in relation to wich developed countries are seen to perform well and on which at least some of the major exporting developing countries are thought to perform poorly"*[373], propôs-se essas cinco premissas que consolidariam um *padrão laboral nuclear*, o qual, na verdade, procura evitar a imposição de padrões (ou práticas) relacionadas às condições substantivas de trabalho e já focalizar, talvez, a consagração da idéia da matéria jus-laboral flexibilizante (ora tuitiva-flexibilizante) nos direitos fundamentais individuais e coletivos, pois retira a rigidez positiva da norma vinculativa e alcança a maleabilidade conseguível do padrão principiológico.

Assim, explanar-se-á, brevemente e sem particulares recursos de econometria – vastamente adotada pela melhor literatura e da qual se fará certas referências[374] –, cada uma dessas premissas, de modo a consubstanciar uma posição individualizada no tocante a sua viabilidade como um real padrão sócio-laboral internacional, ainda que todos estejam distantes de permitir o uso como cláusula social; outrossim, não se olvidará de discorrer sobre a questão dos salários, a latente preocupação dos países desenvolvidos por ora dissimulada entre os demais *padrões* e que, portanto, reveste-se de considerável mérito apreciativo.

4.1.2.1. Do Labor à Força

Entre as proposições não ocultas contidas na rasa fundamentação das cláusulas sociais, o trabalho forçado é o único no qual não há vozes dissonantes[375], uma vez que a sua perversidade impede qualquer consideração ou ponderação nacional. Inexistem artifícios, ainda que bastante

---

criteria, but rather reflects a pragmatic political selection of what would be acceptable at the time to the United States and those seekings to salvage from what was seen as na unsustainably broad array of labour rights".

[372] Cf. ARNE VANDAELE ([*op. cit.*] apud ALSTON, 2004:485). Para LANGILLE (2005:409) tal "núcleo" é *"conceptually coherent (and not politicaly arbitrary), morally salient (and not merely part of na empty neo-liberal conspiracy) and pragmatically vital to the achievemen of our true goals, including the 'enforceability' of the 'non core'"*.

[373] Cf. ALSTON (2004:487).

[374] Sobre uma análise econométrica das relações de trabalho (a economia do trabalho), v. BORJAS (2002), principalmente no tocante à demanda de trabalho (2002:103ss), estrutura dos salários (2002:201ss; 2002:275ss), discriminação no trabalho (2002:342ss) e associações sindicais (2002: 388ss).

[375] BHAGWATI (1995:753), aduz que, no âmbito dos padrões sócio-laborais, *"there will be nearly universal agreement that is slavery produces competitive advantage, that advantage is illegitimate and ought to be rejected"*.

ardilosos, capazes de bendizê-lo; hoje e, com a concepção moderna do homem, sempre uma chaga.

De antemão, insta fazer uma consideração acerca da questão terminológica adotada, e freqüentemente sinonimizada, entre o trabalho forçado e o trabalho escravo, mas que não deve existir, pois, atualmente, o trabalho forçado alcança uma amplitude e uma representação da realidade maior e mais fiel[376], traduzindo-se em formas contemporâneas mais diversas e mais dissimuladas, ao passo que a escravidão consiste em uma das formas daquela constrição ("espécie"), a requerer (e apresentar) peculiaridades raramente vistas no presente momento[377].

Embora seja universalmente repudiada qualquer espécie de trabalho minimamente confinatório, forçado-ameaçador e invito[378] – e, não obstante de modo residual, que não seja remunerado –, ainda se nota a sua presença, principalmente em alguns PED, o que tem levado diversas organizações a promoverem inúmeros documentos e planos de ação exigindo a mais firme reprimenda dos Estados – e desses perante as empresas – no sentido de extirpar esse mal.

De modo bastante breve, explana-se que o primeiro instrumento internacional sobre a matéria adveio da Liga das Nações, em cuja Convenção de 1926 definia a escravidão como *"el estado o condición de un individuo sobre el cual se ejercitan los atributos del derecho de propiedad o algunos de ellos"*[379].

A OIT, por intermédio de duas Convenções, aclarou em definitivo a regulação desta espécie de trabalho[380]: a Convenção n.º 29 (1930), a qual

---

[376] BALES (2004:76), indica que *"contemporary forms of slavery include a wide range of exploitative practices, including compulsory participation in public works, mandatory labor in remote rural areas, bonded labor, domestic workers in involuntary labor situations, and involuntary labor resulting from trafficking"*.

[377] A escravidão – forma especializada do trabalho forçado –, como assevera a OIT (2005:08), define-se no primeiro instrumento internacional sobre a matéria (1926) como *"el estado o condición de un individuo sobre el cual se ejercitan los atributos del derecho de propiedad o algunos de ellos"* (artigo 1.1).

[378] A OIT (2005:07) afirma que a definição de trabalho forçado tem dois elementos básicos: *"por un lado, el trabajo o servicio se exige bajo la amenaza de una pena; por otro, éste se lleva a cabo de forma involuntaria"*.

[379] Cf. artigo 1.1 da Convenção sobre a Escravidão da Liga das Nacões. Entretanto, *"en este primer instrumento, adoptado en una época en la que el trabajo forzoso era una práctica ampliamente extendida entre las potencias coloniales, las partes contratantes estaban llamadas a 'tomar las medidas pertinentes para evitar que el trabajo forzoso u obligatorio lleve consigo condiciones análogas a la esclavitud'"* (OIT, 2005:08).

[380] Entre as convenções fundamentais da OIT, as duas relacionadas a essa matéria foram aquela que obtiveram o maior número de ratificações (a Convenção n.º 29 tem 168 ratificações

dispõe que *"todo Miembro de la Organización Internacional del Trabajo que ratifique el presente Convenio se obliga a suprimir, lo más pronto posible, el empleo del trabajo forzoso u obligatorio en todas sus formas"*, ao defini-lo como *"todo trabajo o servicio exigido a un individuo bajo la amenaza de una pena cualquiera y para el cual dicho individuo no se ofrece voluntariamente"*[381]; e, a Convenção n.º 105 (1957), além de ratificar os propósitos da anterior, vem suprimir da norma o prazo temporal para a sua aplicação (*"... lo más pronto posible..."*), a admitir, em seu artigo 1.º, que *"todo Miembro de la Organización Internacional del Trabajo que ratifique el presente Convenio se obliga a suprimir y a no hacer uso de ninguna forma de trabajo forzoso u obligatorio"*, a arrolar, em seguida, as formas a serem abolidas do cenário laboral mundanal[382].

Destarte, não se admitindo que pretenda fazer desse ignóbil comportamento humano um artifício para a propositura geral de um *core labour standards*, exorta-se a comunhão de vários e matizados instrumentos com o fito de combater o trabalho forçado, dos quais sobressaem os novos mecanismos e programas promovidos por algumas organizações internacionais, como a OIT e o BIRD[383]. Contudo, repita-se, vincular tal prática as demais – seqüencialmente explanadas e passíveis de algumas reflexões – exorbita a sadia tentativa de eliminar essa mazela do quadro social dos países flagelados e não deve lograr êxito, seja por tal trabalho não oferecer ganhos de competitividade no mercado internacional[384],

---

e a n.º 105 tem 165); e, até a presente data (julho/2005), dos 178 Estados-membros da OIT, somente seis países (China, República da Corea, Samoa, Timor Leste, Vanuatu e Vietnam) não ratificaram nenhuma das duas – *in* <http://www.ilo.org/ilolex/english/docs/declworld.htm>.

[381] Cf. artigo 1.1 da Convenção n.º 29.

[382] V. artigo 1.º da Convenção n.º 105.

[383] Dentre as expostas, deve-se também acrescentar as observações recentes realizadas pelo Banco Mundial e por suas instituições, como o Banco Interamericano de Desenvolvimento, que, sob a orientação da OIT, têm fomentado *"nuevas vías para la eliminación de todas las formas de trabajo forzoso, condición previa para un desarrollo armonioso y sostenible (...)con el fin de impedir que sus contratistas recurran a prácticas de trabajo forzoso"* (OIT, 2001a:13). Ainda, convém destacar os programas específicos e individualizados desenvolvidos pela OIT, coerentes a cada situação e problema regional e com vistas a combater o trabalho forçado e o tráfico de pessoas – especialmente, poder-se-ia citar o realizado no Brasil (entre 2002 e 2005) e aqueles ainda em realização, como no Uzbequistão e na Rússia, em Gana e na Nigéria e na Indonésia, Filipinas, Malásia, Hong Kong e na China (todos entre 2004 e 2006).

[384] Assim, no âmbito da pretensa "eficiência" alcançada com o trabalho forçado, SWINNERTON (1997:78) considera que *"if forced labor is efficient in the Pareto-improving*

seja, tampouco, por ser motivada ou pretendida por seus "hospedeiros". Mas, há sim a necessidade de uma atitude contumaz dos governos, das organizações internacionais e da sociedade civil no sentido de fiscalizar, denunciar e punir, interna e criminalmente, os senhores promotores do labor compelido, sem com isso pretender sanções econômicas aos já penalizados países-sede dessa forma de trabalho.

4.1.2.2. Do Labor Mirim

Embora jamais considerado fato novo[385], a problemática do labor infantil[386] apenas surgiu como matéria de lei laboral em meados do século XIX[387], ainda que tenha adquirido uma tímida internacionalização tão-somente no final do mesmo século, como contrabalanço dos múltiplos problemas (*"questões sociais"*[388]) advindos da Revolução Industrial.

A atividade econômica dos menores, além de apresentar preocupações de ordem humanitária e sanitária em face da rigidez, do ritmo, do perigo e da insalubridade que comumente se apresenta, também já denotava

---

sense then both the worker and the employer can be made to gain from the transaction; thus, the transaction can be accomplished voluntarily without resort to force – therefore, forced labor should always be prohibited".

[385] Como admite CÂMARA BOTÍA (2004:228), *"la incorporación de los menores al trabajo no constituía un hecho nuevo, pues desde siempre habían trabajado en la agricultura"*.

[386] Embora não exista consenso doutrinário ou de política pública sobre o que seja o "trabalho infantil" (EDMONDS, 2003:14), considerar-se-á aquele realizado por crianças economicamente ativas (que exerçam atividade econômica de todo o tipo, estejam ou não inseridas no mercado, remuneradas ou não, e incluindo a produção de bens para o consumo próprio) e com até 14 (quatorze) anos, como proposto pela OIT desde a sua Convenção n.º 5, que regula o trabalho nas indústrias (1919), e, principalmente, como dispõe as Convenções n.º 138 (1973) e n.º 182 (1999), embora se saiba que esta última, por tratar das piores formas de trabalho, identifica *"el término niño (...) a toda persona menor de 18 años"*. Assim, ainda que seja conhecido o imenso número de jovens entre 14 e 17 anos submetidos desregradamente ao trabalho e que também se enquadrariam dentro deste particular conceito de "trabalho infantil", como a própria Convenção n.º 182 e a Convenção dos Direitos das Crianças da ONU admitem, espelha-se na realidade hodierna de trabalho e na própria questão bio-orgânica para entender que as conseqüências aos menores de quatorze anos são relativamente maiores. Para um estudo aprofundado sobre o trabalho infantil e as suas definições, v. BLENGINO (2003:05ss).

[387] SERVAIS (2001:99) indica, porém, que a primeira lei a limitar a jornada de trabalho infantil surgiu na Grã-Bretanha em 1802, a regular o trabalho noturno infantil nas indústrias têxteis, mas colocada em prática apenas 1833.

[388] Cf. SERVAIS (2001:98), ao revelar que o cerne das questões sociais, à época, era a proteção das mulheres e das crianças, como decorrência de *"uma antiga tradição que consistia em só ajudar quem não estivesse, mesmo não totalmente, em condições de trabalhar"*.

preocupações em termos econômicos em razão dos salários percebidos pelos trabalhadores mirins serem bastante inferiores em relação aos adultos, o que motivava queixas pela descompassada concorrência[389].

Desde então, portanto, inclinam-se medidas cujo escopo não se limita apenas à regulamentação de idades mínimas para trabalho, mas, principalmente – tendo em vista que *"l'individuo, in quanto bambino è infatti oggetto di una discriminazione"*[390] –, objetiva a estipulação de padrões de labor infantil, circunscritos à determinadas áreas, condições e com a sua consecução, depois de cumprida tais prerrogativas, orientada apenas em última circunstância. Entretanto, não faltam demonstrações fáticas de uma lenta regressão dessa espécie de trabalho, a sobrar declarações, acordos, convenções, cartas e programas cujos resultados ainda não se apresentam satisfatórios.

No âmbito da ONU, notabilizam-se a "Declaração dos Direitos das Crianças" (1959) e, mais atual e mais específicamente relacionada ao trabalho, a "Convenção sobre os Direitos das Crianças" (1989), na qual se reconhece – em seu artigo 32 – o direito da criança de estar resguardada contra a exploração econômica e contra qualquer trabalho que possa ser perigoso ou macular a sua educação, ou que seja nocivo para a sua saúde ou para o desenvolvimento físico, mental, social, moral ou espiritual, devendo os Estados estarem obrigados a fixar uma idade mínima para o trabalho, regular de modo apropriado a jornada e as condições laborais dos menores e estabelecer um sistema que penalize de modo eficiente os direitos ora proclamados.

A OIT, por sua vez, observa em sua "Declaração sobre os Princípios e Direitos Fundamentais no Trabalho" que pretende a abolição efetiva do

---

[389] CÂMARA BOTÍA (2004:229) mostra que *"en la Francia de mitad del siglo XIX los salarios de los niños oscilaban entre 1/4 y 1/6 de los de un trabajador adulto, y en Inglaterra entre 1/3 y 1/6"*.

[390] Cf. BLENGINO (2003:14), ao afirmar que esta discriminação assenta-se principalmente sob três princípios: *i)* o princípio da "especialidade", baseado no fato da *"tutela internazionale dei diritti dell'infanzia rappresenta (...) uno 'jus speciale' alla protezione internazionale dei diritti dell'uomo che andrebbe applicato con prevalenza rispetto alle disposizioni generali in materia di diritti umani"*; *ii)* o princípio do "superior interesse da criança", no qual *"il criterio interpretativo che dovrà essere utilizzato in caso di dubbio sull'applicazione di disposizioni in materia di diritti dell'infanzia e sull'applicazione di altre norme di diritto internazionle o diritti interno"*; e, *iii)* o princípio da "igualdade substancial", o qual dispõe que *"lo stato di particolare debolezza e vulnerabilità in cui si trovanao i bambini rispetto agli adulti, esige che essi vengano trattatti differentemente dagli adulti anche quando ciò comporta che non venga loro accordato l'esercizio di diritti che invece vengono riconosciuti agli adulti"*.

trabalho infantil como um dos seus princípios fundamentais[391]. Ainda, dessa organização internacional sobressaem duas Convenções essenciais: n.º 138 e n.º 182[392].

A primeira, a Convenção n.º 138 (1973), obriga todos os Estados--membros *"a seguir una política nacional que asegure la abolición efectiva del trabajo de los niños y eleve progresivamente la edad mínima de admisión al empleo o al trabajo a un nivel que haga posible el más completo desarrollo físico y mental de los menores"*[393]. Para isso, após a ratificação, devem os Estados especificar e regular a idade mínima de admissão ao emprego ou ao trabalho[394], sendo regra geral que essa idade *"no deberá ser inferior a la edad en que cesa la obligación escolar, o en todo caso, a quince años"*[395], o que, de modo bastante interessante, traz expresso um vínculo entre o fim da escolaridade obrigatória e a idade mínima para o trabalho, a fim de *"asegurar el máximo potencial del capital humano del niño, en beneficio de los propios niños, de sus familias y comunidades y del conjunto de la sociedad, aumentando la contribución que éstos pueden aportar al crecimiento económico y al desarrollo social cuando se hagan mayores"*[396]; entretanto, a convenção

---

[391] Consoante se depreende do item 2, *c)*, desta Declaração.

[392] Pelas próprias celeumas criadas em torno da problemática do trabalho infantil, essas duas convenções fundamentais eleitas pela OIT na respectiva matéria apresentam – ao lado das convenções relacionadas às questões da liberdade sindical e da livre negociação – o menor índice de ratificação dentre todas eleitas como fundamentais pela OIT (a Convenção n.º 138 tem 141 ratificações e a n.º 182 tem 156), sendo que dos 178 Estados--membros da OIT, dez países (Afeganistão, Armênia, Austrália, Guiné, Haiti, Índia, Ilhas Salomão, Kiribati, Letônia, Myanmar, Samoa, Serra Leoa, Somália, Suriname, Timor Leste e Vanuatu) não ratificaram nenhuma das duas (*in* <www.ilo.org/ilolex/english/docs/declworld.htm>). Em relação ao fato da Austrália não ter ainda ratificado ambas as Convenções, interessante observar a justificativa promovida pelo seu Departamento de Assuntos e Negócios Estrangeiros, que, resumidamente, assenta-se na questão de diversos estados e territórios australianos não estabelecerem expressamente o limite de 15 (quinze) anos para o trabalho – *in* <www.dfat.gov.au/hr/ hr_manual_2004/chp4.html>).

[393] Cf. artigo 1.º da Convenção n.º 138.

[394] Esta distinção literal proposta pela Convenção intenta fazer referência *'tanto ao trabajo por cuenta ajena, prestado en virtud de un contrato de trabajo, como al trabajo por cuenta propria o autónomo, estableciendo (...) una regla de aplicación general a toda actividad productiiva"* (CÂMARA BOTÍA, 2004:232).

[395] Cf. artigo 2.3 da Convenção n.º 138.

[396] Cf. OIT (2002a:07). Entretanto, como caráter excepcional, o Estado cuja economia e cujo sistema educacional esteja ainda em desenvolvimento, *"podrá, previa consulta con las organizaciones de empleadores y de trabajadores interesadas, si tales organizaciones existen, especificar inicialmente una edad mínima de catorce años"* (artigo 2.4 da Convenção n.º 138).

é taxativa quanto à idade de dezoito anos nos casos relacionados àquelas atividades cuja natureza ou condição de execução acarreta perigo para a saúde, seguridade ou moralidade dos menores (artigo 3.1)[397].

Com essa perspectiva adveio a Convenção n.º 182, em cujo cerne reside a proibição das piores formas de trabalho infantil[398] já a partir dos dezoito anos, expressada no sentido de exigir um absoluto cuidado das comunidades internacionais com certas modalidades de trabalho atibuídos às crianças, a objetivar, em caráter de urgência, *"una acción inmediata y general que tenga en cuenta la importancia de la educación básica gratuita y la necesidad de librar de todas esas formas de trabajo a los niños afectados y asegurar su rehabilitación y su inserción social al mismo tiempo que se atiende a las necesidades de sus familias"*[399].

Assim, depreendem-se dessas propostas duas importantes preocupações a ensejar o trabalho infantil como *ratio* das cláusulas sociais, com esteio na proteção e no desenvolvimento das crianças e do mercado de trabalho, sendo ambas percebidas e passíveis de um duplo reconhecimento, tal como antes: o humanista e o econômico. Ademais, insta salientar que embora os resultados investigativos revelem a presença globalizada desse trabalho, a sua constatação nas regiões subdsenvolvidas supera, em muito, os demais sítios[400], o que permite, como regra

---

[397] Salienta a OIT (2002a:12) que a exposição das crianças *"al polvo, y a substancias químicas y otras sustancias, así como las tensiones físicas, pueden causar daños irreversibles a sua organismos en crecimiento (...) pueden impedir el desarrollo de los mismos, causar lesiones medulares u otras deformaciones definitivas"*.

[398] As piores formas de trabalho infantil, arroladas no artigo 3.º da Convenção n.º 182, compreendem: *"a) todas las formas de esclavitud o las prácticas análogas a la esclavitud, como la venta y el tráfico de niños, la servidumbre por deudas y la condición de siervo, y el trabajo forzoso u obligatorio, incluido el reclutamiento forzoso u obligatorio de niños para utilizarlos en conflictos armados; b) la utilización, el reclutamiento o la oferta de niños para la prostitución, la producción de pornografía o actuaciones pornográficas; c) la utilización, el reclutamiento o la oferta de niños para la realización de actividades ilícitas, en particular la producción y el tráfico de estupefacientes, tal como se definen en los tratados internacionales pertinentes; y, d) el trabajo que, por su naturaleza o por las condiciones en que se lleva a cabo, es probable que dañe la salud, la seguridad o la moralidad de los niños"*.

[399] Consoante o segundo *considerando* do preâmbulo da Convenção n.º 182.

[400] Pelos números da OIT (2002b:17ss), nos PED está concentrada 95% da mão-de-obra infantil, a atingir aproximadamente duzentos e dez milhões de crianças entre cinco e quatorze anos. Do número total, 60% estão na Ásia (e 19% da PEA), 25 % na África subsaariana (30% da PEA), 5% na África Setentrional (15% da PEA), 8% na América Latina (16% da PEA) e 2% nos países desenvolvidos (3% da PEA). A pesquisa

característica da matéria em estudo, sublinhar a dualidade existente entre os dois "blocos" de países.

Isoladamente, o mote *humanitário* da questão é incontestável – nos moldes de um *"direito internacional individualmente referenciado"*[401], que atinge *"la vulnerabilidad particular del niño ante un trabajo en condiciones de explotación a causa de su impotencia en comparación con los adultos y, por consiguiente, de su incapacidad para proteger sus propios intereses"*[402]; assim, sob esse prisma, sucedem pedidos por um vínculo mais estreito entre o trabalho infantil e o comércio, de modo a ser adotada uma cláusula social que permita a restrição e a taxação daqueles produtos advindos de países adotantes desse tipo de mão-de-obra. Contudo, ainda que não seja encarado com nenhuma naturalidade, o contexto no qual esse altruísta humanitarismo pretende ser inserido carece de fértil lhaneza; por vezes, olvida-se da situação delicada dos países acusados, maiormente países em letárgico desenvolvimento, os quais colocam à disposição dos seus cidadãos uma medíocre rede de ensino, a qual muitas vezes serve como verdadeiro catalisador à evasão escolar, constituindo-se em uma considerável razão para se escolher o trabalho aos estudos, uma vez que aquele *"est plus utile aux enfants que l'école ou l'oisivité"*[403].

Assim, exsurge a questão sobre a possibilidade de ser empregada uma criança sem que o fato de trabalhar possa, de *per se*, ser considerado explorador. Em uma análise das oportunidades diversas e viáveis a serem perseguidas pela criança, imiscui-se esta idéia de exploração, comumente elevada como insofismável. Para melhor admiti-la, precisa-se, por vezes, ser compreendido em que termos o trabalho (emprego) está relacionado à criança, pois, não raramente, tal iniciativa é de interesse desta criança--família, dadas as alternativas viáveis à disposição dessa família-criança. Portanto, se ao jovem disponibiliza-se um sistema educacional minimamente proveitoso e eficiente, nos moldes em que o fiel aproveitamento

---

ainda revela que de 70% a 74 % deles exercem atividades na agricultura e, por fim, 20% dentre elas são vítimas de lesões ou doenças advindas do trabalho.

[401] Cf. CANOTILHO (2003:515), ao professar que perante estes direitos *"desenvolve--se uma teoria jurídico-contratual internacional da justiça, tendo por objectivo alicerçar uma nova dimensão de vinculatividade na protecção dos direitos do homem"*.

[402] Cf. OIT (2002a:32).

[403] Cf. ANKER (2000), ao afirmar que *"face au choix entre un travail non dangereux et une école médiocre ou l'oisivité, les familles et les enfants pourraient logiquement conclure que le travail non dangereux est plus utile"*.

conferir-lhe-ia benefícios mais substanciais e que superariam os custos de um não-trabalho, indubitavelmente o trabalho seria uma exploração. Todavia, como assinala KENNETH SWINNERTON, outras duas situações mostram-se presentes no caso, a alterar a sua determinação: *"first, if schooling is not a feasible alternative, then the child is exploited; second, even if schooling is a feasible alternative, if the child's best interests are served by working, the the child is not exploited by being employed"*[404]. Aqui, assim, depreender-se-ia a necessidade de ser realizada uma distinção – nos moldes porpostos por CHIARA BLENGINO (2003:49) – entre o *child labour*, aquela forma *"dannose per le sviluppo físico, morale e spirituale del bambino"*, e o *child work*, a modalidade *"non pericolase, che non compromettano l'adempimento dell'obbligo scolastico e che, più in generale non corrispondano a forme di sfruttamento"*, não se permitindo integrá-las em um modo único de comportamento e, logo, de repreensão.

O outro argumento – *econômico* – ecoa na prática desleal de concorrência dos países usurpadores de uma mão-de-obra infantil a preços módicos, na medida em que o seu ínfimo custo propicia ilegítimas vantagens concorrenciais no mercado internacional, a demandar, então, uma "cláusula social" que regule e minimize os danos causados por tais Estados a terceiros. Neste ponto, porém, não basta centralizar no plano macroeconômico da situação – nomeadamente o desequilíbrio a ser causado nos salários e no mercado de trabalho dos adultos, de modo especial no plano internacional; impende, antes disso, ressaltar os efeitos no plano microeconômico, relacionados aos rendimentos das famílias dos PED e que trazem conseqüências mais significativas, donde se indaga a razão pelas quais os pais autorizam (ou encorajam) o trabalho dos menores, donde advém uma não complexa resposta: *"a pobreza é a principal explicação desse flagelo"*[405].

Uma vez que se parte da premissa que *"poor parents love their children just as much as the rich ones"*[406], é a situação de *penumbra* financeira das famílias do Terceiro Mundo que motiva e exige dos seus pais o envio dos filhos ao trabalho, a fim de (muito) auxiliarem no

---

[404] Cf. SWINNERTON (1997:83).

[405] Cf. SERVAIS (2001:101). Da mesma forma entende ANKER (2000:295), quando assevera que *"la pauvreté est la principal (...) cause du travail des enfants dans le pays pauvre et la survie de nombreuses famillies pauvres dépend du revenu en espèces et en nature produit par la main-d'oeuvre enfantine"*.

[406] Cf. PANAGARIYA (2001:15), ao asseverar que essas famílias *"send their children to work not out of wickedness but sheer economic necessity"*.

incremento do rendimento doméstico, pois, ainda que varie a incidência desse trabalho (e o nível de subdesenvolvimento) de um PED para outro, essas famílias não dispõem de um rico e desenvolvido Estado-Social como amparo (ou como fomento)[407]. Logo, portanto, meramente suprimir o trabalho infantil não consiste na alternativa mais adequada, visto que acarretaria em ainda mais graves conseqüências àquelas famílias dependentes dessa fonte de renda.

Evidentemente que esses PED necessitam ter a *consciência* (e o *interesse-vontade políticos*[408]) de entender que, embora a resposta não esteja na simples expurgação do trabalho infantil, as suas economias não podem admitir, de modo inercial, a continuação (ou fundamentação) em uma mão-de-obra infantil não escolarizada, sob pena de encarcerá-los perpetuamente em outra *roda viciosa*: – pobreza – trabalho infantil – não-escolarização – pobreza[409].

Como conseqüência dessa evasão estudantil, diminuem-se as perspectivas de um desenvolvimento nacional, na medida em que: *i)* se impede a formação de trabalhadores melhores qualificados, aptos por receberem melhores salários e, então, fomentar a demanda interna a fim de diminuir a dependência econômica das exportações e, *ii)* se dificulta a inversão da linha produtiva, restando o país indefinidamente na dependência tecnológica estrangeira.

Diante disso, diversos programas efetivos de combate ao trabalho infantil são promovidos pelos PED, mormente na forma de "subsídios" (ou "microcrédito"), e designados a desencorajar as (piores) formas de trabalho infantil, provendo as famílias e as comunidades com incentivos

---

[407] Segundo SERVAIS (2001:102), nos países ricos *"um sofisticado regime de proteção social permite também, em princípio, descartar a necessidade do trabalho precoce"*.

[408] SEN (2000a:184) assinala que *"uma economia pobre pode 'ter' menos dinheiro para despender em serviços de saúde e educação, mas também precisa 'gastar' menos dinheiro para fornecer os mesmos serviços, que nos países ricos custariam muito mais. (...) preços e custos relativos são parâmetros importantes na determinação do quanto um país pode gastar; assim, se o país tem menos dinheiro para gastar em educação por ter uma economia mais fraca, não há problema, pois os salários dos professores nele também serão mais baratos"*.

[409] Como ministra SEN (2000b:132), principalmente ao tratar das piores formas de trabalho previstas na Convenção n.° 182, *"pourquoi supposer que la suppresion du travail des enfant saurait pour seuls effets de réduire le revenu de celles-ci et d'aggraver l'état d'abandon des enfants, sans amener d'adaptations sur le plan économique et social ou dans le domaine de l'éducation?"*.

financeiros responsáveis pelo incremento nas taxas de escolaridade – a promover o *"efeito da renda"*, pelo qual há o crescimento do "consumo da instrução" quando há o crescimento da renda[410] – e, conseqüentemente, pela redução na quantidade de mão-de-obra infantil à disposição do mercado; mas, principalmente, tem levado estes países a investir na formação escolar das suas crianças, de modo a estruturar o seu sistema educacional com vistas a oferecer razoáveis condições de ensino e de convívio estudantil.

Destarte, exsurgem propostas ou alternativas[411] à simples supressão do trabalho infantil – não obstante sublinhe-se a necessidade dele ser gradualmente eliminado – o qual, é evidente, não se traduz no melhor procedimento. Como dito, talvez a principal solução esteja na forma supramencionada dos subsídios, com um interveniente papel estatal a pomover a transferência de renda às famílias que privilegiam os filhos nas escolas e, assim, não tenham o orçamento doméstico muito prejudicado[412] – isso, entretanto, requer um Estado minimamente capacitado financeiramente (e *maximamente* comprometido politicamente com a sociedade), características que, infelizmente, ainda não se fazem pre-

---

[410] Neste diapasão, BHAGWATI (2004:80) traz um estudo, realizado no sudeste africano, que demonstra de maneira convincente o papel das restrições ao crédito no fenômeno do trabalho infantil, a mostrar como os lares agrícolas reagiriam à diminuição temporária de renda. Assim, observou-se que *"diante de tais choques de renda, as famílias sujeitas a restrições ao crédito aumentaram o volume de trabalho infantil, enquanto as que tiveram acesso ao crédito, efetivamente fizeram empréstimos e conseguiram, por isso, evitar mais da metade do crescimento do trabalho infantil".*

[411] ANKER (2000:296) afirma que se poderia *"adapter le calendrier scolaire pour permettre aux enfants de travailler em pleine saison et à temps partiel si nécessaire [et] d'offrir aux adults, hommes et femmes, en remplacement du travail des anfants, la possibilite de produire des revenus"*; ainda, propugna-se pelo planejamento familiar, no sentido de abaixar as altas taxas de fecundidade tão comuns na periferia e, com isso, minimizar os efeitos da pobreza familiar, pois, como admite SEN (2000:171), *"existem muitas confirmações, na literatura empírica contemporânea, da importância da educação, sobretudo das mulheres, na redução da taxa de fecundidade, taxas de fecundidade elevadas podem ser consideradas, com grande justiça, prejudiciais à qualidade de vida, especialmente das mulheres jovens, pois gerar e criar filhos recorrentemente pode ser muito danoso para o bem-estar e a liberdade da jovem mãe".*

[412] Contudo, nem sempre a estratégia de "subsídios" à educação funciona, pois, como admite BROWN *et al.* (2003:242),*"may not be large enough to replace the child's contribution to family income; in this case, even if parents would like to put their children in school, they are too poor to do so even given the subsidy – in the case of the Pakistani program, the subsidy was not even replacing 20 percent or a working child's earnings".*

sente na maioria dos PED[413], razão pela qual se entende a maior necessidade de um comércio internacional *pleno* e *livre* (para todos), capaz de propiciar receitas e ingresso de capitais a estes países até então apartados do mercado mundial – ou seja, promover o *desenvolvimento econômico*[414]. Com isso, *(i)* reduzir-se-ia a pobreza com uma maior distribuição dos rendimentos, em razão do aumento dos salários relativos à mão-de--obra não especializada como conseqüência do fim dos baixos salários do trabalho infantil, *(ii)* diminuir-se-iam os custos relacionados à manutenção da saúde das crianças, já que estariam menos expostas à insalubridade e ao perigo do ambiente de trabalho e *(iii)* aumentar-se-ia a produtividade da mão-de-obra, pois os recursos humanos a disposição seriam mais capacitados, a recrudescer um *virtuoso* círculo de desenvolvimento[415].

No que tange aos efeitos macroeconômicos, percebe-se que as suas conseqüências deste tipo de trabalho são menos sensíveis[416]. Entre as

---

[413] Não faltam estudos que demonstrem o desestímulo para tais programas se confrontadas com as realidades nacionais, como explica a EDMONDS (2003:74): *"unfortunately, the expense of these programmes may limit the ability of these extremely poor countries to undertake financial incentive schemes where the rewards to the household of taking the desired action are large enough to make schooling worthwhile"*.

[414] Como ressalta a EDMONDS (2003:61) – com um devida consideração ao final, ao asseverar a importância deste crescimento econômico refletir no aumento da taxa de escolaridade e da qualidade do ensino – *"in general, technological progress and economic growth hold considerable promise for the long term elimination of child labour, but economic development does not necessarily reduce child labour in the short term"*.

[415] Como assegura, entre outros, SEN (2000a:169ss) e ANKER (2000:297). Assim, em suma, ter-se-ia o seguinte esquema alternativo ao trabalho infantil e propício ao desenvolvimento sustentável:

comércio internacional livre → aumento de receitas → aumento na oferta de subsídios e de microcrédito
↓ ↓
lucro de empresas   alternativa familiar ao trabalho infantil
↑ ↓
investimentos em treinamento   "escolaridade e desenvolvimento"
↓ ↑
maior produtividade com o trabalho adulto → maiores salários

[416] Pesquisas e levantamentos econométricos realizados acerca da real interferência do trabalho infantil sobre os salários e o desemprego dos adultos – e, principalmente, dos seus reflexos no espaço internacional – demonstram que tal preocupação não deve proceder, visto que são mínimas as perdas destes países "prejudicados" com o trabalho infantil, exponencialmente por dois motivos: a qualidade e a produtividade deste tipo de trabalho, que fazem equilibrar os salários mais baixos pagos (a resultar em uma baixa eficiência), e, o destino dos bens servidos de mão-de-obra infantil, os quais são comercializados, em sua ampla maioria, no mercado interno (a causar reais distúrbios quase exclusivamente no cenário doméstico) – v. BROWN *et al.* (2003:241).

maiores preocupações estão o desemprego provocado pela substituição da mão-de-obra adulta por uma infantil e o rebaixamento dos salários – como reflexo dos menores rendimentos auferidos pelos jovens, mas, também, como conseqüência da maior demanda. Não se contesta o fato do trabalho caseiro e não especializado – maiormente no meio rural – servir-se quase indiferentemente do labor adulto ou infantil, tendo em vista que a instrução e a qualificação são elementos bastante dispensáveis; porém, não se pode emendar este ponto a uma amplitude muito maior, pois, no domínio do comércio internacional, o uso deste tipo de mão-de-obra apresenta um impacto muito reduzido[417], seja em termos de vantagens concorrenciais seja no tocante aos padrões sócio-laborais dos trabalhadores dos países desenvolvidos.

Entretanto, não cessam as exigências por uma maior intervenção da economia (via OMC) nos assuntos de trabalho, uma vez que os países desenvolvidos entendem serem poucos os esforços no combate a esse trabalho – confundindo (e irmanando) as chaguentas formas arroladas na Convenção n.º 182 com os demais tipos, não obstante se torne evidente a necessidade de considerá-las separadamente – e que as medidas instrumentais adotadas até o momento não permitiram um significativo avanço dos PED nessa matéria, a restar pouco funcionais os meios orientados pela OIT.

Conquanto mais presente nos países desenvolvidos, é patente a possibilidade de existir um labor infantil benéfico às famílias e ao próprio jovem, desde que realizado sob insuspeitas condições e à guarda de rígidos regulamentos[418]; porém, a regra demonstra ser praticamente incompatível a conjugação desses fatores nos países pobres, os quais, além da insuficiência sócio-econômica, são marcados pelas graves deficiências no sistema educacional e a habitualidade recrudescida do trabalho informal. A permuta entre trabalho e escola na tenra idade, além de desaconselhada, pode significar um antiprojeto futuro, destinado a fracassar por

---

[417] PANAGARIYA (2001:15) aponta o seguinte: *"More broadly, few advocates of trade sanctions against child labor realize that, worldwide, only 5% of the working children are employed in export industries. This percentage can be reduced to zero by simply moving the children to produce similar goods sold domestically and have adults produce the goods sold in foreign markets"*. Também, v. BROWN (2000:48).

[418] Segundo ANKER (2000:289), *"il est généralement admis, par exemple, q'un travail non dangereux peut donner aux enfants les sens de l'autonomie et de la responsabilité (...) ils peuvent travailler après l'école et pendant les vacances scolaires dans des restaurants ou de magasins"*.

se basear na mesma seqüencial elíptica, que não fornece outras soluções e outras propostas a situação sócio-econômica vigente. E, embora seja difícil mensurar a idade limítrofe para o exercício laboral, é certo que o *fator trabalho*, em si, não significa exploração – até mesmo pela relatividade intrínseca à sua definição, pois *"l'exploitation est un terme chargé de valeur (...) [et] leur signification varie selon la culture et le niveau de développement ou de revenu"*[419] –, assim como não se discute a possibilidade de serem ajustados trabalho e escola, não obstante os países em desenvolvimento ainda não saibam como melhor equilibrá-los.

Indubitavelmente, como prescrito, trata-se de um problema polêmico, complexo e dilemático – *(i)* se há mera abolição deste tipo de trabalho, sem qualquer contraprestação que faça prosperar o bem-estar (ou mesmo a situação econômica) das famílias envolvidas, poderá significar uma total falência doméstica que agravará ainda mais o estado do próprio menor, pois, se não à miséria e à fome, essa criança será levada a caminhos ainda piores (o trabalho clandestino, o narcotráfico e a prostituição), e, *(ii)* se há uma continuidade do trabalho infantil, sem limites e sem fiscalização, recrudescer-se-á a vala periférica em que esses países se encontram, pois haverá o desprezo pela (boa) educação e ensino fundamental e a certeza de se manterem naquele "círculo estéril" do subdesenvolvimento –, diante do qual a melhor solução esteja na efetivação de um *portfolio* de políticas públicas[420], cuja escolha perpassa, necessariamente, pela oitiva da sociedade e das organizações internacionais, e se realiza, incondicionalmente, pelo Estado.

Hoje, já não mais se contesta a necessidade de ser combatido o trabalho infantil – e de ser exigido um comportamento socialmente responsável das corporações transnacionais. Contudo, esse complexo objetivo torna-se insuficiente na medida em que se necessita *elastificar* o poder de decisão das famílias do *Terceiro Mundo*, a fim de aumentar o bem-estar doméstico e, mais ainda, aumentar as capacidades dos seus entes individuais no incrementar a renda doméstica; e, para isso, admite-se que a solução mais certa e sustentável – vislumbrada em alguns outros instrumentos sócio-políticos já expostos – seja o *crescimento econômico*, com a máxime aplicação dos seus dividendos na escolarização infanto-

---

[419] Cf. ANKER (2000:291).
[420] Nestes termos, KRUEGER (2003:254) prediz que *"a complete solution will probably involve a portfolio of polices, such as school construction, improved school quality, enforcement of compulsory schooling laws, educational subsidies and loans, and enforcement of child labour laws"*.

-juvenil. E, destarte, desconfia-se ser o livre comércio um importante aliado para os PED, pois *"leads to increased prosperity, [and] it also leads to less child labour"*[421], não se coadunando, portanto, com o viés protecionista dessas *hardship clauses*[422].

4.1.2.3. Da Não-Discriminação no Trabalho

Não se faz infreqüente a negação de postos de trabalho, a demarcação em certas ocupações e o oferecimento de distintas remunerações racionalizadas sob questões de sexo, cor, raça, religião, opinião política ou origem social – completamente vazias de razoável ou adequada justificativa e independentes das reais capacidades dos trabalhadores ou dos requisitos necessários à tarefa – a menoscabar a igualdade de oportunidades e de tratamento; e, com isso, tal discriminação vem resultar na impossibilidade-impedimento das pessoas (trabalhadores) expressarem do modo mais pleno as suas qualificações e competências, o que faz fomentar outras modalidades de trabalho, como o informal, o ilegal e o infantil[423]. Assim, portanto, o seu combate (e erradicação) torna-se um indispensável aliado para a justiça social, e consiste em um *"de los puntales del concepto de trabajo decente para todos (...) [y] forma indisolublemente parte de cualquier estrategia viable de lucha contra la pobreza y de desarrollo económico sostenible"*[424].

São diversos os documentos internacionais a destacar a problemática da não-discriminação – *"one of the more complex human rights concepts in international law"*[425]; entretanto, somente em alguns deles há uma específica definição de "discriminação", especificamente em três tratados de direitos humanos da ONU: a "Convenção contra a Discri-

---

[421] Cf. BHAGWATI (2005:09), ao constatar que *"an econometric study of Vietnam (...) shows that significantly expanded incomes for peasants following liberalization of rice trade led to a significant shift of children from employment into schooling: and a double dividend followed from the fact that the beneficiary children included a number of girls"*.

[422] Como aduz BROWN et al. (2003:243), *"sanctions are very likely to harm children rather than help them"*.

[423] Como indica a OIT (2003:01), *"las barreras que impiden el acceso a puestos de trabajo dignos obligan a menudo a los padres que pertenecen a una minoría étnica o a una casta denigrada a recurrir al trabajo de sus hijos para poder subsistir"*.

[424] Cf. OIT (2003:130).

[425] Cf. NIELSEN (1994:827).

minação na Educação" (1960)[426], a "Convenção sobre a Eliminação da Discriminação Racial" (1965)[427] e a "Convenção sobre a Eliminação da Discriminação contra as Mulheres" (1979)[428]. E, com base nessas três convenções, HENRIK NIELSEN (1994:830) admite o sustentamento do conceito de "discriminação" em três elementos: *(i)* um *objetivo*, que é a existência de uma distinção, exclusão ou preferência[429]; *(ii)* um *subjetivo*, que consiste na base pela qual os tipos discriminatórios são apresentados; e *(iii)* um *conseqüencial*, ou seja, o requerimento de um efeito dos tipos de discriminação no próprio motivo discriminatório. Contudo, e principalmente, denota-se da OIT uma prodigalidade quando menciona tal prerrogativa laboral em seus instrumentos multilaterais[430], principalmente dois: a Convenção n.º 100, sobre igualdade de remuneração (1951), na qual se depreende que *"todo Miembro deberá, empleando medios adaptados a los métodos vigentes de fijación de tasas de remuneración, promover y, en la medida en que sea compatible con dichos métodos, garantizar la aplicación a todos los trabajadores del principio de igualdad de remuneración entre la mano de obra masculina y la mano de obra femenina por un trabajo de igual valor"* (artigo 2.1), e a Con-

---

[426] V. artigo 1.º da "Convention on the Elimination of All Forms of Discrimination Against Women", sob o patrocínio da Divisão pelo Progresso da Mulher da ONU (*in* <http://www.un.org/womenwatch/daw/cedaw>).

[427] V. artigo 1.1 da "Convention on the Elimination of All Forms of Racial Discrimination", sob o patrocínio da Comissão de Direitos Humanos da ONU (*in* <http://www.unhchr.ch/html/menu3/b/d_icerd.htm>).

[428] V. artigo 1.1.da "Convention Against Discrimination in Education", sob o patrocínio da UNESCO (*in* <http://www.unesco.org>).

[429] NIELSEN (1994:831) admite que, embora, tenham em comum a "diferença no tratamento", as figuras da "exclusão" e da "preferência", ao contrário do termo "distinção", não são neutras, ou seja, *"what appears to be na exclusion for one seems to be a preference for another"*. Outrossim, a OIT não costuma propor uma clara diferenciação entre esses tres tipos, nos termos em que, *"in some cases reference to all three elements has been made at the same time, in others reference has been made merely to 'the measures in question' or it has been established that certain measures constituted 'discrimination' without an examination of each of three elements"*.

[430] Em termos de igualdade de oportunidade e de tratamento, a OIT ainda prescreve e seleciona como instrumentos pertinentes à promoção deste princípio a Convenção n.º 156, sobre os trabalhadores com responsabilidades familiares (1981). Ademais, A Declaração de Filadélfia (1944), adotada pela Conferência Internacional do Trabalho e já parte da Constituição da OIT, já dispunha que *"todos los seres humanos, sin distinción de raza, credo o sexo, tienen derecho a perseguir su bienestar material y su desarrollo espiritual en condiciones de libertad y dignidad, de seguridad económica y en igualdad de oportunidades"* (OIT, 2003:89).

venção n.º 111, sobre a discriminação no emprego e na ocupação (1958), em cujo artigo 2.º se registra a obrigação de todo Estado-membro em levar a cabo uma política nacional de modo a promover a igualdade de oportunidades e de tratamento em matéria de emprego e ocupação, com o objetivo de eliminar qualquer discriminação a este respeito – ademais, no artigo 1.1 são definidas as situações consideradas como "discriminatórias" e, ainda, se expressa a própria definição desse comportamento: *"cualquier distinción, exclusión o preferencia que tenga por efecto anular o alterar la igualdad de oportunidades y de trato en el empleo y la ocupación"*[431].

Dentre os fatores de discriminação apresentados, a questão da mulher e do seu papel no cenário sócio-politico-econômico ainda não se apresenta pleno – embora ambas estejam conjugadas, percebe-se de forma mais acentuada uma exclusão da mulher a certos espaços do mercado laboral[432] que o próprio não-cumprimento do princípio do "trabalho igual, salário igual"–, pois, além daquelas regiões onde motivos religiosos-culturais obstam a sua ativa participação na sociedade, os próprios centros ocidentais costumeiramente apontam os fatos que exprimem a dificuldade da sua inserção em diversos setores nos quais ainda sublinhados de discriminação – embora já existam diversos exemplos atuais a denotar o avanço nesta matéria, muito frutos da globalização[433].

Tal qual observado no labor à força, a discriminação também constitui um elemento responsável pelas perdas de eficiência e de produtividade nesse tipo de trabalho, a confirmar a assertiva de que a *"discrimination is costly and inefficient"*[434], uma vez que a *"discrimination is never*

---

[431] V. artigo 1.1 da Convenção n.º 111..

[432] V. Convenção n.º 156 da OIT, sobre os trabalhadores com responsabilidades familiares (1981).

[433] Como indica a OIT (2003:13), *"la revolución de las tecnologías de la información ha acelerado el cambio de mentalidades, opiniones, comportamientos y ideas, al tiempo que ha incrementado la incidencia de los medios de comunicación en la configuración de los valores que imperan"*. BHAGWATI (2005:07), por exemplo, indica o fenômeno japonês, nos anos 80, momento no qual foi dado às mulheress o impulso necessário para reinventar o seu papel na economia nacional, o que levou o autor a afirmar que *"globalization, in shape of multinational investments, had turned out to be a source of beneficial influence for Japan's progress towards women's rights"*.

[434] Cf. MASKUS (1997:26). BROWN (2000:55), por seu turno, também entende que *"it is in the country's overall best interest to eliminate discriminatory practices whether or not they are impelled to do so by international pressure"*, embora admita que, *"nevertheless, there maybe special interests that gain from continued discrimination that have the political power to block reforms"*.

necessary to ensure economic efficiency (...) if discrimination enhances efficiency, there is some other way to reap the increased efficiency with the voluntary cooperation of the 'discriminated-against' workers"[435]. Destarte, os trabalhadores que desfruem da igualdade e da não-discriminação no tratamento e nas oportunidades laborais *"mejoran la eficacia en el aprovechamiento de los recursos humanos y de las diversas competencies"*[436], pois, muito certamente, tem-se um círculo virtuoso e apaziguador da pobreza: – aumento da auto-estima – motivação no trabalho – melhoria nas relações laborais – maior produtividade – melhores resultados – aumento de salários e de empregos – maior auto-estima.

Em regra, a discriminação, nomeadamente no setor exportador, acarreta um rebaixamento potencial na oferta de trabalho, a aumentar os custos do trabalho e, logo, a reduzir as exportações – assim, nesta situação, *"raising standards could help comparative advantage"*[437].

Todavia, no tocante aos PED, pode-se afirmar que a discriminação é provocada sob outra perspectiva, como mote de política econômica externa. Segundo essa tese, promove-se a discriminação no trabalho – no caso a discriminação da mulher – para encorajar (ou induzir) o emprego das trabalhadoras nos setores de pouca qualificação (ou de mão-de-obra não especializada) e de baixos salários, como nas indústrias têxteis, de vestuário e de calçados, e, com isso, aumentando-se a oferta de mulheres em tais setores, rebaixar-se-ia ainda mais os salários setoriais, aumentando

---

[435] Cf. SWINNERTON (1997:78). , ao asseverar que *"since discrimination can only have neutral or negative efficiency impacts, the prohibition of discriminain must have neutral or positive efficiency effects, regardless of the level of development of an economy"*. Com a crença de que as "forças de mercado" contribuem para a atenuação progressiva da discriminação, ARAÚJO (2005:475) lembra da única circunstância em que essa assertiva não prospera: quando há a ocorrência de uma *"procura da discriminação"*, ou seja, *"se numa sociedade de fanáticos religiosos ou políticos, de misoginos ou d eracistas, a clientela das empresasa reclamar atitudes discriminatórias (...), então a prática de discriminação passa a ser verdadeiramente compatível com os desígnios de eficiência, tal como eles são aferidos pela adequação ao mercado de produtos, pois quem agora suporta os custos da discriminação é aquela clientela, sob forma de preços mais elevados – mais elevados do que eles seriam se os bens ou serviços fossem prestados pura e simplesmente pela mais eficiente combinação de factores, ao menor custo possível, sem interferência de juízos de valor espúrios"*.

[436] Cf. OIT (2003:124), a qual assegura que *"una distribución más igualitaria de las oportunidades de trabajo, los recursos y los factores productivos, incluida la educación, entre mujeres y hombres de diferentes razas, religiones u orígenes étnicos, contribuye al crecimiento y a una mayor estabilidad política"*.

[437] Cf. ELLIOT (2004:04).

as chances de êxito no mercado internacional[438]. O que se desconsidera neste momento, além das próprias circunstâncias regionais, reside no fato desta discriminação ser, talvez, apenas um reflexo da conjuntura interna – econômica, social e cultural –, e que, de modo involuntário, incute ao redirecionamento das mulheres para aqueles setores nacionais em que há uma maior demanda, justamente as áreas (não) especializadas em trabalho intensivo, cuja vantagem comparativa é-lhes favorável. Porém, voluntário ou não, desde sempre tal comportamento laboral discriminatório não se permite sustentar, na medida em que *"promoting nondiscrimination would contribute to achieving overall development objectives and would not undo overall comparative advantage"*[439].

Portanto, a erradicação da discriminação e o porvir da igualdade no trabalho podem ser bastante úteis como mecanismos para combater a discriminação em outros meios, findando com os dissabores enfrentados pelas mulheres e com os estereótipos tão prejudiciais no desenvolvimento de certas minorias e tão representativos de distantes realidades sócio-econômicas; roga-se, por isso, a existência de ambientes laborais *socialmente includentes*, viciados em um tratamento igual das pessoas e responsáveis por um aumento coletivo do bem-estar.

Ainda que diante das nuances do mercado laboral e das características bastante flexibilizadas de remuneração, jornada, periodicidade, turno, tarefa e contrato, em uma situação de trabalho perfeitamente igual não podem ser aceitas quaisquer espécies de discriminação; ademais, não obstante uma resposta viável para tentar a universalização do preceito obstaculizar-se na sinularidade e nas idiossincrasias de tantas relações mundanas, a regra não admite qualquer relativismo – e o próprio número de ratificações das Convenções da OIT desta matéria comprovam a consciência dos Estados[440]. Contudo, saliente-se, a sua contenção (ou proibição)

---

[438] Como BROWN (2000:09ss), ao sumarizar o fenômeno nos seguintes termos: *"it is presumed that discrimination keeps some workers out of the employment to which they are best suited, hence lowering GNP; however, if the discriminatory practice raises GNP then, once again, we have a potentially Pareto improving arrangement. That is, both the employer and the discriminated against can be made better off. If that is the case, then the employment arrangement can be arrived at voluntarily"* – nestes termos, ainda v. MASKUS (1997:23ss), SWINNERTON (1997:79ss) e ELLIOT (2004:04ss).

[439] Cf. ELLIOT (2004:05).

[440] As convenções fundamentais da OIT nesta matéria – n.º 100 e n.º 111 – apresentam um considerável número de ratificações (a Convenção n.º 100 tem 162 ratificações e a n.º 111 tem 163), sendo que dos 178 Estados-membros da OIT, dez países (EUA, Ilhas Salomão, Kiribati, Laos, Myanmar, Omã, Samoa, Suriname, Timor Leste e Vanuatu) não ratificaram nenhuma delas – *in* <http://www.ilo.org/ilolex/english/docs/declworld.htm>.

não se permite realizar mediante a aplicação de cláusulas sociais nas relações comerciais multilaterais[441], mas sim por intermédio das competentes organizações internacionais – nomeadamente a ONU e a OIT –, as quais fazem uso dos seus diversos instrumentos orientadores-promotores, programáticos, executivos e de fiscalização como armas ao combate das desigualdades e das discriminações, pois, prejudicar países que apresentam raízes culturais milenares e incapazes de serem adaptadas às vontades-necessidades hodiernas – e certamente de índole ocidental[442] – não deve se coadunar com as mesmas discricionariedades nacionais do Primeiro Mundo, que insistem em desrespeitar, *v.g.*, o imigrante, invariavelmente (des)considerado como uma simples mão-de-obra indesejada e a ser discriminada.

4.1.2.4. Da Livre Associação e da Plena Negociação Coletiva

Uma uníssona idéia atesta a necessidade de uma plena liberdade-faculdade de sindicalização (de *associação*)[443] dos trabalhadores: a sua essencialidade para o progresso, para o constante desenvolvimento nacio-

---

[441] BROWN (2000:55), na esteira de MASKUS (1997:26ss), admite que outras alternativas às pretensões de uma cláusula social promoveriam resultados muito mais consistentes, pois *"efforts to eliminate discrimination by the local government will, if successful, ultimately expand export supply while raising female wages"*, por outro lado, a imposição de uma tarifa estrangeira, nos moldes de uma cláusula social, teria efeitos opostos, pois *"(...) the tariff will lower the demand for the export good and, therefore, lower the demand for female workers; as a consequence, firms will find it less costly than before to engage in discrimination thus making discrimination more likely"*.

[442] Sobre os efeitos e as causas desse processo de "ocidentalização", v. IANNI (2004:97ss).

[443] Nas palavras de FERNÁNDES (2002:643), o movimento sindical é um *"fenômeno originado e condicionado pelo sentimento de revolta decorrente da frustração e da inadaptação do trabalhador ao ambiente; pela nascença de uma 'interpretação comum' da situação social e de um consequente 'programa de acção comum para a melhorar', potenciado pelo 'temperamento' dos líderes e dos membros do grupo; e pelo 'sentimento de comunidade moral e psicológica' entre homens ligados por uma tarefa comum, contra a atomização social e a insegurança económica decorrentes da mecanização do trabalho"*. Por outro lado, traz-se a sua concepção neoliberal, no sentido de que *"os ganhos que os sindicatos fortes obtêm para seus membros são conseguidos às expensas dos demais trabalhadores, cujas oportunidades são reduzidas"* e que *"o sindicato bem-sucedido reduz o número de empregos à disposição do ramo que controla"*, devendo tudo ceder espaço para o "livre-mercado" (FRIEDMAN, 1980:227).

nal e, conseqüentemente, para a dignidade do trabalhador[444]. Logo, *"con la calificación de principio"*[445], a liberdade sindical já aparece referida no preâmbulo da Constituição da OIT, donde se infere que tal premissa constitui um dos fundamentos essenciais para a justiça social e que, se descumpridos, *"constituye una amenaza para la paz y armonía universales"*[446].

Assim, ainda que limitados aos preceitos estatais, todos os trabalhadores e empregadores devem ter o direito de, livremente e sob a tutela estatal, promover e defender os seus interesses laborais – a confundir-se, por vezes, até mesmo ao sacrossanto princípio da "liberdade de expressão" e que *"constituye la base de la representación y la gobernanza democráticas"*[447] –, fundamentados sobre os princípios da autonomia e da livre sindicalização[448].

Destarte, esta "liberdade sindical", na medida em que signifique a autonomia e a livre sindicalização, representa uma irrepreensível necessidade do Estado e dos trabalhadores para o equilíbrio das relações

---

[444] A OIT (2004:01) afirma que *"el principio fundamental de la libertad sindical y de asociación y del derecho a la negociación colectiva es expresión de la dignidad humana (...) en efecto, tiene un efecto positivo sobre el desarrollo económico al propiciar el reparto de los beneficios del crecimiento y fomentar la productividad, las medidas de ajuste y la paz laboral"*.

[445] Cf. Lastra Lastra (2001:193), o qual ainda afirma que, em relação a este princípio, a Declaração de Filadélfia tem considerado-o como *"una obigación más impuesta constitucionalmente a los Estados miembros, y no como un principio meramente dirigido a orientar la acción de la OIT"*.

[446] V. preâmbulo da COIT. Ademais, Lastra Lastra (2001:193) vem ainda indicar que já no Tratado de Versalhes, em seu artigo 427.º, havia a prescrição sobre alguns métodos para a regulamentação das condições de trabalho, sendo que um destes métodos seria *"el derecho de asociación para todos los fines que no sean contrarios a las leyes, tanto para los obreros como para los patrones"*.

[447] Cf. OIT (2004:03). A importância dada pela Organização ao tema alcança tamanha proporção que existe, no seio do Conselho de Administração da OIT, um "Comitê" e uma "Comissão de Investigação e de Conciliação" específica para tratar das matérias relacionadas à liberade sindical, ambas a funcionar como um mecanismo especial de salvaguarda à livre associação sindical, de modo a complementarem os processos gerais de controle aplicáveis no âmbito das convenções, e podendo, inclusive, atuar em face daqueles países que não ratificaram as convenções especificas da matéria – sobre essa questão, v. Valticos (1978:443ss).

[448] Servais (2001:51), indica de forma mais ampla quatro aspectos principais da atividade sindical (na esteira da Convenção n.º 87 da OIT): *"livre escolha dos representantes, planejamento e realização das atividades sindicais, elaboração de estatutos e regimentos, e organização da gestão"*.

laborais; entretanto, de extrema controvérsia, assenta-se a terceira idéia-elemento desta liberdade, ou seja, a *pluralidade* ("liberalização") sindical, a qual não alcança maior unanimidade[449] e tampouco reluz como insuspeita medida a ser inclusa no rol dos direitos fundamentais, como à frente brevemente será analisado.

Nos planos nacionais, mesmo que se admita a liberdade sindical, o modo pelo qual o Estado a regula perante as uniões sindicais varia, a desempenhar um papel mais intervencionista ou definitivamente "liberal". Ademais, habitualmente relacionado a essa liberdade – maiormente nestes momentos de revigoramento das estruturas laborais –, encontra-se a *livre negociação coletiva*, que *"es un proceso mediante el cual los empleadores (o sus organizaciones) y los sindicatos (o, en su ausencia, los representantes libremente designados por los trabajadores) discuten y negocian sus relaciones, en particular, las condiciones de empleo y de trabajo"*[450].

No plano internacional, a OIT certamente consiste na entidade patrocinadora de uma maior atenção aos princípios sobreditos[451], mormente por intermédio de suas Convenções, em especial aquelas de n.º 87 e n.º 98[452].

---

[449] Embora bastante discutida a viabilidade do seu terceiro elemento, diversos doutrinadores não o retiram da definição de liberdade sindical. Nos ensinamentos de RUSSOMANO (1995:65ss) a liberdade sindical é concebida sob três planos: *i)* a *"autonomia sindical"* (relacionada com o direito à formação, à organização e à atuação dos sindicatos); *ii)* a *"livre sindicalização"* (configurada no direito de escolha individual do trabalhador de filar-se ou não a determinado sindicato, e, no caso de associado, manter ou não esta sua filiação) e *"pluralidade sindical"* (assente na possibilidade de haver diversas opções – ou a criação de uma – para o trabalhador se filiar).

[450] Cf. OIT (2004:03ss).

[451] LASTRA LASTRA (2001:193ss) indica os princípios de liberdade sindical (e livre negociação) que se destacam nas diversas convenções internacionais: *"derecho de constituir organizaciones sindicales; derechos de afiliarse a estas organizaciones; garantías al derecho de libertad sindical; la abstención de las autoridades públicas; facultad de elaborar sus estatutos y reglamentos administrativos; elegir libremente a sus representantes; organizar su gestión y actividad; formular su programa de acción; no estar sujetos a disolución o suspensión por vía administrativa; constituir federaciones y confederaciones; constituir organizaciones internacionales o afiliarse a ellas; proteger a los miembros de un sindicato contra cualquier perjuicio em razón de su afiliación sindical o de sus actividades; impedir toda injerencia de organizaciones extrañas; y, la instauración de medidas para promover y desarrollar la negociación colectiva".*

[452] Embora a OIT considere as duas citadas como *"instrumentos que fazem parte das convenções fundamentais"*, não se pode olvidar de outras convenções acerca da mesma temática, como a Convenção n.º 135, sobre os representantes dos trabalhadores (1971); a Convenção n.º 141, sobre as organizações de trabalhadores rurais (1975); e, a Convenção n.º 154, sobre a negociação coletiva (1981).

A Convenção n.º 87, sobre a liberdade sindical e a proteção do direito de sindicalização (1948), preescreve, em seu artigo 2.º, que *"los trabajadores y los empleadores, sin ninguna distinción y sin autorización previa, tienen el derecho de constituir las organizaciones que estimen convenientes, así como el de afiliarse a estas organizaciones, con la sola condición de observar los estatutos de las mismas"*, e, ainda, observa expressamente a previsão do elemento da "autonomia sindical" como requisito fundamental para a plena e livre sindicalização. A Convenção n.º 98, sobre o direito de sindicalização e de negociação coletiva (1949), enseja formalmente a "liberdade sindical", no sentido de que os trabalhadores devem gozar de uma plena proteção no emprego, especialmente no tocante àqueles atos que busquem *"sujetar el empleo de un trabajador a la condición de que no se afilie a un sindicato o a la de dejar de ser miembro de un sindicato"*; e, *"despedir a un trabajador o perjudicarlo en cualquier otra forma a causa de su afiliación sindical o de su participación en actividades sindicales fuera de las horas de trabajo o, con el consentimiento del empleador, durante las horas de trabajo"*[453].

Assim, além da autonomia e da liberdade de sindicalização, o direito à liberalização-pluralidade sindical vem sendo tutelado como a única forma do pleno exercício da organização sindical, a criar uma significativa celeuma envolvendo os partidários de uma unidade (monopólio) sindical e os sectários de um pluralismo sindical, que se espraia internacionalmente em razão de tal prerrogativa ser considerada como um aspecto de interferência no comércio multilateral[454].

Em uma particular concepção, admite-se que a teorização do liberalismo não precisa sacrificar, no sentido de universalizar, os defeitos ou desvios econômicos que porventura exsurjam da atividade sindical; pelo contrário, a presença atuante e constante desse movimento traz benefícios indispensáveis ao bem-estar coletivo se, evidentemente, analisadas e mensuradas as condições globais atuais a fim de trazer reais ganhos à

---

[453] Cf. artigo 1.2 da Convenção n.º 98 da OIT.

[454] A inadequação dessa matéria no âmbito internacional é tamanha que as duas convenções fundamentais da OIT sobre a liberdade sindical e a livre negociação são, ao lado das convenções relacionadas ao trabalho infantil, as que obtiveram o menor número de ratificações (a Convenção n.º 87 tem 144 ratificações e a n.º 98 tem 154); ademais, dos 178 Estados-membros da OIT, vinte países (Afeganistão, Arábia Saudita, Bahrein, China, República da Coréia, El Salvador, Emirados Árabes, EUA, Índia, Irã, Ilhas Salomão, Laos, Omã, Qatar, Samoa, Somália, Tailândia, Timor Leste, Vanuatu e Vietnan) não ratificaram nenhuma das duas – in <http://www.ilo.org/ilolex/ english/docs/declworld.htm>.

pluralidade de Estados, de modo a transcender a órbita regional-nacional comumente atribuída às organizações sindicais[455]. Talvez de modo a equilibrar o pesado (e já mais *volumoso*) papel das multinacionais (e já *transnacionais*) sobre os Estados, esses deveriam, sim, assumir uma postura definitiva e decisiva a fim de, intercambiando negociações, propostas e informações (ou mesmo nos moldes de uniões sindicais internacionais), assumirem novamente as rédeas do mercado (e, por que não, dos próprios Estados), o que pode ser menos penoso (e mais natural) a partir da retomada da unidade sindical, sólida e sob o sereno auspício estatal, bem diferente, portanto, das idéias poliformistas acampadas nas estruturas organizativas sindicais "avançadas" que promovem a fragmentação dos trabalhadores em classes, possivelmente a favorecer aqueles melhores remunerados – os quais conseguirão arcar com maiores contribuições –, enquanto os outros serão languidamente desprezados pelo "mercado sindical", cuja associação será inútil, pois a organização em que se associa não terá como negociar de modo equilibrado com as empresas e, certamente, culminará em prejuízos ao trabalhador.

Assim, de modo dissonante a essa *ultraliberalidade*, admite-se que os sindicatos, de modo algum, são antagônicos a qualquer processo ou direito de desenvolvimento. Para isso, entretanto, refuta-se qualquer subentendimento com as forças sindicais hodiernas, representadas por prosélitos do individualismo – grave antítese do instituto em si –, descomprometidos com os trabalhadores (nacionais ou não) e compromissórios da vindoura aventura política, refletida nas negociações ilusionistas, nas exigências pictóricas e nos discursos demagógicos, que, por sua vez, se traduzem em um jogo de "perde-e-ganha" nulo ou negativo para os trabalhadores. Essa postura, no entanto, não exorta uma concorrência--privatização-capitalização do meio sindical, roga, apenas, um Estado transparente (*claro, não oculto*) e panóptico (*onividente, não cego*) nas relações entre empregados e empregadores, não para favorecer uma parte, mas para impedir o desfavorecimento da outra, o que apenas seria possível com as organizações sindicais limitadas em seu âmbito pessoal e geográfico[456].

---

[455] Principalmente pelo fato de, como ensina Miguel Beriain (2003:217), *"la defensa de los derechos de los trabajadores occidentales hoy en día sólo es posible si, a un mismo tiempo, luchamos por los trabajadores de países subdesarrollados; lo contrario, está condenado al fracaso"*.

[456] Como professa Morais Filho (1978:320), *"com a pluralidade, fomentaríamos a criação de pequenos sindicalóides oriundos de desavenças doutrinárias, ideológicas,*

Esta presença (ou atenção) do Estado poderia, inclusive, ser uma garantia aos trabalhadores que, associados ou não, pretendessem fazer uso da liberdade de negociação sem duvidar do equilíbrio integrado à sua vindoura relação contratual com a empresa, visto que, mesmo distante da interferência (ou mediação) sindical – caso comum a ser vislumbrado nas tratativas a envolver pequenas e médias empresas –, buscar-se-ia a melhor situação para ambos os grupos[457].

Outrossim, atualmente, diversos Estados suprimem por absoluto diversas prerrogativas dos trabalhadores – seja mediante a inadmissibilidade da negociação coletiva[458], seja por permitirem a presença de sindicatos *corrompidos* e *ineficientes* – e, com isso, fazem manter a mão-de-obra doméstica sob a estrita dependência gerencial dos empresários, a facilitar (e a atrair) investimentos estrangeiros, vez que o capital estaria pouco vulnerável às reivindicações dos trabalhadores.

Diante disso, embora com conclusões divergentes e de difícil mensuração[459], denotam-se duas faces desta situação (de rebaixamento de salários pela não-atuação forçada, ou mesmo inercial, dos sindicatos): se o sindicato comporta-se na forma monopolista (unicidade), ao contrário da livre competição, os seus efeitos na eficiência-produtividade nacional são negativos[460]; e se o sindicato apresenta-se como promotor de uma

---

políticas, confessionais, de interesses talvez desonestos de uma minoria de trabalhadores ou mesmo de parte do patronato (...) de qualquer maneira, a multiplicidade sindical enfraquece sempre a força da representação dos interesses profissionais, que passam a ter vários pequenos mandatários desavisados, ao invés de um único, grande e fortalecido pela confiança de todos".

[457] Como indica a OIT (2004:03), *"dicha negociación realizada de buena fe tiene por objeto lograr convenios colectivos aceptables para ambas partes"*. Ademais, como o próprio relatório da organização asevera, *"algunos estudios han indicado que los países en los que la negociación colectiva está muy coordinada, tienden a tener menos desigualdades en los salarios, un desempleo más bajo y menos persistente, menos huelgas y más breves que los países en los que la negociación colectiva está menos instaurada"* (OIT, 2004:17).

[458] Sobre os diversos ordenamentos que prevêm ou ignoram a livre negociação coletiva, v. OCDE (1996:42ss).

[459] A OCDE (1996:230) afirma, em seu relatório que *"the economic effects of freedom of association are more difficult to gauge: on the one hand, freedom of association can help upgrade production processes, while also raising workers' motivation and productivity; on the other hand, freedom of association can introduce a new distortion in the market to the extent that unionised workers succeed in raising their wages above market levels. The net effect on economic efficiency depends on the relative importance of these two effects".*

[460] Consoante apresenta BROWN (2000:10), tal monopólio sindical funcionaria como uma maneira de *"favoring the interests of a small elite at the expense of a large group*

"*voice face*"[461], faz-se possível "*improve dispute resolution, provide a channel of information from worker to employer, and coordinate the differing views among workers concerning the tradeoff between working conditions and wages*"[462].

Ademais, ainda sobre o propósito da eficiência[463], a (não)liberdade sindical como instrumento de afetação do comércio internacional apresenta outras diretrizes, ainda ambíguas: se a atividade sindical tem como conseqüência uma ineficiente alocação de recursos (ou, ainda, um abuso de poder), a política comercial que pune quaisquer restrições na sindicalização (como a liberalização) seria ineficiente, pois não permitiria o desenvolvimento de organizações mais eficazes – como, por exemplo, "*unions that attempt to set a minimum wage that generates unemployment are generally inefficient*"[464]; todavia, se o sindicato compensa o fator monopolista e barganha por melhores condições e salários, isso pode conduzir a ganhos de bem-estar[465] – em suma, "*the effect of freedom of association and the right to collective bargaining depend heavily on the objectives of the union*"[466]. Dessarte, se a lei nacional visa suprimir, em absoluto, a vivência sindical como forma de buscar nessa

---

of excluded workers". Todavia, como anteriormente contestado, a liberalização sindical provocaria a disposição de trabalhadores em classes, a sobressair aqueles sindicatos mais poderosos – do ponto de vista estritamente privado – e que beneficiariam apenas os trabalhadores melhores empregados e com melhores condições de arcar com os custos desta sindicalização, certamente mais onerosa.

[461] Cf. SWINNERTON (1997:79), ao prelecionar que "*most discussions of unions in the international labour standards literature (...) recognize (...) two faces of unionism: the 'monopoly face' is characterized by the use of union power to distribute a larger amount of economic pie to union members; counteracting the monopoly face is the 'voice face' of unionism, ilf this amounts simply to a redistribution of a pie that it is as large as possible, the monopoly face of unionism has no deleterious efficiency implications – but typically the use of word 'monopoly' implies some imbalance of power in the market, (...) [and] the voice face is associated with positive efficiency effects*".

[462] Cf. BROWN (2000:10).

[463] Para se entender o macroproblema dos sindicatos e a sua presença em um contexto de mercados de trabalho perfeito ou imperfeito, v. BORJAS (2002:388ss).

[464] Cf. MASKUS (1997:34).

[465] Cf. MASKUS (1997:27). Ainda, BROWN (2000:58) acrescenta que "*there are many reasons, of course, that unions may actually be welfare enhancing – for example, to the extent that job security is enhanced, workers may increase investment in jobspecific human capital; workers, feeling a greater investment in the firm may reveal productivity-enhancing information [and] firms that are less concerned with wage cutting may increase investment in training and innovation*".

[466] Cf. BROWN (2000:57).

restrição quaisquer vantagens concorrenciais internacionais, o efeito não alcança um certo resultado positivo ou "desleal". Ainda que em princípio tal comportamento permita a elevação da competitividade – reflexo do rebaixamento das condições sócio-laborais e dos salários –, esse ganho proporcionado aos trabalhadores do específico setor será diretamente proporcional àqueles prejudicados com a vindoura redução de padrões (e de empregos) como reflexo dos custos gerais da empregabilidade, e, portanto, não influenciará de modo positivo na produtividade dessa indústria, tendo em vista a (des)compensação com o restante da economia doméstica.

Portanto, conquanto assente em certas premissas "não universais" – como a prescindível liberalização sindical –, faz-se necessário que as atitudes e o comportamento das organizações sindicais atualizem e dinamizem as suas estruturas de modo a ajustá-las às necessidades dos trabalhadores e dos Estados (e do mercado) e do novo e imperdoável modelo global, em cujo compromisso constará o estabelecimento de *"nuevos lazos de unión (...) [y] que incluirá, en algunos casos, el sacrificio de intereses puntuales a cambio del mantenimiento de un marco global (...) [y] la elaboración de estrategias conjuntas, (...) capaces de satisfacer los intereses de todos los grupos presentes"*[467], para que, com isso, efetivem a "concertação social" – *"la búsqueda de una coordinación de intereses, en relación a unos objetivos económicos y sociales comúnmente aceptados, que puede llevar a una armonización de conductas"*[468] – que, mesmo diante das suas intrínsecas premissas, *"no puede separarse del propio papel del Estado en la economía y en las relaciones laborales"*[469].

4.1.2.5. Dos Rendimentos: a Escolha entre a Espórtula e o Mínimo (ou Básico)

Não obstante a reduzida possibilidade dessa matéria ingressar de imediato em acordos multilaterais, não se pode olvidar das tentativas e

---

[467] Cf. MIGUEL BERIAIN (2003:247).
[468] Cf. RODRÍGUEZ-PIÑERO (1990:314), ao afirmar que *"la concertación social (...) se basa en unas interrelaciones entre las acciones estatales y las representaciones de intereses que permiten una interconexión íntima de lo económico y lo político, del Estado y del mercado, que también afecta necesariamente a las relaciones laborales"*.
[469] Cf. RODRÍGUEZ-PIÑERO (1990:314).

da vontade – latente e esconsa – dos países ricos pleitearem uma padronização dos salários, com a fixação de um *mínimo* (ou básico) global[470].

A própria OIT tem se manifestado com bastante assiduidade e procurado, genérica e subjetivamente, estabelecer patamares razoáveis que motivem os Estados a vincularem internamente tais diretrizes, visando a assegurar uma proteção aos assalariados contra os salários excessivamente baixos[471]. Já em 1928, com a Convenção n.º 26 sobre os métodos para a fixação dos salários mínimos, admitia-se que *"todo Miembro que ratifique el presente Convenio quedará en libertad de determinar los métodos para la fijación de salarios mínimos y la forma de su aplicación"* (artigo 3.1), deixando flexível o modo pelo qual cada Estado atingiria e proporcionaria aos cidadãos um determinado nível de salário-mínimo, desde que respeitadas certas diretrizes-padrão. Mais tarde, em sua Convenção n.º 131 (1970), sobre a fixação de salários mínimos, há a confirmação acerca da impossibilidade de ser fixado, a partir de regulamentações internacionais, um *quantum* para os salários, na medida em que esses valores dependem das condições políticas, econômicas e sociais de cada país, devendo ter em conta a fixação de salários *"en la medida en que sea posible y apropiado, de acuerdo con la práctica y las condiciones nacionales"* (artigo 3.º); contudo, já em seguida, assinala os moldes sob os quais devem ser estabelecidos os mínimos de remuneração (com *"fuerza de ley"*), sendo satisfeitos com base em *"las necesidades de los trabajadores y de sus famílias, habida cuenta del nivel general de salarios en el país, del costo de vida, de las prestaciones de seguridad*

---

[470] Essa aparente confusão semântica entre o "mínimo" e o "básico" conduz a alguns ensaios doutrinários nos quais se buscam deixar claras as diferenças, como a proposta por PEREIRA (2002:26ss), ao admitir que *"o mínimo tem a conotação de menor, de menos, em sua acepção mais ínfima, identificada com patamares de satisfação de necessidades que beiram a desproteção social (...) o básico expressa algo fundamental, primordial, que serve de base de sustentação indispensável e fecunda ao que a ela se acrescenta; (...) enquanto o mínimo nega o 'ótimo' de atendimento, o básico é a mola mestra que impulsiona a satisfação básica de necessidades em direção ao ótimo"* – v., também, GUSTIN (1999).

[471] Antes da OIT, em 1929, a Conferência Internacional do Trabalho adotara a Convenção n.º 26 e a Recomendação n.º 30 sobre métodos para determinar os salários mínimos, nos mais diversos ramos de atividades. Já com a OIT, o preâmbulo da sua Constituição desde logo menciona entre os "objetivos" institucionais, a necessidade da *"garantia de um salário que assegure condições razoáveis de existência"*, para, em seguida, o seu artigo 41 incluir, entre os "princípios gerais", *"o pagamento aos trabalhadores de um salário que lhes proporcione um nível de existência conveniente, como tal entendido em cada momento e em cada país"*.

social y del nivel de vida relativo de otros grupos sociales" e em *"los fatores económicos, incluidos los requerimientos del desarrollo económico, los niveles de productividad y la conveniencia de alcanzar y mantener un alto nivel de empleo"*, de modo a assegurar ao trabalhador uma retribuição eqüitativa e suficiente que mantenha as básicas necessidades de subsistência[472].

Em diversas diplomas – nacionais, internacionais ou comunitários – os ideais de justiça, de eqüidade e de dignidade aglutinam-se ao termo "salário" ou "remuneração"; contudo, não obstante a *formosura* desse propósito e a *laudável* perseguição ao seu cumprimento, os salários não são cobertos por nenhum "código internacional"[473], sendo que a noção exata de sua configuração resta difícil, mormente no âmbito das relações multilaterais, a confirmar o fato de que *"la recherche d'une définition du salaire 'équitable' se poursuit [encore] actuellement"*[474].

Outrossim, nesta perspectiva, faz-se válido esclarecer que se as normas restritivas de importação versarem no sentido de rechaçar a importação de bens produzidos a preços – "salários" – inferiores àqueles legalmente vigentes no país de origem, tal propósito, embora de complexa comprovação, seria bastante válido e muito contribuiria para que fossem respeitados os mínimos normatizados no país exportador. Porém, o ponto chave é estar ciente de que os PED praticam os salários de hoje não por buscar uma otimização selvagem de receitas, mas, apenas, por ser resultado da conjuntura presente e do excludente cenário mundial que apenas se agravaria com o advento destas cláusulas sociais; ademais, sabe-se que os referenciais para a consolidação de um salário mínimo são múltiplos e divergem entre os Estados, sendo dependentes da proteção estatal oferecida, do projeto orçamental e dos seus reflexos econômicos.

---

[472] A lei chinesa traz um mecanismo de elevação real dos salários de acordo com o desenvolvimento econômivo geral ou específico do setor da economia onde estiver ocorrendo a relação de emprego, a contar com uma presente fiscalização estatal para verificar a ocorrência da elevação do nível de produtividade ou lucratividade – ou seja, observa-se a capacidade individual de cada negócio – e, assim, assegurar aos trabalhadores o produto da riqueza produzida em sua forma mais fiel possível ("salário justo"), impossibilitando a realização da mais-valia em níveis incompatíveis via a intervenção estatal que impõe cotas dos ganhos empresariais para o pagamento da mão-de-obra (v. Rocha, 2001:82).

[473] Exceção a ser feita, como lembra Caire (1996:808), no que concerne ao tranporte marítimo internacional – sobre salários e horas de *trabalho a bordo*, v. a Convenção n.º 109 da OIT (1958).

[474] Cf. Charnovitz (1987:644).

Portanto, a não aplicabilidade de maiores (ou mais *dignos*) salários por estes países não significa um comportamento duvidoso ou uma conduta desleal: é a pura incapacidade de transpô-los para a política nacional. A prática salarial nos PED – causa real (e dissimulada) de *doidivana* movimentação imperial em busca das cláusulas sociais, cuja primeira tentativa limita-se ao singelo *core labour standards* – não se distancia de um *quantum satis* natural e *involuntário*, se fruto da alta demanda por trabalho (alto contingente em busca de emprego), ou mesmo *voluntário*, se conseqüência das políticas nacionais de conquista de mercado (maiores vendas em busca de receitas), sendo então, um fator essencial para o desenvolvimento do Estado.

A exigência no estrangeiro por certos salários mínimos diferentes daqueles normatizados na realidade doméstica provocaria *"d'énormes distorsions de la structure salariale dans les pays exportateurs à bas salaires (...) [qui] provoquerait, dans l'ensemble du monde, une hausse des prix à la consommation probablement supérieur à celle des gains nets perçus par les travailleurs dans les payy à bas salaires"*[475]; também, admitir que os simples salários baixos (ou *exageradamente* baixos) correspondem a uma concorrência desleal por parte da empresa e do país promotores não parece revestir de muita correição[476], pois, além de arbitrária, a definição do *quantum* "não baixo", em desatenção às desigualdades regionais, desconsidera os efeitos provenientes de um *não-salário* ou de um *sub-salário*. Outrossim, qualquer proposta de nivelamento ou padronização salarial, ainda mais entre Estados "extrablocos", desrespeita e consegue *"minar fundamentos do comércio internacional e a defender um proteccionismo descarado"*[477].

---

[475] Cf. EDGREN (1979:559).

[476] Nas palavras de FRIEDMAN (1980:56), *"isso é simplesmente concorrência de mercado"*.

[477] Cf. CUNHA (2001:11). Como visto, ainda que nos espaços de integração – pretensamente uma área na qual se busca uma máxima aproximação entre os Estados –, medidas de uniformização salarial são de difícil concretização, pois, como se depreende da RIT (1964:494), há o maior problema do "nível" a ser adotado, uma vez que *"si l'on fixe des normes selon leslquelles la main-d'oeuvre des pays pauvres ne seront pás em mesure d'adopter ces normes; si l'on fixe les normes à des niveaux que les pays pauvres ont les moyens d'adopter, elles seront à tel pointen dessous des normes de rémunération des tra-vailleurs des pays riches, qu'elles ne donneront pas satisfaction à ceux qui se plaignent de ne pouvoir soutenir la concurrence que permettent des normes du travail exagérément basses"*.

O raciocínio defensor da necessidade e da viabilidade desta convergência salarial tem por supedâneo *(i)* o fato dos trabalhadores não estarem sendo protegidos (financeiramente) à altura dos demais trabalhadores ou mesmo dentro de um "mínimo" correto e, também, *(ii)* a necessidade de uma harmonizável relação entre os Estados, de modo que não exista deslealdade na competição pela prática de salários dessemelhantes.

Contudo, em face do primeiro argumento, não basta inferir se os trabalhadores dos PED beneficiam-se, por força da legislação nacional, de uma proteção financeira idêntica ou pelo menos bastante similar à prevista no Estados desenvolvidos, pois é irrefragável a discrepância entre os salários praticados em cada Estado; é necessário, para efeitos de comparação, vislumbrar a situação dos trabalhadores na sua globalidade[478], das oportunidades oferecidas no ambiente doméstico e, principalmente, das escolhas a serem feitas pelos trabalhadores dos PED; outrossim, em alguns desses países – mormente no Leste asiático – já se percebe um considerável (e rápido) aumento nos salários dos trabalhadores locais, como resultado da livre fruição do livre comércio internacional, do pleno gozo das vantagens concorrenciais e da prática de eficientes políticas públicas.

Nesta senda, exsurge a questão da relação (ou, mais uma vez, *escolha*) entre a pobreza que vem do trabalho e a pobreza que vem do desemprego, ao se buscar o equilíbrio social entre o dilema da existência dos *working poors*, pobres que trabalham, ou, por outro lado, dos miseráveis que ficam *a mercê* dos sistemas de auxílio governamentais, verdadeiros *"hospitais de caridade"*[479]. Em uma primeira (e por ora definitiva) análise, julga-se a proeminência do trabalho ante ao desemprego e/ou à marginália, pois, ao lembrar das palavras de IGNACY SACHS (2004:185), *"cette personne sont beaucoup trop pauvres pour se permettre de ne pas travailler"*. Ademais, deve-se também analisar (e já propor) a readapta-

---

[478] Da lição de KRUGMAN (1999:92), *"por que a imagem de um indonésio costurando tênis por sessenta centavos de dólar a hora evoca sentimentos tão mais compungidos do que a de outro indonésio num minúsculo pedaço de terra ganhando o equivalente a trinta centavos de dólar por hora para alimentar a família – ou a de um filipino cavoucando o lixo num vazadouro público?" A resposta, suponho, é algum tipo de escrúpulo. Ao contrário do lavrador faminto que luta pela subsistência, as mulherres e crianças na fabrica de tênis estão trabalhando por salários de escravo 'para o nosso benefício' – e a situação faz com que nos sintamos impuros e assim surgem as exigências moralistas por normas trabalhistas internacionais".*

[479] Cf. MINC (1999:119).

ção desses *poor wages* – como também do enorme contigente de *working poors* dispersos e independentes do desenvolvimento pátrio – no atual cenário global, seja com o alcançamento de salários e condições laborais regionais mínimos e eficientes, seja, principalmente, como um modo mais avançado, embora bastante atual, de amenizar a pobreza crônica ou de contrabalançar o desequilíbrio e reequilibrar as desigualdades (também crônicas) entre os dois mundos existentes nos próprios PED (e, por que não, em certos Estados já desenvolvidos), sob o prisma de renovados padrões globais para a satisfação das necessidades pessoais e familiares imprescindíveis – *"genuinamente humanas e coletivamente sociais"* –, as quais certamente abstraíriam, se coletivamente intentadas, qualquer *"processo de reificação das necessidades"*[480].

No tocante à segunda questão – além da própria razão de ser do comércio internacional, como mote à realização das vantagens compartivas entre os Estados, dentre as quais se incluem os salários e os demais custos sócio-laborais – vem à tona a emblemática questão de saber se a convergência e a igualdade entre os países advirão, de modo mais célere, equilibrado e afável, da centralização dos esforços na vertente econômica, ou, pelo contrário, primando-se pelos aspectos sociais. Não obstante de árdua consolidação resolutiva, o entendimento particular (e quase universal) tendencia para, obviamente, a realização de uma viagem conjunta e parelha, ainda que lenta, pois não se espera que qualquer uma das opções, tomadas isoladamente, redundem em benefícios globais.

Por fim, ainda que fique a quase certeza da impossibilidade de prosperar qualquer pleito central-hegemônico no tocante à prática de um nível universal de salário, não se fez por demais ratificar a total incoe-

---

[480] Cf. GUSTIN (1999:86), ao afirmar, na esteira de KARL MARX, que este processo faz com que as necessidades se tornem *"um poder estranho ao indivíduo, com um caráter abstrato e isolado"*. Assim, neste momento, quão importante à lição marxista de que *"a so-ciedade ideal é aquela na qual as pessoas são ricas em necessidades e ricas quanto à satisfação dessas necessidades"*, é a sua busca pela *"necessidades genuínas"*, e, se ainda observada de modo não-global, mas regionalizado – e especificamente no tocante ao ambiente sócio-econômico dos PED –, não se pode olvidar de que *"as próprias necessidades naturais de alimentação, roupa, aquecimento, habitação etc., variam de acordo com as condições climáticas e outras condições físicas de cada país; demais, o número e a extensão das chamadas necessidades imprescindíveis [desejos necessários] e o modo de satisfazê-las são produtos do desenvolvimento histórico e dependem, por isso, de diversos fatores, em grande parte do grau de civilização de um país"* (GUSTIN, 1999:08).

rência e a plena incorreição caracterizadoras da tentativa de implementação das cláusulas sociais que, obliquamente, buscam assentar o terreno jus-normativo e promover uma (i)legal previsão normativa internacional definitivamente extirpadora das vantagens comparativas dos países periféricos mediante a padronização salarial expressa em um instrumento multilateral de comércio cuja máxima competência será conservá-los em eternas "vias" de desenvolvimento.

4.2. DOS PROTAGONISTAS: INDUTORES, ISOLANTES E INTERMEDIÁRIOS

> Vivemos num lusco-fusco da consciência, nunca certos com o que somos ou com o que nos supomos ser. Nos melhores de nós vive a vaidade de qualquer coisa, e há um erro cujo ângulo não sabemos. Somos qualquer coisa que se passa no intervalo de um espetáculo; por vezes, por certas portas, entrevemos o que talvez não seja senão cenário. Todo o mundo é confuso, como vozes na noite.[481]
>
> FERNANDO PESSOA

4.2.1. Dos Motivos Direcionais

A defesa da concorrência não se realiza de modo uniforme entre os Estados, o que denota um aparente contraste entre o reforço das regras de competição internacional e a liberdade de acesso aos mercados, mormente se expostas as propostas e os objetivos dos grupos de países vigentes – desenvolvidos (ricos) e em desenvolvimento (pobres) – que extrapolam a mera proteção de um sistema econômico, embora nada desprezível quando se trata da tutela de setores vitais e estratégicos da economia, para se revelar uma opção ideológica nacional.

De certeza, o dumping e a cláusula sociais têm a falta de consenso quanto à sua inclusão nos acordos e tratados comerciais multilaterais, uma vez que, em um mundo plural e progressivamente mais democrático, as antigas vozes *monotônicas* dos países hegemônicos e desenvolvidos enfrentam o firme contraditório dos países periféricos e em desenvolvimento, sempre sob a regulação e a intermediação dos organismos internacionais que, hodiernamente, alcançam um papel fundamental no cenário mundial.

Da mesma forma, a instituição cada vez mais freqüente de agregados político-econômicos faz com que, regionalmente (*comunitariamente*), esse confronto assuma a condição de próprio sustentáculo das relações intranacionais, essencial para um progresso equânime dos Estados-membros. No caso específico da UE, por exemplo, é inolvidável a ciência da impossibilidade de se manter uma verdadeira coesão sócio-econômico--institucional entre todos os participantes da UE no caso dessa apresentar--se enferma por subdivisões, ou, sobretudo no caso de perdurarem, ainda que na obscuridade, certas medidas restritivas ao pleno funcionamento e real equilíbrio do conjunto pentangular de liberdades – circulação de pes-

---

[481] FERNANDO PESSOA, in "Livro do Desassossego".

soas, de empresas, de mercadorias, de serviços e de capitais -, caracterizado como pedra comunitária fundamental em face das suas essencialidades e cujo supedâneo é o próprio princípio da "liberdade econômica".

Como já afirmado, no âmbito do comércio internacional o tema é bastante controvertido, a existir argumentos favoráveis e contrários a sua inserção nos tratados multinacionais. Dentre os que defendem a sua inclusão no âmbito da OMC destacam-se os EUA, a França, a Alemanha, os países escandinavos e os países do *Benelux*. Esses países desenvolvidos argumentam que as disparidades nos custos de mão-de-obra consubstanciam uma espécie de dumping, contrária à regra da competitividade no livre comércio e que requer uma harmonização-uniformização de custos laborais. Por outro lado, os países em desenvolvimento – dentre os quais sobressaem a Índia, a China, o Brasil e alguns países africanos – se mostram contrários à tese da inclusão de padrões sócio-trabalhistas nas normas da OMC, e defendem tal posição argumentando que se trata de uma forma de protecionismo dos mercados dos países desenvolvidos diante da forte crise na produção, e, por conseguinte, nos empregos. Ademais, argúem ainda que a OIT consiste no foro competente para tratar dessa matéria, e não a OMC. Neste interposto, portanto, exsurgem com sublinhada acuidade estas duas organizações internacionais, OMC e OIT, como mediadoras – e, muito mais, pois assumem a condição de reguladoras, fomentadoras e tuteladoras – da questão em tela.

Destarte, analisar-se-á, brevemente, o papel desempenhado por tais agentes – e, repita-se, com particular cuidado à situação existente no maior e mais exitoso bloco mundial, o qual, por ora, não consegue ajustar a proposta convergente no seu âmbito interno – de modo a melhor ilustrar certas peculiaridades que sustentam os respectivos propósitos.

4.2.2. Da Postura dos Estados

Impinge-se que a globalização traz em seu percalço a tese de desconsideração ou minimização do papel dos Estados, em uma divinização das empresas transnacionais, como se estas transcendessem os Estados, ora em crise[482]. Entretanto, esses continuam a se valerem de

---

[482] Como preclara IANNI (2004:244), dentre os objetos das ciências sociais que sofrem uma espécie de *obsolescência* está o "Estado-nação", não na medida em que poderá deixar de existir, *"mas que está realmente em declínio, passa por uma fase crítica, busca reformular-se"*, pois *"as forças sociais, políticas, econômicas, culturais,*

uma posição crucial no desenvolvimento das nações, das suas empresas e da sua gente, pois será no Estado que as vantagens competitivas essenciais das empresas serão criadas e mantidas[483] e que a segurança das pessoas será preservada, via estratégias e políticas públicas que otimizem a produtividade, distribuam de modo harmônico os recursos auferidos e sustentem o desenvolvimento. Ademais, está fundamentalmente assente no papel estatal o estabelecimento e a previsibilidade de regras e normas comerciais, a legislação dos direitos de propriedade, o registro do uso e da transferência de tecnologia, a prática de taxas de juros e de câmbio estáveis e confiáveis, enfim, circunstâncias nacionais que fazem parte das condições de existência das grandes corporações, as quais se constroem no planejamento e não na incerteza ou na volatilidade interna, razões que, para tal ordem internacional, os Estados nacionais ainda desempenham uma função primordial e decisiva[484], não obstante hipossuficientes em certa perspectiva do mundo global, o que os torna ávidos pela cooperação (e pelo apoio) dos demais atores internacionais e *não-absolutistas*.

Esse papel estatal, portanto, aparece intimamente ligado ao tema das cláusulas sociais – e da relação entre comércio e normas sócio-laborais internacionais –, o qual parece reacender uma polarização entre o Norte e o Sul, o Ocidente e o Oriente, de modo a caracterizar-se como uma disputa de vontades, de concepções e de ideologias mundanas, mas, principalmente, de economias, na qual a estrutura norte-ocidental busca resgatar, manter ou progredir a sua situação econômica, enquanto os países sul-orientais intentam atingir o desenvolvimento econômico e social.

---

geopoliticas, religiosas e outras, que operam em escala mundial, desafiam o Estado--nação, com sua soberania, como o lugar da hegemonia – sendo assim, os espaços do projeto nacional, seja qual for sua tonaldiade política ou economica, reduzem-se, anulam-se ou somente podem ser recriados sob outras condições".

[483] No entendimento de PORTER (1989:20) – o qual usa o termo "nação sede" –, *"o papel do país sede parece ser tão forte quanto sempre foi (...) embora a globalização da competição possa, aparentemente, tornar a nação menos importante, em lugar disso parece fazê-la mais importante [pois] com menos impedimentos ao comércio para proteger as empresas e indústrias internas não-competitivas a nação sede adquire significação crescente, porque é fonte do conhecimento e da tecnologia que sustenta a vantagem competitiva".*

[484] Como prescreve FURTADO (2003:41), *"toda medida que se venha a tomar, no sentido de enfraquecer os governos como centros políticos capazes de interpretar as aspirações nacionais e de aglutinar as populações em torno de ideais comuns, resultará na limitação das possibilidades de autêntico desenvolvimento na região".*

4.2.2.1. Das Estruturas Hegemônicas e Desenvolvidas

Revisitar, ou fomentar, a contenda em torno das cláusulas sociais como condição plausível às trocas comerciais constitui, quase unanimemente, privilégio dos países desenvolvidos, os quais, pelo viés das suas hegemonias político-econômicas, pretendem abduzir, também na esfera social – com pretensões morais e altruístas – os demais países.

Da lição de SAMUEL GUIMARÃES (1999:27) depreende-se que a *estrutura hegemônica*, em cujo âmago sempre estão Estados nacionais e desenvolvidos, não se individualiza em um único "Estado hegemônico", mas, consubstanciada sob a *"dinâmica dos ciclos de acumulação capitalista e das relações entre o grande capital privado e o Estado e entre tecnologia, forças armadas e sociedade"*, forma um conjunto complexo de forças dominadoras – de "Estados dominadores" – que desenvolve *"ativas estratégias de preservação de seu poder econômico, tecnológico, político, militar e ideológico"*, de modo a garantir e consolidar a sua posição no cenário internacional[485].

Desses países sempre se observou o gosto pela geração e difusão das ideologias particulares e que, sustentadas na simples criação (*cooptação*) de estruturas internacionais aparentemente multilaterais, procuravam apenas fantasiar um ideal imparcial e multilateral para tornar legítimas e justificáveis a prevalência dos seus anseios e interesses.

Aos poucos, isso mudou – e se quer (ou se reluta em) crer nisso. Estes países, individualmente ou em blocos (e sempre sob a estrutura hegemônica), deparam-se com irresistíveis problemas de estagnação econômica e desemprego, retumbantes do processo de globalização que modifica os paradigmas de comércio e de trabalho. A realidade de um (ainda não muito) livre comércio multilateral – responsável por uma globalização –, e das novas relações de trabalho – clementes por uma tuitiva-flexibilização – inauguram uma nova fase de oportunidades e de necessidades mundiais. Assim, ajustados a esses dois aspectos, os países desenvolvidos vêem uma ameaça a se aproximar do Sul e do Leste, uma enorme nuvem de gafanhotos a ocupar um espaço não mais exclusivo e

---

[485] GUIMARÃES (1999:29) afirma que *"o conceito de 'estruturas hegemônicas' é mais flexível e inclui vínculos de interesse e de direito, organizações internacionais, múltiplos atores públicos e privados, a possibilidade de incorporação de novos participantes e a elaboração permanente de normas de conduta (...) [e] evita discutir a existência – ou não –, no mundo pós-guerra fria, de uma potência hegemônica, os Estados Unidos, e determinar se o mundo é unipolar ou multipolar, se existe um condomínio ou não"*.

que começa a ocupar (ou substituir) a mão-de-obra doméstica, ora padecida pela (ainda lenta) profusão de produtos intensivos em trabalho daquela região que inicia discretas conquistas de mercado ou, maiormente, pela (progressiva) deslocalização ou exteriorização de trabalho promovida pelas empresas (até então) "nacionais" e pelos *foreign direct investments* (FDI) promovidos pelos capitalistas internacionais.

Em face deste atual cenário mundanal, no qual há vestígios de uma finalmente plena liberalização das economias, esses Estados – e suas indústrias, seus sindicatos e sua população em geral – indagam sobre o próprio futuro, com o temor do enfrentamento de desagradáveis conseqüências como saldo dessa (crescente) abertura mundial, às vezes indiferente (e audaz) às situações historicamente imutáveis.

Diante disso, exsurgem duas alternativas para os países desenvolvidos: *(i)* um esforço pujante e contínuo de adaptação estrutural ou, então, *(ii)* um exercício permanente de pressão sobre os PED, de modo a aproximar as estruturas de custos entre os dois grupos[486]. Destarte, como a primeira opção requer maiores sacrifícios a curto prazo, principalmente políticos, adota-se o outro caminho, que externaliza a culpa pelo *fracasso* interno para reconsiderar como um estratagema hegemônico (ou revelar-se como um ideal altruísta) a proposta de inclusão de cláusulas sociais nas relações multilaterais sob a égide da OMC, a fim de regular o fluxo de mercadorias cuja produção não respeite normas e padrões sócio--laborais mínimos, a impor sanções àqueles países inadimplentes ou "não-padronizados" – em maior parte provenientes da periferia, *locus* de uma mão-de-obra pouco onerosa, de sistemas sócio-laborais tênues e flexíveis e, portanto, de mercadorias *à bon marché* – de modo a não prejudicar as indústrias do centro (*e a tutelar os trabalhadores da periferia...*), respeitosas e mantenedoras de altos padrões sociais e trabalhistas que os vitimariam duplamente: da concorrência dos PED, com os seus produtos, e do próprio Estado, com a sua rigidez normativa[487].

---

[486] BRAND *et* HOFFMANN (1994:07), entretanto, não descartam a dupla possibilidade, ao asseverarem que *"les syndicats allemands, pour leur part, essaient de concilier dans leur discours les deux branches de l'alternative".*

[487] Entretanto, sabe-se que existe um mútuo e recíproco interesse entre o Estado e as indústrias. Na dicção de GUIMARÃES (1999:27), *"(...) os interesses econômicos das grandes empresas sempre estiveram vinculados aos Estados, de uma forma ou de outra, desde o Comitê dos XXI da República Holandesa até as grandes companhias inglesas de comércio e às corporações transnacionais americanas de hoje"* – eis, logo, a vontade nacional em deter, mediante uma "cláusula social", a concorrência das indústrias estrangeiras.

Assim, esses países, ainda que não absolutamente malcomportados, alegam que o ônus para os países ingressarem no liberal e multilateral mercado mundial das trocas comerciais reside na contrapartida das mesmas regras sociais de competição.

Antes disso, como outrora exposto, salienta-se que a necessidade desta inter-relação entre comércio e padrões sócio-laborais já se faz questão antiga, como reflexo dos efeitos sociais da Revolução Industrial e da intensificação das relações comerciais sobre a base de manufaturas e da mão-de-obra assalariada[488]; logo, a idéia da adoção de tal instrumento de controle como meio (in)capaz de regular a voltagem entre comércio internacional e normas (padrões) de trabalho apenas poderia ter mesmo partido dos países desenvolvidos.

Ademais, insta dispor que as práticas unilaterais de "cláusula social" já não são inusuais pelos Estados desenvolvidos, e, capitaneados pelos EUA[489], constitui uma prática preponderante e habitual de sua política internacional[490]. Afora o "Sistema Geral de Preferências" adotado por

---

[488] Embora não se queira insistir nesta argumentação, também não se pode esquecer que o desenvolvimento industrial dos países primeiro-mundistas, entre os séculos XIX e XX, realizou-se, dentre outros fatores, com base no desprezo (na minimização ou negação) dos direitos sociais dos seus trabalhadores, sensivelmente prejudicados na transição para o sistema assalariado e, depois, assalariado-fordista, mas cujo papel ajudou na construção de desenvolvidos, sólidos e promissores Estados.

[489] Como assevera CHOMSKY (2003:267), *"metade da população mundial (...) está sujeita a sanções unilaterais por parte dos Estados Unidos, o que é uma forma de coerção económica que, mais uma vez, mina gravemente a soberania e tem sido repetidas vezes condenada, mais recentemente pelas Nações Unidas, como inaceitável, mas sem qualquer efeito"*.

[490] BHAGWATI (1991:25) oferece três tendências distintas desta política estadunidense: *i)* a busca de *"concesiones comerciales unilaterales por parte de otros países"*; *ii)* a não-submissão *"a los procedimientos que se aplican a los demás países para determinar la existencia de posibles violaciones de los derechos comerciales propios"*; e, *iii)* a definição de *"nuevas prácticas de 'comercio desleal', y consecuentemente de nuevas disciplinas y derechos comerciales, mediante el empleo de especificaciones unilaterales y de amenazas de castigo en caso de incumplimiento"*. Sobre os interesse político estadunidense nas relações comerciais, v. também BROWN et al. (1996:227ss). Entretanto, insta salientar que existem políticas implementadas pelos Estados desenvolvidos em que se observa uma efetiva "cooperação" por parte deles e cujo maior interesse – pelo menos aparente – é o real desenvolvimento dos PED, e, por conseguinte, dos seus padrões sócio-laborais, como acontece no caso da "Convenção de Lomé", realizada a partir de 1975, e renovada a cada cinco anos, que trata do comércio preferencial entre a UE e os PED da África, do Caribe e da Ásia, e em cujo bojo vislumbram-se "princípios gerais" para a elevação daqueles padrões, com a menção à necessidade de garantia de condições satisfatórias de trabalho, sem, contudo, estabelecer qualquer mecanismo de sanção – v. FERREIRA (2004:370ss) e CARVALHO (2002:88).

diversos desses países e que se abastece da vontade das cláusulas sociais, uma vez que a concessão tarifária é invariavelmente condicionada ao cumprimento de padrões mínimos trabalhistas[491], tem-se como casos exponenciais aqueles programas instituídos pelos EUA, o qual faz constar a cláusula social em diversos acordos comerciais[492], como o *Caribbean Basin Economic Recovery Act*[493], a envolvê-lo com os países do Caribe e no qual uma das contrapartidas dos benefícios oferecidos consiste na adoção de regras sócio-laborais em consonância com os padrões trabalhistas reconhecidos e definidos sob as regras estadunidenses do "Programa Geral de Preferências"[494], e a *Overseas Private Investment Corpo-*

---

[491] CHARNOVITZ (1987:645) aduz que para os PED beneficiarem-se do SGP devem promover medidas de modo a *"assurer l'exercice 'de droits des travailleurs reconnus sur le plan international', y compris: 1) la liberté syndicale; 2) le droit d'organizationet de négociation collective; 3) l'interdiction du travail forcé; 4) l'âge minimum d'admission des enfants à l'emploi; 5) conditions de travail 'acceptables' en ce qui concerne le salaire minimum, la durée du travail et la sécurité et l'hygiène"*. Inclusive, como indica CHARNOVITZ (1987:645), a suspensão ou ameaça de retirada da "preferência" já foi acionada diversas vezes pelos Estados Unidos em relação a diversos países, como Etiópia, Paquistão, Maldivas, Romênia e diversos outros países latino-americanos, os quais tiveram seus benefícios eliminados *"en raison d'allégations de violations des droits des travailleurs"* – com um elenco dos países penalizados pelos EUA por descumprimento de padrões sócio-laborais vigentes no SGP, v. CLEVELAND (2003:164).

[492] Na esteira do disposto por SERVAIS (1989:466), VAN LIEMT (1989:481) e RAYNAULD et VIDAL (1999:10), indica-se o art. 45 do "Acordo do Estanho" (1981), o art. 64 do "Acordo do Cacau" (1986), o art. 28 do "Acordo do Açúcar" (1987), e o art. 53 do "Acordo da Borracha Natural" (1995). Ainda, FIELDS (2003a:63) afirma que as cláusulas sociais têm também sido objeto de outras investidas internacionais estadunidenses, como o *Multilateral Investment Guarantee Agency* (1987), o *Section 301 of the Omnibus Trade and Competitiveness Act* (1988), o *Andean Trade Preference Act* (1991) e o *Section 599 of the Foreign Operations Appropriations Act* (1992).

[493] Este programa visa promover o desenvolvimento econômico da América Central e do Caribe mediante iniciativas do setor privado estadunidense, e, em contrapartida, expandir os investimentos domésticos e estrangeiros em setores não-tradicionais, a diversificar as economias centro-caribenhas e aumentar as suas exportações.

[494] Nos termos do *U.S. Generalized System of Preferences* (in <www.ustr.gov/reports/gsp/contents.html>), os benefícios oferecidos apenas serão mantidos se, dentre outras disposições, o Estado beneficiário *"ensure internationally recognized worker rights, which include the following: right of association; right to organize and bargain collectively; prohibition of any form of forced or compulsory labor; minimum age for child employment; acceptable work conditions regarding, for example, minimum wages, work hours, and occupational safety and health standards"*. Como conseqüência das regras deste sistema, BATISTA (1994:42) lembra que diversos países já foram alvo das investidas estadunidenses: *"nos primeiros anos foram excluídos ou suspensos [do SGP],*

ration (OPIC), agência independente do governo estadunidense que proporciona financiamento e seguro de riscos políticos às empresas americanas que investem em países em desenvolvimento, que também se encarrega de exigir em suas concessões financeiras às empresas financiadas que estas tenham *"l'obligation de vérifier avant d'accorder ses financements ou ses garanties, l'application locale des normes sociales internationales"*[495].

Estes países, munidos por seus industriais – embora esses possam por vezes assumir uma posição contrária às cláusulas –, também procuram congregar e atender aos pleitos sindicais – talvez em rara congruência de interesses, pelos quais também se juntam os sindicatos e as organizações não-governamentais dos PED[496] –, e exercer uma pressão cada vez maior e mais constante sobre os Estados, como ocorre nos EUA com a *American Federation of Labor* e a *Congress of Industrial Organizations*, no Canadá com a *Confederation of National Trade Unions*[497] e na Europa com a "Confederação Européia de Sindicatos" (ETUC)[498];

---

por exemplo, a Romênia, o Paraguai e a Nicarágua (...) denúncias contra o Chile, Coréia do Sul e Taiwan não tiveram o mesmo acolhimento (...) o mesmo se deu mais recentemente em relação a acusações feitas a Costa Rica e ao Paraguai".

[495] Cf. LE GALL et AUSSILLOUX (1999:04).

[496] Lembra-se que os sindicatos e as organizações não-governamentais dos PED consistem em instituições favoráveis a implementação das cláusulas sociais, como adverte LEARY (1996:178) ao afirmar que *"human rights activists and organizations both in the North and South have joined with trade unions in promoting the social clause"*.

[497] CHARNOVITZ (1987:639) indica que os EUA, já em 1881, por intermédio do órgão predecessor da sua *"American Federation of Labour"* (AFL), insistia com o Congresso Nacional para que esse adotasse as medidas legais necessárias para dar às indústrias nacionais *"une protection pleine et entière contre la main-d'oeuvre à bon marche de pays étrangers"*, sendo que mais tarde, o pedido de equalização dos custos fora inscrito nas leis sobre tarifas aduaneiras de 1922 e 1930, permitindo a adoção de direitos aduaneiros a fim de igualizar as diferenças de custos entre o produtos estrangeiro importado e o similar nacional. Entretanto, o autor vem confirmar que *"cette disposition s'appliquait à tous les facteurs de production, et non pas uniquement à la main-d'oeuvre"*. Ainda, JACINTO (2002a:647), ao trazer à baila a tradição reivindicativa dos sindicatos historicamente manifestada nas suas propostas *"exclusivamente nacionais, que envolvem um certo grau de pressão política"*, demonstra o exemplo dos EUA em dois momentos: quando, em 1943, o *Congress of Industrial Organization* propôs a celebração de um tratado internacional que impusesse condições justas de trabalho, e dois anos depois, quando a *Textile Workers Union of America* recomendava que a *Conferência de São Francisco* adoptasse um "código internacional de práticas de trabalho justas", a ser incluído na Carta das Nações Unidas.

[498] V. CHARNOVITZ (1987:575).

ademais, hodiernamente, tais reivindicações transcendem o âmbito sindical nacional (ou comunitário), e a própria "Confederação Internacional dos Sindicatos Livres" (ICFTU) já desenvolve estudos a fim de lograr êxito e tornar eficaz o seu pleito, de modo a *"desvelar o carácter vazio de afirmações grandiloquentes e solenes"*[499].

Assim, diante de tais pressões e entendendo como insuficientes as regulamentações ("imposições") unilaterais e o *modus operandi* da OIT, os países desenvolvidos – e de modo mais incisivo os EUA e a UE – procuraram, no momento de cristalização da OMC[500], convencer os demais Estados-membros da necessidade-viabilidade de ser instrumentado, como uma das regras daquela organização, uma "cláusula social" – na sua forma *negativa* – a ser expressa no próprio corpo normativo-constitucional do Acordo. Em suma, o pleito (pretende) ter guarida na necessidade de ser consolidada a confiança dos Estados no regime de comércio internacional promovido pela OMC, de modo que seja regulamentada (e sancionada) qualquer possibilidade de concorrência desleal (pela prática do "dumping social")[501] e de abuso dos direitos fundamentais do trabalho.

Dentre estas duas preocupações, ressalta-se o temor pela *"race to the bottom"* dos padrões sócio-laborais, ou seja, o contínuo declínio das condições e dos níveis de trabalho nos Estados desenvolvidos como reflexo do comportamento dos seus concorrentes subdsenvolvidos. Entretanto, como já observado, não há qualquer efetiva comprovação de que os Estados confluam no sentido de obter menores padrões sócio--laborais – a própria OCDE admite que *"empirical findings confirm the*

---

[499] Cf. JACINTO (2002a:646).

[500] Como informado, a controvérsia acerca da cláusula social apresenta-se inserida na própria história da OMC, visto que os EUA já tentaram, sem êxito, incluir a matéria no GATT em diversas oportunidades anteriores, como lembra CAIRE (1996:816): o governo DWIGHT EISENHOWER já havia proposto emendar o próprio GATT, com a introdução de uma cláusula social; a administração JIMMY CARTER, durante o *Tokyo Round*, propôs a adoção de um "Código de Direitos Trabalhistas"; e, na era RONALD REAGAN, os EUA sugeriram a inserção de direitos trabalhistas na negociação do *Uruguay Round* e a constituição de um grupo de trabalho junto ao GATT.

[501] GRANGER (2005:52ss) demonstra que o desrespeito e a incompatibilidade das políticas e das situações internas com as normas fundamentais do trabalho influenciam e beneficiam estes Estados incautos, na medida em que *"les résultats obtenus permettent en outre de préciser le sens de cette influence: toutes chose égales par ailleurs, la violation des normes fondamentales par les pays du Sud a un impact positif sur le commerce Sud-Nord – autrement dit, même si c'est au prix d'une allocation non optimale des ressorces, la violation des quatre normes fondamentales permet d'accroître les échanges"*.

analytical results that core labour standards do not play a significant role in shaping trade performance"[502] – e até mesmo pelo fato de que *"the general consensus among researches in this area is that technical change, not trade with poor countries, has driven the overwhelming bulk of the pressure on the unskilled"*[503].

Sob tais alegações, desenvolvidas para justificarem a implementação das cláusulas sociais, JAGDISH BHAGWATI (2001:02) analisa-as sob dois aspectos motivacionais: *(i)* um, residente em *"egoistical or self-interest-driven motives"*, a refletir o temor de que, ausente tal cláusula, entrem em colapso os salários e os padrões dos trabalhadores nacionais; e, o outro, *(ii)* em um *"altruistic motive"*, relacionado à necessidade de serem melhorados os padrões sócio-laborais ao redor do mundo. Porém, ambos são rasos em convincente e válida fundamentação[504], principalmente no tocante ao rebaixamento dos salários (e das demais condições sócio-laborais) dos países centrais ser consequência das livres trocas comerciais com a periferia.

Destarte, em que pese a pertinácia dos países desenvolvidos – e dos sindicatos e das organizações não-governamentais mundiais –, os diversos resultados auferidos das Reuniões e dos Acordos promovidos pela OMC são, por ora, taxativos no tocante ao não-cabimento e à inconveniência dessas medidas no seio da sua organização.

4.2.2.2. Dos Países Periféricos e em Desenvolvimento

Os Estados periféricos englobam um vasto, diversificado e mesmo extremado grupo. Todavia, em linhas pretéritas se aproveitou para justificar a extensão de toda essa pluralidade em um único conjunto de "países em desenvolvimento" (PED), representado pelas sociedades periféricas do planeta que vivem em um estado de subdesenvolvimento[505], caracte-

---

[502] Cf. OCDE (1996:105).
[503] Cf. OMC (2004a:12).
[504] Como BHAGWATI (2001:03) destaca, *"if it were justifie, the mechanism would have to be the falling (relative) prices of labour-intensive goods (such as textiles and shoes) in world trade; but, through the 1980s, these prices appear to have risen instead!"*
[505] Nas palavras de FURTADO (1974:75ss), esse subdesenvolvimento constituiria uma projeção da *"miniaturização"* nos países periféricos de sistemas industriais de países do centro, com alto grau de acumulação, acompanhada da diversificação das pautas de consumo de sua minoria privilegiada. Eis, então, o acompanhante alternativo dos PED, em caso da pobreza generalizada: a crítica desigualdade e disparidade de classes, uma vez

rizadas *"por uma elevada pressão demográfica, por instituições políticas e sociais desactualizadas, pela hipertrofia do sector primário, por baixo rendimento da mão-de-obra, por má distribuição do rendimento global, por reduzida diversificação de produções e, sobretudo, de exportações, por escassez de capitais"*[506] e que pretendem iniciar (ou continuar em) um processo de "afirmação inclusiva" impulsionado pelo literal, devido e equilibradamente livre comércio internacional, o qual as possibilitariam – algumas mais, outras menos – ingressar no curso do desenvolvimento e, assim, se afastar da atualmente indubitável condição periférica. Dessarte, dentre as definições e pretensões apresentadas – e já sem desprezar as características supramencionadas –, segue-se, conjugada à via residual, com a quase-definição oferecida pelo GATT (Artigo XVIII), o qual entende um país em desenvolvimento como aquele *"cuja economia pode garantir à população somente um baixo padrão de vida e está nos estágios iniciais de desenvolvimento"*[507].

Ciente do embate a subsistir nas idéias de *"etapas"* (ROSTOW) ou de *"deformação"*[508] do desenvolvimento, nota-se a evolução – lenta, mas crescente – de diversos países periféricos no cenário internacional como possível fruto da forma com que a liberalização das economias e as organizações internacionais impõem-se nas relações multilaterais e, principalmente, do modo com que estes Estados periféricos adotaram-implementaram a economia de mercado no seio de suas sociedades, de modo a avançar na sua situação de subdesenvolvimento para, não mais estática, estar "em desenvolvimento". Todavia, sabe-se, não há unissonância para que esse desenvolvimento alcance patamares universais[509], tendo em vista que o progresso dos países periféricos é notado como uma "ameaça" ao bem-estar e aos padrões do *Primeiro Mundo*, sendo, logo, "inadmissível" a continuidade dessas políticas comerciais globais, multilaterais e libe-

---

que a existência destes modelos imitantes de consumo produz uma situação na qual convivem formas heterogêneas de vida, com grupos sociais afluentes (nos quais há uma imitação efetiva dos modelos desenvolvidos de consumo) e grupos sociais submetidos a níveis mínimos de subsistência (e excluídos daquele padrão de consumo).

[506] Cf. MARTÍNEZ (2001:872).
[507] Cf. dispõe o Artigo XVIII do GATT.
[508] Ao enxergar o processo de subdesenvolvimento como um processo histórico autônomo, e não uma etapa pela qual as economias que já alcançaram o desenvolvimento tenham, necessariamente, passado, FURTADO (1974:21) vem admitir, então, que o subdesenvolvimento não é uma fase inevitável do processo de formação das economias capitalistas, mas, na realidade, uma *"deformação"*.
[509] Especificamente sobre o comportamento estadunidense, v. CHOMSKY (1999, 2003).

rais, cuja postura aparenta a tentativa de ser resgatada a antiga idéia das relações internacionais de comércio constituir um processo de *soma zero*.

Assim, neste momento em que as regiões mais pobres do mundo iniciam uma maior participação no comércio internacional – a lhes permitir, se sustentada, a consolidação de um processo condutor ao desenvolvimento –, o estratagema das cláusulas sociais serve como instrumento de freagem para conter o decrescente *market share* dos países desenvolvidos observados especialmente nos últimos cinco anos[510], preservando os mercados desses Estados.

Com a imposição de cláusulas sociais e a erosão das vantagens concorrenciais dos PED, causada pela sobrevalorização dos custos sócio-laborais internos, obstaculizando o fluxo de indústrias (deslocalização) para os seus limites e retirando dos seus produtos qualquer margem de competitividade, retoma-se à situação de extrema bipolarização – entre Primeiro e Terceiro Mundos – desfavorável a um processo de reequilíbrio nas relações internacionais. Assim, entre outras remissões passiveis de serem feitas, GIJSBERT VAN LIEMT (1989:477) consegue sintetizar *la raison d'être* e *le resultat* do citado instrumento sob o ponto de vista dos PED, nos termos em que *"la préoccupation des pays développés quant aux conditions de travail est due surtout à leurs succès à l'exportation et aux pressions croissantes en faveur du protectionnisme suscitées par le niveau élevé du chômage dans les pays importateurs (...) qui pourrait entraver leur développement industriel et les priver de l'un de leur advantages comparatifs essentiels: leur aptitude à utiliser de manière productive une main-d'oeuvre bon marché"*.

Portanto, nestes termos, *"muchos países en desarrollo consideran las normas fundamentales del trabajo como parte de un programa de desarrollo más amplio, como objetivo y como principio de desarrollo al mismo tiempo"*[511]; assim, faz-se muito importante para o progresso desses países a possibilidade de aumentar o volume de suas exportações – representado maiormente por bens intensivos em trabalho –, para que assim

---

[510] Como dispõe a OMC (2005:09), *"merchandises exports of North America and Europe, however, expanded not only less rapidly than global trade but also less strongly than their higher priced imports. Asia's merchandise imports also rote faster than exports and more rapidly than world trade. Between 2000 and 2004 all regions increased theirs share in merchandise exports at the expense of North America, a reversal of the developments observed in the 1980s. north America, that had increased its share in world exports between 1990 and 2000 by almost three percentage points, lost nearly five percentages points in its share over the last four years"*.

[511] Cf. OIT (2004:104).

possam pagar as suas importações – em regra de produtos intensivos em tecnologia –, as quais consolidarão um novo ambiente interno, propício para o crescimento, pois significará melhores empregos e rendimentos aos seus cidadãos, e para o desenvolvimento, pois permitirá a construção de firmes bases domésticas aptas para oferecer à população melhores condições de vida.

Nos países asiáticos – local onde há maior preocupação dos países desenvolvidos, seja pelo critério da competitividade (concorrente em potencial, com progressivo crescimento, alta penetração nos mercados ocidentais e freqüente destino na deslocalização de indústrias), seja pelo critério da filantropia (contraventor em potencial, assiduamente alvo de reclamações e denúncias como centro principal de abusos contra os direitos humano-laborais) –, tem havido um grande avanço no tocante à efetivação e à promoção das normas e dos padrões sócio-laborais, com um severo acompanhamento dos Estados e das organizações internacionais e não-governamentais[512].

Diante disso, a posição desses países assenta-se no fato da melhoria das condições de trabalho – e dos padrões sócio-laborais – somente ocorrer com o desenvolvimento nacional, preliminarmente estabelecida nestes próprios padrões, que, mais baixos, representam um relevante fator na competitividade internacional, afinal, *"it makes sense that stagnant economies cannot pull up masses of unemployed end underemployed poor into sustained, gainful employment and out of poverty"*[513]. Ademais, com a mitigação dessas vantagens concorrenciais e a efetivação das cláusulas sociais, há sérias possibilidades de ocorrer o *"effet-boomerang"*[514] que,

---

[512] Em trabalho realizado para a OIT, no qual analisa amiúde a questão do *core labour standards* nos países asiáticos, MEYER (2000:30) assinala que *"the last five years have seen mixed progress in the ratification of ILO Conventions in Asia Pacific: marked progress in the ratification of fundamental ILO Conventions in the areas of child labour and equality of opportunity and treatment of work; more moderate progress, if at all, in the areas of forced labour and freedom of association"*, sendo que, no tocante aos direitos fundamentais do trabalho, o mais saliente avanço acontece na questão da liberdade de associação e na participação dos sindicatos nas relações laborais.

[513] Cf. OMC (2004a:12), ao expor dois argumentos que sustentam a relação entre comércio internacional, crescimento econômico e redução da pobreza: *"that trade promotes growth, and that growth reduces poverty"*.

[514] Cf. BRAND *et* HOFFMAN (1994:06), que lembram a possibilidade da implementação das cláusulas sociais não produzir os feitos desejados, na medida em que elas podem criar *"un véritable effect-boomerang si des mesures destinées en principe à améliorer la condition sociale des travailleurs devaient entraîner des augmentations de salaires et un relèvement des standards sans rapport avec le niveau et les progrès de la productivité"*.

afora resultar na incapacidade de sustentar (ou promover) o desenvolvimento, pode ser bastante prejudicial aos PED.

Sem dúvida, a concretização de preceitos laborais fundamentais – nomeadamente a limitação do trabalho infantil, a abnegação do trabalho forçado, a não-discriminação e o livre sindicalismo – consiste em ideal de obrigação universal; todavia, o caráter insidioso dessas cláusulas faz com que os PED pretendam a sua *imediata* inconveniência, a exaltar outros foros e outras medidas – de caráter não-econômico – como meios de ser promovido um equilibrado desenvolvimento dos padrões sócio-laborais.

Neste momento, portanto, os PED, que já pagaram *"com a sua dependência, com o seu desenvolvimento impedido, uma parte importante dos custos do desenvolvimento das potências capitalistas e da sua 'sociedade da abundância'"*[515], não podem ver obstaculizada uma provável oportunidade de progresso, assente nas vantagens concorrenciais da sua mão-de-obra[516], seja como destino da deslocalização de indústrias centrais, seja com a própria industrialização, ambas escoltadas num ambiente de livre comércio mundial.

Faz-se evidente que a globalização, unicamente, não poderá significar uma inequívoca *rota* para o desenvolvimento; entretanto, também se sabe que o principal problema, se não combinada à miséria natural – maiormente nos países africanos –, reside na questão da governabilidade e da administração pública, em serem consolidados sistemas políticos que reflitam e favoreçam os interesses de todas as classes e que atuem dentro de parâmetros democráticos efetivos, a retratar sistemas de valores e atitudes que confiram importância às questões de eqüidade e progresso para todos, distante, portanto, das idéias e dos procedimentos públicos eleitos pela classe política dos PED, marcados pela espúria (e vasta) corrupção, pelo clientelismo patriarcal e pela submissão às vontades da vida privada e da riqueza individual.

---

[515] Cf. NUNES (2003c:78).

[516] Este caminho de desenvolvimento adotado por diversos dos PED, baseado inicialmente nas vantagens comparativas dos seus produtos intensivos em trabalho espelha apenas um fator já histórico e representativo das realidades nacionais, como lembra PORTER (1989:631): *"Cada país vive seu próprio e singular processo de desenvolvimento. Nações ricas em recursos naturais, como Suécia e EUA, começam o processo de aprimoramento a partir de uma posição de sucesso internacional em indústrias baseadas em recursos, como ferro e aço, produtos florestais e agriculturas. Os países pobres em recursos, como Japão, Coréia, Suíça e Itália, partiram de uma posição de sucesso internacional em indústrias de bens de consumo finais que usavam, intensivamente, a mão-de-obra, como têxteis e roupas, (...) produtos agrícolas ou relacionados com alimentação".*

Logo, ao lado do justo processo de mundialização, faz-se essencial para os países periféricos a conjugação da *"técnica"* (o uso econômico e socialmente eficiente das vantagens concorrenciais advindas dos custos da mão-de-obra e dos padrões sócio-laborais) e dos *"valores"* (o uso correto e justo da Política e dos instrumentos políticos)[517] como vetores complementários e indispensáveis para o desenvolvimento.

4.2.3. Da Postura da União Européia (UE)

No ambiente europeu, com o final da contenda Leste-Oeste, abriu-se caminho para uma nova espécie de concorrência econômica entre os países, a qual se acompanha de uma nova tendência paradoxal, entre a regionalização e a constituição de macroblocos econômicos e políticos, cuja formação não apenas fomenta o comércio em seu interior como também incrementa as capacidades de seus membros tornarem-se mais competitivos na economia global.

Diante deste processo concorrencial interno, exsurge a problemática de como regular a admistão entre os alargados espaços social e econômico europeu[518], a refletir as "escolhas" (*mutualismo* ou *predatismo*) operadas em vistas de construir uma "Europa Social"[519], circundada pela instauração de sólidas instituições comunitárias e pelos princípios regentes de uma progressiva harmonização de normas sociais, necessárias à realização de uma unicidade de mercados; por outro lado, não se pode olvidar das discrepâncias entre os lados ocidental e oriental – sem, ainda, pretender alargar também para o lado mediterrânico – em todos os aspectos (social, político, econômico etc.).

---

[517] Como expõe FURTADO (1995:05), ao asseverar que a ciência do desenvolvimento preocupa-se com dois processos de criatividade: a "técnica" (*"o empenho do homem de dotar-se de instrumentos, de aumentar sua capacidade de ação"*) e os "valores" (*"refere-se ao significado de sua atividade (...) com que o homem enriquece o seu patrimônio existencial"*), sendo, portanto, fundamental a estreita combinação entre o fortalecimento das instituições e a atividade dos homens, como também ensina PERROUX (1967:12ss).

[518] Sem olvidar que *"o 'social' fez a sua entrada na CE pela via do 'econômico'"* (MOURA, 1995:95).

[519] Nos seus primórdios, não era diretamente esta a proposta européia, cuja *união* perseguia, *a priori*, os aspectos político e, mormente, econômico, para, somente na década de 70, efetivamente ser estudada a plataforma *social* do bloco – acerca dessa evolução temática e da questão da harmonização social no ambiente comunitário europeu, v. MOSLEY (1990:160ss), SAPIR (1995:798ss) e TALAMONA *et* LEGRENZI (2001:239).

Destas relações entre as distintas faces da Europa exsurgem distorções sociais que repercutem no mundo econômico – e vice-versa –, ensejadoras de uma incessante e necessária busca pela convergência[520], mas que, por outro lado, permite levantes protecionistas pretensamente fundamentados em situações desleais de concorrência, provocadas pelos Estados-membros com custos sócio-laborais menos onerosos. Dentre diversas dessas situações percebidas no seio da CE, convém sublinhar a pretensa implementação de cláusulas sociais internas (a ir além de uma "Carta Social") em face do receio de dumping social promovido pelo recente ingresso dos países do leste europeu na União Européia.

4.2.3.1. Da UE no Caso do "Alargamento Vermelho"

4.2.3.1.1. Do Alargamento para o Leste

No interregno de quase trinta anos, cada um dos processos expansionistas anteriormente firmados pela União Européia (UE) proporcionaram, seguramente, desmedidos benefícios aos cidadãos da Europa, novas oportunidades às empresas européias e um poder maior de negociação com os demais blocos e países em matérias e normas políticas, econômicas, sociais e ambientais.

E, após essas bem-sucedidas expansões[521], a Comunidade Européia (CE) vem atingir, pelo seu âmbito e diversidade, o maior alargamento de sempre, com o ingresso dos países europeus centrais e orientais (PECO), denominados comum e genericamente de "países do Leste"[522].

Nos seus primórdios, a UE já compreendia o valor desta nova fase da história da Europa, desenraizada com o colapso do sistema comunista e simbolizada pela queda do muro de Berlim em 1989, tendo, então, a rápida iniciativa de criar novas relações com os países do Leste, elimi-

---

[520] Como afirmam TALAMONA et LEGRENZI (2001:240), a sua história é marcada por *"a long and careful bargaining among different states with different degrees of willingness to accept some supra-national regulation"*.

[521] Tal referência faz indicação aos alargamentos anteriores, especificamente com as adesões de Dinamarca, Irlanda e Reino Unido (1973), Grécia (1981), Espanha e Portugal (1986) e Áustria, Finlândia e Suécia (1995).

[522] Assim, em maio de 2004, sucedeu o maior alargamento da história européia, em termos populacionais e de número de países, com a adesão da Polônia, Hungria, República Tcheca, Eslováquia, Estônia, Lituânia, Letônia, Eslovênia, Chipre e Malta, com a UE passando a congregar vinte e cinco Estados-membros. Insta salientar que em 2007 também ingressam a Romênia e a Bulgária.

nando os contingentes de importação, alargando as preferências comerciais e concluindo acordos comerciais de cooperação e de associação. E, sem deixar de ser lógico, a grande expectativa com o novo grupo de vinte e cinco membros está em tornar o bloco europeu uma área ainda mais forte e com maiores oportunidades de mercado e de trabalho, buscando elevar – e quiçá nivelar – o desenvolvimento dessas novas regiões. Obviamente, exsurge a outra via, ou seja, o modo pelo qual a economia e o trabalho dos países do Leste influenciarão os países ocidentais – e, assim, voltam a emergir os problemas e os desafios a serem enfrentados nos novos espaços econômicos da Europa[523], ainda sob um cenário de transição, embaciado e de pouca luz. Assim, com apreensivas expectativas, todos os cidadãos europeus aguardam as conseqüências desse ingresso dos PECO, os quais provêm de uma longa vivência com políticas ditatório-comunistas e se encontram em situações bastante antagônicas e diversas em comparação aos Estados-membros mais antigos, sejam sócio-econômicas (PIB, IDH, desemprego, inflação etc.) ou geográficas (ilhas mediterrâneas e antigas repúblicas soviéticas ou iugoslava), agravadas pelo fato de, apenas recentemente, esses Estados orientais terem aberto as suas economias e os seus governos.

Certamente, um dos objetivos da integração consiste em permitir a liberdade de acesso ao mercado; porém, não se deve envilecer as circunstâncias enodoadas de irregularidades e causadoras de prejuízos, sérios e substanciais, aos antigos Estados-membros; diante disso, caso esses considerem absolutamente necessária a proteção dos respectivos mercados de trabalho a graves perturbações, ficarão autorizados a fazê-lo, introduzindo restrições temporárias ao direito de trabalhar no seu território. Assim, durante um período de dois anos, cada antigo Estado-membro poderá escolher o seu próprio regime de gestão das autorizações de trabalho a ser aplicável aos cidadãos dos novos Estados-membros, devendo respeitar, ainda assim, determinadas condições[524]. Ao cabo deste lapso, os

---

[523] Ao refletir sobre tal problemática, PORTO (1994:36) afirma tratar-se de *"não apenas uma preocupação nacional, de Portugal e de cada um dos países-membros; a Europa, no seu conjunto, é chamada hoje, e sê-lo-á cada vez mais, a competir com espaços muito difíceis, nuns casos como conseqüência do seu avanço tecnológico e empresarial (exemplos dos Estados Unidos e do Japão) e em outros como conseqüência de disporem de uma mão-de-obra muito mais barata do que a nossa".*

[524] Como, dentre outras, *i)* que a concessão de autorizações de trabalho aos cidadãos dos novos Estados-membros obedeça a condições mais favoráveis do que aquelas aplicáveis aos cidadãos de países não pertencentes à UE, *ii)* que tais medidas não possam ser mais restritivas face àquelas anteriores ao alargamento e *iii)* que as pessoas atualmente residentes na UE possam trazer os seus familiares.

resultados das políticas então adotadas serão examinados pela Comissão Européia que produzirá recomendações e averiguará se os referidos regimes específicos poderão ser reconduzidos por um período adicional de três anos e, caso necessário, por ainda mais dois anos[525].

Nesta senda, todavia, permanece o ressábio acerca das múltiplas e distantes diferenças havidas entre os antigos e os novos Estados-membros, e se tais contrastes não seriam por demais intensos, díspares, complexos e embaraçosos, razões que permitem a retomada do clássico dilema comunitário – um *"verdadeiro 'trade off'"*[526] – pairado entre um maior aprofundamento das relações internas ou uma expansão a novos horizontes.

4.2.3.1.2. Dos Princípios da Concorrência e da Não-Discriminação em Síntese

De modo sumário, e reportando-se ao artigo 3.º do TCE (alíneas *b* e *g*), denota-se que a ordem jurídica comunitária comporta, respectivamente, *"uma política comercial comum"* e *"um regime que garanta que a concorrência não seja falseada no mercado interno"*, sendo esse orientado por regras destinadas ao comportamento das empresas – repousadas sobre os pilares da proibição de acordos prejudiciais ao ideal comunitário (artigo 81 do TCE) e de abusos de posição dominantes (artigo 82 do TCE) – e dos Estados-membros ou autoridades públicas (artigos 86 e 87 do TCE). No entanto, reconhecendo-se a existência de particularidades em determinados (e especiais) setores do *mercado comum* – como o agrícola –, essas regras, aplicáveis automaticamente ao *mercado geral*, necessitam de prévias análises e decisões do Conselho Europeu para a sua aplicabilidade, o que, por um lado, pode permitir certas arbitrariedades e subjetividades quanto à decisão deste caráter "especial" a ser adotado, visando a facilitar os Estados-membros mais antigos à adoção desse argumento como medida protecionista e contrária à unidade política.

Neste diapasão, ainda que existentes esses cândidos redutores à integração, com a instalação de uma política comercial conjugada e o

---

[525] Consoante exposição disponível *in* COMISSÃO EUROPÉIA (2002b).
[526] Cf. Porto (1996:43), embora se refira, diretamente, à existência do *trade-off* entre alargar e aprofundar (*"widening* e *deepening"*) no caso dos recursos orçamentais persistirem insuficientes (no período de 2000-2006 corresponde a 1,27% do PIB), situação à qual entende *"que deva ser dada preferência ao aprofundamento, mesmo no interesse dos países [à época] terceiros (...) podendo ser acompanhada por uma política de cooperação mais estreita"*.

respeito pelas regras concorrenciais[527] granjeia-se um gradual e consolidado aumento dos negócios bilaterais entre os Estados-membros, do qual desencadeará uma série de efeitos e conseqüências salutares para generalidade européia.

Outrossim, entendido como um princípio fundamental da ordem jurídico-econômica da CE e idealizador de uma equilibrada e justa unidade européia[528], a idéia de não-discriminação tem sido objeto de desvelada e prodigiosa análise doutrinária no plano jurídico-comunitário, uma vez que a sua estrutura comporta uma diferença de tratamento entre pessoas com supedâneo em critérios diferenciadores (como sexo, raça ou religião), vazios de razoável ou adequada justificativa.

É manifesta a dificuldade em enumerar todas as alternativas envoltas pelo "princípio da não-discriminação", norteadoras de uma livre circulação[529] e cuja regra comunitária constitui um limite interno à atuação dos poderes normativos, traduzida na exigência de uma igualdade com reporte ao próprio conteúdo da lei. Assim, em geral, há o dever dos Estados-membros de eliminarem *"quaisquer medidas discriminatórias que limitem a livre circulação das pessoas e restrinjam (...) o seu direito de se estabelecer ou prestar serviços no país de acolhimento"* e, igualmente, proibir *"qualquer entrave que se traduza num tratamento diferente"*[530].

A partir do conceito genérico de discriminação exsurge as espécies de "discriminação direta" e "discriminação indireta", sendo ambas condenáveis. Pela primeira, entende-se a situação na qual uma pessoa, por uma razão condenada pelo direito comunitário (raça, sexo, idade, nacionalidade etc.), é tratada *"moins favorablement qu'une autre personne placée dans une situation comparable"*[531]; e, no tocante à segunda, ela corresponde à

---

[527] Como lembram GAVALDA et PARLIANI (1998:217), *"n'est pas la libre concurrence qui est recherchée, d'autant plus que la concurrence non faussée doit être appréciée"*, assertiva essa que justificam com base no artigo 2.º do Tratado de Roma, o qual finaliza que *"la libre concurrence est plus un moyen qu'une fin en soi"*.

[528] O adjetivo é justificado pois *"penetra e comanda toda a construção comunitária, de modo que sem ele o Direito Comunitário, (...) e o seu funcionamento seriam pura e simplesmente inconcebíveis"* (CAMPOS, 1997:394ss).

[529] Cf. CEREXHE (1979:66ss), que procura sistematizar estas restrições em três categorias: *la police des étrangers ("une liberte aussi complete que possible de franchissement des frontières, de séjour et de circulation"), l'organisation des professions* e *la jouissance et l'exercice de certains droits*.

[530] Cf. CAMPOS (1997:399).

[531] Cf. RODIÈRE (2001:157), embora entenda que esta definição *"n'exprime pas clairement le fait que la différence de traitement est en ce cas explicitement ou expréssement, ostensiblement, fondée sur le critère prohibé*.

situação na qual *"une disposition, critère ou pratique apparemment neutre est susceptible d'entraîner um désavantage pour des personnes d'une religion, d'un sexe, d'un age"*[532], ou seja, ainda que não estabeleçam distinções apoiadas diretamente nestes aspectos da pessoalidade, ou sobre a nacionalidade do ente (físico ou jurídico), afetam de modo freqüente ou em razoável proporção os prestadores de serviços comunitários.

Ademais, além da dualidade de discriminações ora verificada, denota-se a postura da CE em desvalidar quaisquer atos ou políticas nacionais infringentes nesta conduta preconceituosa e não permissiva de uma ampla e irrestrita igualdade e liberdade, pois exige que todos os intervenientes no mercado europeu tenham uma igualdade de oportunidades econômicas e não sejam prejudicados por obstáculos "legais" nacionais – vide, inclusive, a imposição de cláusulas *stand-still*[533].

Em que pese a harmoniosa e fidedigna busca por essa igualdade, ainda que não se promova um tratamento discriminatório, poderá existir *"una restricción intolerable por el Derecho comunitário"*[534], que tem lugar não somente quando se obstaculiza alguma das liberdades comunitárias, mas também quando se faça menos atrativo o seu (pleno) exercício por algum Estado-membro; logo, embora o TJCE tenha concedido azo para posicionamentos restritivos de certos países, em determinadas circunstâncias (e fundamentados em substanciais justificativas[535]) observa-

---

[532] Cf. RODIÈRE (2001:158), o qual considera tal conceituação *"obscure"* pois *"ne met en particulier pas em lumière que l'application d'un critère apparemment neutre (non tiré du sexe, race, religion), aboutit à un resultat semblable ou équivalent à celle du critère prohibé (sexe, race, relegion)"*.

[533] É a regra do Direito Comunitário que proíbe a introdução de medidas adicionais àquelas já existentes no momento em que uma certa cláusula *stand-still* entra em vigor, pois quando certas restrições forem retiradas, não podem mais ser reintroduzidas, como dispõe o art. 62 do Tratado de Roma. Nas palavras de DASHWOOD (1993:208): *"standstill provisions prevented Member States from introducing new quantitative restrictions or measures having equivalent effect, or making more restrictive thoses measures already in existence when the Treaty entered into force"*.

[534] Cf. GUTIÉRREZ-SOLAR CALVO (2000:80), a qual complementa que *"las nociones restricción y discriminación se encuentram em uma relación de gênero a espécie"*.

[535] A supressão de restrições encontra nas "razões imperiosas de interesse geral" o seu limite exigindo-se a combinação salutar entre o princípio da "não-discriminação" e a proteção do interesses dos particulares. Ademais, o artigo 46.º do TCE entende que tais razões sustentam-se nos seguintes termos: *"as disposições do presente capítulo e as medidas tomadas em sua execução não prejudicam a aplicabilidade das disposições legislativas, regulamentares e administrativas, que prevejam um regime especial para os estrangeiros e sejam justificadas por razões de ordem pública, segurança pública e*

-se que todos estes Estados têm uma obrigação coadjuvante à promoção de uma franca liberdade de atividades: fomentar a eliminação de toda restrição que possa derivar do seu ordenamento.

4.2.3.1.3. Do Ambiente Protecionista

De maneira quase paradoxal à idéia nascente de uma união de novas comunidades, nota-se neste integrado espaço europeu a presença de obstáculos ao livre comércio, nomeadamente à livre entrada nos mercados nacionais dos países-membros mais ricos.

No domínio comunitário os países deparam-se com interesses comuns e divergentes. Logicamente, os primeiros traduzem-se na própria razão existencial da *união* de comunidades; por outro lado, os objetivos divergentes são refletidos nas necessidades imediatas ou remotas de um país adotar certas políticas (quando já não estejam nelas encrostadas) para alcançar um determinado fim – no caso em tela, respectivamente, as polí-ticas de salário, de proteção laboral e de segurança social praticadas pelos PECO e a busca por um espaço na "integração" econômica européia.

Não obstante a ausência de uma singular definição à expressão "barreiras à entrada" – principalmente em razão da dificuldade de *"to determine what will deter potential competition from emerging in the market"*[536] –, no seio da CE tal figura logicamente destoa dessa conceituação padrão, ao avivar-se como uma verdadeira "barreira oblíqua" que pretende atingir, por outros meios e com outras justificativas, o mesmo fim, ou seja, *turvar* a livre circulação comunitária e proteger o mercado doméstico. Dessarte, poder-se-ia utilizar a expressão "obstáculos não tarifários" para ilustrar o mecanismo adotado pelos Estados-membros mais desenvolvidos no momento em que pretendem harmonizar (ainda sem o crivo da Comissão Européia) ou senão impor (já com o silêncio do órgão comissário) determinados níveis de proteção social e de salários para todos os membros, intentando anular a real vantagem concorrencial possuída pelos países menos desenvolvidos e que os permita o ingresso no mercado.

---

saúde pública". Em suma, expende-se que uma discriminação indireta – ou uma restrição – pode ser justificada desde que por um objetivo legítimo e mediante a adoção de meios apropriados e necessários para a realização de determinado objetivo, fundamentalmente sob a ótica e os preceitos integrativos comunitários.
[536] Cf. JONES *et* SUFRIN (2001:52).

Nesse instante, portanto, faz-se incontestável a necessidade de uma nova política social, promotora de um estudo harmonioso-aproximativo, sério e cauteloso[537], que minimize as prejudiciais discrepâncias e fomente uma caminhada conjunta.

4.2.3.1.4. Das Sensíveis Proteções e Normas Sociais

Em cada país a utilização da mão-de-obra condiciona-se por múltiplos elementos, os quais são determinados pelas vicissitudes de cada Estado como a sua oferta, a legislação trabalhista e o nível de proteção social, os quais resultam da interação de numerosos fatores que ao longo do processo de conformação histórico produziram realidades nacionais específicas e diferenciadas.

Indubitavelmente, o custo das estruturas sociais nacionais consiste, no âmbito da concorrência, em um importante fator para análise empresarial acerca da viabilidade de investimentos em determinados mercados ou para a concretização de operações de deslocalização. Assim, a influência dos modelos sociais na disputa de mercados – relacionados, portanto, às diferenças de qualidade e de concepção dos sistemas nacionais de proteção social na CE pré-alargamento[538] – apresenta-se bastante considerável,

---

[537] Acerca desta problemática, BLANPAIN (1998:03) demonstra a existência de duas correntes. A primeira, denominada de *"convergence school"*, assegura que *"the spread of the industrialization would gradually bring labour relations systems closer to one another"* e, a segunda, chamada de *"divergence school"*, entende que *"labour relations are a subsystem of political systems and mostly reflect prevailing national conditions and cultural values"*.

[538] Os desenhos dos sistemas de bem-estar social existentes no seio da CE apresentam estruturas múltiplas, distintas mesmo no âmbito do pré-alargamento oriental. GORCE *et al.* (2000:28ss) apresentam quatro casos principais – separados em pequenos grupos de países – para ilustrar o fenômeno: *i)* o Reino Unido e a Irlanda, caracterizadas por um custo laboral relativamente pouco elevado e uma regulamentação social flexível; *ii)* os países mediterrâneos (Portugal, Espanha, Grecia e Itália), marcados pelo então menor custo de trabalho europeu e uma forte participação no PIB da *"économie parallèle"*, embora disponha de um ordenamento laboral *"relativement protectrice"*; *iii)* os países da Europa continental (Alemanha, Áustria, França, Benelux), que apresentam altos salários e um sistema de proteção social *"étoffé"*, embora tenham buscado flexibilizá-lo nos últimos anos, mediante uma moderação salarial, uma organização do tempo de trabalho e a terceirização, a fim de aumentar a competitividade; e, *iv)* os países escandinavos, que dispõem de custos de trabalho e níveis de proteção social elevados. Assim, ao cabo, o trabalho apresentado por GORCE *et al.* (2000) conclui que, em todos os casos expostos, os Estados de alguma forma ou outra, mais ou menos acentuada – com exceção dos países

ainda mais perante um cotejo com os novos países-membros do Leste[539]. Entretanto, bastante diferente do contexto global – no qual há maiores divergências no tocante ao sincronimso entre regras e padrões sócio--laborais (e no estabelecimento e na promoção de políticas sociais) – observa-se que em raríssimas oportunidades os países do Leste não ratificaram as *convenções sobre direitos fundamentais* expedidas pela OIT[540], o que se traduz em pelo menos um claro engajamento social destes países.

É certo que os sistemas desses países diferem bastante no que concerne ao alcance e ao nível das prestações sociais estatais, na rigidez da legislação trabalhista e na importância das convenções coletivas; porém, interessante notar que as despesas em seguridade social, se analisadas em porcentagem do produto interno bruto (PIB), não apresentam uma variação substancial entre os Estados-membros, ao contrário do que se poderia imaginar a princípio e o que denota uma seriedade, em tese, na aplicação orçamentária[541].

---

escandinavos, embora se note que, recentemente, tenham proposto alterações e alternativas na formatação e na cobrança dos encargos sociais (*flexicurité*) –, recorrem *"à des politiques de modération salariale"* e a comportamentos que, à primeira vista, poder-se-ia encarar como "dumping social" (*"un phénomène plus ou moins présent d'un pays à un autre"*) – contudo, na realidade, tais medidas representam apenas as diferenças estruturais e conjunturais havidas entre os Estados e que não distorcem a concorrência, salvo, segundo aquele trabalho, naqueles setores cuja mão-de-obra é o fator mais intensivo, ainda que de forma pouco ativa, pois, *"s'il est une forme de dumping à craindre au sein de l'Union européenne, c'est bien plutôt le dumping fiscal"*, devido as enormes disparidades provocadas pelos regimes fiscais dos Estados-membros, cujas diferenças permitem o fluxo de divisas e de empresas entre os Estados de acordo com as vantagens tributárias concedidas. Convém lembrar que um quinto grupo abraçaria os novos Estados-membros do leste, os quais dispõem de uma grande rigidez jurídico-laboral, com salários relativamente mais baixos e um sistema de proteção social mais frágil.

[539] Como bem salienta MOSLEY (1990:163): *"les espoirs d'une convergence progressive et indirecte des systèmes de sécurité sociale e des legislations du travail, exprimes dans le Traité de Rome, ne se sont pas réalisés; en effet, l'expansion de la Communauté vers le Sud dans les années quatre-vingt a encore accentué son hétérogénéité".*

[540] Nesses novos países-membros, observa-se como casos de exceção a não-ratificação da Estônia, que não firmou Convenção n.º 111 (embora tenha firmado a Convenção n.º 100 que era anterior) e da Letônia, não-ratificadora das convenções sobre a abolição do trabalho infantil – *in* <http://www.ilo.org/ilolex/english/docs/declworld.htm>.

[541] Todavia, ainda que os valores praticados pelos países do Leste garantam uma segurança social, ainda que mínima, à sua população, ao analisar os gastos *per capita*, observa-se imensas disparidades entre as despesas dos PECO e dos demais Estados--Membros – v. COMISSÃO EUROPÉIA (2003e).

Em suma, por mais sensíveis que sejam as políticas sociais e as condições sócio-laborais verificadas nos países do Leste, não restam justas e razoáveis as razões permissivas de identificar qualquer prática desleal de concorrência, ainda mais na forma de "dumping social".

4.2.3.1.5. Do Temor Infausto

Esta idéia altruísta promovida pelos países desenvolvidos europeus pressionaria os Estados-membros a melhorarem as suas legislações laborais e os seus níveis de renda e não permitir a concorrência desleal. Ainda, com extrema impudência, pretendem os países ricos justificar a utilização dessa cláusula social com base em aspectos humanitários ou econômicos.

Essa argumentação pretende requalificar as condições de vida e de trabalho de todos os trabalhadores coincidentemente agora, nas atuais circunstâncias econômicas européias, com uma liberalização comercial ampla e que atinge níveis e países jamais alcançados na história, fazendo com que alguns dos países hegemônicos ingressem em mercados mais competitivos e mesmo em certos segmentos, apresentem desvantagens e percam *market share*.

Contudo, abrem-se parênteses para salientar que, por se tratar de um bloco e de uma "unidade" de Estados, há um certo sentido nesta tentativa harmonizatória (unificante) desde que venha a ser promovida, pelo Parlamento e Conselho Europeus, progressivamente e em matérias vitais[542] – nas bases da *Carta Comunitária dos Direitos Sociais Fundamentais dos Trabalhadores* –, visto que os países do Leste tinham ciência dos certos ônus relativos ao ingresso na CE.

De modo irrefragável, os inconvenientes deduzidos da presença de tais cláusulas são múltiplos e coincidem com os próprios argumentos contrários havidos quando analisados no âmbito mundial. Em primeiro (e mais importante) lugar, tais normas traduzem-se em posturas discriminatórias dos países ricos que taxam os PECO de praticarem concorrência desleal com o fito de isolá-los do mercado europeu. Também, essas cláusulas transformam-se em óbices para o desenvolvimento destes países, haja vista que o comércio liberal intracomunitário acaba sendo

---

[542] Como a Diretiva 94/33/CE, relativa a proteção dos jovens no trabalho, e que *"viene a ser una especie de 'código del trabajo de los menores'"* (CÂMARA BOTÍA, 2004:234). Em seus artigos 8.º a 12, há a regulação *i)* da idade mínima de admissão ao trabalhoe suas exceções, *ii)* das medidas de proteção à saúde e seguridade dos menores trabalhadores e *iii)* das regras de adaptação das jornadas de trabalho às peculiaridades dos menores.

negado e trazendo como conseqüência a rotina do círculo vicioso, uma vez que estes países não apresentam *elegantes* padrões sócio-laborais em virtude do atual estágio de desenvolvimento[543].

Enfim, o envolvimento das legislações trabalhistas com o comércio comunitário – mediante a adoção destas cláusulas sociais mínimas nos moldes em que se pretendem – oferece azo a uma série de incertezas quanto aos seus resultados, mas que se recheiam de certezas (negatórias e desvalidas) quando são analisados individualmente os seus argumentos, pois *(i)* as normas pouco rígidas dos PECO não são desleais no âmbito da concorrência e *(ii)* as normas trabalhistas fundamentais, precárias ou não, não são geradoras de eficiência econômica e de produtividade[544], restando, ao final, que a imposição exógena dessas normas – não obstante sejam de ordem comunitária e significativas do ônus desses países no momento do ingresso, são eivadas pela pretensão protecionista – prejudicam o comércio local e invertem o caminho natural, ou seja, aquele em que o desenvolvimento econômico seria o responsável pela melhoria das condições laborais.

Assim, não obstante a UE tenha pretendido com o alargamento a Leste enterrar os traumas conjugados do passado para fazer mergulhar juntos, Ocidente e Oriente, na construção de um presente (e de um futuro) que, carregado de ilusões, pretende ser transformado em um planejamento firmado no real desejo comum dos seus partícipes – ou seja, de uma ampla rentabilidade econômica e um consistente progresso social –, ao se aventar "cláusulas sociais" (*meio*) ou "dumping social" (*fim*) no ambiente comunitário a pretensão dantes cândida e honesta reveste-se de

---

[543] Ao discorrer sobre as políticas salariais, PORTER (1998:717ss) assevera que *"os salários devem subir com o crescimento da produtividade; ou levemente à frente dele"*.

[544] Aqui devem restar claras as diferenças entre os "padrões sócio-laborais" (relacionados às normas trabalhistas substantivas, à seguridade social e aos salários) e o "core labour standards" (relacionado aos trabalhos escravo e infantil, à discriminatório no trabalho e às liberdades sindical e negocial). Os primeiros, são fatores de competitividade ("competitividade pelo menor custo") por não serem advindos voluntariamente; os segundos, não o são, pois, ao contrário, reduzem e pervertem os países promotores à permanência no grau estático de subdesenvolvimento – entretanto, não são suscetíveis de aceitar a imposição de cláusulas sociais, uma vez que *i)* há um precípuo e recôndito motivo para a sua aplicação, ou seja, atingir artificialmente as normas substantivas de direito sócio--laboral de modo a desfazer os caminhos da competitividade intenracional dos PED e *ii)* não é possível desconsiderar os sítios onde ainda a atualidade e a realidade local impedem que se tenha a proibição do trabalho infantil e não discriminatório, de modo a piorar ainda mais a situação de diversos países, os quais encontram-se em um segundo estágio evolutivo rostowiano.

impugnada aleivosia, a estancar a mutação das empresas dos países europeus menos desenvolvidos.

Ainda que de modo pretensioso intente-se expor o âmago protecionista e esporadicamente justificável de tais argumentos, a visão de um retrocesso na caminhada comunitária exsurge latente, especialmente no momento em que a inclusão desses países clama pelos mais íntimos desvelos como solução para a incômoda situação sócio-econômica em que se encontram, teme-se a cristalização deste espúrio discurso, elevando-o à simples peça introdutória de um quebra-cabeça a ser resolvido a longo prazo pelos Estados do Leste; todavia, diante do catálogo de circunstâncias ora exposto, o maior temor reside na desconfiança desse prazo estender-se *ad infinitum*, ou, então, até os antigos Estados-membros liberarem o jogo, a seus bel-prazeres, em toda a sua completude.

4.2.4. Das Posturas do Mercosul e do Nafta

Os outros casos de integração econômica pretendidos à análise consistem no Mercosul[545] e no Nafta[546], os quais, embora apresentem Estados incomparavelmente menos integrados que a Comunidade Européia, são admitidos como de certa representatividade no cenário internacional e que podem, cada um a sua maneira, instruir este trabalho para certas conclusões, mormente àquelas relacionadas, respectivamente, às dificuldades de uniformização sócio-laboral – ainda que diante de realidades políticas-econômicas-socias relativamente próximas –, e ao caráter unilateral e protecionista das pretensas cláusulas sociais.

Embora os seus objetivos conformadores estivessem relacionados muito mais aos aspectos político-econômicos[547], com vistas a robustecer

---

[545] Mercado Comum do Sul, formado pela Argentina, Brasil, Paraguai e Uruguai.

[546] *North America Free Trade Agreement* (Tratado de Livre Comércio da América do Norte), que apresenta como membros os EUA, o Canadá e o México.

[547] No Tratado de Assunção (1991) – o instrumento de consolidação do bloco – observa-se, claramente, que os maiores objetivos são, ainda mais que políticos, exponencialmente econômico-comerciais, tendo em vista que as suas bases assentam-se, conforme dispõe o seu artigo 1.º, na "livre circulação de bens, serviços e fatores produtivos", na "eliminação de direitos alfandegários e restrições não tarifárias à circulação de mercadorias", no "estabelecimento de uma tarifa externa comum, adoção de uma política comercial comum em relação a terceiros Estados e coordenação em foros econômico-comerciais", na "coordenação de políticas macroeconômicas e setoriais a fim de assegurar condições adequadas de concorrência" e no "compromisso de serem harmonizadas as suas legislações, nas áreas pertinentes, para lograr o processo de integração" – v. ACCIOLY (2004:70).

os laços comerciais e histórico-regionais envolvendo os seus membros, o Mercosul (Mercado Comum do Sul) vem, nos últimos anos, inquietando--se com os rumos a serem dados à parte social do bloco, razão pela qual diversos setores da sociedade civil (sindicatos, movimentos sociais, ONG's, universidades etc.) exigem uma nova postura dos entes comunitários[548]; e, dentre essas preocupações, sublinha-se a necessidade de serem coordenados os respectivos ordenamentos laborais com fulcro no compromisso mencionado pelos próprios Estados-membros de harmonizarem as legislações nas áreas que fossem pertinentes à consolidação e ao fortalecimento regional.

Em que pesem os diversos benefícios decorrentes do processo de *integração*[549], os efeitos antagônicos dele advindos não podem ser envilecidos, principalmente aqueles relacionados ao mercado de trabalho e à concorrência, pois, enquanto para alguns Estados menores os seus cidadãos têm a vantagem de emigrar para centros mais convenientes e as suas empresas têm um amplo mercado para ser explorado, em outros poderá ocorrer um desequilíbrio local no mercado laboral – e, para muitos, concorrencial –, tanto pela maior demanda como em decorrência das dificuldades encontradas por algumas em-presas ou setores de concorrerem com os congêneres estrangeiros ("desemprego conjuntural") ou mesmo pelas circunstâncias econômico-organizacional-tecnológicas ("desemprego estrutural"). E, neste momento, exsurge a acusação de *dumping social* como a prática dos países que se aproveitam das desarmônicas legislações trabalhistas para conquistar mercado.

Com isso, ainda que de modo não-iniciativo[550], surge em 1998 a "Declaração Sócio-Laboral do Mercosul" que, por intermédio de uma "Comissão Sócio-Laboral", funciona como um órgão auxiliar do Grupo

---

[548] De acorordo com KÜMMEL (2001:54ss), *"essa escassez de "preocupação laboral" demonstra a opção pela superficialidade na abordagem de tão importante questão, fruto da opção das autoridades governamentais pela flexibilização em detrimento da proteção aos direitos dos trabalhadores e por uma posição de negação ao estabelecimento de condições mínimas de trabalho no setor produtivo, sob o argumento de perda de competitividade no comércio internacional".*

[549] Para estudos das características e vicissitudes do processo de integração, v. PORTO (2001:217ss).

[550] Não se despreza, entretanto, o SGT10 (principalmente em razão dos trabalhos apresentados por suas oito comissões: de relações individuais de trabalho, relações coletivas de trabalho, emprego, formação profissional, saúde e segurança no trabalho, seguridade social, setores específicos e princípios) e o "Foro Consultivo Econômico-Social" (órgão de representação dos setores sócio-econômicos e que tem funções recomendativas).

Mercado Comum (GMC)[551] e se ocupa das matérias de Direito Internacional do Trabalho, objetivando a instituição de uma "Carta Fundamental de Direitos Sociais" – nos moldes das Cartas Sociais européias –, a criação de um novo espaço de participação da sociedade civil e dos setores não-governamentais – especialmente as organizações sindicais e patronais[552] – e, maiormente, a realização de uma dimensão mais social ao bloco[553].

A partir de uma análise desta Declaração, extraem-se duas importantes ilações: *(i)* a importante influência sofrida pelo padrão OIT de controle de normas internacionais do trabalho, mormente diante do caráter promocional e não sancionador de seus princípios; e *(ii)* a obtenção de uma forma alternativa de suprir a ausência da supranacionalidade, ao comprometer os atores sociais com as soluções dos conflitos ocorridos na aplicação do instrumento, a aumentar, por conseguinte, a expectativa de eficácia e adensamento jurídico das suas decisões – *"é a inclusão do diálogo social na solução de controvérsias trabalhistas como mecanismo de efetividade das decisões"*[554].

Esse documento, nos moldes de uma "carta fundamental" e atento ao "núcleo padrão" disposto pela OIT, tem por finalidade estabelecer alguns princípios e direitos a serem observados e cumpridos pelos Estados-membros[555] no campo dos direitos individual e coletivo do trabalho;

---

[551] Como expõe ACIOLY (2004:79ss), o "Grupo Mercado Comum" é o *órgão executivo* do bloco e, ao lado do "Conselho Mercado Comum" – *órgão político* do Mercosul –, compõem o cerne institucional do Mercosul.

[552] GARCIA JR. (1997:149) salienta que o SGT10, conquanto apresentasse uma composição tripartite (empresários, trabalhadores, e governo) e paritária, pouco espaço concedia aos setores não-políticos e à sociedade civil.

[553] GONZÁLEZ CRAVINO (1999:61ss) propõe quatro aspectos básicos para caracterizar e instruir uma dimensão social de um espaço economicamente integrado: i) *"como promoción"*; ii) *"como compensación frente a las repercusiones negativas de la integración"*; iii) *"como respuesta a las demandas sociales básicas no satisfechas"*; iv) *"como legitimación del proceso"*, assinalada pela sensibilização (*"educación para la integración, fomento de la responsabilidad social, la transmisión de valores y la formación democrática"*), participação institucionalizada e representação, pelo fortalecimento dos sistemas políticos nacionais.

[554] Cf. CRIVELLI (2001:12).

[555] Não se faz por demais lembrar, como fá-lo CRIVELLI (2001:17), que há a responsabilidade internacional dos Estados-membros do Mercosul com relação às obrigações que contraíram ao celebrarem a Declaração Sócio-Laboral, na medida em que, como princípio do Direito Internacional acolhido na mencionada Convenção de Viena de 1969 sobre o Direito dos Tratados, nenhum Estado pode evocar disposições do seu direito interno para não cumprir um tratado internacional, ainda que se trate de uma norma constitucional.

todavia, afora o caráter dubitativo da proposta, a pretensão de ser criada uma legislação laboral unificada (ou padronizada pelas cláusulas sociais) encontra diversas dificuldades, seja pelos próprios princípios eleitos na Declaração – resultantes de diferenças históricas, culturais, políticas e, mormente, econômicas, legislativas e jurisdicionais[556].

Sabe-se que com a integração dos países torna-se inevitável (ou fundamental) uma harmonização normativa, a fim de serem minimizadas as diferenças entre os Estados-membros; no entanto, faz-se mister determinar em qual nível de harmonização pretende-se chegar, sendo que a intenção demonstrará se o caminho será tranqüilo, árduo ou injusto.

Assim, o programa de um processo harmonizatório permite ser estratificado e mensurado em função do grau de homogeneização que se pretenda conseguir para determinadas circunstâncias e, desa prisma, vê-se logo a possibilidade de haver uma unificação (o grau máximo de padronização, promovendo uma absoluta igualdade de condições e de cargas sociais nos diferentes países), uma coordenação (pela supressão daquelas diferenças críticas que afetam ou impedem o estabelecimento do mercado comum) ou uma aproximação (com a manutenção e/ou atenuação de certas diferenças e a eliminação de outras, intentando-se o lânguido desaparecimento das diferenças mais agudas).

Ainda que a "Carta Fundamental de Direitos Sociais" assuma condições jurídico-normativas, uma harmonização escalonada e com metas individualizadas em cada Estado-Membro (com mensuração baseada no grau e no potencial de desenvolvimento de cada um) planta-se como de melhor (e talvez mais efetiva) solução para ser evitado, principalmente, injustiças, desequilíbrios e até mesmo possíveis distorções na concorrência regional, sobretudo se observado que uma regra única, geral e desmedida apresenta-se, desde já, bastante distorcida em face das distâncias

---

[556] No momento em que se indaga a necessidade de serem harmonizadas as legislações laborais dos Estados-membros, vê-se que as investigações acerca das assimetrias sociais restringem-se ao domínio da "legislação laboral", sem a preocupação com a orientação jurisprudencial vigente em cada país, sem uma efetiva pesquisa no tocante à aplicação dos respectivos conteúdos legislativos refletidos da atividade empresarial ou, ainda, o efetivo conteúdo econômico de cada benefício jurídico-social concedido pela legislação ao trabalhador. Ademais, no Mercosul, não há o fenômeno da "supranacionalização", na medida em que *"qualquer tentativa supranacionalizadora, como a criação de um Parlamento e de uma Corte de Justiça, nos moldes da UE, (...) foi afastada, no Mercosul, como resultado da Reunião de Ouro Preto"* (GARCIA JR., 1997:165), havendo apenas um Tribunal para Solução de Controvérsias, sem poderes daquela espécie.

havidas entre os Estados-Membros[557], resultando em uma complexidade e dificuldade tal que o propósito harmonizatório, como se intenta, admitir-se-ia indesejável e impraticável.

Evidentemente que as discrepâncias no ambiente *mercosulista* não se comparam àquelas presentes na CE, uma vez que os Estados encontram-se mais próximos em termos de desenvolvimento humano e políticas sociais; todavia, algo muito distante da cooperação das normas[558], com uma convergência principalmente nas normas gerais, não se tornará possível, a curto ou a médio prazos, pela dificuldade em se encontrar o ponto-de-equilíbrio como reflexo das distâncias legislativas existentes, ou, pior, em razão da autonomia de cada Estado, questão esta que ainda permanece indefinida e pouco esclarecida no bloco.

Assim, as ações poderiam se sustentar mediante a ratificação e o cumprimento das Convenções da OIT, a fim de garantir a todo o *mercado comum* um mínimo de proteção ao trabalho, o que equivale à eliminação das diferenças mais expressivas em pontos fundamentais. Da mesma forma, interessa a aplicação dos diversos Pactos, Tratados de Direitos Humanos e Convenções da OIT que vislumbrem um maior bem-estar aos trabalhadores e à sociedade – eis, então, uma utilização prática, efetiva e coerente da Declaração à luz das NITF, com as quais os Estados-membros estão obrigados. Porém, o que deve ser afastado é qualquer pretensa idéia de cláusula social que, nesse caso postulada maiormente por ONGs e por organizações sindicais, se não intentam os holofotes midiáticos, apenas obedecem ao interesse de pequenos e privilegiados grupos sob o manto do humanitarismo e da moral[559]. Ademais, por se tratar de um

---

[557] Embora próximos em termos de desenvolvimento humano-social, GUIMARÃES (1999:128) realça que *"as assimetrias entre os quatro países* [antes do ingresso da Venezuela] *do Mercosul são extraordinárias e constituem a dificuldade maior, ao lado da vulnerabilidade externa, para a coordenação conjuntural de políticas macroeconômicas, par a elaboracao de políticas setoriais comuns e para a construção de instituições supranacionais"*.

[558] GARCIA JR. (1997:167 admite que *"a preocupação dos integrantes do Mercosul tem sido no sentido de promover ações de coordenação e de cooperação de preferência na área estritamente econômica"*.

[559] Nesse ponto, bem cabe a asssunção de ORTEGA Y GASSET (1948:03), quando assevera que *"esta costumbre de hablar a la Humanidad, que es la forma más sublime, y, por lo tnato, más depreciable de la demagogia, fue adoptada hacia 1750 por intelectuales descarriados, ignorantes de sus proprios límites y que siendo, por su oficio, los hombres del decir, del logos, han usados de él sin respeto ni precauciones, sin darse cuenta de que la palabra es un sacramento de muy delicada administración"*.

processo de integração baseado em decisões intergovernamentais, a inexistir qualquer órgão supranacional, seria pouco viável (e possível) a inclusão de um elemento sancionador com aspecto vinculante.

Portanto, conquanto seja considerado um *"espaço ainda a ser construído"*[560], a aprovação da "Declaração" e a criação da "Comissão Sócio-Laboral" certamente representam medidas que permitirão alterar a perspectiva de inclusão dos trabalhadores no ambiente regional; entretanto, nada resolverá os problemas de maior amplitude do bloco que as próprias definições internas, relacionadas ao seu futuro e ao caminho a ser tomado.

O outro caso em que uma análise, ainda que pormenorizada, faz-se conveniente, é o do NAFTA (*North America Free Trade Agreement*), especificamente o *North American Agreement on Labour Corporation*, acordo então responsável pela conjugação harmônica de valores e normas jus-laborais do "bloco"[561].

O cerne normativo deste Acordo desenvolve onze princípios sócio-trabalhistas pelos quais os países membros estão comprometidos[562], embora, efetivamente, a inter-relação entre os Estados-irmãos – e os seus cidadãos – não resulte em recíprocos *comprometimentos*, à medida que irreflete qualquer pretensão integracionista, principalmente por parte do *grande-irmão* estadunidense. Porém, o NAFTA não interrompe nestes princípios o seu ideal; indo além, traduz-se no primeiro acordo comercial multilateral a associar padrões sócio-laborais e comércio, para, então, impor cláusulas sociais nas tratativas intrabloco[563], de modo a a pretender

---

[560] Cf. BARBIERO *et* CHALOULT (1999:27), ao admitirem que *"a Comissão Sociolaboral é espaço ainda a ser construído (...) [mas] devido ao seu relativo peso na estrutura do Mercosul (...) e por se tratar de organismo tripartite, os trabalhadores organizados terão espaço privilegiado de discussão sobre a dimensão social (...) [o que] pode ser destacado, seguramente, como o maior avanço decorrente da aprovação da Declaração Sociolaboral"*.

[561] Sobre as peculiaridades do *acordo*, v. HUFBAUER *et al.* (2002:05).

[562] Estes princípios são: *i)* liberdade de associação e direito de organização; *ii)* direito de negociação coletiva; *iii)* direito de greve; *iv)* proibição do trabalho forçado; *v)* proteção ao trabalho de menores e jovens; *vi)* padrões mínimos de emprego; *vii)* eliminação da discriminação no emprego; *viii)* igual pagamento para ambos os sexos; *ix)* prevenção das lesões e doenças ocupacionais; *x)* compensação, nesses casos; e *xi)* proteção dos trabalhadores migrantes.

[563] Como indica LEARY (2003:193), a preocupação maior com a necessidade destas cláusulas partiu dos EUA, como reflexo de *"the increasing tendency of American companies to move to the border regions of México where parts imported from the United States could be assembled with low-wage Mexican employees and exported to the United States"* passou a ser estratégia e vontade constante das empresas.

adotar uma harmonização unificante, por considerar incompatível a persistência de desigualdades jus-laborais entre os seus signatários[564].

Não obstante o Acordo admita, essencialmente, que os três Estados comprometem-se na aplicação das suas próprias legislações sócio-laborais e na promoção do seu devido e constante melhoramento, tais normas nacionais estão sujeitas ao mecanismo de solução de conflitos e, naquelas situações maculadas por incompatibilidades com os preceitos normativos do Acordo[565], especificamente relacionadas ao salário mínimo, ao trabalho infantil e à saúde e segurança no trabalho (*"occupational injuries and illnesses"*)[566], há a possibilidade de ser aplicada uma sanção ao país infrator, até mesmo na forma de *multa*[567].

---

[564] Outrossim, no tocante às convenções da OIT, LEARY (2003:193) lembra que, de modo generalizado, o México apresenta um número de ratificações – e, logo, de "comprometimentos" governamentais – maior que os EUA. Todavia, RAYNAULD *et* VIDAL (1999:10) asseveram que *"althoug the US governement hás ratified only a small number of ILO conventions, there is general agreement that existing standards in the United States are among the highest in the world"*. Ademais, ainda que o México tenha ratificado tantas convenções internacionais, costuma ocorrer em constantes descumprimentos e ser intimado pela OIT para explicações, situação que, de modo semelhante, pode vir a suceder com a veiculação de padrões sócio-laborais no NAFTA; assim, portanto, não basta a mera formalização, mas a atitude cotidiana daquelas formalizações, a ser sentenciado que *"the gap between theory and practice underscores the point that new standards at the NAFTA level might have little effect in México"* (HUFBAUER *et al.*, 2002:06).

[565] Tal vigilância e aplicabilidade penal são promovidas por uma "Comissão de Cooperação no Domínio do Trabalho", composta por três instâncias – um Conselho Ministerial (supervisão dos acordos e criação de grupos de trabalho), um Secretariado Internacional (coordenação de atividades) e os órgãos nacionais administrativos (auxílio regional e coleta de informações) – e um "quarto poder", que consiste em um grupo de especialistas independentes convocado para solucionar as duvidas quanto ao cumprimento ou não do acordo em cada país. Sobre essa estrutura e a sua efetivação no âmbito do bloco, v. BENESSAIEH (1998:25).

[566] Cf. GOULD IV (2003:104). Em contrapartida às críticas naturais, surgem discordâncias no sentido de entender que tais cláusulas são por demais incompletas e brandas, tendo em vista que não prescreve medidas sancionadoras para o descumprimento de significativos fatos, nomeadamente a liberdade de associação, o direito de associação e negociação coletiva e o direito de greve, uma vez que esses serão remetidos a mecanismos distintos de solução – *"in the case of freedom of association, the right to organize and bargains collectively, and the right to strike, all such matters are heard by National Administrative Office established in each country"* (GOULD IV, 2003:104).

[567] Em caso de ficar comprovado, nas investigações realizadas pelo grupo de especialistas ("quarto poder"), um *"persistent pattern of failure"* e o país não implementar as recomendações destes especialistas, *"uma multa pode ser determinada e utilizada pela parte denunciante para melhorar a aplicação das leis trabalhistas em seu país; se a multa não for paga, a parte prejudicada pode suspender os benefícios tarifários com o aumento de direitos aduaneiros"* (THORSTENSEN, 2001:366).

Em que pese o aparente ambiente de irredutibilidade e a certeza de avanços na matéria, a medida tem se deparado com severas críticas: primeiro, em razão de obrigar os Estados a reverem os seus ordenamentos laborais para que estejam concordantes com os padrões mínimos estabelecidos pelo Acordo; segundo, pelas profundas disparidades entre os Estados – principalmente econômicas e legislativas[568] – que inviabilizam e desequilibram as relações entre os membros; e, terceiro, por desconfiar que se tratam de uma manobra protecionista, representada exponencialmente pela inclusão, dentro das demais medidas-padrão, de um salário mínimo.

Não se menoscaba a certa contribuição da liberdade comercial concedida pelos Estados boreais à prosperidade econômica mexicana e ao aumento do bem-estar de seus cidadãos; todavia, também não se duvida de que tal objetivo tem por origem a necessidade estadunidense de reduzir as migrações ilegais que muito se acentuavam. O Acordo firmado, por seu turno, alia uma exigência de transparência à necessidade de minimizar as perdas internas oriundas de vindouras deslocalizações de indústrias ao México, em busca de custos laborais menos onerosos e mais flexíveis, embora ainda exista o receio de uma deterioração das condições sócio-laborais dos dois maiores países em virtude da aproximação do *padrão de vida mexicano*.

Neste cenário *naftaniano*, já diferente do Mercosul, observam-se grotescos desníveis entre a parte boreal do continente e o Estado austral[569], o que, de *per se*, já denota a inviabilidade de uma cláusula social[570]; mais gravemente, essa inviabilidade sublinha-se a partir do instante em que se percebe o total e irrestrito domínio estadunidense no "bloco", com pouca representação canadense e, principalmente, acompanhado por um México sempre disposto a aceitar as imposições do seu vizinho, ainda que signifiquem poucas vantagens particulares e que, por isso, ingressa de modo tão explícito (e arrebatador) no controverso uni-

---

[568] Acerca das incongruências legislativas que dificultam tais "cláusulas", v. Hufbauer *et al.* (2002:12).

[569] Como salientam Hufbauer *et al.* (2002:08), cada Estado-membro *"has its own long history of labor regulations, legislative processes and procedures, and unique approaches to enforcement (...) there was no chance that the NAFTA would suddenly supercede decades of domestic political compromise on labor legislation in each country"*.

[570] Hufbauer *et al.* (2002:19) aduzem que *"given the economic disparity between Mexico and its Northern partners, and given sovereignty concerns in all three countries, common standards are not a realistic possibility"*.

verso que vincula comércio e padrões sócio-laborais, ou seja, impondo uma identidade de salários. Tudo pela necessidade mexicana em, menos que ganhar com as livres trocas, não perder com as punições e os embargos ameaçantes advindos de cima, afinal, *"là où le multilatéralisme piétine, le régionalisme semble compenser"*[571].

4.2.5. Do Papel da Organização Mundial do Comércio (OMC)

Como se expôs, o cenário atual da ordem econômica mundial resulta do amadureimento das instituições e dos Estados após o fim da "Guerra Fria" e da existência de estruturas sócio-político-econômicas bipolares, donde vem colorir-se de uma vida econômica mundial melhor organizada e em cujo macrocontexto ressalta uma fortalecida OMC, ente de direito internacional econômico que *"já foi muito além do GATT"*[572] e ora se incumbe de regular, promover e solucionar o livre comércio[573], cuja tríade aparece como essencial para o progresso harmônico dos países.

Com um papel visivelmente mais pródigo em relação aos assuntos dos países em desenvolvimento[574], a OMC vem revelando-se como *"la*

---

[571] Cf. BENESSAIEH (1998:01). Ademais, como salienta BHAGWATI (1989:107), *"os parceiros comerciais mais fracos satisfazem provavelmente as demandas bilaterais dos Estados Unidos simplesmente retirando o comércio de outros países e o entregando aos Estados Unidos; isso não é uma abertura de mercados, pelo contrário, é um meio de aumentar as exportações americanas, desviando-as de fornecedores mais eficientes, que têm menos influência política"*.

[572] Cf. LAFER (1998:23), ao indicar a OMC, num certo sentido, como *"a primeira organização internacional pós-Guerra Fria"*, faz tal afirmação com base nos diversos objetos dessa *sobreposição*, como o número muito maior de membros, as normas de maior alcance e o número de matérias agasalhadas.

[573] Com a evolução, reestruturação, democratização e independência do OSC, a OMC assume o controle da *"hobbesiana guerra de todos contra todos"* e forma um ordenamento jurídico *"concebido como um jogo com normas de 'fair play' compartilhadas por todos os membros"* (...) *[de modo a] evitar a confrontação bélica de uma concorrência desenfreada baseada no poder"* (LAFER, 1998:29). Porém, ainda nos anos 70, a sua posição não era nada independente e muito menos pródiga com os assuntos da periferia, na medida em que *"foi praticamente abandonado, determinando a prevalência do poder político e dos interesses comerciais sobre qualquer outra consideração"* (POSENATO, 2003:491).

[574] Afora a série de prescrições legais que visam isentar os PED de uma imediata aplicação normativa, como os prazos dilatados para vigorarem tarifas uniformes (artigo XXVIII, *3, b*) ou as medidas que oferecem condições mais benéficas e especiais a esses

plus démocratique des instituitions internationales"[575] e, em seu percurso, já passa a ser mesmo intimada a alargar ainda mais a sua atuação e os seus objetivos – com a devida moderação institucional – para, talvez ainda no presente, rever certas condescendências com o seu passado.

Em seu momento, a *Uruguay Round* procurou introduzir novas áreas ao sistema de comércio multilateral; todavia, ainda que quase multifuncional em sua mais recente trajetória, alguns países pressionaram pela incorporação de uma matéria já reiteradas vezes afastada do contexto comercial das relações multilaterais internacionais, mas que intensa e novamente vem à tona: o estabelecimento de um vínculo entre as tratativas econômicas dos Estados-membros e os padrões sócio-laborais por eles praticados[576].

A notoriedade de, em toda a arquitetura da OMC, não haver nenhuma referência, inventário, imposição ou contrapartida relacionada às NITF ou mesmo a quaisquer espécies de padrões sócio-laborais não fez esmorecer os prosélitos da causa, os quais não são silentes nos pedidos de uma imediata intromissão da Organização nesta seara, embasados na convicção de suas normas e disciplinas já constituírem um poderoso incentivo para que os países (sobre)valorizassem as suas condições de trabalho.

Assim, um dos mecanismos pelo qual os propugnadores de uma cláusula social exortam-se reside na idiossincrática avaliação do Artigo XX do GATT. Com base na faculdade normativa conferida aos Estados signatários no sentido de poderem estabelecer restrições às mercadorias (ou aos serviços) comercializadas ou dispostas no mercado internacional

---

países – como o SGP e o "princípio da não-reciprocidade" –, o próprio sistema de consenso nas votações já demonstra ser fundamental para uma OMC mais democrática e para a própria tentativa de se buscar o êxito na gestão do processo de globalização do comércio. Ademais, para um percurso histórico entre as diversas rodadas de negociação no âmbito do GATT, do *Dillon Round* ao *Uruguay Round*, v. POSENATO (2003:479ss).

[575] Cf. MOORE (2000:13).

[576] Atualmente parece estar em voga a busca por políticas internacionais baseadas no *"trade and ..."*, mediante a adoção de, no âmbito do comércio, *"areas of regulation or negotiation that are substantively very closely related in the sense that they ought to be dealt with in a single regulatory context 'and' are in fact widely seen as requiring such bundling because of this substntive relationship"* (LEEBRON, 2002:09) – percebe-se, comumente, o desejo em vincular, embora algumas vezes de maneira correta, o comércio a outras novas áreas, de modo a interligá-los definitivamente, como se nota com *"trade and labour standards"*, *"trade and environmental"*, *'trade and competition policy"*, *"trade and investments"*, *"trade and public policies"*, *"trade and public health"* etc, provavelmente em razão do maior número de matérias relacionadas ao comércio e que demandam a efetivação e a obediência das prórias normas comerciais.

sob regras distintas daquelas promovidas e verificadas no Acordo Geral, os países buscam alegar que a claúsula social seria necessária para proteger a "moral pública" (Artigo XX, *a*) e a "vida humana" (Artigo XX, *b*). Diante disso, certos países procuram convencer a OMC da possibilidade de serem impostas tais restrições àqueles produtos que *"no han sido fabricados siguiendo las normas de moralidad imperantes en el país importador y, por consiguiente, adoptar medidas de condicionalidad social a respecto de los procesos de producción en los que no se han respetado niveles de protección social aceptable"*[577].

Porém, como o próprio OSC já resolveu por várias vezes[578], os pleitos nacionais nos termos desse artigo não prosperam no caso de se traduzirem em discriminações arbitrárias, injustificáveis ou encobertas ao livre comércio internacional – o que não é raro de acontecer na matéria de estudo, visto ser deveras subjetivo, no caso, o conceito internacional de "moral", além de ser, *a priori*, uma aplicação discricionária ou mesmo *"extravagante"*[579]. Ademais, a própria jurisprudência da Organização entende que para uma medida ser considerada como "necessidade" – vide as letras *a)*, *b)* e *d)* – deve demonstrar que *"no existe outra medida alternativa al alcance del país que la adopta que sea compatible o, al menos, lo menos incompatible posible, com las obligaciones derivadas del Acuerdo General y permita conseguir el mismo objetivo"*[580].

Como se não bastasse, a OMC tornou imperioso o "princípio da não-reciprocidade" e, como se depreende da explicação dada a sua própria inclusão normativa (Artigo XXXVI, *8*), *"it is understood that the phrase 'do not expect reciprocity' means, in accordance with the objectives set forth in this Article, that the less-developed contracting parties should not be expected, in the course of trade negotiations, to make contributions which are inconsistent with their individual development, financial and trade needs, taking into consideration past*

---

[577] Cf. GARCÍA RICO (2005:145).

[578] V. GARCÍA RICO (2005:144).

[579] Cf. HINOJOSA MARTÍNEZ (2002:96), o qual afirma que *"si lo que se pretende es la eliminación del trabajo infantil o la promoción de la igualdad de derechos entre el hombre y la mujer, será complicado defender que las restricciones comerciales mezcladas con acusaciones de inmoralidad constituyen el único método razonable para conseguir esos objetivos sin que los argumentos resulten extravagantes"*.

[580] Cf. GARCÍA RICO (2005:148), que expõe a necessidade de *"probar que ha intentado emplear previamente otras medidas de condicionalidad positiva a su alcance (...) tales como la asistencia técnica o financiera a esos países, o bien la participación en los programas elaborados en el seno de Organizaciones especializadas"*.

trade developments". Portanto, não se trata de condutas *imorais* ou que atentem à *saúde humana*, mas, simplesmente, da incapacidade de se adequar aos padrões desenvolvidos de bem-estar sócio-laboral; e, como dispõe o Acordo – ainda que mediante uma remota analogia –, é capaz de permitir aos PED adotar uma conduta normativa interna não-recíproca também em termos jus-laborais.

Em que pesem os desatinos oferecidos para a tentativa de serem vinculados trabalho e comércio internacional sob as regras do Artigo XX, ainda assim se entenderia que a OMC seria o *locus* ideal para albergar tal relação e permitir correspondentes retaliações, uma vez que a sua organização interna oferece uma série de outros instrumentos – além do próprio Artigo XX – passiveis de servirem como argumento nos casos em que os padrões sócio-laborais interferem deslealmente no comércio internacional. Dessarte, embora se eleja com primazia as *medidas antidumping* para tal fim, buscam-se nos demais mecanismos de defesa comercial ou em outros dispositivos agasalhados pela OMC o *mais-que--perfeito* supedâneo para combater a desleal concorrência sócio-laboral. Com isso, espera-se logramento nas *medidas compensatórias*, pois compreendem os baixos padrões sócio-laborais como subsídios (*"social subsidies"*) oferecidos pelos países à exportação e, logo, passiveis dessa medida de proteção comercial visto que danificam as indústrias do país de importação; também, a defesa desta teoria alvitra que, para os Estados estrangeiros, torna-se indiferente se o país propõe subsídios para que sejam elevadas as condições sócio-laborais dos seus trabalhadores ou se, por outro lado, simplesmente ignora tal situação doméstica ("subsídio inverso")[581], à proporção que o *impacto* seria bastante similar.

Entretanto, pelas próprias características inerentes ao "subsídio" e não encontradas neste "dumping social", essa acepção não se parece a mais correta, pois, dentro dos diversos condicionantes previstos no artigo 1.1. do ASMC, para ser considerado subsídio há a necessidade do governo (ou qualquer órgão público) realizar uma certa contribuição

---

[581] LANGILLE (1996:235) entende que, perante a noção de "subsídio", *"is no relevant distinction between a positive subsidy and a negative subsidy"*, pois admite que *"there is no difference from the point of view of a foreign producer whether a nation stablishes a tariff barrier to the import of their goods, or directly subsidizes domestic competing producers"* (LANGILLE, 2002:41), sendo, logo, permissiva a adoção de tal medida de defesa commercial pois sob este prisma não há diferença entre *"providing financial subsidies to equip domestic producers to meet pollution control or labour requirements and not imposing the requirements in the firs place"* (LANGILLE (2002:41).

financeira ou levar a cabo alguma forma de suporte nos preços ou nos rendimentos para que, assim, determinadas indústrias – e não de forma indiscriminada – beneficiem-se da concorrência perante os produtos concorrentes estrangeiros; porém, ao se falar em padrões sócio-laborais, não se faz referência a nenhuma espécie de contribuição financeira governamental, direta ou indireta. Ainda, para ser submetido às disposições regulamentares do Acordo, o artigo 2.º também prescreve que o subsídio deve ser oferecido de modo "específico", seja para uma empresa ou um grupo de empresas – o que não é o caso, pois todas as indústrias sujeitam-se às mesmas regras sócio-laborais. Portanto, ambas as razões não permitem aplicar ao dumping social as normativas da legislação sobre subsídios e o socorro das medidas de salvaguarda.

Também, com o mesmo impacto negativo para os PED – e mesmo uma falta de entusiasmo dos países desenvolvidos[582] –, propugna-se pela compatibilidade entre as "cláusulas sociais" e as *medidas de salvaguarda* (Artigo XIX do GATT), que permite aos Estados-membros restringirem temporariamente as importações enquanto a produção local e o mercado de trabalho estiverem seriamente perturbados pelas importações a baixo preço. Assim, no caso de notória violação (e ampla subjetividade), propõe-se que *"cette clause générale de sauvegarde soit assortie d'une clause 'sociale', qui permettrait aux governements d'apporter des restrictions selectives à l'importation envers les pays qui ne respecteraient pas les 'normes èquitables de travail'"*[583].

Da mesma forma, busca-se guarida no Artigo XXIII do GATT, cujo dispositivo prevê que se algum Estado-membro agir em discordância com as obrigações previstas e assumidas a fim de dissimular, reduzir ou eliminar os benefícios advindos do *Acordo*, os membros prejudicados podem ingressar com uma representação ou proposta junto à OMC[584];

---

[582] EDGREN (1979:568) admite que *"cette proposition a été accueillie sans enthousiasme en dehors du mouvement syndical et de certains gouvernements scandinaves, (...) [à mesure que] n'apporterait donc aucun nouvel avantage (...) si l'on considère que les pays de l'OCDE ne tiennent déjà aucun compte, en pratique, de l'article XIX du GATT dans certaines branches telles que le textile, l'habillement, la chassure (...)"*.

[583] Cf. EDGREN (1979:567).

[584] Nestes mesmos termos discorre THORSTENSEN (1998:51), ao admitir que a defesa deste argumento baseia-se no fato deste artigo XXIII ser *"um mecanismo multilateral dentro da OMC, que exige um processo de solução de controvérsias, com consultas entre as partes e consultas dentro da OMC (...) incluiria, assim, uma investigação, uma recomendação e, se for o caso, uma retaliação autorizada pela OMC [e] como a OMC,*

todavia, como (coerentemente) inexiste no âmbito da entidade qualquer tratado que exija recíprocas assunções de obrigações na seara sócio-laboral, não prospera qualquer propugnáculo nesses termos, pelo menos até o momento em que algum acordo dessa natureza seja incorporado às normas e às disposições da própria OMC.

Ainda, requerem os Estados *auto-sentenciados* como prejudicados pela concorrência dos países com menores custos sócio-laborais a "não-aplicação" do GATT, conforme disposto no seu Artigo XXXV, pelo fato desse dispositivo permitir a inaplicabilidade do *Acordo* entre duas partes que não tenham negociado a mútua redução de tarifas ou quando não haja o consentimento de algum membro sobre a imediata aplicação das normas a algum país recém-ingresso na OMC. Assim, como um criativo lampejo, tal preceito poderia ser invocado para evitar a aplicação das regras da OMC a novos membros que não garantam prerrogativas mínimas aos trabalhadores[585]; porém, ainda que a própria subjetividade da redação normativa admita tal ensaio, o requisito temporal presente na norma (*"at the time either becomes a contracting part"*) não permite a retroatividade aos Estados com acesso pregresso, mas apenas aos que firmaram, *hic et nunc*, sua afiliação.

Como, portanto, diversos instrumentos já disponíveis nos quadros da OMC não redundaram em êxitos aplicativos[586], os países desenvolvidos insistem com a inserção de uma cláusula social[587] que sirva como mecanismo direto, pontual e *cirúrgico* contra a reiterada "desobediência" dos outros Estados aos padrões sócio-laborais considerados justos.

---

dentro do espírito do Artigo XXIII, deve consultar outras instituições, a participação da OIT no processo estaria assegurada (...) como a OIT tem procedimentos para a determinação de violação de obrigações via a Comissão de Inquérito e Grupo de Peritos, seria apoiado nesse trabalho que o processo dentro da OMC poderia ser baseado.

[585] Nestes termos, v. DI SENA JR. (2003:121).

[586] De modo pontual, SIROËN (1998:181) afirma que ainda é difícil reconhecer e afirmar quando e em que circunstâncias há *"évolutions manipulatrices et distorsives"* das vantagens concorrenciais, ou se essas são apenas *"interventions progressistes"* dos Estados, sendo, então, legais e justas.

[587] Porém, a *"criação 'ex novo' de uma cláusula social"* (JACINTO, 2002a:656) será pouco factível, visto a necessidade de ser mantida a prática da tomada de decisões por consenso (artigo IX do GATT) – ou, se não for possível, a existência de dois terços dos votos (ou ainda três quartos no caso de modificações normativas na estrutura da OMC) – o que, portanto, por mais que indiquem a possível criação de uma *"esquizofrenia internacional"*, não deixará criar uma "ditadura hegemônica internacional", pois a voz dos países em desenvolvimento terá de ser ouvida e posta em prática.

No entanto, finalmente, com a "Reunião Ministerial de Cingapura" (1996), foi apresentado em sua "Declaração Final" (*item 4*) – por ora peremptória – o posicionamento da entidade no tocante às cláusulas sociais ou aos padrões sócio-laborais, nos seguintes termos:

"Renovamos nuestro compromiso de respetar las normas fundamentales del trabajo ['core labour standards'] internacionalmente reconocidas. La Organización Internacional del Trabajo (OIT) es el órgano competente para establecer esas normas y ocuparse de ellas, y afirmamos nuestro apoyo a su labor de promoción de las mismas. Consideramos que el crecimiento y el desarrollo económicos impulsados por el incremento del comercio y la mayor liberalización comercial contribuirán a la promoción de esas normas. Rechazamos la utilización de las normas del trabajo con fines proteccionistas y convenimos en que no debe cuestionarse en absoluto la ventaja comparativa de los países, en particular de los países en desarrollo de bajos salarios. A este respecto, tomamos nota de que las Secretarías de la OMC y la OIT proseguirán su actual colaboración"[588].

Dessa Declaração ecoaram-se duas vozes: por um lado, os países desenvolvidos comemoraram o fato de, pela primeira vez, um documento oficial da OMC mencionar a expressão *"labour standards"*, a criar a expectativa de vindouras discussões neste tema; por outro, paradoxalmente, os representantes dos países em desenvolvimento jubilaram ao constatar a assunção da OMC sobre o fato da OIT consistir na instituição competente para regular e negociar quaisquer padrões ou condições sócio-laborais, refutando o uso ardil (e protecionista) deste artifício nos meios de comércio internacional e, ainda, exaltando as vantagens comparativas dos PED, nomeadamente os baixos salários. Assim, a "Declaração de Cingapura" enfatiza a preponderância e a preferência deste tema à OIT, como organismo competente para estipular e acordar medidas relacionadas a padrões sócio-laborais, a rejeitar um papel similar a si própria. Entretanto, como visto, embora dispense (ou suspeite de) tal apanágio, a OMC permanece como fiel depositário de um indireto e muito mais eficaz instrumento de equilibrada aproximação entre comércio internacional e direitos sócio-laborais, ou seja, o próprio comércio, regulamentado de modo livre (sem recalques protecionistas) e justo, com continua atenção aos PED.

Em seguida, já na "Reunião Ministerial de Seattle" (1999), novamente os EUA (junto com a UE) propugnaram a inclusão da cláusula

---

[588] *In* <http://www.wto.org/spanish/thewto_s/minist_s/min96_s/wtodec_s.htm>.

social, tendo sua proposta mais uma vez recebido a oposição dos PED. Esta moção, em suma, consistia na criação de um grupo de trabalho[589] destinado à estudar a questão das normas sócio-laborais no âmbito da OMC, mas que, mesmo após intensos debates, não logrou o êxito pretendido. Nas Reuniões seguintes – Doha (2001) e Cancún (2003) – o tema foi tratado brandamente[590], com os Estados-membros reafirmando o conteúdo da "Declaração de Cingapura". Certamente, esse resultado fora produto dos papéis atuais desempenhados pelos PED no cenário internacional e pela própria OMC no plano multilateral, sendo aque até mesmo a "teoria da inevitabilidade"[591] não mais consiste em solução factível para a aparição das cláusulas sociais – como fez prova exemplar disso a "Reunião Ministerial de Cancún", na qual os PED puderam confirmar que já se tornaram parte importante no cenário mundial, não deixando progredir diversos pontos previstos na agenda de negociações e que lhes eram bastante desfavoráveis.

Ainda, DOMINIQUE CARREAU e PATRICK JUILLARD relacionam dois problemas fundamentais para a inserção de uma cláusula social no sistema da OMC: *(i)* quanto ao funcionamento do sistema de comércio internacional, principalmente em função do "princípio do tratamento nacional", que *"interdisait toute discrimination entre produits locaux et importés au regards de la réglemantation interne des Etats autre que fondée sur leur qualité et sans égard à leur processus de fabrication"*[592]; e *(ii)* quanto ao exercício da soberania dos Estados, nos moldes em que tais cláusulas *"rentraient dans le compétence nationale essentielle des Etats"*[593].

---

[589] Em Seattle, os EUA lembram que para esse momento *"los Ministros de la OMC deberían acordar el establecimiento de un grupo de trabajo de la OMC sobre el comercio y el trabajo. El grupo propuesto tendría un mandato claramente definido, funcionaría bajo la supervisión del Consejo General y elaboraría un informe que se presentaría a los Ministros para su consideración"*– in <www.wto.org/spanish/thewto_s/minist_s/min01_s.htm>.

[590] Na Declaração Ministerial de Doha, a referência aos padrões sócio-laborais foi sucinta: *"we reaffirm our declaration made at the Singapore Ministerial Conference regarding internationally recognized core labour standards. We take note of work under way in the International Labour Organization (ILO) on the social dimension of globalization"* – in <http://www.wto.org/english/thewto_e/minist_e/min01_e/mindecl_e.htm>.

[591] Segundo DI GIORGIO (2003:263), esta teoria – fundamentada no fato de que *"las presiones sindicales en el seno de los países centrales harán que éstos trasladen esta presión a los países periféricos quienes cuminarán por ceder en sus oposiciones"* – poderia profetizar o resultado final em torno das cláusulas sociais.

[592] Cf. CARREAU *et* JUILLARD (1998:197).

[593] Cf. CARREAU *et* JUILLARD (1998:198).

Deve ser ressaltado que tal temática não pode ser considerada completa e perenemente excluída do ambiente da OMC, uma vez que, além de estar cada vez mais próxima e em colaboração com a OIT, aquela organização continuará a sofrer pressões dos países desenvolvidos e de diversas organizações sociais reivindicantes de novos rumos à liberalização comercial e de reexames nos processos de deliberação multilateral[594].

Todavia, clareia-se que o trâmite processual da OMC, além de apresentar tais dificuldades que impedem o funcionamento das cláusulas sociais no seu âmbito interno, não permite qualquer aplicação imediata ou inconseqüente das sanções pelos Estados pretensamente prejudicados, pois tal país, antes, deve pedir a abertura de um "painel" no OSC e relatar os fatos para que um grupo de especialistas analise-os e, então, profira a decisão – passiva de reexame – e autorize ou refute a aplicação da respectiva sanção. Portanto, embora os instrumentos processuais sejam simples e pouco burocráticos – o que sinalizaria facilidades para reclamações e pleitos de execução da espécie "dumping social" –, os procedimentos administrativos da organização impedem qualquer aplicação automática dessas medidas de defesa comercial, o que atravancaria qualquer pretensão unialteral se, de antemão, não fossem os seus órgãos considerados inaptos para tratar de problemas desta natureza.

Aos países desenvolvidos realmente sensibilizados pelas questões humanistas do Terceiro Mundo, interessa a continuidade (ou o despertar) de outras medidas, como o uso dos acordos preferenciais (SGP) realizados com os países em desenvolvimento, nos quais se permite suspender ou modificar os benefícios contratualmente estabelecidos nas hipóteses em que ocorra o descumprimento de certas normas voluntariamente arbitradas pelas partes envolvidas e cujo teor, invariavelmente, agasalha padrões sócio-trabalhistas.

A contratio sensu, a insistência com tal tema no domínio da OMC também é motivo para os PED continuarem na antipropaganda da matéria, pois esse grupo acredita que a agenda da organização deve incluir, preferentemente, a discussão de outros temas, em especial a proposta (ainda pendente) da liberalização dos produtos agrícolas e o fim dos seus

---

[594] Como assinala LEARY (1997:120), esse *linkage* continuará a ser um tema invariavelmente presente na OMC devido: (i) à *"continuing pressure by leading industrialized countries"*, (ii) ao *"raising of the issue in relation to WTO work, for example, on labelling and investment"*, e, (iii) à *"continuing criticism of the WTO from consumer organizations, trade unions and other concerned groups for failure to consider the social aspects of trade liberalization"*.

subsídios, questão bastante desagradável para grande parte dos países desenvolvidos, maiormente à Comunidade Européia[595].

Assim, no presente momento dessa discussão, crê-se na OMC apenas como demiurgo daquilo que se constrói, razão pela qual, ainda, não se encontra apta para ingressar na seara pertencente às demais organizações internacionais[596] e, de modo exponencial, à OIT, esse o ente de indiscutível competência internacional para zelar pelos padrões sócio-laborais.

4.2.6. Do Papel da Organização Internacional do Trabalho (OIT)

Advinda da criação da Liga das Nações – como resultado de uma série de confluências episódicas mundiais[597] – e presente na parte XIII do Tratado de Versalhes de 1919, a OIT tornou-se a agência internacional responsável pela definição, regulamentação e promoção das regras sócio--laborais no âmbito internacional[598] e, talvez de modo preponderante, tenha assumido a incumbência de incutir os *"sentimientos de justicia y*

---

[595] Como questão que merece uma plena atenção dos PED e que ainda não foi efetivamente resolvida pela OMC, o comércio de "produtos agrícolas" reside no grande impulso econômico para a periferia e que demanda a eliminação dos subsídios oferecidos pelo mercado europeu aos produtores nacionais, via a Política Agrícola Comum (PAC), que inviabilizam a comercialização internacional com produtores agrícolas do terceito mundo. Assim, cabe aos PED uma contínua e presente participação junto à OMC, a fim de insistir com as políticas de liberalização comercial em um setor fundamental para o desenvolvimento dos PED. Insta salientar que na Reunião Ministerial da OMC realizada em Hong Kong (2005), fora decidido que 2013 será o ano limite para serem eliminados os subsídios à exportação, como se expende da respectiva Declaração Ministerial, em seu item 6.

[596] Caso contrário, abrir-se-ia *"une 'boîte de pandore' aux conséquences systémiques considérables et qui ne sauraient pas être minimisées"* (CARREAU et JUILLARD, 1998:199).

[597] Como ilustra VALTICOS (1983:29), o cenário pós-Primeira Guerra tinge-se por diversos fatores que oferecem um outro e particular peso às reivindicações do mundo do trabalho: *"la trêve sociale et la coopération qui s'étaient établies em Europe occidentale entre les dirigeants syndicaux et les gouvernements, les grands sacrifices consentis notamment par les travailleurs et la part pris par eux à l'issue du conflit, les promesses des hommes politiques de créer un monde nouveau, la pression des organisations ouvrières pour faire consacrer par le Traité de Paix leurs aspirations à une vie meilleure, les préoccupations que suscitaient l'agitation sociale et les situations révolutionnaires existant dans plusieurs pays, l'influence qu'exerçait la Révolution russe de 1917".*

[598] Na acepção de JACINTO (2002a), a OIT representa uma das maiores contribuições para ter acontecido a primeira reforma concertada do sistema capitalista, como símbolo da integração política do movimento operário e como pano de fundo (ou palco) para o desenvolvimento do direito internacional do trabalho.

de humanidad y (...) asegurar la paz permanente en el mundo"[599], de modo a fazer cumprir, portanto, a "tríplice justificação" de sua instituição, devidamente contida na sua peça preambular: política (assegurar bases sólidas para a paz universal), humanitária (impedir as condições de trabalho que impliquem a injustiça, a miséria e quaisquer privações) e econômica (não permitir que o argumento da concorrência internacional obste o melhoramento das condições sociais nos diferentes países) [600].

A COIT, embora contivesse originalmente a parte supramencionada do Tratado, foi alterada e modificada – com apoio na "Declaração de Filadélfia" – em 1946, momento no qual se afirmava como o primeiro organismo especializado da ONU e em cujo bojo está (re)consolidado os princípios fundamentais da Organização – *(i)* o trabalho não é uma mercadoria; *(ii)* a liberdade de expressão e de associação é uma condição indispensável para um progresso constante; *(iii)* a pobreza, onde quer que exista, constitui um perigo para a prosperidade de todos; *(iv)* a luta contra a necessidade deve ser conduzida pelas nações com uma energia inesgotável e mediante um esforço internacional contínuo; e, *(v)* todos os seres humanos, qualquer que seja a sua raça, a sua crença ou o seu sexo, têm o direito de efetuar o seu progresso material e o seu desenvolvimento espiritual em liberdade e com dignidade, com segurança econômica e com oportunidades iguais – e o programas específicos a serem fomentados e cuja realização tem caráter *obrigatório*.

Em termos estruturais, a OIT constitui-se como uma pessoa jurídica de direito público internacional, identificada na forma de uma *"associação*

---

[599] Cf. preâmbulos da COIT (1946) e, também, da parte XIII do Tratado de Versalhes.

[600] V. VALTICOS (1983:44), o qual expõe esses argumentos como *"la triple justification d'une action législative internationale sur les questions du travail"*. Ademais, naquele momento, *"a tese da internacionalização das normas de proteção ao trabalho já havia obtido expressiva ressonância"*, certamente advinda das três fases prévias à sua criação: *i)* a fase dos precursores individuais, promovidas na metade do séc. XIX por ROBERT OWEN, JÉRÔME BLANQUI e DANIEL LEGRAND e MARX e ENGELS – inclusive, atesta-se que os dois industriais liberais citados (OWEN e LEGRAND), podem ser considerados como *"les véritables promoteurs de l'idée (...) d'une législation internationale du travail"* (VALTICOS, 1983:05); *ii)* a fase dos movimentos organizados e gerais, insurgidas por industriais alemães e franceses, e, também, visível na Primeira Internacional (1866) e nos Congressos Trabalhista de Lyon (1877) e Socialista de Paris (1889); e *iii)* a fase das iniciativas oficiais, principalmente com as idéias contidas nas Conferências de Berna (1881 e 1889) e na Conferência de Berlim (1890), assim como na própria atuação do papa Leão XIII na Encíclica *Rerum Novarum*, em 1891 – v. VALTICOS (1983:05ss), SÜSSEKIND (1994:18) e GOULD IV (2003:83).

de Estados"[601] e baseia-se em três órgãos principais[602], sendo que o seu elemento mais característico consiste no modelo de composição dos seus representantes na "Assembléia Geral" e no "Conselho de Administração", assente na singular forma *tripartite* em que participam não apenas os governos, mas, igualitariamente, também os representantes dos empregadores e dos trabalhadores de cada Estado-membro.

Assim, nesta perspectiva, pode-se indicar como função mais relevante da OIT no plano internacional a regulamentação das suas "recomendações" e "convenções" – *"corpo de normas muitas vezes descrito como 'Código Internacional do Trabalho'"*[603] – e, por conseguinte, a promoção, supervisão e tutela da sua aplicação pelos Estados-membros, já na linha geral das atividades das organizações internacionais, as quais são fundamentadas sob os aspectos do *"promovimiento, controllo e garantia"*[604].

Com isso, enquanto as recomendações não possuem efeito de obrigação futura e servem como meio de orientação aos países-membros, as convenções consistem em textos normativos cuja ratificação torna obrigatório o seu cumprimento pelo Estado signatário, constituindo *"fontes formais de direito, [e] gerando direitos subjetivos individuais"*[605]. Portanto, a convenção não tem, de *per se*, efeito obrigatório, pois tão-somente após a sua ratificação e *"concluído o processo constitucional de internalização"*[606],

---

[601] Cf. SÜSSEKIND (1994:19).
[602] Como se depreende do artigo 2.º da COIT e na esteira de SÜSSEKIND (1994:19), a sua composição administrativa dá-se com a "Conferência Internacional do Trabalho" (assembléia geral com todos os delegados e representantes dos países membros), o "Conselho de Administração" (direção colegiada) e a "Oficina Internacional do Trabalho" (secretaria técnico-administrativa).
[603] Cf. VALTICOS (1978:425).
[604] Cf. BOBBIO (1992:39), que as identifica como responsavéis: *i)* por induzir *"gli stati che non hanno una disciplina specifica per la tutela dei diritti dell'uomo a introdurla [e] indurre quelli che già l'hano a perfezionarla sia rispetto al diritto sostanziale (numero e qualittà dei diritti da tutelare), sia rispetto alle procedure (numero e qualità dei controlli giurisdizionali); ii)* por verificar a *"misure che i vari organismi internazionali mettono in opera per verificare se e in quale grado le raccomandazioni siano state rispettate*, ao indicar que os dois modos típicos para isso são os "relatórios" e as "comunicações"; e, *iii)* por comprender *"l'organizzazione di une vera e propria tutela giurisdizionale di grado internazionale, sostitutiva di quella nazionale".*
[605] Cf. SÜSSEKIND (1994:27).
[606] Cf. DI SENA JR. (2003:106). Assim, dispõe VALTICOS (1978:427) que *"qualquer Estado membro da organização deve, num prazo de doze a dezoito meses após a adopção de cada convenção e recomendação, apresentar esta às autoridades nacionais competentes, a fim de que examinem a possibilidade de lhe dar execução [e] em caso de decisão afirmativa, os Estados devem comunicar ao BIT a ratificação da convenção considerada".*

o Estado-membro estará assumido na obrigatoriedade da execução e aplicação efetivas do conteúdo convencionado na ordem interna[607] e de ser suscetível ao controle por parte dos órgãos competentes da OIT[608].

A grande questão em torno destes instrumentos está no fato da sua aplicabilidade não revestir de caráter jus-sancionador, ou seja, há uma limitação no sistema regulador da OIT que a impossibilita de prevenir e reprimir as violações das suas normas-convenções ("normas sócio-laborais internacionais") mediante uma forma coercitiva diferente da "sanção moral"[609].

As ações da OIT são, portanto, fundamentadas na dirigida voluntariedade, na pressão e orientação contínua sob os seus membros[610] e na reprovação moral àqueles inadimplentes às normas convencionadas ou recomendadas[611]; eis, pois, as razões pelas quais alguns países pretendem sustentar (e convencer) a viabilidade (e a necessidade) da transferência do controle dos padrões sócio-laborais, via cláusulas sociais internacionais, para a OMC, a fim de ser possível a imposição de sanções econômico-comerciais.

---

[607] SÜSSEKIND (1994:39) resume que, com pequenas variações, *"a convenção entrará em vigor, em relação a cada Estado-membro, doze meses após a data em que houver sido registrada a sua ratificação, desde que já vigore no âmbito internacional"* Assim, as convenções, depois de ratificadas, conduzem os respectivos membros à obrigação de aplicá--las conformando a sua legislação (e prática) aos princípios nela constantes e ficando tal aplicação sujeita a controle. Ademais, cada Estado deve fazer um relatório periódico sobre as medidas tomadas para executar e promover as normas da respectiva Convenção ratificada e, mesmo na hipótese de uma não-ratificação, também deve o Estado apresentar periódicos relatórios contendo os motivos pela conduta – v. VALTICOS (1983:521ss).

[608] Novamente como ensina VALTICOS (1978:429ss), existem dois mecanismos para controlar e promover a aplicação das normas contidas nas convenções e recomendações da OIT: *i)* o controle permanente obrigatório, *"baseado no exame dos relatórios fornecidos pelos governos"* (artigos 19 a 22 da COIT), e *ii)* os processos de contencioso *"baseados na apresentação de queixas"*, podendo ser uma "queixa propriamente dita" (artigos 26 a 34 da COIT) ou uma "reclamação" (artigos 24 e 25 da COIT). Ainda sobre o mecanismo de controle da OIT, v. SANNA (2003:454ss).

[609] VALTICOS (1983:47) aduz que se discute tal problema desde os primórdios (e mesmo antes) da OIT, pois se teria de *"décider de l'effet juridique qu'auraient les conventions ainsi adoptées, en d'autres termes, si elles devraient constituer de simples suggestions aux États ou si elles devraient créer des obligations internationales"*.

[610] Com esta idéia de auxílio e orientação, LANGILLE (2005:420) afirma que *"the role of the ILO is not to block through some legally binding agreement and legal 'enforcement' mechanisms the member states from pursing their individual self interest, but rather to help member states see where their self interest actually lies and to assist them in getting there"*.

[611] HANSENNE (1994:840) admite que a OIT *"procède par voie de pression continue et (...) de réprobation morale"*, permitindo-lhe *"exposer publiquement les manquements constatés"* (EGGER et MAJERES, 1997:609).

Os ainda diversos e significativos casos de *exploração* da mão-de--obra – não subsumidos às condutas dos PED – constituíram-se em baluartes para a defesa moral dos países desenvolvidos, ao protestarem pela pouca praticidade e efetividade da OIT, com a alegação de que o problema não reside na *ratificação* das convenções, mas da aplicação efetiva das suas normas e diretrizes pelos países signatários. Destarte, neste contexto, fermenta a construção (e implementação) de um mecanismo que pretenda assegurar a efetividade dos direitos sócio-laborais, o qual seria, supostamente, a "cláusula social", a qual retorna já como imortal proposta coerciva e sancionadora dos países desenvolvidos[612].

Entretanto, deve-se atentar para o fato de que a ratificação de uma convenção não significa o imediato empenhamento das normas nela contida, razão essa que mais causa dúvidas e desilusões ao papel da OIT como agente reguladora[613] – e, também, tuteladora e promotora – das normas sócio-laborais fundamentais, pois diversos países, embora já tenham ratificado algumas (ou diversas) dessas convenções, não as transpõem na prática[614]. Ademais, no mais das vezes, o que não se tem oferecido, além de um razoável prazo para adaptação, é um eficiente programa de acompanhamento, pelo qual se individualizaria as potencialidades e as necessidades de cada Estado no próprio processo de aplicação prática das normas comprometidas.

---

[612] Nos processos fundacionais da OIT havia a inclinação por parte de alguns Estados-membros em considerar a aplicação de sanções econômicas nos casos de não comprometimento (ou não adequação) de determinados membros a certas normas-padrões de trabalho, conduzindo a sua primeira Constituição ao seguinte artigo 28: *"sanctions d'ordre économique contre le gouvernement mis em cause que la comission jugerait convenables et dont l'application par les autres gouvernements lui paraîtrait justifiée"* (CHARNOVITZ, 1987:649) – porém, logo em 1946, ela fora suprimida.

[613] Insta lembrar que, dentre outros motivos, os seguidos descontentamentos por parte dos EUA – *"where the ILO has never been well known, even among labor law scholars, and has been considered ineffective"* (LEARY, 2003:180), não enxergando a persecução dos seus interesses em relação aos padrões sócio-laborais internacionais estabelecidos pela organização – levaram-nos a sair da OIT por três oportunidades (1919--1934, 1938-1944 e 1977-1980).

[614] Como indica RAYNAULD *et* VIDAL (1999:51) há, pelo contrário, países que *"for technical reasons, cannot ratify some conventions but apply them nevertheless"*; assim, esta discrepância entre países que implementam sofisticados padrões sem a devida ratificação e outros que não praticam as normas já ratificadas, consiste numa situação entendida por alguns como bastante duvidosa, principalmente sobre os reais efeitos e serventias das Convenções da OIT.

Nessa seara, ainda, parte da doutrina afirma existir dois grupos de países com propósitos originariamente distintos[615], *i.e*, aqueles que adotam as convenções como "ponto de partida" e outros como "ponto final". No primeiro – em cujo grupo encaixa-se a maior parte dos países –, o processo de ratificação *"is only a beginning"*, no qual os países *"are still struggling to eliminate substantial divergences between conventions that they ratified (...) and current national practices"*[616], não sendo, por conseguinte, uma garantia de que os termos da convenção ratificada venham a ser cumpridos[617]; no segundo, a ratificação *"is the final phase of the process"*, pelo qual *"some countries devote a considerable amount of energy to ensuring that domestic legislation is strictly in accordance with a convention before it is ratificated"*[618].

Em que pese o amplo e qualificado conjunto normativo da OIT, a inevitabilidade *"de adaptar as exigências de realidades econômicas e sociais diversificadas e em rápida evolução e de buscar novos instrumentos para a promoção e o respeito dos direitos sociais fundamentais"*[619] e a necessidade de serem qualificadas e compiladas aquelas normas (Convenções e Recomendações), que definitivamente consubstanciariam um "direito internacional do trabalho", conduziram a OIT à efetivação da "Declaração sobre os Princípios e Direitos Fundamentais no Trabalho"[620],

---

[615] Ainda, RAYNAULD *et* VIDAL (1999:52) admitem a existência de um terceiro grupo, nos moldes de um *"enforcement without Ratification"*, representado por países que não ratificam as convenções, mas que desenvolvem um rígido e avançado controle para o cumprimento de padrões e normas internacionais, como nos caso do Canadá e dos EUA.

[616] Cf. RAYNAULD *et* VIDAL (1999:53).

[617] Em função disso – e, também, pelo problema dos desníveis sócio-econômicos entre os Estados-membros –, SÜSSEKIND (1994:31) afirma que a OIT tem adotado em suas convenções – com exceção daquelas sobre os direitos humanos – *"fórmulas de flexibilização"* a fim de possibilitar as suas ratificações por todos os países, independentemente do *status* sócio-econômico, ou seja, *"muitas convenções passaram a consubstanciar apenas princípios gerais, tornando-se necessária a adoção simultânea de recomendações complementares com disposições mais detalhadas"*. Assim, em face desta circunstância, a OIT fez *"incrementar os seus programas de cooperação técnica, com a finalidade de criar, nos Estados insuficientemente desenvolvidos condições para assimilar as normas fundamentais do DIT"*.

[618] Cf. RAYNAULD *et* VIDAL (1999:54). Neste cenário, FLANAGAN (2003:21) admite que para esses países a *"ratification is a purely symbolic act"*.

[619] Cf. SANNA (2003:438).

[620] Como lembra CHARNOVITZ (2000:151ss), a Declaração nasceu durante a "Cimeira Mundial para o Desenvolvimento Social" (1995), despontando *"the commitment to fundamental labor standards, (...) 'to safeguard the basic rights and interests of workers and to*

que consagra cinco regras fundamentais umbilicalmente vinculadas aos princípios inspiradores da OIT.

Ainda, em uma redação relativamente exígua, a "Declaração de Copenhague" observa em seu "item 5" que *"las normas del trabajo no deberían utilizarse con fines comerciales proteccionistas y que nada en la presente Declaración y su seguimiento podrá invocarse ni utilizarse de otro modo con dichos fines; además, no debería en modo alguno ponerse en cuestión la ventaja comparativa de cualquier país sobre la base de la presente Declaración y su seguimiento"*. Portanto, novamente, rechaça-se qualquer pretensão de serem adotadas normas (padrões) que possam interferir no comércio internacional de cada país, mormente pela via protecionista; outrossim, anexa à "Declaração de Copenhague", a OIT estipula *medidas-guia* com o fito de instruir e orientar os Estados-membros que não tenham ratificado alguma das convenções fundamentais, no sentido de exigir desses países inadimplentes relatórios anuais, especificando as razões impeditivas à ratificação e as eventuais modificações que elas causariam na *"legislação e na práxis nacional em relação aos direitos considerados"*[621].

Destarte, na perspectiva do ora disposto, vislumbra-se a consagração de três categorias de normas de trabalho adotadas pela OIT – "normas fundamentais", "normas técnicas" e "normas programáticas" –, cuja *"distinction se fonde à la fois sur le caractère plus ou moins fondamental, et par conséquent prioritaire, des dispositions ainsi que sur nature des obligations qu'elles contiennent"*[622]. Logo, enquanto as primeiras (*fundamentais*) concentram-se nos direitos sociais fundamentais e consagram *"principes essentiels d'ordre public (...) qui donnent aux travaillers eux-mêmes la possibilité de revendiquer librement et avec des chances égales leur juste participation aux richesse qu'ils ont contribué à créer, ainsi que de réaliser pleinement leur potentiel humain"*[623], tratando de modo relevante do quarteto constituinte do "núcleo", as outras (*técnicas e programáticas*) são mais precisas no tocante à sua conformação e apli-

---

this end, freely promote respect for relevant International labor Organization conventions, including those on the prohibition of forced and children labor, the freedom of association, the right to organize and bargain collectively, and the principle of non discrimination'", e dando início a uma verdadeira campanha pela ratificação de tais instrumentos.

[621] Cf. SANNA (2003:450).
[622] Cf. SERVAIS (2004:210).
[623] Cf. OIT (1998:06).

cação[624]. Entretanto, convém entender que o núcleo padrão-normativo incluído pela OIT no rol de normas fundamentais alcança, simultaneamente, uma característica de "aclimação" – no sentido de que promove (e supervisiona) a sua inclusão nos programas constitucionais nacionais, embora deixe aos próprios países a sua transposição e a sua perfeita adequação às vicissitudes internas, apresentando-as em um mesmo conjunto de regras – e um predicado de guarida das normas fundamentais, caracterizada também nas suas outras duas funções institucionais (a regulamentação e a tutela dessas normas), as quais, porém, são assinaladas por uma peculiar flexibilidade, razão pela qual se faz essencial à sua satisfação a conjunta veiculação de normas de caráter programático, como *"une obligation de moyent"*, para, futuramente, constituírem-se em *"une obligation de résultat"*[625].

Aqui, porém, a OIT já se atrita com o ímpeto dos Estados em reexpandirem os seus laços comerciais internacionais – ou, mais importante, em garantirem os seus mercados nacionais e internacionais –, cuja combustão permitiu reconfigurar as idéias a relacionar ambas as questões, ou seja, fazer conviver a promoção de direitos sócio-laborais com o comércio internacional.

Dessa maneira, dentre todas as prerrogativas instrumentadas pelos Estados pró-cláusulas sociais, certamente uma das que exaltam maior incidência reside no papel não-sancionador da OIT, tendo em vista a existência de países que formalmente regem leis patrocinadoras da questão dos direitos sócio-laborais fundamentais (*v.g.*, o trabalho escravo e infantil) e expressamente ratificam as correspondentes convenções internacionais, mas que, diariamente, não as aplicam. Portanto, requer-se como justificativa a ineficácia e a precariedade destas normas proibitivas nacionais; entretanto, como sobredito, ignoram-se as diferenças de qualidade e de concepção dos sistemas laborais nacionais, ainda mais se cotejados os casos extremos – e, mesmo se tais casos são analisados dentro do espaço comunitário, este problema persiste. Logicamente, os sistemas dos PED diferem no que concerne ao alcance e ao nível das prestações

---

[624] SERVAIS (2004 :211ss) identifica as *normas técnicas* como aquelas que tratam *"des conditions d'emploi et de travail au sens large, de l'administration du travail et de la sécurité sociale"* e as *normas programáticas* como aquelas que *"fixent des buts à atteindre à travers des actions de promotion et leur mise en pratique fait appel à des moyens divers qui ne sont pas tous de nature juridique"*.

[625] Cf. SERVAIS (2004:13).

sócio-laborais, na rigidez da legislação trabalhista e na importância das convenções coletivas; no entanto, com supedâneo nas convenções sobre direitos humano-laborais fundamentais expedidas pela OIT, observa-se que a maior parte destes países ratificaram-nas e em raras oportunidades apresentaram denúncia de contravenção à sua transposição.

Nesta senda, portanto, convém esclarecer que a inaplicação decorre, no mais das vezes, não de um *voluntarismo* individual-capitalista desses Estados infratores, mas sim do ineficaz e precário sistema judiciário e de polícia impregnado nestes países, os quais, lentamente, socorrem-se de um conjunto, ainda que alternativo, de medidas capazes de evitar situações desgostosas e instaladas nas vísceras das suas sociedades.

Assim, ainda que os mecanismos de controle da OIT não sejam penalmente coercitivos – mas tenham por supedâneo a persuasão moral, a cooperatividade, a voluntariedade e o incessante diálogo[626] –, esses instrumentos dispõem de um inegável e venerando *valor político* e, hoje, também *comercial*; outrossim, o acompanhamento (*controlador e supervisor*) dos órgãos responsáveis da OIT, além de bastante intensivo, aprimora-se, diversifica-se e expande-se progressivamente.

Aliadas a esse importante aspecto, as características de credibilidade e de independência (jamais controvertida em termos de corrompimento, interferência ou subjugação aos agentes externos), de democracia (amplo e exclusivo sistema tripartite de decisão e negociação) e de flexibilidade (contínua perseguição por formas maleáveis de suas normas serem adaptadas nos mais distintos países) demonstram que *"l'OIT sert de point de référence pour toute instance, pour tout État qui veut faire entendre sa voix dans le 'domaine social' au sens le plus large et notamment dans le débat relatif à la 'clause social'"*[627], na medida em que se serve do modo perfeitamente hábil e unicamente legítimo para instruir, motivar e exigir o respeito pelo cumprimento dos direitos laborais fundamentais, ou, ainda no âmbito dos padrões sócio-laborais internacionais, serve-se da luz do seu amplo conjunto de convenções e recomendações internacionais para fomentar a criação do trabalho e do emprego, a realização

---

[626] Na forma de *resposta* aos reclames de que a OIT não dispõe de "dentes" para obrigar os países a cumprirem as normas sócio-laborais internacionais, BHAGWATI (2001:07) diz que *"(...) today, a good tongue-lashing base on credible documentation by impartial and competent bodies such a restructured ILO can unleash shame, embarrasment, guilt to push societies towards greater progress on social and moral agendas"*.

[627] Cf. HANSENNE (1994:840).

da justiça social e a ascensão (ou sustentação) do bem-estar dos trabalhadores, com uma competência material e formal única e reconhecida pela própria OMC[628].

Enfim, de modo indubitável, os padrões normativos sócio-laborais internacionais figuram *"au coeur de la vocation traditionnelle de l'Organisation"*[629], existindo pouca (ou nenhuma) razão crível para dela serem abstraídos ou transferidos.

---

[628] Como se depreende da "Declaração de Cingapura". Inclusive, diante deste depoimento, CHARNOVITZ (2000:158) afirma que *"when the WTO pointed to the ILO as the competente body to set labor standards, this had surprising effect of boosting the ILO's prestige and morale – although is difficult to imagine how the two-year-old WTO could enhance the standing of the 77-year-old ILO, that is indeed what happened"*.

[629] Cf. HANSENNE (1994:841). Ainda, EGGER et MAJERES (1997:618) aduzem que *"les normes internationales du travail, et notammment celles dites fondamentales, définissent la mission de l'OIT hier, aujurd'hui et demain; en cela l'Organisation demeure un lieu unique de dialogue et de négociation pour la promotion et l'application de ces normes"*.

CAPÍTULO CINCO

DA CLÁUSULA SOCIAL COMO MECANISMO À PADRONIZAÇÃO SÓCIO-LABORAL NO COMÉRCIO INTERNACIONAL

5.1. Dos Argumentos Ordinários à Aceitabilidade – Uma Apocalíptica Apoteose

> *Commençons donc par écarter tous les faits, car ils ne touchent point à la question.*[630]
>
> Rousseau

5.1.1. Da Proteção da Vida Humana com uma *Faceta* Dissimulada

No ambiente de trabalho (ou no mundo laboral) onde se vislumbra um trabalho indecente, ou, de modo mais específico, o trabalho forçado, a presença de crianças em situações desregradas, a discriminação ou a ausência de liberdade de associação, se pode, isoladamente, caracterizá--lo como deplorativo e sórdido; logo, em um plano teórico ou aparente, as cláusulas sociais seriam, *ipso fato*, um eficiente e fundamental instrumento para se preservar a espécie humana da extinção moral.

Todavia, a sua concretização prática não dispensará o envolvimento dos costumes do comércio internacional, da necessidade de autodefesa (ou de *ataque*) e do desejo *egotista-individualista* dos homens que, assim, atribuirá (e, mesmo às esconsas, atribui) um outro sentido às cláusulas,

---

[630] «Comecemos, pois, por afastar todos os fatos, pois eles não se prendem à questão» – Jean Jacques Rousseau, *in* "Discurso sobre a Desigualdade entre os Homens" (*Discours sur l'Origine de l'Inégalité parmi les Hommes*).

a exorbitar o universo do *ethos* e dos direitos fundamentais para ingressar no já contíguo campo do protecionismo e do interesse de não-desenvolvimento dos Estados periféricos.

Neste ponto, tem-se que a maior crítica na questão das cláusulas sociais não deveria ser sob o fato de serem ou não motivos de impacto ou influência nos custos laborais – razão de grave desconforto para o Terceiro Mundo –, mas se tais padrões são ou não fundamentais para o bem-estar dos trabalhadores; porém, além da inconveniência da alternatividade da questão – na medida em que ninguém se apresenta contrário à melhoria das condições de vida dos cidadãos ou ao puro desrespeito por condições atrozes de trabalho –, não há como isolar tais proposições de modo a dissociar os resultados da primeira e os interesses da segunda.

Raramente encontram-se razões para a prática gratuita e impune dos preceitos vedados pela "Declaração de Copenhague"; contudo, buscar a "existência zero" de tais inconformidades fundamentais não pode ser *cega* e *inconseqüente*. Incondicionalmente, algumas das matérias nucleares pacedem de certas relatividades, como o não-absolutismo da liberalização dos sindicatos, a questão da não-discriminação (na qual pode ensejar motivos de arbitrariedade punitiva, tendo em vista o poder discricionário das empresas na contratação por tarefas e labores específicos, ou mesmo a contemporização dos aspectos histórico-culturais presentes nos povos orientais) e, mormente, o caso do trabalho infantil (e a incontinência da sua simplista negação); ou seja, todas estas premissas não podem servir de mote expiatório para, sob a conduta arbitrária dos países desenvolvidos – ávidos pela não perpetuação do pleno comércio mundial e temerosos pelo desenvolvimento dos países periféricos –, representar medidas protecionistas e prejudicais à totalidade de cidadãos, uma vez que serão respeitadas as nuances e os aspectos relativos de cada idéia nuclear, a qual, repita-se, apresenta em sua generalidade ideais impecáveis e justos, mas não por tais meios pretendidos, de modo a direcioná-las à batuta da OMC e relacioná-las intimamente ao comércio internacional.

Ademais, a proteção ao trabalhador e aos direitos laborais já se encontram regulamentadas (e promovidas) por diversas instituições internacionais, o que, mais uma vez, desenobrece a inclusão de uma cláusula social nos acordos multilaterais, e, logo, as respectivas medidas sancionatórias, pois funcionam como repressoras (*"sticks"*) e não incentivadoras (*"carrots"*)[631].

---

[631] De acordo com a metáfora proposta por Flanagan (2003:19). Ademais, em linhas similares, Bobbio (1988:188) indica que *"nas sociedades tradicionais (...), nas quais a maior parte das pessoas submetidas não conta nem intervém no processo de*

Tal medida, enquanto busca garantir e maximizar as condições de trabalho pelas contínuas sanções ou embargos econômicos, serve-se de uma máxima arbitrariedade e subjetividade que apenas garantirá o seu dissimulado uso como meio de resguardar os individualizados e unilaterais interesses dos Estados-membros do Primeiro Mundo, *habitat* de padrões sócio-laborais muito mais desenvolvidos e, ora comparativamente, inalcançáveis.

Esta concepção *altruísta* das cláusulas sociais – como modo de expressar a simpatia com os trabalhadores estrangeiros viventes no exterior – padece de interessantes *relativismos* quando, entre outras situações, depara-se com a questão do trabalhador imigrante, à medida que no âmbito interno dos países ricos não há maiores preocupações com as condições submetidas a este trabalhador – em regra muito aquém daquelas oferecidas ao trabalhador nacional –, inexistindo manifestações cívicas ou sindicais em prol de maiores direitos ou melhores padrões de trabalho à comunidade forasteira, havendo, claramente, um "altruísmo restrito"[632]. Tome-se, por exemplo, o caso do labor infantil, cuja simples proibição – idéia pujante das cláusulas sociais – dificilmente servirá à sua erradicação, a fazer apenas com que os seus pobres pais (ou responsáveis) mandem clandestinamente os seus filhos ao trabalho, no mais das vezes em setores ilícitos (prostituição, narcotráfico etc.). Nesta situação, como dantes referido, cabe uma conjugação de repreensões morais e políticas por intermédio da cooperação internacional, principalmente na forma de "concessões financeiras" que sirvam como fonte de empréstimos às famílias dos PED, as quais tomarão tais créditos como forma de compensar o não-trabalho dos menores.

Na presença da associação entre globalização e relações laborais nota-se a inevitabilidade de serem flexibilizadas diversas partes da estrutura orgânica do direito trabalho, que pode funcionar de modo "harmônico" – na forma de um *mutualismo* assente em algumas formas flexíveis especificas e devidamente tuteladas-fiscalizadas pelo poder público, mediante um específico "poder de polícia administrativo" na

---

legitimação, basta, para manter o controle sobre a massa ignorante, pobre (...) o exercício do poder punitivo; na democracia, não: na democracia, a massa dos cidadãos (...) intervém na repartição do poder de governar entre as várias forças políticas em campo, (...) é natural que, num sistema democrático, o poder não se possa conservar apenas pelo chicote, é precisa também a cenoura (...)".

[632] Como preclara BHAGWATI (2004:275), os Estados promovem um "altruísmo limitado" a ponto de *"ser perseguido de uma forma que não prejudique seu próprio bem-estar, na verdade promovendo-o (e ao mesmo tempo prejudicando o emprego dos trabalhadores estrangeiros) desde que reduza a competição".*

área trabalhista[633] – ou, então, "desarmônica" – em um *parasitismo* do capital (globalizado ou não) sob o trabalho, no qual não se respeitam os preceitos fundamentais-constitucionais considerados inflexíveis e com a alienação (ou submissão) do Estado às relações privadas. Portanto, o receio das relações (e do direito) laborais assumirem "feições globalizadas" não pode significar, de *per se*, uma desproteção ou mesmo um desrespeito aos "direitos humanos dos trabalhadores"; inclusive, como supradito, esta possibilidade-certeza traz a necessidade de um contínuo processo de observação e intervenção do Direito (do Estado) com o propósito de conservar as garantias mínimas ao trabalhador, ou seja, condizentes com a sua liberdade e dignidade humanas e independentes do momento ou da realidade de desenvolvimento do país.

Ademais, esta proteção à vida humana – ora consubstanciada no respeito aos direitos fundamentais – deve ser coadunada, em termos de preceituação, de aplicabilidade e de penalidade, com as realidades e vicissitudes nacionais, e, embora não implique em uma *"elasticidade infinita dos direitos humanos"*[634], a sua perspectiva mundana deve encontrar a melhor e mais eficaz guarida no plano interno dos Estados, os quais necessitam, ao menos, assegurar os mais elementares e fundamentais direitos do homem – verdadeiro *"patrimônio espiritual comum da humanidade"*[635] – que, desconsiderados ou meramente justificados, inutilizaria a razão deste rol de direitos existir.

---

[633] A trazer o exemplo da lei laboral chinesa, o capítulo XI versa sobre a "supervisão e inspeção" do trabalho, ao indicar os *"departamentos administrativos trabalhistas"* como os órgãos nacionais responsáveis pela fiscalização do trabalho: *"Artigo 85. Os departamentos administrativos trabalhistas (...) terão o poder de fazer cessar quaisquer atos que venham de encontro a leis, normas e regulamentos no que diz respeito ao trabalho, além de ordenar uma reparação, caso seja pertinente"*; *"Artigo 86. Os inspetores dos departamentos administrativos trabalhistas (...), quando do cumprimento de seus deveres públicos, deverão ter o direito de entrar nas unidades empregadoras a fim de conduzir investigações quanto à implementação de leis, normas e regulamentos referentes ao trabalho, alem de examinar dados pertinentes e inspecionar os locais de trabalho"*. Ademais, o art. 88 da Lei Chinesa confere aos sindicatos legitimidade para fiscalizar a implementação de leis e regulamentos no que concerne ao trabalho pelas unidades empregadoras, de modo a que possam também, e de acordo com a lei, *"salvaguardar os interesses legítimos dos tabalhadores"* (v. GUIMARÃES, 2001:152ss).

[634] Cf. ANDRADE (2004:36), ao prescrever que *"há um conjunto de direitos fundamentais do qual decorrem todos os outros: o conjunto dos direitos que estão mais intimamente ligados à dignidade e ao valor da pessoa humana e sem os quais os indivíduos perdem a sua qualidade de homens"*.

[635] Cf. ANDRADE (2004:37).

Diante disso, e exatamente pelo fato de haver uma certa e urgente necessidade de ajudar os menos afortunados, os melhores meios não devem se distanciar do desenvolvimento, do comércio internacional e da inexistência de barreiras em conjugação com o estrito respeito pelas normas internacionais sócio-laborais eleitas em cartas internacionais e patrocinadas pelas competentes organizações internacionais[636], dentre as quais releva-se a OIT, a qual, inclusive, já se demonstrou capaz de aplicar (ou permitir a aplicação por terceiros de) outras penalidades aos Estados (reiteradamente) inadimplentes com o cumprimento das suas principais convenções.

Deve, ainda, ser exposto – em fulgente tom – que essa lógica intervencionista, antes mesmo de desabrochar em prejuízo apenas aos países em desenvolvimento – visto serem aqueles que, *a priori*, seriam os desleais concorrentes do mercado – deveria ser pensada sob a hipótese de que em uma apuração séria da realidade dos fatos e diante de um tribunal ou de um órgão de solução de controvérsias internacional imparcial e eficaz essa lógica intervencionista dos países desenvolvidos pode, de maneira reflexiva, levá-los à suspensão dos seus próprios direitos de comércio, visto a série de violações que permeiam as suas sociedades – ou seja, *"stones are thus to be thrown at the poor countrie's glass houses by rich countries that build fortresses around their own"*[637].

---

[636] Existem competentes e funcionais instrumentos que garantem estes direitos relacionados à proteção internacional dos direitos econômicos, sociais e culturais, fundamentando-se, basicamente, no "Pacto Internacional de Direitos Civis e Políticos", no qual *"os cidadãos dos Estados que o hajam ratificado têm o 'direito de exposição e queixa ao Comité de Direitos do Homem', invocando a lesão de qualquer dos direitos reconhecidos e garantidos no Pacto (...) com o objectivo de deles obter justificação ou explicação"* (CANOTILHO, 2003:516), e, no "Pacto Internacional sobre Direitos Econômicos, Sociais e Culturais", no qual se garante *"o catálogo de direitos sociais, económicos e culturais, impondo-se (artigo 16.º) o dever de os Estados-Partes apresentarem relatórios sobre as meidas adoptadas com vista a assegurar os direitos reconhecidos no Pacto"* (CANOTILHO, 2003:517).

[637] Cf. BHAGWATI (1995:756). Neste sentido, BHAGWATI (1994:754ss) arrola diversas situações nas quais os EUA contravêm direitos e normas entendidas como fundamentais ou como inseridas no *core labour standards*, como: *(i)* a inexistente democracia econômica, na forma da participação do trabalhador nas decisões da fábrica – *"much more pertinent that the unionisation of labour"* –, que, portanto, por ser na Europa muito mais praticada que nos EUA, na ótica das cláusulas sociais deveria permitir a condenação e a limitação do comércio pelos europeus aos americanos; *(ii)* o trabalho migrante em níveis de escravidão e de brutalidade, em larga existência no setores agrários – *"does this mean that other nations should prohibit the import of US agricultural products?"*; *(iii)* as empresas

Enfim, haver-se-ia de propor aos países desenvolvidos – ou, enfim, aos países prejudicados pela concorrência desleal e titulares das ações "anti-dumping social" – que, na hipótese de implementação das claúsulas sociais, as sanções pecuniárias ("multas") a serem impostas contra os Estados infratores seriam revertidas, *sub condicione*, para um fundo nacional (ou mesmo internacional) que *obrigatoriamente* reverteria tais valores – após um processo de análise e de devida programação – para serem *reaplicados* no próprio "país-réu", como forma eficaz de serem promovidos o necessário desenvolvimento e a contínua adaptação às condições sociais exigidas internacionalmente, sobretudo no combate ao trabalho escravo e ao trabalho infantil. Dessa proposta, então com reais e coerentes fins humanitários[638], não se estaria errado aguardar um silencioso movimento de desaprovação, uma vez que o "papel missionário" destes países desenvolvidos tem a real intenção de usar as cláusulas

---

que, já de forma endêmica, exploram o trabalho imigrante feminino no setor têxtil, com longas horas e salários abaixo do mínimo – *"should the right of the US to export textiles then be suspensed by other countries as much as the US seeks to suspend the imports of textiles made by exploited child labur"*; *(iv)* o próprio direito de organização sindical pode ser considerado como inadequado, à medida que apenas 12% dos trabalhadores do setor privado são sindicalizados, como, também a constatação de limitações legais à atividade sindical, como no caso do direito de greve; *(v)* o fato de que *"few children grow up in the US without working as babysiters or delivering newspapper, many are even paid by parents for housework in the home"* – estaria isso também em desacordo com o preceituado no núcleo de normas-padrões laborais? Enfim, uma série de vivas situações cuja serventia (e eficácia) está longe de ser consumada, na medida em que uma queixa à OMC por parte de um país contra a UE ou os EUA poderia representar prejuízos muito maiores aos países queixosos (via boicotes, embargos, retaliações) se comparados com o próprio comportamento delituoso do país em questão. Em suma, como sublinha BHAGWATI (2004:277ss), *"os países pequenos sentem que ao restringir as importações eles incorrem em ônus superiores aos que resultarão para os países infratores, o que faria da retaliação comercial um autêntico tiro no pé, cuja conseqüência para o adversário seria apenas um cheiro desagradável de pólvora por um curto espaço de tempo"*.

[638] Interessante lembrar a "crítica da coerência" proposta por SEN (2000a:264ss), ao indagar se *"é possível ser coerente ao falar em direitos sem especificar de quem é o dever de garantir a fruição dos direitos?"* e se os direitos humanos não padecem da falta de *"um dever específico de um agente específico de realizar esse direito"*, já na linha da "obrigação perfeita" kantiana. Aqui, os próprios países desenvolvidos – ou, enfim, os países titulares das ações "anti-dumping social" – estariam assumindo um (devido) papel de agentes destes direitos, simultaneamente como "credores" e, na sequência, como "patrocinadores" de direitos humanos, levando a cabo a realização desses no país *hipoteticamente* agressor, pois, na linha do *"desenvolvimento como liberdade"*, não seria errôneo se pensar que, *"às vezes, pode haver boas razões para sugerir – ou exigir – que outros ajudem a pessoa a alcançar a liberdade em questão"*.

sociais como um *"cavalo de tróia"* capaz de levá-los a arbitrárias e subjetivas queixas de não-padronização sócio-laboral, e, conseqüentemente, permitir-lhes adotar novos mecanismos de defesa comercial, cada vez mais amplos e menos multilaterais.

5.1.2. Da Extirpação da Concorrência Desleal – um *Face-Lifting*

Com o intuito de minimizar os danosos efeitos da concorrência estrangeira especializada na produção de bens intensivos em trabalho – cuja necessidade ótima de performance faria modificar e rebaixar as condições, os padrões e as normas sócio-laborais e assim resultar em conseqüências que a longo prazo exerceriam indiretamente uma grande influência no mercado internacional[639] –, os paises prejudicados vêem na imposição de cláusulas sociais um instrumento útil e eficaz, uma vez que devolveria a igualdade de condições competitivas, de modo a estancar a concorrência desleal exercida por aqueles países que abusam da mão-de--obra para fins comerciais, a *"révéler les 'vrais' avantages comparatifs des pays en développement et donc révéler les vrais coûts de production"*[640].

Assim, em que pesem os diversos estudos realizados para averiguar a relação entre padrões sócio-laborais e competitividade apresentarem soluções que não apontam para uma efetiva e substancial influição das normas sócio-laborais no comércio internacional[641], o argumento da

---

[639] Como assevera FEIS (1927:555), *"ces conditions (...) peuvent être de longue durée et exercer indirectement une grande influence sur l'ensemble de la situation industrielle"*.

[640] Cf. SIROËN (1998:194), ao admitir que *"en d'autres termes, les propositions actuelles visent moins à imposer qu'à révéler"*, a pretender, também, *"révéler encore les préférences des populations quant à la nature de leurs relations industrielles"*.

[641] RODRIK (1996:48ss), ao construir um indicador de normas de trabalho com base em sete variáveis – o número total de Convenções da OIT ratificados por um país, o número de "convenções fundamentais" ratificadas, uma medida do grau de democracia do país e outra do trabalho infantil, o número de horas legais, o número de dias de férias pagas e a taxa de sindicalização –, aprecia a contribuição das normas ao custo do trabalho e, embora observe que uma aplicação mais rigorosa das normas aumente o custo do trabalho, quando examina os efeitos deste custo sobre o comércio internacional – notadamente sobre aquele de bens produzidos com uma maior combinação de trabalho-intensivo –, demonstra que as normas sociais não exercem efeitos estatísticos significativos, e, por outro lado, quando analisa apenas os países pobres, os resultados alcançados não conduzem à idéia de que normas sociais não respeitadas melhoram as performances exportadoras desses países. De modo semelhante, embora mais certo sobre os resultados,

competitividade – e de um comércio ainda mais livre – ainda se faz bastante presente no discurso dos países desenvolvidos, pois acreditam que se estaria a fomentar o desemprego nacional em razão das importações – e da conseqüentemente "injusta" perda de *market share* – e das deslocalizações-subcontratações internacionais das empresas, uma vez que tal operação traduz-se em substanciais decréscimos nos custos, em face dos excelentes custos de trabalho (remuneração, encargos sociais e a flexibilidade da mão-de-obra, fatores determinantes para a otimização da relação competitividade-preço), a redundar em uma posição competitiva mais eficaz.

De modo complementar ao discurso da questão humanitário-altruísta, tenta justificar-se a implementação da cláusula social em razão dela, repousada nas regras nucleares dispostas pela "Declaração de Copenhague" (*core labour standards*), não aumentar os custos de trabalho, e, logo, não se traduzir em nenhum impacto negativo nas vantagens concorrenciais dos países, pois apenas as restrições relacionadas a aspectos "substantivos" da relação laboral (remuneração, jornada etc.) conseguem influir positivamente na performance comercial de determinados países[642]. Entretanto, já com análises diferentes – e a usar métodos econométricos –, demonstra-se que o trabalho prisional e infantil pode prover vantagens comerciais para as empresas que deles fazem uso e, ainda, a liberdade de associação pode ter um considerável impacto nos custos do trabalho, ainda que ao longo prazo possa contribuir no aumento da produtividade[643].

Não obstante nos produtos intensivos em trabalho os custos diretos e indiretos da mão-de-obra apresentem um papel deveras importante, neles não se resumem a competitividade industrial-nacional, ou, menos ainda, as razões para os fluxos de capitais de investimento (FDI), na medida em que diversas outras variáveis são requeridas pelo mercado

---

Mah (1997) analisa quarenta e cinco países em desenvolvimento e, ao tomar como variáveis o volume de exportações em relação ao PIB, o número de ratificações das "convenções fundamentais" da OIT e uma "taxa de interesse real" do efeito do custo do capital sobre as exportações, demonstra que a relação entre exportações e a ratificação das convenções varia de acordo com o nível de (sub)desenvolvimento, embora tenha, no mais das vezes, efeitos negativos. Ainda a apresentar *variáveis* e *indicativos* nesta matéria, v. OCDE (1996:103ss) e Maskus (1997:02ss).

[642] Como pretende mostrar, por exemplo, a OCDE (1996:86ss).

[643] De modo já sublinhado, entre outros, v. Mah (1997), Maskus (1997), Maskus *et* Martin (1999), OCDE (1996:13; 2000:32ss) e Granger (2005:47ss).

("importadores") ou exigidas pelos investidores ("indústrias estrangeiras") e que resultam, portanto, na não-imperiosidade de um único fator, a haver um ajustamento de fatores que equilibre as relações econômicas internacionais – não obstante se admita que o Primeiro Mundo, com a tecnologia e a alta produtividade, logre vantagens mais consistentes e, por isso, apresentem um sustentável desempenho concorrencial. Entretanto, além dos padrões sócio-laborais não se constituírem em variáveis determinantes do mercado de investimentos internacionais – mesmo naqueles setores onde há o predomínio dos produtos não especializados e dos produtos intensivos em trabalho –, sem a oportunidade de gozarem do fator trabalho como meio de alcançar o mercado, *i.e*, sem a concessão de vantagens representadas por menores custos laborais, não há qualquer hipótese inteligível para fazer os investimentos estrangeiros caminharem em sentido oposto aos grandes centros.

Assim, ainda no que concerne às discrepantes condições de trabalho entre os países as quais aparentemente revestem-se como fidedignas razões para uma competição desleal, dois aspectos devem ser analisados: *(i)* se os níveis sócio-laborais apresentam-se voluntariamente insuficientes (e então geradores de um dumping social), e *(ii)* se as práticas purgatórias são deveras e incondicionalmente atentadoras à dignidade dos trabalhadores. Dessarte, com base em outros instrumentos que não a sanção ou o protecionismo comercial, caberia, na primeira hipótese, verificar (e cotejar) os padrões praticados em cada Estado em relação às necessidades e às realidades nacionais, a fim de ser verificada a *ratio* entre a capacidade do Estado e a contraprestação aos seus cidadãos e, então, exigir o seu cumprimento; entretanto, admitir-se neste quesito um *denominador comum*, não obstante seja uma tarefa e uma realização consagradora, carece de factibilidade, visto que no mais das vezes os países são incapazes de operar com idênticos parâmetros. Na segunda hipótese, exigir-se-ia o mais rigoroso e inflexível comprometimento do Estado com a dignidade do trabalhador, descabendo justificativas baseadas na desproporcionalidade entre o respeito pelos preceitos humanos fundamentais e o desenvolvimento nacional, devendo tais normas serem perseguidas, previstas e promovidas pelas leis nacionais e, principalmente, pelas competentes organizações internacionais (OIT e ONU), a fim de limitar a conduta das empresas e a própria conivência (ou *hipossuficiência*) estatal.

Contudo, ROBERT HUDEC assevera que, assim como pode haver esta *"offensive unfairness"* – baseadas nestas reclamações contra governos que promovem políticas públicas a originar vantagens desleais para as suas firmas no mercado internacional –, há, em lado oposto, uma *"defensive unfairness"*, presa à idéia *"that actions or policies of foreign governments may defend their own dometic producers from external competition"*[644]. Portanto, se aquela por alguma razão subsistir, também há em seu percalço a contrapartida, do mesmo modo inconveniente, mas que, todavia, já acontece como medida preventiva-generalista incapaz de analisar as especificidades de cada caso e independente da deslealdade ofensiva de algum país.

Com isso, o clamor pela "concorrência desleal" mediante *"un traitement équitable"*[645] aos trabalhadores de todo o mundo invalida-se, como visto, pela desproporcionalidade (ineficácia) havida na relação entre a falta cometida e a sanção pretendida, e, também, pela sua confirmação fática não ter, em regra, procedência, uma vez que as situações maculadas pelo efetivo desrespeito às fundamentais normas humano--laborais não se vinculam ao comércio internacional, ou seja, a participação desta mão-de-obra não afeta (e não objetiva) o comércio exterior[646] – na verdade, *"les actes les plus coupables sont généralement commis dans les plantations et les mines, les industries de la construction et les petites entreprises de services que travaillent entièrmet pour le marché intérieur"*[647], a ocorrer em pequenas propriedades e de modo bastante restrito, sem afetar, portanto, os bens ampla e tradicionalmente comercializados no exterior[648].

---

[644] Cf. HUDEC ([*Mirror, Mirror on the Wall: the Concept of Unfairness in the United States*, "Canada, Japan and International Law", p. 88. Ottawa, 1990] apud LANGILLE, 1996:233).

[645] Cf. EDGREN (1979:559).

[646] BRAND *et* HOFFMAN (1994:08) indicam que o trabalho infantil, de dez a quatorze anos, existente nos países em desenvolvimento é, em sua maior parte, representado por menores que *"travaillent assez rarement dans des entreprises exportatrices ayant pignon sur rue, les pires formes d'exploitation de l'enfance se retrouvent essentiellement dans lê cadre de l'éconmie 'informelle', moins impliques dans la concurrence internationale (agriculture, artisanat, petiti commerce sédentaire et ambulant)"*.

[647] Cf. EDGREN (1979:560), a salientar que *"des violations graves des droits de l'homme ont parfois lieu dans les industries d'exportations, mais c'est souvent l'indice que les conditions sont encore pire dans d'autres secteurs"*.

[648] Contudo, de modo dissonante, GRANGER *et* SIROËN (2004:05) admitem que o critério pertinente nesta avaliação não reside na prática unicamente do setor exportador ou das firmas transnacionais, mas, antes disso, *"l'examen des relations sociales doit porter sur le secteur des biens 'échangeables' et, à ce titre, exposés à la concurrence internationale, soit comme exportateurs effectifs ou potentiels, soit comme importateurs*

Outrossim, além da própria caracterização desse dumping como concorrência desleal ser falha ou nula – na medida em que não observa a presença infecciosa de quatro dos seus elementos consubstanciais (preço normal, comparação justa, margem e dano com nexo causal) –, já fora salientado que nos PED essa realidade não sobrevém como reflexo dos desejos capitalistas, mas se arraiga nos solos nacionais como reflexo de menos desenvolvimento e produtividade e maior população. Assim, sempre se observou nestes Estados uma mão-de-obra pouco custosa e um sistema de seguridade social menos sólido, antes fruto da própria construção ocidental[649], que, como resultado da crescente difusão deste presente sistema ("globalização"), propiciou aos PED usarem este "pobre conjunto instrumental" como meio de galgar um espaço internacional, a representar vantagens comparativas às empresas transnacionais que se deslocam ou terceirizam a produção ou proporcionando vantagens competitivas às próprias indústrias nacionais nos mercados estrangeiros.

Logo, a vindícia por cláusulas sociais nas relações multilaterais de comércio baseada na "concorrência desleal" funcionaria como meio *aparente* e *não-estrutural* de dissolver as pretensões do *Terceiro Mundo* em prol de um esteticismo caritativo e insubstancial[650], que traz no seu âmago o desejo protecionista e hegemônico incapaz de enxergar que *"fair trade is free trade's destiny"*[651].

éventuels" – assim, embora as mercadorias agrícolas não sejam destinadas à exportação, é possível que uma parte da produção existente possa ter este fim ou, então, que as importações possam ser substituídas pela produção nacional, motivadas pelo baixo (e "desleal") custo de produção interno.

[649] CAIRE (1996:812) reproduz parte do discurso do prêmio Nobel de economia MAURICE ALLAIS na Assembléia Nacional francesa: *"dans la plupart des cas c'est un contresens, et à vrai dire une profonde erreur, que d'accuser les pays moins dévéloppés étrangers à la Communauté européene de 'dumping social' et de 'concurrence déloyale' et de vouloir dès lors leur imposer des systèmes de protection sociale analogue à ceux de pays développés comme la France ou l'Allemagne. Ce ne sont pas ces pays qui sont responsables des effects pervers d'un libre-échange ilimité mais le cadre institutionnel actuel du commerce international. Parler ici de 'duming social' ou de 'concurrence déloyale' est un argument dénué de tout fondement".*

[650] Como assevera KRUGMAN (1999b:94), *"desde que não haja alternativa realista para a industrialização baseada em baixos salários, opor-se a essa estratégia significa estar disposto a negar aos desesperadamente pobres a melhor oportunidade de progresso".*

[651] Cf. LANGILLE (1996:236). Na outra direção, v. CUNHA (2001:09).

5.1.3. Da Exportação de Desemprego em *Face* dos Tenros Sistemas Jus-Laborais da Periferia

Dantes já se admitia que *"differences in net economic advantages, chiefly differences in wages, are the main causes of migration"*[652]. Assim, com base nessa asserção, ao serem indicadas as hipóteses de dumping social indica-se o argumento de que os padrões sócio-laborais vigentes nos PED ecoariam no mercado laboral local na forma de *crise*, a valorizar um fenômeno descrito como "exportação de desemprego".

Essa situação, além de poder ser representada por um desemprego advindo da *competição indireta* – sob as formas de uma "competição por investimentos diretos" (FDI), à medida que *"los empleos que exigen un escaso nivel de calificación se "exportan" a las economías con niveles salariales bajos a través de la reubicación de empresas, lo cual acarrea en los países ricos un descenso de la demanda de trabajadores poco calificados y una competencia más encarnizada de los productos importados"*[653] ou pela "concorrência de produtos comercializados no mercado internacional" (*importações*)[654] –, caracteriza-se, de modo mais acentuado,

---

[652] Cf. JOHN HICKS ([*The Theory of Wages*. London, 1932] apud BBORJAS, 2002:304). De modo pontual, BORJAS (2002:305) aduz que a probabilidade de migração é muito sensível às diferenças de remuneração entre os países de origem e de destino – *"a 10 percentage point increase in the wage differential between the states of destination and origin increases the probability of migration by about 7 percentage points"*; ainda, admite que também há uma correlação entre as condições de trabalho (de emprego) e a probabilidade de emigração, nos moldes em que *"a 10 percentage point increase in the rate of employment growth in the state of origin reduces the probability of migration by about 2 percent"*.

[653] Cf. LEE (1996:528), o qual aduz, entretanto, que os temores ainda não carecem de muita coerência, pois, *"en primer lugar, el volumen de los flujos de inversiones extranjeras directas no supera en los países industrializados el 0,5% del PIB (...); en segundo lugar, no está claro qué proporción de esa corriente inversora, relativamente modesta, representa en realidad una desviación de inversiones que, en otro caso, se habrían realizado en el país de origen (...) muchas inversiones son de carácter muy marcadamente sectorial, por lo cual no habrían sido viables en el país de origen al no gozar de ventajas relativas"*. Sobre esta perspectiva dos FDI, v. também ARTHUIS (1993).

[654] Nessa perspectiva, marcada por uma interpretação que deriva da própria teoria do comércio internacional, no teorema da "igualização do preço dos fatores produtivos" e cuja idéia prediz que o crescimento das importações procedentes dos países com salários baixos cede lugar, no país importador, à queda tanto do preço relativo dos bens que requerem alta densidade de mão-de-obra como dos salários relativos dos trabalhadores não especializados, v. LEE (1996:528ss). Ainda, SING e ZAMMIT (2000:17) aduzem que a preocupação sobre o aumento de importações de produtos manufaturados dos PED

pela "competição direta", ou seja, pela migração de trabalhadores dos países periféricos para os grandes centros em busca de melhores salários e condições de trabalho, o que acarretaria prejuízos aos trabalhadores nacionais em razão da restrição de empregos, proporcionada pelo aumento da oferta e, *ceteris paribus*, da diminuição dos salários e dos demais padrões laborais. Destarte, a pretensão dessa classe com a implementação de cláusulas sociais nas relações comerciais multilaterais reside no cumprimento da seguinte seqüência: diminuir a demanda ruim de trabalho nos PED – aumentar a relação oferta/procura de trabalho – aumentar os salários e as condições de trabalho – evitar a migração[655].

A migração de trabalhadores consiste em um fenômeno bastante complexo, de diversos matizes e com múltiplos efeitos, positivos ou e negativos, em ambos os países envolvidos. Para o país de origem ("país remetente"), avultam efeitos positivos que são representados, maiormente, pelas remessas financeiras às famílias mesmo na poupança efetivada pelos trabalhadores imigrantes, cujos frutos são enviados aos seus familiares (geralmente para o consumo/sobrevivência) ou serão reempregados nos seus países com diferentes e incertos propósitos[656]; ademais, se podem encontrar evidências a sugerir que a presença de trabalhadores imigrantes (e de suas famílias) pode ter substanciais efeitos sobre as relações internacionais entre o país de origem e o país de destino, o que, mais uma vez, influencia positivamente no desenvolvimento econômico do país de emigração, pois, além de promover as suas exportações (abastecer os cidadãos emigrantes), incrementa a demanda por melhores sistemas de transportes, de comunicação e bancário.

Por outro lado, não se deve menoscabar as possíveis conseqüências que, embora caracterizadas positivamente, se desviadas em seu fim podem

---

provocar desequilíbrio no mercado laboral estadunidense e europeu não subsiste, pois *(i)* uma pequena parcela destes produtos realmente advir dos PED, pois a maioria das manufaturas são comercializadas entre os próprios países desenvolvidos – *"it will therefore be difficult to argue that the huge shifts in income inequality and phenomena such as mass unemployment in the North are being caused largely by this rather marginal amount of trade with the South"*; e, *(ii)* os países desenvolvidos, apesar do aumento da importação de manufaturas dos PED, *"have generally maintained a surplus in manufacturing trade with developing countries as a whole"*.

[655] Neste sentido, v. BORJAS (2002).
[656] CHOLEWINSKI (1997:27) admite que *"it is difficult to gauge precisely the extent to which remittances contribute to a country's development, or to the reduction of emigration pressures, but they are clearly central to any links that are established between migration and development"*.

ser negativas, maiormente quando relacionadas ao *brain drain* ("fuga de cérebros"). À primeira vista, quando se refere a trabalhadores altamente qualificados que no seu país de origem exerciam uma atividade cuja substituição não se processa facilmente, a emigração provoca o estrangulamento na dotação de recursos humanos nos setores em que trabalham os emigrados, com o risco de diminuir a produtividade; porém, os reflexos desta *diáspora científica* podem ser significativamente positivos quando se relacionam à própria capacidade do país em criar um ambiente interno minimamente apto a absorver a mão-de-obra reingressa ao país, de modo a utilizar e compreender as novas idéias e tecnologias e capacitando-se em termos científico-educacionais. Para isso, os governos dos PED devem expandir os investimentos em educação antes mesmo de iniciar o "programa de industrialização", com a construção de um estoque significativo de capital humano como o primeiro passo para resolver a defasagem entre o estoque desse capital e a sua demanda e inibir a geração de desemprego de mão-de-obra qualificada a curto prazo. Assim, para isso, pode-se defender que no início do processo de industrialização os países devam facilitar a exportação dessa mão-de-obra (o *"brain drain"*), induzindo a uma política de acumulação de capital humano – ainda que fora do país – que poderá, posteriormente, ser atraído com reais e substanciais proveitos internos; caso contrário, ver-se-ia apenas a evolutiva perda de mão-de-obra qualificada para os grandes centros desenvolvidos, sem outro retorno que não o gosto de ver os seus filhos a despontar no cenário científico-acadêmico internacional.

Diante deste processo com sentido pouco claro de alteração – em razão dos benefícios que trazem aos PED e aos seus cidadãos[657] e, também, como conseqüência do próprio desenvolvimento desses Estados –, convém para os países desenvolvidos racionalizarem e reverem a combinação dos seus fatores de produção e concorrerem no setor trabalho-intensivo – com crescente participação dos PED – mediante a busca por novas técnicas de produção que utilizem uma menor proporção de trabalho, analisando a viabilidade da substituição de trabalho por capital e, assim, voltando a demonstrar competitividade. Ocorre que, daqui, advém o problema do aumento do desemprego, pois há uma insuficiente adaptação dos trabalhadores dos países desenvolvidos aos desafios colocados

---

[657] Como argumenta CHOLEWINSKI (1997:36), *"if developing countries cannot export goods, and services to create sufficient employment at home, they face no other alternative but to export people"*.

pelas mudanças na estrutura da produção mundial, cujo dilema culmina no sentimento de temor e de incerteza quanto aos seus particulares destinos, sendo cientes de que substanciais atitudes devem ser levadas a cabo, mormente no que tange a concorrência mundial pelo emprego com àqueles sítios onde os salários e os demais padrões sócio-laborais são-lhes inferiores[658].

No âmbito das relações multilaterais ou comunitárias percebe-se a apreensão com o fenômeno migratório advindo das distâncias sócio-econômicas como produtor do desemprego. Assim, como os tratados firmados sob a égide da OMC têm por objetivo comum e essencial a mundialização das economias, almejam-se neles uma regulamentação liberal dos espaços econômicos, ainda que divergentes, a fim de se concretizar uma liberalização de mercadorias, de serviços, de capitais, mas que, convenientemente, exclui a *livre circulação de trabalhadores*, cujas barreiras, se não diretas e expressas, são dissimuladas e implícitas[659]. Portanto, dever-se-ia promover a liberalização das políticas relativas à imigração de estrangeiros de modo a torná-la tão viabilizada (e praticada) quanto às políticas liberais relacionadas aos capitais, às mercadorias e aos serviços – não obstante se confie nas devidas e necessárias exceções que reordenam e resguardam o mercado nacional –, a servir como um *co-instrumento* que permita o desenvolvimento dos povos, seja no tocante à troca de tecnologia e à pesquisa nos centros mais desenvolvidos, seja ainda pela simples necessidade de se buscarem novos nichos de trabalho ou novas perspectivas de renda, as quais são, em qualquer momento, repassadas e reinvestidas nos países de origem.

Porém, ainda no tocante à circulação de trabalhadores, faz-se possível ter duas impressões sobre as *idéias volitivas* dos países desenvolvidos em relação à imigração de trabalhadores e ao projeto integracionista: por um lado, o *desejo de vê-los distante*, o que os incita a fazê-los

---

[658] VAN LIEMT (1992:495) indica caminhos alternativos e que permitem atenuar as pressões sob estes trabalhadores: *(i)* persuadir os poderes públicos a reduzirem as pressões da concorrência estrangeira, reforçando barreiras ao comércio; *(ii)* persuadir os poderes públicos a providenciarem restrições ao movimento de capitais, a fim de dificultar a deslocalização de empresas à periferia; e, *(iii)* o lançamento de campanhas de negociação coletivas multinacionais.

[659] Outrossim, não é diferente a prática vigente nos blocos comunitários, cujos exemplos mais notórios exsurgem das nuances regimentais vigentes no NAFTA, no caso das dificuldades encontradas pelos cidadãos mexicanos de ingressarem e estabelecerem-se nos EUA e no Canadá, e na UE, com os trabalhadores dos Estados-membros do Leste.

desenvolver[660]; e, por outro, o *desejo de fingir que não os vêem*, na medida em que não há o interesse de regularizar a situação dos imigrantes ilegais, pois, em tal caso, a mão-de-obra que sustenta parte dos setores industriais ou informais nacionais – trabalhos recusados pelos cidadãos originais – sofreria um abrupto reajuste de valores, como reflexo da obrigatoriedade das empresas cumprirem ielmente as obrigações legais e trabalhistas nacionalmente vigentes, o que não lhes compensaria. Destarte, conquanto exista um "planeta como mão-de-obra disponível" – visto que a produção mundial organiza-se *"numa nova divisão internacional do trabalho, [na qual] os trabalhadores de todo o mundo competem entre si em termos de qualificações, salários e produtividade"*[661] –, o protecionismo dos países desenvolvidos pelos mercados laborais nacionais impede que se conceda ao *trabalho* a mesma liberdade de fluxo outorgada ao *capital*.

Ademais, não há, repita-se, qualquer fundamento empírico que possa avaliar e explicar o problema do desemprego nos países desenvolvidos com base essencialmente nas importações provenientes de países com baixo custo de mão-de-obra, pois os níveis de empregabilidade são reduzidos não em função (exclusivamente) da concorrência estrangeira[662], mas, antes, em razão da *(r)evolução* tecnológica e organizacional, indutoras de novas técnicas fabris e gerenciais que diminuem o uso do capital humano, aumentam a produtividade e, por conseguinte, reduzem o nível de empregos[663]. Assim, mais uma vez, o exemplo escandinavo da tuitiva-

---

[660] No âmbito do NAFTA, como afirma JACINTO (2002a:637), essa realidade aparece *"como resultado de um objectivo estratégico dos EUA, no sentido de, através do desenvolvimento da economia mexicana e da conseqüente elevação do nível de vida da população, conseguir manter no seu território nacional boa parte dos milhares de 'indocumentados' que todos os anos entram nos EUA (...) [a pretender] a extinção progressiva de actividades de produção desenvolvidas por mexicanos nos EUA em proveito de unidades de produção mexicanas, utilizando mão-de-obra mexicana e destinadas à exportação"* .

[661] Cf. JACINTO (2002b:134).

[662] Como preclara LEE (1996:532), *"tomando en consideración que las cifras globales son modestas y que existen beneficios compensatorios, no es verosímil la tesis de que las relaciones comerciales y de inversión con los países de bajo nivel salarial hayan sido un fator principal de crecimiento del desempleo en los países industrializados"*.

[663] A perspectiva causal desse desemprego varia entre os países ricos, de modo que COHEN (1997:115) admite-a como uma realidade *bidimensional*, a resultar de dois mecanismos fundamentais: *(i)* da *"taux de séparation"*, que demonstra o ritmo pelo qual os empregos serão destruídos, e, *(ii)* do tempo em que o desempregado encontra um novo emprego, representado por *"um chiffre qui sera mesuré par la durée moyenne passée au chômage"*.

flexibilização torna-se válido, haja vista os proeminentes investimentos na formação profissional alternativa como modo de modificar as perspectivas e a estrutura das relações de trabalho, a permitir-lhes ocupar novas ocupações no mercado de trabalho e reequilibrar o problema do desemprego.

Em face da provável irrevogabilidade do processo, poder-se-ia coadunar entre os dois grupos de países políticas alternativas que, concomitantemente, permitam à migração não desregular e não fulminante aos mercados laborais do *Primeiro Mundo* e se tornar um eficaz instrumento de desenvolvimento do *Terceiro Mundo*, como, por exemplo, *(i)* a promoção de *"short-term and project-related migration or migration for training"*[664], nas quais os trabalhadores dos PED migrariam para adquirir novas especialidades e habilidades passíveis de serem empregadas nos seus próprios países, *(ii)* a criação prévia de um ambiente doméstico de desenvolvimento capaz de absorver os ganhos com a migração, principalmente relacionado ao uso e à aplicação das remessas financeiras, e, ainda, *(iii)* a evitação da não-recompesadora ou gratuita *fuga de cérebros*.

Assim, enfim, resumir contrapesos ao fenômeno única ou maiormente em torno das cláusulas sociais, agora sob o argumento da "exportação de desemprego", soa simplista e fulgura-se como uma *transferência de problema* que não busca solucionar de maneira efetiva o problema do desemprego nos países hegemônicos e da falta de desenvolvimento nos países periféricos.

5.1.4. Da Busca pela Alta Uniformização: *Faz-se* a Utopia

Diante da facilidade em propor, unilateralmente, comportamentos, regras e padrões das mais variadas estirpes (políticos, econômicos, comerciais, culturais etc.), as nações hegemônicas pretendem, agora com o quase consenso de padrões hodiernamente vigentes (democracia, capitalismo, livre comércio etc.), estipular de modo global-multilateral normas únicas no âmbito sócio-laboral, que iniciariam sob o manto de um *core labour standards* para atingir regras substantivas e acessórias, a pretender uma harmonização descaracterizada de especificidade e relativismo que certamente seria utópica não fosse errônea.

Assim, a princípio na mesma esteira morusiana da *Utopia*, os países desenvolvidos também pretendem a máxima atenção ao desenvolvimento

---

[664] Cf. CHOLEWINSKI (1997:38).

harmônico dos indivíduos; entretanto, pleiteiam-no via uma eleição de padrões trabalhistas cuja aplicabilidade encontra-se acima das possibilidades dos países não desenvolvidos, diferentes daquela sociedade utopiana que se assumiria, de *per si*, homogênea e sem desequilíbrios ou diferenças entre os indivíduos.

Tem-se ciência que em toda tentativa de harmonização encontram-se interesses disformes: globais, comunitários e nacionais, a apresentar em cada uma das suas realidades múltiplas dessemelhanças cujas características não necessariamente se equivalem e em cujo cerne está a busca por um equilíbrio econômico e social, cuja preocupação, afora as questões relacionadas ao *bem-estar coletivo*, afina-se com a questão comercial e, evidentemente, com o resguardo da concorrência e a fim de que exista um *"level playing field"*. Destarte, a abstrair das desigualdades presentes no âmbito interno dos Estados e já a afastar um certo confronto pela defesa dos ordenamentos internos, sobressalta o requerimento por uma *harmonização-uniformização* nos ambientes comunitários e global, e, especificamente, entre as leis e os padrões sócio-laborais vigentes nos Estados.

As práticas que buscam estabelecer um nível de padrões sócio-laborais não se fazem recentes, pois costumeiramente representa um instrumento hábil para determinar o plano de restrição ao comércio internacional, a variar conforme o objetivo da operação. Assim, GUS EDGREN (1979:558ss) afirma que este fim poderia ser encarado, ainda que de modos infrutíferos, de três modos: *(i)* puramente protecionista – assim, *"les normes devraient être établies à un niveau auquel elles interdiraient effectivement les importations de certains pays"*; *(ii)* que assegurasse aos trabalhadores dos PED uma justa parte dos frutos do comércio – assim, *"les normes devraient être plus souples et comporter une certaine marge d'appréciation pour pouvoir décider s'il a été porté atteinte aux revendications légitimes des travaiulleurs"*; ou, *(iii)* que salvaguardasse o mercado mundial, mediante uma concorrência contrária aos abuso da exploração da mão-de-obra – contudo, nessa última hipótese, poder-se-ia permitir uma discussão mais regular acerca dos aspectos sociais do comércio, sempre, entretanto, sob a óptica e a tutela da OIT.

Há, portanto, do ponto de vista dos países desenvolvidos, o temor por uma *"race to the bottom"*, cuja solução adviria com a uniformização via uma *alta padronização*. Inclusive, minoram-se sobremaneira os seus efeitos – os quais não são secundários e muito menos involuntários –, cujo cúmulo alcança a analogia com a medicina e as consequências, então sim secundárias, provocadas pela *quimioterapia* nos tratamentos de pacientes cancerosos; todavia, além da própria teoria do comércio internacional justificar esse rebaixamento de condições-salários em alguns setores produtivos dos países desenvolvidos, é justamente pelo fato da pobreza e do subdesenvolvimento estarem enraizados como canceriformes em certas estruturas nacionais dos países periféricos que devem ser pretendidas políticas públicas de comércio internacional, de crescimento econômico, de correta aplicação dos recursos financeiros e de desenvolvimento, bastante diversas da simples adoção de cláusulas sociais, as quais servirão apenas como modo de alastrar os malignos tumores.

Ademais, neste momento, os países desenvolvidos enxergam um problema de *distorção alocativa* no comércio internacional[665], situação que conduz à necessidade de serem efetivadas cláusulas sociais, visto que os países praticantes de maiores padrões sócio-laborais e cujas mercadorias apresentam-se mais caras acabam por serem desestimulados a manter tais padrões, pois o preço médio internacional dos bens resultaria na preferência e no domínio do mercado pelos produtos comercializados a menores preços e, logo, com padrões sócio-laborais mais débeis – mais uma razão pela qual se afirma o fenômeno da *race to the bottom*; todavia, essa preocupação, além de não haver evidências do seu fenômeno no âmbito internacional, não se justifica pela concorrência com a periferia, mas, repita-se, *"est le résultat de crises économiques et sociales internes"*[666].

A incessante busca por (altos) padrões uniformes deve sempre ser o escopo de qualquer proposta integracionista ou de multilateralismo; todavia, em todos os casos atuais de associação, a escalada deve ser na forma de *"padrões coordenados ou aproximados"*, a fim de não obstaculizar qualquer intenção futura de *"padrões uniformizados"* mediante a criação presente de dificuldades intransponíveis para os PED[667]. Destarte, a *harmonização* dos ordenamentos sociais encontra certa nuança de promissória consecução no âmbito dos blocos regionais – como, em ordem

---

[665] Sobre este problema da "distorção alocativa" e da "seleção adversa", frutos da ausência ou do privilégio de "informações" ("conhecimento"), adaptados para o caso dos padrões sócio-laborais no comércio internacional, v. BEAULIEU *et* GAISFORD (2002:60).

[666] Cf. MOUNIER (1996:781)

[667] FEIS (1927:546) afirma que diante dessa situação, *"ces pays se heurtent à des obstacles presque insurmontable en cherchant à maintenir chez eux un niveau élevé ou à réaliser les mêmes conditions que dans le pays plus avancés; c'est le cas s'il resulte de leur effort un développement de chômage, si les lois promulguées demeurent lettre morte, si l'amélioration du sort de certaines catégories d'ouvriers ne peut être obtenu qu'au détriment de certains limites qu'on ne saurait transgresser (...)".*

crescente, no caso da UE, do Nafta e do Mercosul –, cujo intento desta aproximação de legislações e políticas sociais consiste na possibilidade de se buscar uma equivalência de encargos sociais para as empresas que permita uma equilibrada concorrência, mas que, também, alcance melhores condições de bem-estar e de trabalho aos cidadãos, ambas a contribuir para a realização do *mercado comum*, como princípio das *"prescrições mínimas progressivamente aplicáveis"*[668]. Entretanto, ainda que futuramente entenda-se tal princípio como ideal, a incorreção prática esteja na tentativa, ainda crua, de ser almejada uma (quase) *elitização* dos padrões sócio-laborais, com a pretensão de serem uniformizadas realidades nacionais intensamente díspares.

Aqui, logo, não se pretende descartar os altos níveis do Primeiro Mundo, como se admitisse a eterna *miserabilidade* da periferia (a "filosofia da miséria"), ou, então, abdicar de uma necessária convergência (ou de um *norte*) social, tornando a globalização (ou a *comunitarização*) inviável[669]; porém, a harmonização exigida, nesses moldes e neste momento, padece de incomensuráveis dificuldades[670], seja de "ordem política" (*quem decide esses padrões?*), de "ordem normativa" (*quais seriam esses padrões?*) ou de "ordem técnico-prática" (*como implantar esses padrões?*). Ademais, não obstante se admita a necessidade de uma "coordenação" ou "aproximação" dos padrões sócio-laborais, não cabe analisá-los adaptando *mimeticamente* as condições de trabalho dos países desenvolvidos com aquelas dos PED, na medida em que tal cotejo implicaria na *importação de subdesenvolvimento*, como, também, não se faz viável a idéia *às avessas*, vez que descabe qualquer equiparação entre as condições sócio-laborais dos PED e dos países ricos, a qual importaria no desaparecimento das vantagens comparativas dos primeiros. Por isso, a neutralização plena dos efeitos díspares dos padrões laborais pretendida pelos países adeptos das cláusulas sociais, apenas produziria dois graves

---

[668] Cf. MOURA (1995:103).

[669] Nestes termos, pode-se admitir que *"(...) não é pensável, no curto e médio prazos, uma uniformização dos sistemas de proteção social a nível comunitário, atenta a sua diversidade manifesta; mas é necessária uma certa convergência nos objectivos e nas políticas nacionais a prosseguir, na base do entendimento comprovadamente generalizado de que se deve preservar o essencial do modelo social europeu, em particular nesta sua vertente de solidariedade social"* (RODRIGUES, 2003:133).

[670] Ensina FEIS (1927:548) que se faz *"imposible de réaliser un niveau uniforme (...) il faut renoncer à l'uniformité des conditions de travail, même sous forme d'un minimium légal (...) les mesures correspondant à un pareil niveau ne pourrant jamais figurer dans une convention internationale"*. Ainda, v. SERVAIS (1989:469).

efeitos adversos: *"uma perda de bem-estar no país de importação (...) e uma ainda maior degradação na situação dos trabalhadores do país exportador"*[671].

Assim, não obstante tenha-se a *utopia* distante de ums mera *quimera* – e sim como a instauração filosófica de uma ordem alternativa cuja transitividade cotidiana, consciencial e prática permite a efetiva contestação dos termos real-históricos vigentes –, no caso presente o termo assume a sua configuração etimológica de "lugar nenhum" e sinonimizada em uma fantasia que no plano teórico faz-se de realização bastante improvável, vez que *"the demand for harmonization is by and large ill-founded both in economics and in law"*[672], sendo desnecessário (e ineficiente) o estabelecimento de cláusulas sociais pretendentes de uma uniformização de (altos) padrões sócio-laborais que desconsidera as discrepantes realidades entre o Norte e o Sul.

Diante disso, as melhores propostas para se chegar a altos e padronizados níveis de condições de trabalho residem na prevalência pelos outros dois caminhos de harmonização sócio-laboral (aproximação e co-ordenação) conjugados com o crescente desenvolvimento econômico dos países periféricos; caso contrário, além de ser criado um perigoso precedente para a arbitrariedade e subjetividade, estar-se-ia ainda mais distante daquela idéia morusiana, tornando a realidade dos países despreparados ainda mais terrificante.

---

[671] Cf. CUNHA (2001:12).
[672] Cf. KRUGMAN (1997a:120).

5.2. Dos Argumentos Preferenciais à Rejeição – Uma Defesa Desenvolvimentista

> *Von einem gewissen Punkt an gibt es keine Rückkehr mehr.
> Dieser Punkt ist zu erreichen.*[673]
>
> Kafka

5.2.1. Do Pungente Abismo entre os Dois Mundos: *Há Vidas com Distintos Cenários*

Faz-se inconteste, como reiteradamente afirmado, a distância havida entre os dois mundos, o que, já de *per se*, exige a relativização das normas que pretendem, ainda mais como reflexo da globalização, moldar os cenários nos quais se apresentam os países.

Conquanto seja um dos objetivos precípuos deste trabalho a defesa do processo-fenômeno global de *interdependência, internacionalização* e *comunitarização* dos Estados como meio dos países periféricos ingressarem no caminho do desenvolvimento, causa contrariedade o pleito harmonizatório-uniformizador que desconsidera as idiossincrasias nacionais e, inconsideradamente, busca oferecer um tratamento equânime aos países envolvidos; também, não se pretende ignorar a máxima atenção às condições universais (e mínimo-básicas) de respeito aos fundamentais direitos laborais (e humanos), porém, se dissente sobre o meio diligenciado para tal feito, ou seja, a "cláusula social", pois instrumento incompatível a ser adotado em um ambiente tão díspar, tão abismoso.

A suposta inserção de cláusulas sociais nos tratados comerciais multilaterais a envolver países de níveis de desenvolvimento tão diferentes, se não imediatamente refutável, tem sido sempre objeto de posicionamentos críticos, *"tant sur le terrain de l'opportunité que de l'efficacité de son adoption"*[674], na medida em que consideram a aplicação de idênticas

---

[673] «A partir de um certo ponto não há mais retorno. Esse é o ponto que deve ser alcançado» – Franz Kafka, in "28 Aforismos" (*Aphorismen*).

[674] Cf. Moreau *et al.* (1993:692), que, embora também favoráveis a sua progressiva adoção nas áreas dos conjuntos regionais (nomeadamente a UE e o NAFTA), apresentam quatro considerações à cláusula social: *"elle peut être considérée comme un instrument indirect de protectionnisme, ou au contraire, de progrès social, une déclaration sans aucune traduxtion pratique ou encore un frein évident au plan des avantages comparatifs, qui sontr, dans le pays em voie de développement, tujours liés au faible coût de la main-d'oeuvre".*

normas *"plutôt qu'un facteur d'équilibre, un handicap pour les pays les moins développés"*[675]. Não são suficientemente válidas as razões que sublinham a validade das normas e padrões de trabalho e que, para isso, soerguem *cláusulas regulatórias*, de modo independente aos problemas mais vastos ainda advindos dos desequilíbrios estruturais do comércio internacional, nomeadamente *"l'élargissement des accès aux marchés, grâce à la reestruturaction accélérée des économies des pays développes, et les prix des matières premières, dont bom nombre son bas et restent soumis à de violentes fluctuations"*[676].

Assim, as pobres condições de trabalho e os níveis relativamente baixos de padrões sócio-laborais em muitas partes do mundo deveriam ser vistos sob uma perspectiva *relativista* e não simplesmente pela imposição absoluta – e, principalmente, retaliatória – de normas laborais, vez que tais realidades refletem *(i)* a própria situação de pobreza interna, razão pela qual não se pode exigir dos dois grupos uma única base, ou, como desejam os prosélitos da cláusula, um *level playing field*, e, também, *(ii)* as condicionalidades dos fatores externos, nomeadamente do comportamento protecionista, desproporcional e egocêntrico da maioria dos países hegemônicos[677], turvadores de um direito dos países periféricos ao desenvolvimento.

Por um lado, enquanto vigente no âmbito das iniciativas bilaterais (unilaterais e regionais), não cabe julgar se determinado país está ou não a realizar a negociação do modo mais certo, justo ou ótimo, pois, em tese, são acordos resolvidos ou aceitos por ambos, ainda que como conseqüência de uma tergiversante e tácita imposição; contudo, quando a

---

[675] Cf. VALTICOS (1983:105), ao prelecionar que *"l'application de normes identiques par des pays situés à des niveaux de développement très differents risquerait même, dans certains cas, de constituer, plutôt qu'un facteur d'équilibre, un handicap pour les pays les moins développés"*.
[676] Cf. VAN LIEMT (1989:477).
[677] Nesses termos, LEARY (1996:181) ensina que tais circunstâncias sócio-laborais dos PED são resultados *"from proverty, terms of trade unfavorable to poor countries, difficulties in accessing markets, and world trade policies"*, que não podem ser resolvidas *"solely by legal mechanisms enforcing workers' rights or by the mere expansion of world trade"*. Da mesma forma, ao exteriorizar a problemática dos relativamente baixos padrões sócio-laborais, SERVAIS (1989:491) assevera que *"les mauvaises conditions de travail ne sont pas dues uniquement à des facteurs internes: des facteurs internationaux, tels le bas niveau des prix des produits primaires sur le marché mondial et la difficulté pour les exportations de produits manufacturés des pays en développpment d'accéder au marché, n'y sont pas étrangers"*.

matéria ingressa na seara das relações e dos acordos multilaterais, nas quais múltiplas vozes devem ser ouvidas e consultadas e nas quais não há uma expressa norma efetiva a ser positivada ou reavaliada, os efeitos são mais amplos e complexos, não se limitando apenas à mera vontade dos Estados envolvidos, mas com incontornáveis crepitações no (sub)desenvolvimento daqueles países submetidos à voz ativa dos países hegemônicos, os quais criam, sob as vestes do multilateralismo, um *"unilateralismo agressivo"*[678].

Para isso, e já a antecipar a proposição de fórmulas alternativas de consecução ascensional de padrões sócio-laborais, bem se observa a necessidade de ser consubstanciada *"une nouvelle régulation sociale, plus évolutive et soumise à negociation avec les parteneires sociaux, en fonction des caracteristiques de chaque situation sociale"*[679]. Assim, como dantes já propalava HERBERT FEIS (1927:548ss), *"une amélioration, pour être profonde et durable, doir reposer essentiellement sur un progrès de la productivité industrielle (...) ce qu'il faut, et ce qui n'est pas forcément irréalisable, c'est d'abord que l'on fasse un effort d'amélioration générale, que chaque pays s'attache à relever ses conditions de travail dans la mesure compatible avec sa capacité industrielle; c'est ensuite quel'on réalise des conditions minima à peu près égale et stables dans le divers pays à situation industrielle à peu près identique"*.

Se inescapável a adoção de uma medida multilateral deste porte, ao menos se deveria admitir ressalvas e condicionantes aptos a tornarem eficaz e justo o relacionamento entre Estados com realidades tão distantes, a ser compreendida, antes da exigência irrazoável por tais cláusulas sócio-laborais, a necessidade de uma ordem econômica internacional efetivamente global que não oblitere a sua formação *"sur le principe du traitement inégal des inégaux, en promouvant des échanges équitables"*[680]. Mais uma vez, esclarece-se que não se trata de aplicar normas sócio-laborais *amenas* como uma estratégia indispensável ao desenvolvimento econômico dos países pobres, mas, antes, permitir que as distâncias institucionais, políticas, sociais e econômicas entre os Estados sejam

---

[678] Cf. AMARAL JR. (1998:91), ao admitir que *"sob o pretexto de atuar na defesa de padrões trabalhistas mais eqüitativos, a expansão do 'unilateralismo agressivo' teria como resultado prático transferir parte dos problemas advindos com a perda das vantagens comparativas do norte em certas áreas, o que contribuiria para deteriorar ainda mais a exclusão social do sul".*

[679] Cf. EGGER *et* MAJERES (1997:620)

[680] Cf. SACHS (2004:199).

particular e relativamente admitidas no cenário internacional, pois *"o que pode não causar assombro ou surpresa em Zurique, Londres ou Paris pode, contudo, ser muito problemático no Cairo, em Bombaim ou em Lagos"*[681].

Perante essa realidade, portanto, os PED não deveriam ser menoscabados como *"passagers clandestins d'une coopération dont ils rechercheraient les avantages sans en supporter les contraintes"*[682]; pelo contrário, deveriam ser encarados, neste momento talvez *finito*, como justos sujeitos de perceberem as vantagens do comércio global, sendo justamente vinculados a suportar condições distintas daquelas ancoradas pelos países ricos.

Outrossim, apesar de não ser tal argumento o mais *substancial* (*e moral*), faz-se necessário lembrar que os próprios países hegemônicos construíram tal padrão de desenvolvimento social, econômico e industrial às expensas dos seus trabalhadores, em uma Revolução Industrial na qual a mão-de-obra era submetida a condições absonas de trabalho e a ínfimos padrões sócio-laborais; foi, assim, somente após um longo período de crescimento-desenvolvimento e de lutas sociais que tal realidade tranfigurou-se e permitiu que os trabalhadores gozassem de normas e de padrões melhores. Destarte, exigir que no cenário atual em que se encontram os PED haja a mesma disponibilidade de regras e os mesmos níveis de proteção e contraprestação do trabalho, sob uma ameaça de "dumping social", permitir-se-ia entender os países desenvolvidos como *"amnésiques de leur propre histoire, celle de leur propre révolution industrielle qui a coûte sang et larmes à leur population (...) [qui] revient à exiger des pays pauvres d'aller encore plus vite et de faire encore mieux, alors que les progrès sociaux sont dejà substantils"*[683].

Por fim, e como maior razão para se acreditar no instrumento político-econômico como melhor meio de realização social, colaciona-se (e segue-se) a idéia de ARNALDO SÜSSEKIND (1994:32), sobre a qual *"o ideal seria a redução do fosso existente entre países ricos e pobres, de forma a que os princípios de justiça social e as adequadas condições de vida e de trabalho que os tratados multilaterais estipulam pudessem ser aplicados, efetivamente, a todos os seres humanos"* e, então sim, com a *reconfiguração* desse sistema e com a *equalização* das imiscíveis reali-

---

[681] Cf. SEN (2000a:300).
[682] Cf. SIROËN (1998:191).
[683] Cf. MOUNIER (1996:767).

dades regionais – e abstraindo-se dos ensinamentos teóricos neoclássicos do comércio internacional –, admitir-se-ia a provisão de tal instrumento de "controle" comercial.

5.2.2. Das Dificuldades *Havidas* na Realização dos Padrões Mundiais diante dos Rumos do Direito Laboral

A crescente e acelerada onda de internacionalização e intercâmbio financeiro e comercial reflete, em conseqüência, na também globalização dos mercados de trabalho, e, por sua vez, na mundialização dos problemas sociais e, por que não, relacionados ao direito *do* (e *ao*) trabalho, os quais, em sua maioria, escapam do real controle das autoridades nacionais e excedem os limites das estruturas domésticas, donde advém a importância (e a necessidade) de ser promovida uma intensa reflexão internacional – realizada em comum, principalmente, pelos Estados e pelas organizações internacionais – que estude e elabore eficientes programas e regulamentações a fim de consolidar um novo *"enquadramento social internacional do sistema econômico"*[684]. No entanto, essa repaginação não pode acontecer (ou pretender-se) mediante uma descaracterização das unidades estatais, o menoscabo das realidades sócio-econômicas nacionais e, incongruamente, à margem das necessárias (e importantes) reformas vislumbradas nas relações laborais e no próprio ordenamento jus-laboral.

Afora as questões de ordem econômica, política e social, no momento em que a problematicidade pretende inserir-se também pelo viés jurídico, observa-se que o instrumento pretendido – a "cláusula social" – obnubila a própria *raison d'être* da reconfiguração do modelo de relações laborais, na medida em que pretende descerrar um caminho que, embora primeiramente formado apenas por um *core labour standard*, será bastante suscetível de aceitar a arbitrariedade e a subjetividade de reclames aleatórios dos países desenvolvidos como mecanismos de implementação de padrões substantivos de direito laboral que fulminariam os ordenamentos mais débeis e mais flexibilizantes dos PED. Aqui, faz-se evidente, como dantes proposto, que essa maleabilidade das leis exige um indispensável papel nacional – *ativo* e *tuitivo* – de modo a reproduzir nos ambientes de trabalho as vontades (e mesmo o "objetivo social")

---

[684] Cf. SERVAIS (2001:246).

pretendidas nos acordos e nos contratos entre as partes, e, tanto quanto, uma fiscalização (e intervenção), a fim de não permitir que as formas "flexibilizadas" resultem em abusos desequilibrantes à relação.

Neste ambiente global do trabalho, mais do que a busca pela uniformidade entre as ordens estatais, deve-se alcançar o cumprimento zeloso das regras nacionais e a conformidade dessas com as pretensões (e o *modus operandi*) da OIT, sempre com o imprescindível respeito às vicissitudes internas, pois *"les pratiques et les normes en matière de travail sont très diverses et ne traduisent pas nécessariament la vénalité ni la malveillance mais plutôt la diversité des valeurs culturelles, des situations économiques et des théories et conceptions analytiques relatives aux conséquences économiques (et donc morales) de telle ou telle norme du travail"*[685]. Dessarte, ao ser afirmada a primordialidade da OIT como própria (e maior) condutora de padrões internacionais relativamente exigidos, segue-se a lição de HINOJOSA MARTÍNEZ (2004:142), ao proclamar que o Direito planeado pela OIT caracteriza-se por uma importante flexibilidade, ao consistir em um elemento necessário para que, no esteio do núcleo pretendido, *"puedan elaborarse normas laborales universales debido a la heterogeneidad de la sociedad internacional"*.

Nos países estabelecidos sob regimes democráticos, nos quais seus representantes são legitimamente escolhidos pelos cidadãos e que têm as precondições indispensáveis para decidir sobre as mais diversas matérias e políticas nacionais, inclusive aquelas necessárias para atrair investimentos estrangeiros[686] ou relacionadas à fixação de normas-padrões sócio-laborais, não há preliminares razões de interferência internacional, devendo tais matérias serem decididas democraticamente à luz das avaliações e decisões internas[687]; pelo contrário, no caso de imposições despóticas ou regimes políticos "não democráticos" que dispensam e ofendem a vontade popular, dos cidadãos e dos trabalhadores, mantendo

---

[685] Cf. JAGDISH BHAGWATI ([*Policy Perspectives and Future Directions: a View from Academy*, "International Labor Standards and Global Economic Integration", p. 59. Washington, 1994] *apud* LEE, 1997:198).

[686] Como indaga LANGILLE (1996:252), a partir do momento em que um governo democraticamente eleito faz, legitimamente, as escolhas nacionais, *"what is wrong with the people of Mexico, or Malaysia, or Thailand deciding upon a different mix of labor market policies which are attractive to investors?"*

[687] Nesses termos BHAGWATI (2004:280) afirma que *"a revisão dos padrões para cima ou para baixo é algo que deveria resultar de decisões nacionais tomadas de forma democrática, à luz das avaliações internas do que é bom ou ruim para a sociedade (...)"*.

condições e padrões de vida repugnantes, excludentes e racistas, enxerga-se o merecimento da mais firme reprimenda – como outrora demonstrou a OIT e a ONU, especialmente nos casos da África do Sul ("apartheid") e de Myanmar ("escravidão"), em atitudes que, de início, abstraíam qualquer intervenção ou sanção comerciais. Assim, portanto, os Estados conservam uma autocompetência que lhes possibilitam uma margem decisional sobre as opções políticas a serem adotadas, sejam de âmbito econômico, laboral ou social, até que provem (e manifestem-se) de forma dissonante e contrária às normas internacionais de cada organização.

Nesse momento, à inviabilidade das cláusulas sociais como motivação da irrealização de padrões sócio-laborais universais, por sua vez frutos de distintos caminhos da matéria jus-trabalhista nos ordenamentos nacionais, assoma-se a questão da "soberania interna" como argumento preferencial à rejeição. Assim, alega-se que a eleição de tais padrões consiste em exercícios relacionadas unicamente à soberana jurisdição dos governos nacionais, diante da qual as cláusulas e padrões sociais apareceriam como vias de *"externalização do soberano processo interno"*; porém, nesse ponto – e em contrapartida às maiores e mais expostas críticas ao modelo –, admite-se que a consagração no plano multilateral de organizações internacionais capazes, independentes e democráticas – e, no particular caso, a OIT – permite (e exige) a co-participação das mesmas nos cenários internos, a flexibilizar uma idéia de totalitário afastamento dos países às orientações internacionais – e, aqui, mais uma vez saliente-se a diferença entre a inaptidão do instrumento pretendido e a equilibrada e progressiva participação externa na promoção dos *standards* nacionais.

Ainda, nesta época de pluralidade e mundialização, resta indispensável a *repaginação* de idéias, de paradigmas e de normas, cuja real *remodelação*, seja nas relações de trabalho – que, conquanto tuteladas pela entranhada presença estatal e pela OIT, não podem ser subjugadas por idiossincráticos padrões laborais –, seja nas relações comerciais – as quais, embora regulamentas pelas regras da OMC, não podem ser obstaculizadas por discricionárias vontades nacionais, assentes em sanções e motes protecionistas – deve ser adotada como mote prioritário[688].

O caráter inoportuno das cláusulas sociais sustenta-se ainda em razão das condições de trabalho e de emprego não serem apenas consoli-

---

[688] Nestes termos, segue-se próximo às indagações propostas por Servais (1989:470): *"Pourquoi alors ne pas bannir les solutions trop légalistes? Pourquoi ne pas ceseer de chercher à formuler dans ces clauses sociales des obligations juridiques précises, assorties le cas échéant de sanctions, économiques essentiellement?"*.

dadas sob bases e preceitos jurídicos internacionais, mas, do mesmo modo importante, a partir de uma larga perspectiva econômica, política e social interna, diante da qual se pode admitir que, no tocante aos direitos sócio--laborais, *"nations may legitimately have different ideas about what is reasonable standard"*[689], cabendo-lhes, no entanto, coadunar adequadamente as capacidades domésticas às necessidades domésticas.

Ademais, com o recurso das cláusulas sociais, não estaria sendo respeitado *"el requisito de proporcionalidad que impone el Derecho Internacional a la figura de las contramedidas"*[690] e, também – já com esteio na teoria rawlsiana da justiça social –, impossibilitar-se-ia o cumprimento dos princípios da "diferença" e da "igualdade de oportunidades", elementos explicitamente necessários para a constituição do tratamento diferenciado exigido aos países periféricos, então como medida fundamental para o desenvolvimento dos países.

Perante a concorrência internacional dos PED, particularmente nos setores produtivos intensivos em trabalho, e mesmo pela *"concurrence désorganisatrice"*[691] que modifica o *status* natural do mercado de trabalho, a postura dos países hegemônicos de socorro ao emprego nacional deve, abstraída da intenção de uniformização universal, enveredar-se por dois caminhos: *(i)* endereçado às políticas internas públicas e revisionistas, de modo a reintegrar os seus trabalhadores a áreas cuja competitividade são-lhes favorável[692] e minorar o problema do desemprego – *conjuntural* e *tecnológico* –, com medidas direcionadas à readaptação e à reciclagem profissionais, às prestações suplementares de seguro--desemprego, à antecipação na aposentadoria, aos empréstimos públicos,

---

[689] Cf. KRUGMAN (1997a:116), ao asseverar que *"even nations that share the same values will typically choose different incomes: advanced-country standards for enviromental qualitiy and labor relations may look like expensive luxuries to a very poor nation"*.

[690] Cf. GARCÍA RICO (2005:155). Ainda, como assinala HINOJOSA MARTÍNEZ (2002:81), a questão da imposição de restrições comerciais se agrava pelo fato de que *"no existe en la actualidad ningún mecanismo jurídico internacional preparado para apreciar la proporcionalidad de las medidas comercialeis restrictivas que puedan derivarse del incumplimento de los estándar laborales internacionalemente reconocidos"*.

[691] Cf. RIT (1964:484ss), que indica *"par exemple l'automatisation, l'epuissement des matières premières d'un pays ou l'apparition de nouveaux produits que vient remplacer les anciens: l'automobile et l'avion font concurrence au chemin de fer, les machinaires à calculer à certaines categories d'employés de bureau et les fabriqes de textiles au tissage à main"*.

[692] Como assevera SAPIR (1995:803), *"in countries with high labour standards the problem created by the competition from low standards countries (...) needs to be addressed by social policies (such education and training) and regional policies (when affected workers tend to be regionally concentrated)"*.

às isenções fiscais e ao incentivo às migrações regionais, e, também, *(ii)* encaminhada a estudos de readaptação dos seus ordenamentos e práticas jus-laborais, em particular e primeira análise assente em um "direito ao trabalho", talvez factível mediante a adoção de métodos e instrumentos privado-públicos de gestão dos serviços de trabalho e de emprego, como o modelo da *flexicurité*.

Portanto, expostas as dificuldades em face do novo viés do direito laboral e conjecturadas algumas medidas de amenização na eleição de padrões mundiais íntimos dessa pretensa alteração de paradigma – resultado das necessárias adaptações à nova configuração das atividades mundiais –, denota-se a inviabilidade e a infactibilidade das cláusulas sociais, uma vez que a sua planificação carece dos mais triviais elementos para uma *segura fundação* (terreno jus-laboral móvel e complexo) e *sólida construção* (componentes estruturais imiscíveis).

5.2.3. Do Recôndito Protecionismo *Ávido* pela Inserção da Cláusula Social

Como visto, o protecionismo dos países desenvolvidos tem uma antiga e duradoura tradição[693]; e hoje, mais ou menos visível, persiste como ideário de autotutela e de repressão alheia que privilegia certos grupos em detrimento de uma imensa maioria.

A visão dominante das últimas décadas tinha decretado a morte dos projetos nacionais de desenvolvimento e entregou o destino dos países da periferia às incertezas e aos azares das forças das grandes economias que, ainda insatisfeitas pelo fim das relações metrópole-colônia politicamente mantidas até outrora, vieram irromper os mercados domésticos e, como regra do mundo globalizado, desconsideraram a história, as peculiaridades e as urgências de cada uma daquelas sociedades – vetores incontestáveis para fundamentar uma estratégia própria de desenvolvimento – para, então, exigir-lhes uma *liberalidade divina*.

Pois ótimo. Agora, certamente vê-se que tal caminho realmente permitiu revelar um horizonte frutificativo para os PED, principalmente no caso de bem souberem – e com a devida cooperação – aproveitar as

---

[693] Como admite COHEN (1997:151), *"le protectionnisme des pays riches a une longue tradition; au-delà même du mercantilisme, la plupart des pays européens – ainsi que les États-Unis – défendaient au XIX*ᵉ*. siècle, à rebours des principes ricardiens, les vertus du protectionnisme".*

oportunidades deste mundo sem fronteiras. Entretanto, eis que, no momento em que esses Estados periféricos começam a conquistar os seus espaços e a gozar das benesses do projeto globalizante, exsurge com mais força o subjetivo "dumping social", bradado pelos países desenvolvidos como um dos grandes *cânceres* do comércio internacional e cujo remédio apontado é a implementação da "cláusula social" nos acordos comerciais multilaterais, travestido em uma atitude de busca por direitos humanos na base de uma padronização sócio-laboral[694].

Hodiernamente, os clássicos argumentos protecionistas (defesa nacional, falhas de mercado, indústrias nascentes e termos de troca) não mais se encaixam no perfil (e na realidade) de qualquer dos países do *Primeiro Mundo*, os quais não se vêem em condições de sustentar aquelas medidas, pois com rasa coerência aplicativa. Diante disso, *elastificam* (e *inovam*) os meios justificantes – por vezes já marcados pela *dissimulação* dos instrumentos de defesa comercial –, apresentando a queixa de dumping social como inovada causa de um *neoprotecionismo*[695] que *"lies a new and powerful source of attack on the principles of free trade"*[696] e cuja conseqüência é a majoração dos custos de produção dos países concorrentes e a redução da competitividade rival pelo mecanismo da cláusula social, o qual definitivamente consiste em um *"export protectionism"*[697].

Nesses termos, DOMINIQUE CARREAU e PATRICK JUILLARD admitem que, se implementada a idéia das cláusulas sociais, consolidar-se-ia um instrumento de tamanha discricionariedade que seria possível *"encourager les tendances protectionnistes, (...) [et] les pays en développement risqueraient de perdre leurs avantages comparatifs actuels dus à faible*

---

[694] Assim, lembra ADDO (2002:301) que fora ROBERT REICH (Secretário de Trabalho do Governo dos EUA), em 1996, que admitiu: *"there is something hypocritical about an advanced nation, any advanced nation, demanding high labor standards when it does not demand the same high standards of itself... we must not only avoid hypocrisy, we must become a models for the rest of the world if we are to embark upon this extremely urgent and important endeavor".*

[695] PORTO (2002:165) afirma que esse instrumento representa apenas uma das *"formas inaceitáveis de proteccionismo; assim, acontece com freqüência com medidas antidumping, quando não há na verdade dumping (...) ou com a invocação incorrecta de 'dumping' social ou ecológico, quando com realismo não é ainda exigível nos países mais atrasados o cumprimento integral das nossas regras".*

[696] Cf. BHAGWATI (2005:09). Em discurso menos criptografado, e com supedâneo nas idéias de CHOMSKY (2003:274), pode-se afirmar que isso *"não tem a ver com comércio; tem a ver com práticas (...) monopolistas adoptadas através de medidas protecionistas que são introduzidas nos chamados acordos de comércio livre (...) tem o efeito de atrasar o crescimento e a inovação".*

[697] Cf. BHAGWATI (2001:05).

niveuax de protection sociale"[698], conduzindo a uma escalada protecionista que enclausaria ainda mais os PED[699].

Ademais, outra bastante válida razão para notabilizar o protecionismo encrostrado nessas cláusulas (e nesse *link* entre comércio e padrões mundiais trabalho), consiste na própria *estruturação hegemônica* que ainda permeia as relações internacionais e cujo significado arrima-se ao desequilíbrio e à submissão de vontade dos periféricos países envolvidos. Destarte, por ora, há evidentemente uma posição *superlativa* de alguns países Estados no âmbito internacional, cuja exercício traz conseqüências ainda mais nefastas se confirmada a pactuação dessas "cláusulas" nos domínios da OMC, pois *convenientemente* funcionariam como freqüentes escusas para o *autojulgamento* e para a *autotutela* dos países desenvolvidos.

Aqui, talvez, o maior problema recaia no temor que a maior parte dos PED têm ante ao possível *unilateralismo* exercido por toda a *estrutura hegemônica* presente, a qual, em decorrência da sua grande capacidade econômica, podem se valer de meios individualistas para obrigar os seus parceiros comerciais a admitirem as cláusulas sociais; afinal, embora seja nobre a acepção de um *free trade* ceder espaço para um *fair trade* – ou mesmo o reconhecimento da nobreza do argumento de se buscar a "preservação dos valores morais"[700] –, não se torna conspiratório também aventar que tal intuito discursal tenha sido *"concebido para reduzir o impacto da perda das vantagens competitivas dos EUA na economia mundial"* [701].

Porém, esse repudiável unilateralismo que afronta os preceitos rudimentares de uma instituição multilateral como a OMC ignora a vontade dos Estados (*"vontade coletiva"*), assente em uma maioria que francamente desabona tais cláusulas, em prol da minoria "qualificada" que busca impor seus padrões tanto prejudiciais aos agentes econômicos dos PED. Desta forma, à primeira vista tão funesta quanto as medidas unilaterais limitativas de comércio[702], um instrumento multilateral de restrição

---

[698] Cf. CARREAU et JUILLARD (1998:198).

[699] Desta maneira, LAFER (1998:162) assevera que a implentação destes padrões universais sócio-laborais pode ensejar um *"protecionismo global [que abriria] as portas para as exportações de bens de tecnologia avançada dos países desenvolvidos, fechando-as para as exportações competitivas dos países em desenvolvimento".*

[700] V. RODRIK (1997:29ss).

[701] Cf. AMARAL JR. (1998:86).

[702] Como assevera LANGILLE (1996:260), *"unilateral trade action in response to labor regimes elsewhere is, 'prima facie', methodologically unsond and is an invitation to more trauma for free trade (...) uilateral refusal to enter trade negotioations is a poor strategy not onlu for free traders, but for fair traders".*

similar às cláusulas sociais apresentar-se-ia ainda mais nociva na proporção que, além de não depender da (ainda que viciada) vontade dos Estados signatários de acordos unilaterais ou bilaterais, permitiria aos países auto-intitulados "prejudicados" ilimitar os pleitos reclamatórios – e ainda sob os auspícios de regras vigentes no corpo normativo da OMC.

Lentamente, em pequena escala e como reflexo da globalização, da abertura comercial e dos processos de cooperação e desenvolvimento, os PED têm conseguido melhorar o nível sócio-econômico de sua população[703]; porém, agora, *"dénoncer sous de faux pretextes les bons élèves du développement, après les avoir éduqués et aidés, au moment précis où ils menacent de surpasser leus maîtres, relève d'une belle hypocrisie"*[704].

Assim, como prescrito, o protecionismo continuaria a representar uma fonte de diversos vícios que reduzem o nível global da prosperidade, que aumentam os custos para os consumidores, que penalizam as empresas dinâmicas, que freiam as exportações (e o desenvolvimento das economias exportadoras), que favorecem a criação de mais direitos aduaneiros e outras barreiras não tarifárias, que intensificam as pressões migratórias, que fortalecem os monopólios, que encorajam alguns grupos de interesse que atuam com base em lobbies setoriais e possivelmente com algum apelo à corrupção no setor público, que recusam as necessárias adaptações às novas condições da atividade econômica em um mundo transformado pela revolução tecnológica e pelas remodelas relações de trabalho e, finalmente, que prejudicam o comércio internacional dos PED, em uma medida que simplesmente configura-se, do ponto de vista dos países ricos, como *"self-serving"*[705].

Portanto, aceitar a insistência das cláusulas sociais no âmbito multilateral – talvez já transformadas, neste momento, em um mecanismo protecionista por excelência – seria coadunar com a privação da liberdade econômica dos PED, que, por sua vez, geraria a privação da liberdade social[706], apenas cessáveis se as políticas dos países hegemônicos

---

[703] Convém cotejar os dados apresentados pelos PED nos últimos dez anos para verificar que, embora lento e ainda aquém do razoável, há o *melhoramento* nas condições de vida da população do Terceiro Mundo, verificando-se, no plano geral, um aumento nos respectivos índices – v. OMC (2004b, 2005), UNDP (2005) e BANCO MUNDIAL (2005).

[704] Cf. MOUNIER (1996:767).

[705] Cf. AMSDEN (1994:187), ao aduzir que, *"the Northern argument that higher labour standards in small, open Southern economies lad to higher Southern growth rates appears to be false and, therefore, self-serving"*.

[706] Nestes termos, afirma SEN (2000a:23) que *"a privação de liberdade econômica pode gerar a privação de liberdade social (...), [e], na forma de pobreza extrema, pode tornar a pessoa uma presa indefesa na violação de outros tipos de liberdade"*.

apresentarem-se (realmente) direcionadas para a manutenção de um livre e aberto mercado, a fim de permitir (e cooperar com) o crescimento do Terceiro Mundo[707] e, mormente, robustecer os laços diplomáticos, comerciais e humanos que os envolve com os países periféricos.

5.2.4. Das Sanções Comerciais como *Avio* Ineficaz e Insensato

Outro argumento preferencial à rejeição das cláusulas sociais bastante discursado repousa sobre a sua maior característica, ou seja, o fato de apresentarem um mecanismo cogente que visa à apli-cação de *sanções comerciais* (embrgos ou restrições às importações) e *econômicas* (multas ou reta-liações) – ou uma *"social safeguard clause"*[708] – aos Estados descumpridores dos padrões elegidos e constantes nos acordos multilaterais. Nesses casos, portanto, pretende-se transportar a matéria para a seara da OMC – organização cuja estrutura mandamental admite tais represálias, mas que, *ex adverso*, não enverga direta competência em matéria sócio-laboral –, na medida em que se consente a OIT e os seus mecanismos de ação como incapazes (e inócuos) de conduzir o processo.

Ocorre que para os PED a imposição de tais penalidades contribui ainda mais para um decréscimo das condições de trabalho, com o recrudescimento das barreiras comerciais e, com o bloqueio das exportações, notar-se-ia a perda de importantes mercados para os bens produzidos e uma estagnação no ritmo do crescimento[709], que contribuiria para mais freqüentes e acentuadas violações de direitos humano-laborais, tendo em vista a *necessidade* da população continuar a suprir as suas mais *básicas necessidades*, sujeitando-se a diversas formas abjetas (e ilegais) de trabalho.

A idéia de que a transgressão dos padrões e das normas sócio-laborais fundamentais cessaria mediante a coerção penal padece, portanto, de três erros. Primeiro, há o *"erro de visão"*, quando se credita a manutenção desses baixos níveis à vontade espontânea e à voluntariedade dos

---

[707] Diante disso, o que deve ser enfatizado *"is that the policies of the United States and other industrialized countries should be directed to maintaining open markets and encouraging the economic growth of their developing country trading partners"* (STERN, 2000:18).

[708] Cf. RODRIK (1996:63ss).

[709] Como vaticina VAN LIEMT (1989:488), *"les sanctions commerciales pèseront plus lourd sur les pays (généralement, de petit pays) dont la croissance dépend essentiellemnt de leurs exportations"*.

PED, com a pretensão de garantirem melhores posições no mercado internacional; contudo, a realidade demonstra que as condições (normas e padrões) de trabalho apresentam-se relativamente mais baixas como simples reflexos do atraso desenvolvimentista, do cenário de subdesenvolvimento que macula o cotidiano dessas nações – a resultar em débeis garantias sociais – e, também, do excesso de mão-de-obra e da baixa produtividade. Depois, há um *"erro de validade"*, ao se acreditar que os "padrões universais" supostamente rebaixados têm importante influência nas trocas comerciais; porém, mostrou-se teórica e empiricamente *(i)* que a maior parte dos elementos relacionados ao *core labour standards*, se desrespeitados, não conferem vantagens concorrenciais ao país promotor, mas, *a contratio sensu*, as reduzem, e *(ii)* que os setores dos PED padecidos pelas aviltantes condições de trabalho restringem-se aqueles "caseiros", cuja mão-de-obra abastece, em imensa maioria, apenas ao mercado varzino e regional, não relacionados ao comércio internacional[710]. E, em terceiro lugar, observa-se um *"erro de vacina"*, assente na inviável proposta de sanção em detrimento dos demais meios remediados[711], os quais já se encontram à disposição dos Estados – e em ritmo crescente de aplicação – e já inseridos nas agendas das organizações internacionais, maiormente nos planos e programas da OIT[712].

Assim, ainda que a imposição de padrões mínimos para o trabalho por intermédio das cláusulas sociais – com as correspondentes sanções econômicas e comerciais em casos de inaplicabilidade – frutifique-se em

---

[710] Reafirme-se que essas sanções apenas (mal) afetam as indústrias envolvidas, e não o conjunto da economia e da sociedade, não apresentado impactos (positivos) nos setores à sua margem – como, *v.g.*, *"subsistence agriculture and the irregular employment sector, which often have worst cases of labour rights abuses"* (ADDO, 2002:297).

[711] Dentre outros, PANAGARIYA (2001:15) admite que *"it is unlikely that trade sanctions can significantly change this reality; indeed, there are reasons to believe that trade sanctions will have the opposite of the desired impact"*. Assim, evidencia sua assertiva ao indicar a experiência vivida por Bangladesh (1993) com os EUA, quando este último país, por meio de acordos comerciais que admitiam sanções (e retaliações) às hipóteses de trabalho infantil, motivou os empresários locais a despedir todos os jovens abaixo de 16 anos que lá trabalhavam, trazendo tal atitude conseqüências muito piores que até então eram vislumbradas na região, na medida em que *"many of these children met a fate worse than in the fatories, ending up in workshops and fatories not producing for export, or as prostitutes and street vendors"*.

[712] No âmbito da OIT já existe um "Comitê de Especialistas na Aplicação de Convenções e Recomendações", o qual funciona com o fito de monitorar anualmente a obediência dos Estados-membros às normas por eles ratificadas, ou, independente de ratificação, se há o fiel cumprimentos dos seus preceitos.

diversas incorreções e injustiças e tinja-se de reprovável factibilidade, se diante de um contexto internacional que exija a implementação desse mecanismo, poder-se-ia apresentar um resumo das suas quatro hipóteses concretizadoras, as quais poderiam apresentar (parcos) vestígios de eficiência e de incerta viabilidade: *(i)* se viesse a ser programada e disposta progressivamente, com a ressalva de um longo período de maturação e de necessárias adaptações por parte dos seus países-membros, no sentido de aguardar um mínimo e continuado *progresso coletivo*[713]; *(ii)* se exsurgisse de maneira multifacetada, individualizadas e específicas, de modo a ser adequada a cada realidade nacional[714] ; *(iii)* se ostentasse uma forma *positiva* de aplicação, na qual seriam beneficiados os Estados respeitantes das NITF por intermédio da aplicação de "sanções econômicas inversas", na verdade um *bônus* concedido a esses países como forma de estimulá-los às práticas laborais sadias; ou, ainda, *(iv)* se tivessem por objetivo um *repatriamento* das multas impostas ("sanções econômicas reinvestidas"), ou seja, se houvesse a obrigatoriedade de reaplicação do montante no próprio país-réu, para, de modo exclusivo, ser investido naquela determinada área ou setor julgado como deficiente (ou entendido como reprovável), de modo a minimizar o desrespeito às normas internacionais, cessar a continuidade de infrações e melhorar as condições sócio-laborais sem interferir (e prejudicar) as relações comerciais desses Estados.

Ademais – e de modo independente à *lógica aplicativa* da cláusula social – a partir do instante em que começam a ser configuradas manobras que desrespeitam e desobedecem aos mais certos preceitos humanos fundamentais, as sanções impostas pelos Estados e com supedâneo nas pró-

---

[713] Embora não se pretenda dispor de tanta certeza cronológica, colaciona-se as palavras de BARROS (1995:03), segundo o qual *"as diversas metas certamente poderiam ser cumpridas em etapas, de forma que somente após um longo período de ajuste, talvez 15 ou 20 anos, os países fossem requerido a satisfazer as condições mínimas de vida para os seus trabalhadores"*. Outrossim, BESSE (1994:847) admite que qualquer proposição deve repousar *"sur le principe que li niveau de la protection sociale doit évoluer paralèlement au niveau de développement"*, mediante *"une adoption et un respect progressifs des normes"* – esse autor, ainda perante uma necessária característica de progressividade, proclama a possibilidade de ser adotado *"um mécanisme graduel de sanctions em cas de violations grave de normes fondamentales"*, a ser implementado por um comitê consultivo formado pela OMC e pela OIT.

[714] Assim, como já propunha FEIS (1927:546), uma das soluções seria *"fixer des conditions supérieures à celles qui prévalent même dans le pays les plus avancés: elle tend ainsis à satisfaire immédiatement à l'idéal social"*, pois, ainda que defronte dos sistemas sócio-laborais vigentes nos países desenvolvidos, faz-se possível encontrar situações aquém daquelas entendidas como "ideal".

prias leis nacionais poderiam carecer de efetivação, pois, se as circunstâncias fáticas apresentarem uma empresa que assume um papel primordial no cenário econômico local, configurar-se-á, de um lado, uma substancial resistência dos entes privados às ameaças do Estado, e, de outro, uma relutância desse Estado em exercer efetivamente o seu poder-dever de controle e de punição, uma vez que há o temor da respectiva empresa deslocar as suas atividades ou transferir os seus investimentos[715] – e esse problema, ainda, apresenta alguns aspectos políticos visto que as pressões do conglomerado econômico podem refletir no próprio exercício de soberania do Estado, o qual necessita, com a íntima cooperação das organizações internacionais e não-governamentais, conduzir e pensar essa situação de modo a sempre prevalecer o interesse público nacional[716].

Além da escassa hipótese de servir aos trabalhadores dos PED – senão como um instrumento de fomento à *solidariedade mundial* –, não se fará com a imposição de sanções comerciais e econômicas um modelo correto, eficaz e justo de se buscar a majoração dos padrões laborais ou, ainda alternativamente, uma qualificação "leal" da concorrência comercial internacional. Os que advogam o emprego de sanções comerciais ou outras medidas punitivas respaldam seus discursos na falsa idéia de que os PED mantêm seus padrões trabalhistas deliberadamente baixos para ganhar competitividade no mercado externo. Em verdade, os baixos padrões trabalhistas refletem muito mais o precário desenvolvimento social e econômico de um país, do que propriamente sua vontade de mantê-los baixos. Ajudar os países em desenvolvimento a superar suas deficiências econômicas e estruturais internas produzirá efeitos bem mais eficazes do que simplesmente puni-los com sanções comerciais. Dessa forma, ao invés de buscar punir os países que não asseguram padrões trabalhistas adequadamente, a comunidade internacional deveria buscar identificar quais as circunstâncias que favorecem a elevação daqueles padrões; ou seja, deve-se atacar o problema em sua origem – a razão dos padrões trabalhistas estarem aquém do nível (ótimo) necessário – e não lançar mão de políticas paliativas que apenas agravam a situação econômica dos

---

[715] BLENGINO (2003:199) aduz que, nesta questão, *"le principali preoccupazioni risguardano, da un lato, la possibilità che tali imprese, ponendosi, per molti aspetti, in concorrenza con gli Stati, siano in grado di minacciare la sovranità di questi ultimi e, dall'altro, la possibilità che le stesse imprese siano in grado di organizzare un sistema economico proprio, minacciando così di sostituire o perturbare gravemente l'ordinamento internazionale interstatale"*.

[716] V. OCDE (1996:167ss).

PED e dificultam a promoção das reformas necessárias ao desenvolvimento e à melhoria das condições sociais e de trabalho.

A própria OIT, sob a égide do seu artigo 33[717], já demonstrou a possibilidade de naquelas situações mais graves e irresolúveis proceder de maneira *quase-coercitiva*. Este fora, por exemplo, o caso em que Myanmar, após um complexo processo de investigação – iniciado em 1996 e findo em 1999 –, fora condenado por persistentes violações à Convenção sobre o trabalho forçado (Convenção n.º 29, a qual o país fora signatário em 1955) e por repetidas desconsiderações às recomendações oferecidas pelos órgãos responsáveis da OIT. Assim, decidiu a Conferência Internacional do Trabalho (2000) pelo deferimento do pedido, orientando aos Estados-membros que, se interessados, considerassem – de modo expresso e *efetivamente* discriminatório – as possíveis relações com o país condenado e tomassem as medidas apropriadas a fim de garantir que o Estado de Myanmar não pudesse mais fazer uso das respectivas relações comerciais como sustento ou perpetuação do sistema de trabalho forçado vigente e patrocinado sob os seus domínios e a sua inércia[718].

Ainda em momento anterior à proclamação da "Declaração de Copenhague", a Revue Internationale du Travail também entendeu que, embora a fixação de "normas internacionais do trabalho" possa contribuir para mitigar uma *possível* distorção da concorrência, a imposição dessas normas, se desacompanhadas das próprias características da entidade promotora – a Organização Internacional do Trabalho –, poderia ter efeitos nulos, senão negativos, nos países subdesenvolvidos, pois *"étant donné la situation existant dans de nombreaux pays à bas salaires, les niveaux de vie de ces travailleurs baisseraient sans doute plutôt qu'ils ne s'élèveraient si l'on adoptait des mesures visant à empêcher leurs*

---

[717] *In verbis*, dispõe o art. 33 da COIT: *"En caso de que un Miembro no dé cumplimiento dentro del plazo prescrito a las recomendaciones que pudiere contener el informe de la comisión de encuesta o la decisión de la Corte Internacional de Justicia, según sea el caso, el Consejo de Administración recomendará a la Conferencia las medidas que estime convenientes para obtener el cumplimiento de dichas recomendaciones"*.

[718] Nestes termos, dispõe Charnovitz (2000:154). Entretanto, mesmo após tal recomendação da OIT, é significativo o fato de que nenhum Estado, até o momento, tenha adotado restrições comerciais contra Myanmar – apenas uma *"solicitação dessa natureza foi realizada pela Confederação Internacional dos Sindicatos Livres (ICFTU), que recomendou os próprios inscritos a solicitar os respectivos governos a vetar os investimentos e a realização de transações comerciais"* (Sanna, 2003:463).

employers de vendre à l'étranger (...) [ainsi], il est problable qu'un certain nombre de travailleurs perdront leur emploi et qu'ils pourront avoir des grandes difficultés à en trouver un autre, plus particulièrement dans les pays où sévit le chômage"[719].

Dessarte, em oposição às predisposições de uma cláusula social, crê-se também que seja essencial o respeito pelas NITF como parte de um programa internacional de desenvolvimento mais amplo, que reforce a capacidade da OIT no fomento da sua aplicação. Isso, por sua vez, implica a mobilização do sistema multilateral em seu conjunto e o fortalecimento desse objetivo no corpo principal das ações dos governos, das organizações, das empresas e dos outros (*novos*) atores envolvidos. Assim, podem ser destacadas quatro ações principais para esse fim: *(i)* todas as instituições internacionais deveriam assumir uma responsabilidade no tocante à promoção das Convenções da OIT e ao cumprimento dos preceitos contidos na "Declaração de Copenhague" relativa aos princípios e às NITF, de modo que assegurassem a aplicação de suas políticas e de seus programas com o pleno respeito a tais direitos; *(ii)* os casos em que a impossibilidade de cumprir esses princípios e essas NITF deva-se a uma falta de capacidade – e não à falta de vontade política – deveriam ser impulsionados por programas de assistência técnico-financeira que visem à promoção de tais preceitos e padrões, aliados a planos público-privados de formação e constituição de organizações de trabalhadores e empregadores e de melhoria das Administrações do Trabalho; *(iii)* a própria OIT deveria reforçar-se por meio do aumento dos recursos disponíveis para levar a cabo a supervisão e o promoção das suas normas (fundamentais e constitucionais)[720], também mediante parcerias com organizações privadas e não-governamentais; e, *(iv)* no momento em que as violações desses direitos constituam-se de modo contínuo, poder-se-ia – como último meio recursal e depois de esgotadas as outras vias – perseguir a aplicação das normas, como dispõe o artigo 33 da COIT.

Portanto, há a necessidade *"d'une formule porteuse, non de menaces et de condamnations, mais d'évolution et de progrès"*[721], nos moldes

---

[719] Cf. RIT (1964:498).

[720] Como aduz Edgren (1979:565), deve ser exigido *"un rôle plus actif de l'OIT dans la surveillance du système dit des 'normes équitables de travail'"*, vez que se admite a necessidade de *"confier à l'OIT la tâche de contrôler ces normes et de faire rappor aux États Membres sur leur observation, après quoi il appartiendrait à chaque pays de réviser les préférences commerciales ou autres concessions qu'il aurait accordées à des pays violant lesdites normes"*.

[721] Cf. Servais (1989:473).

do intentado e praticado pela OIT, donde a regulação das relações de trabalho e dos padrões sócio-laborais não mostra razões concretas e viáveis de ser deslocada; outrossim, a imposição de sanções comerciais como eco da inadvertida postura dos PED no tocante aos padrões sócio-laborais tem o dever-poder de não prosperar e não invadir terreno alheio (o da OMC), devendo o comércio e o trabalho, embora interdependentes, serem mantidos institucionalmente separados, *"with each being dealt with by the international agencies suited to the specific agendas for which they were set up"*[722].

Por fim, já à guisa de resumo e como corolário da não-aceitabilidade das cláusulas sociais nas relações multilaterais de comércio internacional como forma de elevação global dos padrões sócio-laborais, restam as palavras alternativas de JAGDISH BHAGWATI (2004:284): *"o uso da persuasão moral e o fortalecimento das funções de exame e monitoração dos organismos internacionais competentes, criados pra lidar com tais pautas, com nuances e sofisticação, e mesmo a probabilidade cada vez maior de que as políticas democráticas e o ativismo jurídico cheguem a converter normas internacionais em leis nacionais, obedecendo a todas as nuances necessárias e atentando para as tradições e circunstâncias locais, oferecem uma perspectiva melhor como formas de acelerar a realização desses objetivos sociais"*.

5.2.5. Do Comércio Internacional (Globalização), das Vantagens Concorrenciais (Custos Sócio-Laborais) e do Direito ao Desenvolvimento (Crescimento e Avanço Social)

Os argumentos requeridos como sustentáculos desse projeto desenvolvimentista – cujo assento está parcialmente tomado pela inadmissibilidade das cláusulas sociais – têm por escopo a formação de um conjunto de elementos capazes de realizar, em sua plenitude, a globalização, a qual requer (e exige) um crescimento mundial com justiça social e cujo resultado será fruto do pleno aproveitamento das vantagens concorrenciais dos países envolvidos, e, no caso específico dos PED, maiormente vislumbradas nos custos e padrões sócio-laborais relativamente inferiores.

Ora pleiteia-se a globalização – instrumento para a maior ativação das relações comerciais internacionais – como fenômeno capaz de alterar

---

[722] Cf. BHAGWATI (1994:27).

a realidade dos PED, visto que os seus respectivos mercados internos restam ineptos para prosseguir sozinhos um vultoso crescimento e, maiormente, apresentam-se inábeis para alcançar um desenvolvimento tecnológico-científico-humano (já como parcelas da nova teoria neoclássica do crescimento) sem a cooperação dos agentes externos.

Da mesma forma, requer-se a irrestrita concessão aos países comprometidos nas relações multilaterais de comércio ao uso de suas vantagens concorrenciais, seja no tocante à tecnologia, ao capital ou ao trabalho, a fim de ser melhor confirmada as neoclássicas teorias do comércio internacional. Outrossim, ainda nessa perspectiva, do mesmo modo que se tornaria inválido propagar outros modos disparatados de *dumping* – como um *"dumping tecnológico"*, supostamente presente na deterioração dos termos de troca internacional dos países pobres pelo atraso tecnológico em face dos países ricos[723], ou um *"dumping de capital"*, pretensamente avistado nas vantagens relativas dos países desenvolvidos em ter muito capital e, conseqüentemente, a possibilidade de praticar juros mais baixos[724], ou, ainda, um *"dumping ambiental"*, sob o argumento de que os EUA não assinaram o "Protocolo de Kioto" e, por isso, deveriam ter a total exclusão das suas exportações de produtos que usam energia – , acredita-se que não se deve por em causa um "dumping social", pois nesse cenário observa-se apenas a (leal) *vantagem* de um país (mais pobre) dispor (involuntariamente) de menores custos sócio-laborais como resultado da baixa produtividade e da muita oferta de trabalho.

Não se trata de justificar a pobreza, o subdesenvolvimento e o atraso tão-somente pela desconexão com o mercado, pois, sabe-se, o passado de abuso colonialista e o presente de intervenção político-militar, monopólio tecnológico e protecionismo consistem em fatores tão (ou mais) importantes para a condição *não-desenvolvida* destes países; todavia, a plena

---

[723] V. MOUNIER (1996:767), cuja exposição traz à memória o desenvolvimentismo promovido pela CEPAL nos anos 70, *"favorables à la distribuition des gains en productivité en faveur de leurs salariés, les systèmes sociaux des pays riches interdisaient la transmission des gains en productivité dans l'échange international par des baisses de prix"*.

[724] V. PORTO (2001:282), para quem *"não se põe em causa que um país beneficie no comércio internacional de vantagem relativa por ter muito capital e conseqüentemente juros mais baixos, também não pode pôr-se em causa a vantagem de um outro (mais pobre) que, por ter muita oferta de trabalho, dispõe de salários mais baixos"*, embora ressalve não aceitar que um *"país exportador seja beneficiado como conseqüência de não cumprir regras mínimas no domínio social (...) ou ainda de proibição da utilização de mão-de-obra infantil ou de prisioneiros não pagos"*.

e livre inserção dos PED no comércio internacional e a assunção da competitividade pela vantagem da mão-de-obra[725], aliada à sobriedade administrativa na correta aplicação dos recursos públicos, ao arranjo de eficientes e democráticas políticas sociais, não se fazem subsumir ao simples e restrito *dogma* neoliberal, que desconsidera a intervenção governamental (e intergovernamental ou, ainda, paragovernamental) como *diretriz* à correição dos desequilíbrios sócio-econômicos entre os Estados.

Distante da opção das cláusulas sociais – *"an inefficient, even counterproductive, way to advance labour standards worldwide"*[726] – costuma-se assegurar que o melhor caminho para os PED aplicarem revigorados padrões sócio-laborais esteja *"na promoção do seu crescimento económico, e este passa por uma maior participação no comércio internacional"*[727], o qual, por sua vez, perpassa condicionalmente pelo franco processo de globalização e pelo gozo fluido das vantagens concorrenciais; entretanto, mesmo a OMC em suas investidas mais liberalizantes não pode esquecer da validade *do direito internacional ao desenvolvimento*, ainda assente na Parte IV do GATT.

Ademais, essa liberalização e esse condicionamento em prol de um desenvolvimento econômico como alicerce de um desenvolvimento *lato sensu* não deve aparecer como idéias indissociáveis daquelas que desde ROBERT OWEN e DANIEL LEGRAND (séc. XVIII) eram defendidas: o melhoramento das condições de vida dos trabalhadores, assente na *excelsa* justiça social mundial.

Neste momento, não se faz por demais crer na afirmação que *"a concepção global dos direitos humanos é marcada pelo direito ao desenvolvimento, uma vez que este integra todos os direitos econômicos, sociais e culturais, assim como os civis e políticos"*[728], pois uma conjugação interdependente entre *capital humano* e *capacidade humana*[729] será, certamente, o *valor fundamental* para a consolidação definitiva da competitividade e do desenvolvimento dos países envolvidos no mercado global, cuja combinação não poderá, ainda, abdicar do processo de trans-

---

[725] Nesses termos, KRUGMAN (1997b) assevera, que *"the only reason developing countries have been able to compete with those industries is their ability to offer employers cheap labor; deny them that ability, and you might well deny them the prospect of continuing industrial growth, even reverse the growth that has been achieved"*.
[726] Cf. BHAGWATI (2001:02).
[727] Cf. CUNHA (2001:18).
[728] Cf. FERREIRA (2000:33).
[729] V. SEN (2000a:331ss).

formação de sua sociedade[730] e das *políticas públicas de desenvolvimento*, os quais assegurariam os ganhos do comércio como propulsores dos direitos sociais[731]. Deve-se saber que as discussões políticas internas, as manifestações dos trabalhadores nacionais e dos órgãos representativos por melhores condições sócio-laborais e a luta da sociedade civil pelo bem-estar coletivo representam a sadia e necessária prática da democracia. Todavia, esse comportamento não pode ser confundido com a simples aceitação-sujeição nacional a tal proposta universal, que interessa (e funciona) muito mais aos países desenvolvidos; da mesma forma, repele-se aquele sentido estereotipado que não faz conviver globalização e direitos sócio-laborais, como se um obstaculizasse o outro, da mesma forma que não se admite a incompatibilidade entre o desenvolvimento econômico e o desenvolvimento social – como reiteradamente assegurado, ambos devem e precisam caminhar juntos, apenas, neste caso, escolhe-se o primeiro caminho como modo mais dinâmico (*ao tempo*) e mais coerente (*ao sistema*) de ser alcançado o segundo e, então, construir e sustentar um desenvolvimento *em sentido amplo*.

Logo, insistir com a acusação de dumping social e com a normatização de padrões sociais no comércio internacional resulta, sim, na borbulhagem de ambos como luciferinos *guias* de uma contínua e elíptica peregrinação da periferia mundial pelo subdesenvolvimento, na medida em que inibe a inserção desses países no mercado global – pela via dos produtos intensivos em mão-de-obra, cuja vantangem concorrencial serve--lhes como *arranco* –, obrigando-os ao cumprimento de padrões pelos quais se apresentam inaptos (e incapazes), atrasando-os (ou retirando-os) ainda mais da rota do desenvolvimento, e, enfim, definindo esse processo como um eterno *mito*.

---

[730] Como sumariza STIGLITZ (2002:22), *"le développement est plus qu'une simple accumulation de capital et qu'une réduction des distorsions (inefficiences) de l'économie, c'est une transformation de la societé, un changement de cap par rapport aux pratiques et aux modes de pensée traditionnels"*. Assim também se faz necessário salientar, na linha de ELLIOT (2004:04), que *"poverty, lack of resources, and weak governmental capacity are not the only reasons why developing countries do not effectively enforce labor standards; some also lack the political will to do so"*.

[731] Assim lembra SAPIR (1995:802), ao prescrever que *"the ethical aspect of labour standards (...) is ultimately a problem of development which needs to be addressed by development policies"*. Ainda com o viés de mais importante política publica, AMARAL JR. (1998:89) admite que *"sem programas de cooperação técnica que viabilizem o desenvolvimento econômico não é possível qualquer evolução consistente dos padrões trabalhistas internos"*.

5.3. Das Idéias (In)Diretas, Das Verdadeiras Viáveis: Caminhos para a Consecução Ascenciosal de Padrões Sócio-laborais Mundiais

> Мы уже забыли полностью аксиому, какая правда является самой поэтической вещью в мире, особенно в его чистом государстве. И это больше чем это: является этим все еще более фантастический чем человеческая причина в условии сделать или понимать... Фактически, мужчины сумели в конечном счете успешным в преобразовать все то, что человеческое разум он способен ложь и верить в чем-то более понятный чем правда, это что это преобладает для каждого. В течение столетий правда будет собираться переходить перед носом людей, но они не будут брать это: они будут собираться преследовать это через изобретения, является точным, потому что они ищут кое-что фантастическое и Утопическое.[732]
>
> Dostoievski

Seria de extremo interesse humano e moral a garantia de legislações equilibradas e de práticas sócio-laborais que sustentassem o trabalho em razoáveis patamares de proteção, valorização e recompensação, a eliminar as diferenças mais expressivas em pontos mais ou menos fundamentais. Por outro lado, todo o dissertar procura demonstrar a pouca viabilidade desse desejo ser realizado mediante a implementação de cláusulas sociais, fundamentalmente em razão das multifacetais disparidades regionais (sociais, políticas, econômicas e culturais) que, pelo seu conjunto, formam um verdadeiro *"obstacle insurmontable"*[733].

Outrossim, conquanto o argumento de dumping social não se apresente válido e as cláusulas sociais destoem de algum sentido, não se pretende ignorar qualquer meio de evolução ou considerar normal e incapaz de positivas mudanças a situação presente dos países com *tenros* padrões sócio-laborais ou, ainda, duvidar das intenções venturosas

---

[732] «Nós já esquecemos completamente o axioma de que a verdade é a coisa mais poética no mundo, especialmente no seu estado puro. Mais do que isso: é ainda mais fantástica que aquilo que a mente humana é capaz de fabricar ou conceber... De fato, os homens conseguiram finalmente ser bem sucedidos em converter tudo o que a mente humana é capaz de mentir e acreditar em algo mais compreensível que a verdade, e é isso que prevalece por todo o mundo. Durante séculos a verdade irá continuar à frente do nariz das pessoas mas estas não a tomarão: irão persegui-la através da fabricação, precisamente porque procuram algo fantástico e utópico» – Fiodor Dostoievski, *in* "Diário de um Escritor".

[733] Cf. Mosley (1990:174).

daqueles outros países interessados no pleno desenvolvimento de todos os Estados[734].

Destarte, a fim de ser melhor combinado o ritmo de desenvolvimento de ambos os grupos de países e, mais, não impedir (ou dificultar) o processo de *desenvolução* do Terceiro Mundo, indicam-se três caminhos para a consecução de melhores e mais equilibrados padrões sócio-laborais, distante do propositado pelas funestas cláusulas sociais.

5.3.1. Do Trabalho Decente em Sintonia com a Justiça Social

Fora demonstrado que o subdesenvolvimento consiste no maior obstáculo para a transposição interna das normas internacionais e comunitárias – e mesmo para a efetividade das normas constitucionais nacionais relacionadas aos direitos fundamentais sócio-laborais e aos padrões sócio-laborais; todavia, não se deseja aceitar esse argumento – ainda que soberano e inatacável – como mera escusa dos Estados para o desrespeito voluntário e inconfessável dos preceitos humanos básicos (mínimos) e universais e para a concessão de privilégios individuais ou grupais frutos do abuso da mão-de-obra doméstica e em detrimento das políticas públicas sociais e distributivas.

A OIT expressou por diversas vezes e em diversas oportunidades – e desde o Tratado de Versalhes – a sua missão maior, ou seja, a promoção da justiça social e dos direitos dos trabalhadores, objetivos estes que, na esteira da globalização, fizeram acrescer ainda mais a necessidade de *mundificação* das relações de trabalho no âmbito mundial, situação que exigiu um papel mais ativo e mais universal daquela organização, então refletido de modo mais relevante na proclamação dos "direitos fundamentais do trabalho" (*"core labour standards"*) e na instituição e na promoção do programa de "trabalho decente" (*"liberté, équité, securité et dignité"*).

A conscientização dos Estados sobre a necessidade de ser disponibilizado aos cidadãos o "pleno" desenvolvimento dos direitos fundamentais, precipuamente nas suas funções de (i) "defesa ou liberdade" – referente à *"defesa da pessoa humana e da sua dignidade perante os*

---

[734] Como assevera BHAGWATI (1995:757), *"if a social clause does not make good sense, is everything lost for those in both developed and developimg countries who genuinely wish to advance their own views of what are 'good' labour standards? Evidently not".*

poderes do Estado (e de outros esquemas políticos coativos)"[735] –, de (ii) "prestação social" – concernente ao *"direito do particular a obter algo através do Estado (saúde, educação, segurança social)"*[736] – e de (iii) "vedação do retrocesso social", como ratificado no Pacto de São José da Costa Rica ("Convenção Americana de Direitos Humanos"), invariavelmente aparece expressa nas respectivas *Cartas Constitucionais*, mas distante da prática nacional. Em relevada significação, no caso dos PED, denota-se dessa segunda função os maiores entraves para uma "plena" realização, o que lhes obriga ser exigido uma máxime aplicação dos recursos advindos do comércio internacional na consecução da eficaz distribuição econômica e da justiça social.

Per se, esse "redistributismo" – talvez o cerne das políticas econômicas e sociais e já como princípio jurídico do desenvolvimento – não carece do crescimento econômico para a sua efetivação; todavia, conquanto não se discuta a proeminência dessa assertiva, por não serem vislumbradas as necessárias (e talvez radicais) alterações estruturais político-econômicas e comportamentais humanas em um visível horizonte, a noção *lato sensu* do redistributismo revela-se impotente se não existir o desenvolvimento, nomeadamente o desenvolvimento econômico[737], que, apresentando um considerável aumento do produto interno, exige o fundamental papel estatal na condição de ente responsável – *e ativamente responsável* – pelo uso da riqueza gerada com o fito de garantir o progresso coletivo da nação mediante a eficiente e direcionada aplicação e partilha dos recursos.

Portanto, observa-se que tais medidas, se inalterado o paradigma estrutural destes países, apenas se tornariam factíveis com a renovação e revigoramento das democracias vigentes, a fim de torná-las instituições definitivamente populares em termos não apenas políticos, mas econômicos e sociais, pois, embora se saiba que a aritmética entre as políticas nacionais seja de difícil equilíbrio, as diretrizes governamentais devem formar *"un mélange de ce qui est souhaitable au point de vue économique, de ce qui est opportun au point de vue politique et de ce qui est faisable en pratique"*[738]

---

[735] Cf. CANOTILHO (2003:407).

[736] Cf. CANOTILHO (2003:408).

[737] Como assevera SALOMÃO FILHO (2003:29), *"é filosoficamente impensável e historicamente errôneo imaginar que é possível dissociar desenvolvimento econômico e distribuição de seus frutos".*

[738] Cf. OCDE ([*Les Revenus non Salariaux et la Politique des Prix, Politique et Expérience des Syndicats*, p. 47. Paris, 1967] *apud* CAIRE, 1996:824).

Com isso, as medidas aqui propostas tendem a sintetizar duas diretrizes por muito tempo entendidas como antagônicas, ou seja, as exigências liberalizantes e as reivindicações sociais são repassadas a um cenário no qual deve haver um Estado capaz de fomentar o pleno desenvolvimento, na medida em que se torna inescusável desatender o princípio de que *"não se pode exgir progressos no domínio social sem possibilitar condições para o progresso económico"*, ao mesmo tempo em que *"se deve exigir que todo o progresso económico tenha correspondência em termos sociais"*[739].

Destarte, em conformidade com os propósitos de uma *justiça social global*, a proclamação das normas internacionais trabalhistas fundamentais pela OIT – apesar de ser considerada por alguns críticos uma *"hollow façade"*[740], cujos elementos formadores do núcleo apresentam-se suspeitos no tocante à eficácia e à racionalidade – representa um instrumento normativo internacional de promoção das condições de trabalho bastante viável, não devendo, todavia, exorbitar do controle daquela organização; ademais, tem nas suas características de *generalidade* e *multifuncionalidade*[741] a possibilidade de uma aplicabilidade múltipla, embora tal flexibilidade exija, ao cabo, a obediência de seus requisitos básicos (*direitos fundamentais*) e a realização de seus propósitos.

Não obstante adjetivações como "explorado" e "indecoroso" sejam de difícil caracterização para a mão-de-obra presente em um ambiente plural e reticente como o atual, não se pode coadunar com propostas laborais que permitam ou incitem a *negação* dos direitos humanos fundamentais; porém, tais certezas do homem não podem ser tratadas como uma mera fantasia que (dissimuladamente) serve como instrumento de controle e privação comercial, momento em que se estaria, também, privando a consecução de outro direito fundamental: o *direito ao desenvolvimento*.

Diante disso, a OIT proclama a necessidade de um *trabalho decente* a nível mundial, cuja noção caracteriza-se como o seu basilar objetivo, propondo que cada pessoa possa aceder a um trabalho em *condições de segurança, de dignidade, de liberdade e de eqüidade no trabalho*. Com esse fim, ao qual ainda se reúnem *"tous les éléments d'un développement*

---

[739] Cf. JACINTO (2002a:652).
[740] Cf. ALSTON (2004:521).
[741] SERVAIS (2004:211) lembra que a OIT enunica estas normas fundamentais *"sans détailler les moyens spécifiques de les mettre em oeuvre, (...) en raison mêmede la généralité de sa formulation"*.

économique et social harmonieux, dont les règles protectrices du travail constituent une composante essentielle"[742], a OIT revela-se, na prática, bastante cônscia do seu papel como ente fundamental para o progresso das condições de trabalho, cuja preocupação na efetiva busca e concretização deste «trabalho decente» pode ser, mais uma vez, notada no seu próprio "Relatório Geral" sobre a matéria, em cujo cerne *"s'agit d'un projet d'une portée immense, puisqu'il vise, non le seul secteur structuré de l'économie, non les seuls salariés, mais tous les travailleurs, en tous lieux et dans tous les secteurs,les salariés non protégés, les travailleurs indépendants ou les travailleurs à domicile comme les autres"*[743].

Com esteio em tais princípios instrutores, essa organização ainda cria diversos programas – como o *Decent Work Pilot Programme* – a fim de consolidar os quatro pontos de convergência que devem guiar as políticas nacionais para a mais fiel realização de um "trabalho decente": *(i)* a consolidação dos direitos fundamentais dos trabalhadores; *(ii)* um efetivo sistema de proteção social; *(iii)* a criação de oportunidades que assegurem emprego e rendimentos decentes e eqüitativos às mulheres e aos homens[744]; e, *(iv)* o tripartismo decisional e o diálogo social. Diante dessa configuração programática e mediante o uso de diversos índices aplicativos[745], procura-se analisar e orientar os Estados-membros envolvidos de modo a permitir que sejam verificadas as condições nas quais se encontram e as condições que oferecem aos seus cidadãos-trabalhadores e, também, que lhes sejam oferecidos o necessário apoio técnico--financeiro para o conseguimento de melhores padrões de trabalho e, principalmente, de um "trabalho decente".

Contudo, deve-se ter a ciência de que as maiores tentativas conciliatórias para um padrão universal de "decência" podem encontrar sérios

---

[742] Cf. SERVAIS (2004:203).

[743] Cf. SEN (2000b:130).

[744] Como prescreve FIELDS (2003b:263), *"c'est une lapalissade tant il est vrai que pour avoir un emploi décent il faut d'abord avoir un emploi"*.

[745] A doutrina também oferece outras propostas para uma noção de "trabalho decente", como se percebe em SERVAIS (2004:213ss) e em ANKER *et al.* (2003:160ss). Porém, e talvez como maneira mais adequada de análise, BESCOND *et al.* (2003:195ss) proclamam um conjunto de sete indicadores para o "trabalho decente", com base em uma comparação internacional que permita utilizá-los por um grande número de países e que são definidos como medidas de*"déficits de travail décent"*: *i)* baixa remuneração por hora; *ii)* duração excessiva do trabalho, por razões econômicas ou independentes da vontade do interessado; *iii)* taxa de desemprego; *iv)* proporção de crianças não-escolarizadas; *v)* desemprego de jovens; *vi)* diferença entre a taxa de atividade dos homens e das mulheres; *vii)* idosos não-vinculados à sistemas de pensão ou de aposentadoria.

óbices, interna ou externamente, na medida em que uma noção única para o "trabalho decente" não pode desapreciar a pluralidade mundial e as relatividades sócio-econômicas nacionais e mesmo regionais. Do mesmo modo, são constatadas múltiplas variações setoriais para tal conceito, cuja *polissemia* identifica-se nas diversas categorias da população e faz aumentar ainda mais a dificuldade na consagração de uma idéia única.

Assim, apesar dos avanços já conseguidos[746], ainda se agiganta o primordial e mais difícil desafio para as nações, ou seja, encontrar o equilíbrio entre a rigidez e a desregulamentação – uma *tuitiva-flexibilização* – nas modernas relações de trabalho e de emprego, de modo a abraçar a maior parte dos desempregados, criando-lhes oportunidades para gozarem de um mínimo bem-estar, e de modo a *não miserabilizar* aqueles empregados, assegurando-lhes uma melhoria constante nas suas condições sociais e de trabalho. Da mesma forma, e ainda na perspectiva de um trabalho decente, esse equilíbrio deve ser buscado na elaboração de uma integração (outro equilíbrio) entre as políticas econômicas e as políticas sociais, sem considerá-las distintas, mas, *ex adverso*, como políticas que têm um objetivo comum, e por um soberano viés: melhorar a situação sócio-econômica da população pelo viés do desenvolvimento econômico.

Além de enfrentar tais disparidades conceituais entre as nações (e entre os setores nacionais), outra circunstância que dificulta qualquer análise padrão-global de um "trabalho decente" reside nas opções oferecidas pelo Estado (e pelo mercado de trabalho) aos seus cidadãos. Diante disso, da mesma maneira que se compreende a necessidade de serem extirpadas as circunstâncias ignóbeis de trabalho – *"a work under conditions so odious or harmful that it would be better for people not to work at all than to work under such damaging conditions"*[747] –, não se olvida que a refutação e a negação desses trabalhos – uma realidade quase comum nos países periféricos – propicia a desenvolução da vadiagem, da fome, da prostituição e das esmolas.

Por fim, em que pesem todas essas dificuldades percebidas, a inexorabilidade nacional e a relativização temporal (não material) internacional devem ser os condutores para um ambiente de trabalho no qual impere, irrevogavelmente, as suas quatro diretrizes fundamentais – a *segurança*, a *dignidade*, a *liberdade* e a *eqüidade*.

---

[746] Como assevera MOORE (2000:13), *"au cours des 15 dernières années, le respect des droits de l'homme et l'élévation des niveaux de vie ont progressé à un rythme sans précédent, notamment grâce au commerce multilatéral"*.

[747] Cf. FIELDS (2003a:67).

5.3.2. Dos Mecanismos Público-Privados Alternativos

Atualmente, percebe-se que um dos maiores problemas do direito laboral neste sistema globalizado reside na criação de mecanismos conducentes e viáveis à efetiva proteção universal dos trabalhadores e, concomitantemente, ao desenvolvimento igualitário dos Estados.

Daqui, indubitavelmente, cabe aos governos nacionais a responsabilidade primaz na proteção dos direitos humanos e sócio-laborais, assim como na asseguração do cumprimento pelas empresas dessas normas e desses padrões nacionais[748]. Entretanto, as normas internacionais de direito do trabalho – especificamente as Convenções da OIT – não se apresentam, em sua plenitude, ratificadas ou, pior, cumpridas por diversos Estados que, sendo incapazes de promovê-las ou de sustentá-las junto às empresas, clamam (e devem exigir) pela participação (e operação) de outros agentes – principalmente das corporações transnacionais e das organizações não-governamentais – no plano doméstico a fim de implementar (e *praticar*) tais normas-padrões de trabalho.

Outrossim, a complexa rede global na qual também se imiscuem as relações e o mercado de trabalho está a exigir a participação de outras partes e de outras formas que garantam tais preceitos legais, mormente naqueles sítios onde o subdesenvolvimento e a pobreza obstaculizam a plena promoção e a estrita tutela dos direitos fundamentais, de modo a fazer incluir novos atores ao cenário e difundir as informações e os conhecimentos por toda as sociedades.

Diante disso, a essa carência – principalmente dos países periféricos – e a esse cenário mundanal combinam-se as pressões de diversos grupos da sociedade civil ávidos pela inserção de novas posturas das organizações capitalistas, cujo conjunto de fatores traduz-se na *encenação* de novos (ou renovados) mecanismos privados e para-legais (advindos do terceiro-setor) como medidas acessórias e adicionais para consolidar (e fomentar) os direitos dos trabalhadores. Assim, a despeito das tentativas de serem elaboradas soluções juridicamente vinculativas às empresas, rutilam as medidas assentes em um *soft law*, cujas espécies mais destacadas são os habituais e institucionais procedimentos da OIT, as noções de responsabilidade social das empresas e os seus códigos de conduta, além dos programas de *social labelling* ("etiqueta" ou "selo" social).

---

[748] BLENGINO (2003:199) afirma que o Estado, em relação aos direitos humanos, tem as obrigações de *"rispettarli, proteggerli e assicurarne il godimento da parte delle persone poste sotto la loro giurisdizione"*.

Em breves palavras, a figura do *soft law* pode ser apresentada com três relevantes características que o diferencia do comum *hard law*, como ensina ALAN BOYLE (1999:902ss): *(i)* a sua formação por normas gerais ou princípios, e não por regras; *(ii)* a sua não-vinculação; e, *(iii)* a sua não-aplicação mediante orgãos de solução de conflitos ou de jurisdição. Perante tais elementos, e sem efetivamente impor ou dirigir sanções às partes envolvidas, as medidas baseadas em *soft law* conseguem, de um lado, enfatizar *"il limite della capacità delle organizazioni intergovernaive di regolamentare l'attività delle imprese multinazionali"*, e, de outro, atestar *"un rinnovato consenso internazionale sul contenuto che tale regolamentazione devrebbe avere ed ha offerto uno stimolo significativo per l'azione di associazioni di consumatori volta a condizionare l'attività delle imprese per l'adozione di forme di autoregolamentazione da parte delle imprese stesse"*[749].

Destarte, como opção à estrita regulação jurídica, coativamente imposta por intermédio das cláusulas sociais, exsurgem as formas dispostas pelo *soft law*, que, no caso presente, não restaria restrita apenas ao universo estatal, mas, primordialmente, seriam consubstanciadas pelo exercício conjunto das organizações internacionais, da sociedade civil e, maiormente, dos *stakeholders*.

Essa proposta, portanto, além de ser notada nos mais diversos segmentos, aparece como o referencial adotado pela OIT na consecução de suas normas e dos seus programas, na medida em que essa entidade exalta as ações e as repreensões morais, as políticas de cooperação, as discussões temáticas e o voluntarismo como os mais hábeis e eficazes meios dos Estados capacitarem-se no cumprimento das diretrizes propostas, ou seja, dos padrões sócio-laborais promovidos pela entidade.

Embora ciente do problema não ser resolvido apenas pelo advento deste instituto, a OIT pratica, de modo vanguardista[750], a idéia de aceitar o *soft law* como uma *fonte* de direito internacional, vez que os acordos dessa espécie constituem eficazes ferramentas para o desenvolvimento do próprio direito internacional via a construção de uma *"opinio juris"*[751], capaz de persuadir, auxiliar ou demonstrar aos Estados os valores e os benefícios inerentes àquela normatização pretendida.

---

[749] Cf. BLENGINO (2003:202).

[750] RATNER (2001:536) indica outras habituais entidades adotantes do *soft law*: a ONU e o Banco Mundial.

[751] Cf. HILLGENBERG (1999:514), ao afirmar que *"a non-treaty agreement cannot directly produce customary international law, but it can contribute to its creation as an emerging 'opinio juris'"*.

Ainda de modo alternativo e complementar – e a colocar em prática a *cooperação* já existente entre a OIT e a OMC –, poder-se-ia propor o desenvolvimento de um regime multilateral misto que combinasse a melhor participação de ambas as organizações, e, obedecendo aos respectivos limites constitutivos e institucionais, otimizasse o controle e a promoção dos padrões sócio-laborais internacionais, na medida em que competiria à OIT a cooperação técnica e o co-monitoramento dos ambientes de produção ("serviço de inspeção ao trabalho")[752] e do cumprimento das normas mínimas de trabalho, e, à OMC, a análise das práticas de comércio internacional, verificando se a comercialização de mercadorias padece de vícios de produção, nomeadamente de práticas sócio-laborais desumanas, e qual o seu impacto nas relações e transações comerciais internacionais, similar ao que ocorre com os estudos sobre os outros institutos de defesa comercial. Nos casos em que se configure a necessidade de "ações afirmativas", essas consubstanciar-se-iam em sanções morais, programas ainda mais intensos de cooperação técnica e, como eventualmente já admitiu a OIT nos casos últimos e extraordinários, penalidades comerciais ou administrativas, a serem analisadas por um comitê especial, formado no seio desse novo e híbrido conselho por representantes das duas organizações e da sociedade civil. Ainda, nessa nova hipótese, poder-se--ia conciliar (ou associar) os programas de certificação (*social labelling*) às diretrizes desse conselho, a fim de padronizar as exigências e o monitoramento, sobretudo no âmbito das *transnacionais*.

Como descrito, embora não se possa exigir ou imaginar que os deveres públicos sejam simplesmente *transferíveis* para o sistema privado, deve-se entender que os mesmos direitos humanos que geram obrigações para os Estados também geram diferentes deveres ao sujeitos transnacionais; assim, em conjunto com as medidas de *soft law* promovidas pela OIT, são também encontradas no contexto internacional as idéias de "responsabilidade social' e de *"social labelling"*, as quais são implementadas – e, frise-se, motivadas principalmente pelas ONG's – como maneiras iniciativas de já ser alcançado um vínculo entre o comércio e os padrões de trabalho.

Faz-se patente que o impacto da livre comercialização e da escolha pelo crescimento econômico como *via inaugural* para o desenvolvimento

---

[752] Nesses termos, faz-se fundamental a existência de um eficiente e ativo "serviço de inspeção ao trabalho", organizado regionalmente e intensamente preocupado em observar e controlar as normas internas e internacionais, nos moldes do disposto nas Convenções n.º 81 e 129 da OIT.

produz efeitos não unicamente positivos, na medida em que a relação entre capital e trabalho denota-se desequilibrada e os trabalhadores, neste meio de global liberalização, ainda não desfrutam dos mesmos frutos que os empresários. Diante disso, sublinha-se a importância não apenas do Estado – magno responsável pelo equilíbrio e pela correta distribuição –, mas, de maneira regularmente subsidiária[753], das organizações capitalistas, por intermédio de sua "responsabilidade social", ingressarem *inconsicionalmente* neste universo.

Essa *co-participação* (e mesmo *responsabilização*) das empresas revestiu-se, sempre, de um sério problema de ordem econômica e jurídica, como assevera a escola neoliberal; porém, na perspectiva atual, é incontestável entender as empresas como agentes cujo papel transcende a mera relação do trabalho e do capital (e do lucro), pois desempenham uma função fundamental para o desenvolvimento da sociedade atual, influenciam sobremaneira nas esferas político-legais nacionais e internacionais e servem como modelos para o comportamento dos cidadãos e dos trabalhadores.

Destarte, como contraponto às práticas individualistas (e aos interesses puramente privados) ainda bastante comuns das organizações capitalistas, insurge-se a necessidade da adoção de medidas cooperativas, solidárias e mesmo protetoras das empresas que exorbitam os propósitos de restrita maximização do lucro e de estrito cumprimento da legislação.

Todavia, essa responsabilidade social não pode significar a simples *filantropia empresarial* – devidamente sediadas nas fundações criadas

---

[753] Neste ponto insta salientar que, por vezes, pode ocorrer a "inversão da subsidiariedade", *v.g.* em situações nas quais as entidades maiores tomam a iniciativa de regulamentar direitos que seriam inicialmente de competência do ente estatal – modo *"não obrigacional"* da inversão. Contudo, hodiernamente, essa inversão muitas vezes reside no fato de haver empresas transnacionais que superam o Estado, especialmente no aspecto econômico e multiterritorial, não existindo muitas razões para dispensar o exercício privado na seara social – situação na qual se observa um modo *"obrigacional"* da inver-são, uma vez que há uma discrepante distância econômica e de poder entre o conglomerado transnacional e o pobre Estado, existindo um "poder-dever" de tal organização implementar políticas sociais a toda a comunidade. Assim, essa casual inversão da subsidiariedade enseja a realização ("delegação") por terceiros de tarefas que sempre foram consideradas função exclusiva do Estado. Mas, no ambiente macroeconômico, FURTADO (2003:40) aduz a incapacidade desse conglomerado transnacional reger e responsabilizar-se por qualquer processo de desenvolvimento, na medida em que *"a grande empresa parece ser um instrumento tão inadequado para enfrentar os problemas do subdesenvolvimento quanto um poderoso exército motorizado se mostra ineficaz ao enfrentar uma guerra de guerrilhas".*

por diversas organizações, mas cujo escopo alcança apenas um compromisso pessoal do seu idealizador – ou meramente a exigência por uma empresa caritativa, baseada em fluidas doações; pelo contrário, requer-se uma postura transformadora da organização, firmada na busca por ações afirmativas junto à formação contínua dos trabalhadores e ao desenvolvimento da sociedade, de modo a se servir como mecanismo para co-solucionar os problemas sociais vigentes no seio da comunidade. Para isso, mais que uma "corporação socialmente responsável", dever-se-ia reconhecer a necessidade de as empresas transformarem-se em "corporações éticas", das quais seria exigido um perfeito equilíbrio entre lucros e ética, a envolver recompensas aos empregados (e aos empregadores) que se afastassem de ações comprometedoras (e dos retornos unicamente materiais) e se enveredassem por um comportamento positivo, a assimilar uma instância moral que permearia toda a cultura corporativa[754].

Assim, como mais comum instrumento de confirmação e promoção da sua responsabilidade ética e social, os "códigos de conduta" (ou "guias de comportamento corporativo") implementados pelas empresas consistem em uma "terceira via" na promoção dos direitos sócio-laborais – após as normas governamentais e os acordos coletivos instruídos pelas associações sindicais –, a significar uma declaração *formal* de valores e práticas corporativas respeitantes às condições de trabalho que, em sua maioria, reporta-se e inspira-se nas normas internacionais dos direitos humanos no trabalho e, em especial, nas questões relacionadas ao trabalho forçado e infantil, ao direito à organização sindical, às condições de saúde, de segurança e de não-discriminação no trabalho – e, menos habitual, também a alguns aspectos *substantivos* do trabalho (remuneração, jornada, repouso, férias), sendo que na maior parte desses pontos a universalidade no seu reconhecimento e na sua *codificação* são menos freqüentes – mas, principalmente, às formas mais subjetivas e abstratas de asseguramento e fomento dos padrões gerais de trabalho, a demonstrar publicamente as condições submetidas aos seus trabalhadores, fornecedores e intermediários.

Ademais, esse *guia* de comportamento corporativo pode ser assumido de distintas formas e com diversas funções, embora, em sua essência, deva apresentar uma *carga positiva* – com o seu objeto enraizado na

---

[754] Esse estágio da *"corporação ética"* consiste no último estágio do desenvolvimento ético das corporações, assinalado pelo modelo empresarial criado por Eric Reidenbach e Donald Robin e que apresenta uma ordem crescente de evolução marcada por quatro fases anteriores (*"corporação amoral"*, *"corporação legalista"*, *"corporação receptiva"* e *"corporações éticas que afloram"*) – v. Starke (1999:186ss).

promoção e no cumprimento dos direitos sócio-laborais básicos (mínimos) e de outros pré-estabelecidos –, ao invés de um mero rótulo *negativo*, que apenas enfatizaria o dever corporativo em "não ofender" os direitos humanos dos trabalhadores. No exercício dessa competência avistam-se aqueles códigos de conduta *singulares*, desenvolvidos por uma empresa para o seu próprio uso, e aqueles *grupais*, então efetivados por várias empresas ou associações comerciais que se agrupam para a promoção de padrões comuns; entretanto, uma terceira categoria, os "códigos de conduta múltiplos", que envolvem uma multiplicidade de códigos e agentes e, principalmente, de terceiros atores – dentre os quais também se inserem as instituições internacionais –, devem ser os pretendidos, na medida em que tal espécie *"lies at the heart of the corporate accountability movement and will be the true test of the effectiveness of codes and monitoring"* [755].

Também, a opinião pública e a crescente participação de um *"tribunal populaire"*[756] são dois importantes responsáveis para as empresas adotarem, com uma freqüência cada vez maior[757], esses códigos, pois a publicidade negativa – mormente aquela que relacione a empresa transnacional às condições desumanas de trabalho, à escravidão, ao abuso de trabalho infantil e feminino e a ambientes de trabalho sem limites de periculosidade e insalubridade – representa a *defenestração* da imagem organizacional, por vezes mais prejudiciais que as próprias conseqüências administrativo-judiciais levadas a cabo pelas autoridades nacionais e internacionais, donde se pode depreender que a origem dos códigos de conduta associa-se intimamente com o *poder* que as denúncias pelo uso de mão-de-obra vilipendiada representam nesse ambiente marcado pela concorrência de mercado.

Embora, evidentemente, não apresentem força legal, apoiam-se firmemente na questão moral e na reputação das empresas, as quais constantemente expõem-se (e são expostas) na *mídia* e, por intermédio dessa

---

[755] Cf. POSNER et NOLAN (2003:210), os quais sustentam que *"the advantage of theses efforts is the move to standardize and develop consensus among a variety os stakeholders – albeit on a limited basis initially – regarding the basic principles for ensuring greater respect of human rights in the workplace"*.

[756] Cf. DILLER (1999:111), ao lembrar dos diversos processos pendentes a relatar denúncias contra o abuso da mão-de-obra praticado por empresas transnacionais.

[757] CLEVELAND (2003:135) afirma que, *"over 60 percent of the top 500 companies in the United Kingdom have adopted similar codes"* – ainda, sobre os demais planos e códigos de conduta corporativos e privados promovidos por empresas européias, v. OCDE (2000:72ss).

imagem, são reveladas as mais diversas posturas comportamentais da organização, cuja denúncia é capaz de mobilizar e de influenciar na decisão dos consumidores e dos investidores – há, logo, a necessidade de se buscar a ocorrência do *"efeito drácula"*[758], uma vez que, neste mundo pós-moderno, quase regido por uma *telecracia*, a mídia desempenha um papel fundamental, a apresentar um *julgamento midiático* que se torna muito mais impactante que o *julgamento do Judiciário* e, o que é pior, nos faz por diversas vezes perceber que o veredito daquele é muito mais oneroso e punitivo às empresas que o veredito deste.

Porém, tão importante quanto a existência dos "códigos de conduta", é a sua efetiva aplicabilidade, de modo que se apresentem realmente *implementáveis, críveis* e *funcionais*. Para isso, Michael Posner et Justine Nolan (2003:212ss) dispõem a necessidade desses códigos compreenderem quatro características cruciais: *(i)* a aplicação mensurável e significativa dos padrões de conduta, de modo que, *"without standardized monitoring methodology, it is particularly difficult to assess the credibility and accuracy of monitor findings in the absence of a recognized procedure for monitoring different aspects of codes – the vagueness of codes often means that they are open to interpretation and verified according to that monitor's specific methodology"*; *(ii)* a independência dos agentes de monitoramento e as facilidades de inspeção oferecidas, a fim de serem otimizados os trabalhos e os resultados; *(iii)* a transparência de informações e dos relatórios, pois *"making labor conditions publicly visible, greater transparency has the dynamic ability to pressure companies to remedy their actions and in turn, build a common floor for labor standards"*; e, *(iv)* o engajamento com sindicatos e organizações não-governamentais locais, tendo em vista que *"the active involvement of unions and NGO's in all aspects of workplace issues and improvement is absolutely essential to advancing this right in real ways on the ground"*.

---

[758] Cf. Bhagwati (2004:162), ao prescrever que se deve *"expor o mal ao sol, à luz da sociedade, para fazê-lo murchar e morrer"*. Essa influência do "poder midiático" nas relações mundanas atuais pode ser sintetizada com as palavras de Walter Anderson: *"já sabemos que vivemos numa sociedade de informação; ainda não descobrimos que vivemos num planeta de informação (...) [que] tem um novo conjunto de mecanismos de realimentação; o funcionamento de todos os seus ecossistemas é cada vez mais influenciado pelo pensamento e pela acção humana; e tem tendência para gerar exigências de novas leis e regulamentos que funcionem à escala global"* ([*O Planeta da Informação e a Política Global de Riscos*, "Globalização, Desenvolvimento e Eqüidade", p. 193. Lisboa, 2001] apud FerreiraA [2004:114]).

Ainda, a própria estrutura plural e global na qual as empresas, os cidadãos e os Estados inserem-se faz com que os propósitos e as idéias de um comportamento socialmente responsável sejam pouco uniformes, a variar, portanto, em "conteúdo" (*o que fazer?*), "dimensão" (*quanto fazer?*) e "metodologia" (*como fazer?*), donde advém a necessidade de ser estabelecida, talvez exclusivamente no âmbito das corporações transnacionais, uma "codificação ética única" – e porventura conjugadas com campanhas de negociação coletivas multinacionais[759] –, a fim de que satisfaçam e respeitem as condições laborais mínimas (e *básicas*) necessárias ao desenvolvimento dos trabalhadores dos países que exteriorizam o trabalho.

Assim, portanto, esse problema relacionado à eficácia dos códigos de conduta alcança, *obrigatoriamente*, o controle e a fiscalização do seu cumprimento, os quais não podem ficar ao *bel-prazer* das empresas ou assentes na confiança *cega* de que essas corporações transnacionais estejam cumprindo o seu (*novo*) papel e honrando as suas (*novas*) responsabilidades. Tal questão poderia ter uma solução – ou uma atenuação da problematicidade – se os padrões inseridos nesses códigos de conduta fossem estabelecidos dentro de um contexto mais amplo, que exorbitasse o plano interno-individual das empresas transnacionais e alcançasse um "monitoramento externo" promovido pelas instituições público-privadas e sob a guarida da própria OIT.

Ademais, até essa entidade encontrar-se finalmente apta para tal feito – com a construção de uma maneira eficiente de conjugar os códigos de conduta das corporações globais –, poder-se-ia sujeitar essas empresas a uma "certificação de responsabilidade social", nos moldes do *SA-8000*[760], ou, então, mediante um monitoramento exercido pela sociedade civil organizada e pelos sindicatos; entretanto, o que deve restar claro é a impossibilidade de ser reservada unicamente às empresas a responsabilidade

---

[759] Como dispõe VAN LIEMT (1992:496). Todavia, exsurgem dois problemas: (*i*) poderia caracterizar-se como uma *igualização* dos custos de produção, contrária as leis neoclássicas do comércio internacional e, também, (*ii*) inibiria a migração das grandes empresas transnacionais, haja vista que uma das grandes vantagens dessa deslocalização para a periferia – ou a única vantagem, *i.e.*, os custos de mão-de-obra relativamente mais baixos – seriam *liquidadas*.

[760] Criado sob o modelo da *International Standardization Organization* – responsável pelos sistemas de certificação ISO-9000 (qualidade corporativa) e ISO-14000 (qualidade ambiental) – o SA-8000 caracteriza um conjun*to* de normas para desenvolver um *padrão internacional de responsabilidade social*, que se faz resultado de uma iniciativa privada, surgida na Europa por um grupo de empresas e com a participação de sindicatos e da Anistia Internacional.

pela administração de tais códigos, devendo ser exteriorizado o controle e contar com a participação (ou a criação) de outros sujeitos.

Também como reverberação desse comportamento ético-social das empresas – e cuja existência também permite prescindir da fórmula das cláusulas sociais –, aparecem as iniciativas focadas em um "investimento socialmente responsável" (*Socially Responsible Investing*), o qual se caracteriza pelo investimento "seletivo" ou "interventivo" que busca considerar a preocupação e o comportamento de determinados países – no tocante à promoção dos padrões sociais – e de determinadas empresas – em relação à sua *performance* social – como parâmetros ou atrações para fins de investimentos[761], de modo que sejam equilibrados o desenvolvimento do Estados, dos seus cidadãos e dos seus trabalhadores com os interesses capitalistas.

Além do conteúdo social dos códigos de conduta, outra forma baseada em *soft law* e que se traduz em um comportamento socialmente responsável das empresas baseia-se nas "etiquetas sociais", as quais também podem fazer aumentar os padrões sócio-laborais nacionais como direta alternativa à imposição de cláusulas sociais.

A pretensão de ser estabelecida uma "etiqueta" que funcionasse como identidade para os produtos fabricados ou comercializados sob o estrito respeito às normas internacionais trabalhistas fundamentais já consiste em prática comum dos países desenvolvidos, seja na Europa ou nos EUA[762], e, de maneira mais remota, mesmo nos domínios de alguns PED, devendo, assim, ser considerada a sua formulação sob diversos aspectos e particularidades.

---

[761] DILLER (1999:116) classifica esse "investimento ético" em duas espécies: (i) o *"investimento seletivo"*, que advém de uma análise feita pelos investidores antes do efetivo investimento, levando em conta as *"performances sociales des entreprises en achetant certaines titres et en n'en achetant pas d'autres"*; (ii) e o *"investimento interventivo"*, representado pela *"intervention des actionnaires"* e que acontece depois de realizada a operação financeira, visando *"à influer sur les orientations de l'entreprise en maintenant le lien"*. Já a OCDE (1996:199) divide este *Socially Responsible Investing* (SRI) em três formas, representadas por: (i) *"screened mutual funds"*, podendo ser na forma "positiva", quando as companhias socialmente corretas atraem esses investimentos, ou "negativa", quando as empresas são rejeitadas por violarem algum dos critérios de cumprimento estabelecidos pelo fundo; (ii) *"divestment of stocks in socially irresponsible companies"*; e, (iii) *"the promotion of shareholder resolutions that deal with social issues"*.

[762] Para os diversos programas de *social labelling* existentes, as suas estruturas e os seus funcionamentos, v. BRAND *et* HOFFMAN (1994:11ss), OCDE (1996:202), DILLER (1999:109ss) e BLENGINO (2003:205ss).

Portanto, essa "etiquetagem social" (*social labelling*) define-se como *"un insieme di parole o simboli associati a determinati prodotti o a determinate organizzazioni con lo scopo di influenzare le decisioni economiche di un gruppo di soggetti descrivendo l'effetto che determinati processi produttivi esercitano su un'altra categoria di soggetti"*[763], uma vez que se fundamenta sob a convicção de que as decisões adotadas pelos consumidores, pelos investidores e pelos cidadãos em geral podem ser melhor influenciadas e motivadas se as informações acerca dos produtos – e dos modos de produção – apresentarem-se mais claras, tendo, ainda, efeitos sobre o próprio comportamento das empresas, que então vêem tal procedimento recompensado[764]. Diante disso, pode-se concordar com a afirmação de que a idéia-princípio maior desse esquema de *"product-labelling"* consiste no provimento de informações sobre o (relativamente) justo e leal uso dos fatores produtivos – especificamente a "mão-de-obra" e a "terra" – pela empresa aos seus consumidores[765], com esses disponibilizando-se a oferecer como contraprestação à zelosa conduta social (e ambiental) das empresas uma maior quantia (um maior "valor") pelos bens devidamente certificados[766], tomando, então, uma *consciência ativa* do problema e inserindo-se, definitivamente, no rol dos agentes ("atores") responsáveis pela melhoria das condições universais

---

[763] Cf. BLENGINO (2003:204). Nas palavras da OCDE (1996:199), a "etiqueta social" representa *"the main tool of the organisations attempting to induce consumers to stop buying some products and start to buy others according to ethical criteria is of course the gathering and diffusion of information regarding the conditions of production"*.

[764] No caso do trabalho infantil, BLENGINO (2003:204) admite que há o objetivo de *"informare il consumatore sul fatto che il bene che sta acquistando è stato prodotto nel rispetto dei diritti fondamentali dei lavoratori e, per quanto concerne il presente studio, che esso sia stato prodotto senza ricorrere all'impiego di manodopera infantile: esso confida nel fatto che il consumatore, consapevole che il suo acquisto non contribuirà allo sfruttamento economico dei bambini, preferirà un prodotto provvisto di 'social label' rispetto ad uno che ne è sprovvisto"*.

[765] Consoante afirmação da OCDE (1996:200), *"the principle is to provide consumers with information that enables them to choose to reward goods that meet certain standards deemed to be socially desirable"*.

[766] MASKUS (1997:21) assevera que *"if they value higher standards they should be willing to pay some price for this information (through higher product prices), which should in principle be higher than the cost of providing the information"*, sendo que esse *surplus*, então, *"could be used to promote training and education programs"*. Nesses termos, FREEMAN (1994:91) ainda ressalta que *"if mechanisms were in place to help us express our demand for higher labour stantards, enough other consumers would react similarly that standards would indeed be raised"*.

de trabalho e promovendo um "consumo ético"[767] – portanto, permite-se admitir que *"consumer labelling can be used to provide a market-based method for improving labor standards"*[768].

Assim, a discriminação que porventura venha a padecer aqueles produtos desprovidos de *social label* e rejeitados pelos consumidores e pela opinião pública deve, progressivamente, induzir as empresas a se adequarem aos critérios exigidos pelas "normas morais" e representados pelas respectivas "etiquetas", as quais apenas serão concedidas àquelas "empresas éticas" respeitantes de determinados preceitos humanos universais. Ademais, essa postura – então ainda notada como um interesse oblíquo – será a longo prazo vislumbrada como um comportamento espontâneo das empresas, como forma natural de respeito aos direitos fundamentais dos trabalhadores.

Evidentemente, são conhecidas as limitações desse mecanismo[769] e, principalmente, a verificação da sua maior *viabilidade* e *efetividade* quando relacionadas àqueles bens destinados ao mercado exportador e varejista, os quais se sujeitam, respectivamente, ao monitoramento do comércio (ou da comunidade) internacional e dos consumidores; todavia, restam indubitáveis as suas maiores vantagens em relação ao "fruto proibido", seja pelas mínimas distorções econômicas geradas, seja, principalmente, pelos impactos negativos provocados aos PED serem menores[770].

E como modo de não configurar essa proposta com as mesmas características negativas e prejudiciais que colorem as cláusulas sociais, a sua implementação deve ser dada por intermédio de uma *rotulagem positiva*, e não pelo simples viés da marcação *negativa* – como, agora, cotejada com as duas valências da própria cláusula social –, cuja proposição, além de acarretar enormes dificuldades, traria ainda maiores infortúnios aos PED, sobretudo pela improbabilidade de *"uma escolha moral*

---

[767] Para a OCDE (1996:199), a sua idéia básica *"is to persuade consumers to base their consumption decisions not only on price considerations but also on moral principles, relating to the conditions of production"*.

[768] Cf. STERN et TERRELL (2003:11).

[769] Sobre o trabalho infantil – a mais comum prática a ser combatida pelas "etiquetas sociais" –, os críticos dessa estratégia entendem que ela tem um alcance muito limitado e que não diminuem o trabalho infantil, pois, segundo seus cálculos – disposto por BROWN (2000:48) – só 5% do trabalho é empregado na produção de bens para exportação.

[770] A OCDE (1999:204) aduz que *"the potential trade distortions generated by a proliferation of social labels will be further diminished if they refer to international standards, agreed to by both developed and developing countries; in any case, labels represent an improvement upon, as well as a potential substitute for, unilateral trade action"*.

equilibrada"[771]. Ainda, uma zelosa escolha pelas etiquetas sociais positivas diminuiria a possibilidade dessa alternativa ser adotada para fins protecionistas e, dissimuladamente, violar as normas da OMC[772], de modo a consistir em uma *"non-tariff barrier to the extent that it appeals to the latent economic nationalism of consumers"*[773].

Isso posto, depreende-se que a precípua idéia alternativa às sanções pretendidas residir-se-ia *"par l'action combinée de la diplomatie (prenant la forme de la conciliation et de la médiation) et d'incitations essentiellement morales que les organes de contrôle cherchent à faire appliquer les normes internationales quand elles suscitent des difficultés"*[774], donde se faz necessário, por conseguinte, *"la mobilisation des acteurs non étatiques"*[775], ou seja, empresas e consumidores devem (e podem) se tornar co-responsáveis pelo progresso social (e econômico), dando ensejo à construção de cartas, códigos e práticas adjacentes às propostas estatais[776].

Diante das propostas ora oferecidas, VERA THORSTENSEN (1998:52) ainda entende que uma outra importante estratégia seria dar ampla divulgação dos resultados das investigações realizadas pela OIT sobre as empresas socialmente responsáveis e os respectivos produtos certificados, e, assim, fornecer elementos minimamente suficientes ao con-

---

[771] De acordo com as palavras de BHAGWATI (2004:149), a idéia de *social labelling* baseada na "rotulagem negativa" das mercadorias (*"produzido com trabalho infantil"*) acarreta muitas dificuldades, na medida em que elas *"podem macular um amplo leque de comportamentos, de diversos graus de gravidade, com o mesmo pincel; a mera acusação de uso de trabalho infantil, sem a menção de como essas crianças são tratadas, se trabalham umas poucas horas, se frequentam a escola etc., torna improvável uma escolha moral equilibrada"*.

[772] Nesses termos, LEARY (1997:121) salienta que *"the WTO will be concerned that labelling not be used by countries as a means of forbidding imports in violation of WTO agreements"*.

[773] Cf. OCDE (1999:203).

[774] Cf. CAIRE (1996:823).

[775] Cf. LE GALL *et* AUSSILLOUX (1999:04), ao considerarem as empresas e os consumidores como importantes personagens da *ciranda* econômica mundial, na medida em que *"les entreprises se préocupent des répercussions sociales ou environnementales de leur action (...) [et] les consommateurs son également conscients des responsabilités qui leur reviennent à travers leur choix de porduits ou de services"*.

[776] Como FREEMAN (1994:91), *"policy-makers should give greater to a labelling strategy for determining standards: provide consumers with information about the labour standards under which products are produced, and then trust the market to reward products made with good standards and penalize those made with poor standards"*.

sumidor para que exerça o seu direito de soberania, neste caso, boicotar produtos exportados que sejam produzidos sob condições trabalhistas consideradas, sempre de modo relativo, desproporcionais, débeis e injustas.

Destarte, embora a continuar sem concordar com o discurso exortativo da cláusula social como o mais adequado meio de elevação dos padrões sócio-laborais, tem-se que qualquer medida visando a uma "uniformização padrão-normativa" e uma *(in)conseqüente* "sanção penal-comercial" ao seu descumprimento deve, primeiramente – e na expectativa de encontrar um equilíbrio (ou uma *alternativa*) na via jurídico-normativa –, compreender iniciativas de caráter político-moral, baseadas no lançamento de campanhas de informação e de diretivas práticas capazes de orientar à formação de estruturadas bases nacionais[777]. Ainda em relação às possíveis melhorias a serem implementadas no seio da OIT, poder-se-ia incluir novos programas e procedimentos reclamatórios específicos – análogos àquele relacionado à liberdade sindical – e dos quais se obteria uma maior celeridade e eficiência na resolução dos conflitos e na promoção das normas.

Ademais, resta uma derradeira exaltação à correição dos problemas relacionados aos lenientes padrões sócio-laborais periféricos mediante ações voluntárias, promovidas pela sociedade civil, mercantil e pelos Estados, e praticadas pelas empresas transnacionais, assim como se enxerga viável a postura intransigente de todos os agentes envolvidos – e maiormente das organizações internacionais – de modo a se insuflarem e não permitirem que alguns Estados, voluntariamente e como mera opção político-capitalista, tornem-se contumazes inadimplentes das normas sócio-laborais núcleo-fundamentais, devendo fazer uso dos instrumentos ora mencionados[778] – opostos às viciosas cláusulas sociais – como meio de orientá-los e, alternativamente, por via da OIT, puni-los.

Porém, como a maior parte dos problemas relacionados às condições laborais são inerentes aos países periféricos, todas as medidas ora arroladas são apenas acessórias da correição maior: a eliminação da

---

[777] SERVAIS (2004:205) afirma que *"ces divers moyens peuvent être mis en oeuvre sans faire appel à des mesures de protée juridique et ce n'est pas sans équivoque que l'on parlera alors de 'soft law'"*.

[778] O sucesso dessas alternativas, segundo OLIVEIRA (2005:461) está sob a dependência de três fatores: *"o grau de interesse público; a flexibilidade das corporações à pressão pública, pois, envolve, 'inter alia', perspectivas de ganhos, competição, setores específicos; e políticas públicas capazes de gerir as implicações de suas atividades"*.

pobreza, mediante um processo sustentável e crescente de desenvolvimento.

Dessarte – e já à margem dos impereciveis compromissos das corporações transnacionais –, ao serem novamente indicados os outros *atores* responsáveis pela efetiva consolidação e promoção de melhores padrões sócio-laborais, pode-se também indigitar os seus respectivos papéis: *(i)* aos países primeiro-mundistas, deve ser exigido a criação de um ambiente plenamente livre e favorável às trocas comerciais, a participação e a cooperação ativa para o crescimento dos PED e a liderança na construção de organizações internacionais ainda mais sólidas e democráticas; *(ii)* aos países terceiro-mundistas, cabe a distribuição igualitária dos recursos advindos do livre comércio internacional, de modo a oferecer o bem-estar mínimo aos seus trabalhadores e cidadãos e, depois, a centralização desses mesmo recursos em educação e infra-estrutura, campos capazes de torná-los futuramente produtores de tecnologia; e, *(iii)* às organizações internacionais, deve-se reclamar por uma conduta coerente na consecução de um equilíbrio das diferenças mundanas, de modo que não apenas compila – via sanções penais e comerciais – os Estados periféricos no cumprimento de certas normas multilateralmente eleitas, mas que, principalmente, semeie e permita a desenvolução de oportunidades para esses países e, então, diante de tal premissa, finalmente exija o respeito pelos padrões internacionais estabelecidos.

5.3.3. Da Cooperação Internacional e das Políticas Nacionais para um Desenvolvimento Sustentável

Embora já clássica a fórmula *"trade, not aid"*[779], faz-se improvável que seja obtido um resultado positivo no âmbito mundial sem uma ação conjunta dos Estados e das organizações internacionais multilaterais com vistas à implementação de políticas sócio-econômicas internacionais sustentadoras de um desenvolvimento global, mormente aquele que atinja a periferia.

Dessa maneira, como talvez as principais propostas a serem concretizadas no âmbito das relações multilaterais (e mesmo do direito

---

[779] Em compartilhado entendimento, coaduna-se, como discorrido e defendido na seqüência, com a sentença que afirma *"não basta o 'trade', é necessário também a 'aid'"* (PORTO, 2002:165).

internacional), a "cooperação"[780], o "comprometimento" e a "co-responsabilidade"[781] entre os Estados tornam-se vitais para que sejam, progressivamente, minimizadas as diferenças entre os dois mundos, de modo a haver, definitivamente, *"uma contribuição para o relaxamento das posições enrijecidas no diálogo Norte-Sul"*[782]. Esta cooperação, não apenas bilateral[783], deve abraçar a multiplicidade de países – intermediados pelas

---

[780] Alguns autores preferem o uso do termo "ajuda"; todavia, entende-se que essa terminologia não bem reflete a real consistência da medida, não apenas por ser *"considerada algo injuriosa"* (BÉLANGER, 1999:225), mas por pretender não um simples "socorro", mas uma participação efetivamente em conjunto, de "obrar simultaneamente".

[781] Como preleciona SÜSSEKIND (1999:343), faz-se necessário *"que os responsáveis pela ordem econômica internacional se convençam, sem tardança, de que a progressiva ampliação da multidão de excluídos acabará por fraturar o sistema vigente e, em conseqüência, formulem e participem, efetivamente, de um pacto de solidariedade fundado na coresponsabilidade global, em proveito da humanidade"*.

[782] Cf. SAUTTER (1992:58)..

[783] Nos moldes em que coloca BÉLANGER (1999:227ss), ao dispor dois tipos de cooperação internacional: "bilateral", uma *"ajuda dos governos considerada individualmente e situada à margem dos mercados privados internacionais"*, e "multilateral". No caso do primeiro tipo, são claras as insuficiências das "ajudas públicas ao desenvolvimento", seja de ordem quantitativa ou qualitativa. No tocante às "ajudas qualitativas", pode-se notar a predominância de ajudas "condicionais" e "dispersas", que exigem *trocas* (ou *vantagens*) econômicas e que não visam projetos ou programas específicos. No caso das "ajudas quantitativas", o resultado torna-se, em regra, pífio. Como indica GOULD IV (2003:85ss), embora a ONU calcule e estabeleça para os países desenvolvidos um percentual de 0,7% do PIB para ajudas estrangeiras – como forma de reduzir pela metade a pobreza do mundo até 2015 –, salvo os países escandinavos (que demonstram uma média de 0,9% do PIB), os países do Benelux (0,84%, na média) e a França (0,6%), os demais grupos ou países demonstram resultados ordinários e muito abaixo dos pretendidos: os países da OCDE contribuíram, em 1998, com uma média de 0,33% do seu PIB; a UE, com uma média de 0,3%; e, os EUA, coincidentemente o país que mais exterioriza um "ideário altruísta" para as cláusulas sociais, apresenta resultados em verdadeira "queda livre", pois, enquanto em 1949 despendiam 3,21% do seu PIB em ajudas estrangeiras, nos anos 70 esse percentual chegou a 1,00%, e, em 2002, gastou apenas 0,08% do PIB em ajudas finaceiras para os países estrangeiros. No âmbito da CE, como critério exemplificativo, para o caso das ajudas financeiras concedidas aos PECO, tem-se, desde o ano 2000, três instrumentos pelos quais há uma *cooperação* para o desenvolvimento: um geral, o programa "Phare" (principal instrumento da cooperação financeira e técnica da CE, com foco em duas prioridades essenciais, a *"institution building"* e o financiamento dos investimentos), e dois específicos, o ISPA (instrumento de pré-adesão, assente em investimentos na infra-estrutura dos setores do ambiente e dos transportes) e o SAPARD (apoio comunitário à agricultura e ao desenvolvimento rural sustentável), ambos a serem substituídos, para o período de 2007-2013, pelo "Instrumento de Assistência de Pré-adesão" (IAP) – v. COMISSÃO EUROPÉIA, 2001.

organizações internacionais, de modo a que essas também funcionem na base de uma *"horizontal coordination"*[784] – e não residir na mera questão das dívidas financeiras. Hoje, os investimentos em educação (e tecnologia) e infra-estrutura representam a fonte de todo processo sério de desenvolvimento, a serem, portanto, os focos obsediantes de toda política nacional – e, sabe-se, no caso dos PED, as conjunturas locais impedem uma automática e espontânea predileção àquelas duas variáveis e, submetidos ao ambiente hegemônico internacional, tornam-se hipossucientes e (inter)dependentes de uma intensiva co-participação dos demais países e das organizações internacionais no cumprimento das tarefas-chaves do processo desenvolvimentista, principalmente mediante o uso da noção de *"programação"*[785], com destaque para a implementação de planos sistematicamente diretivos (ou específicos), operacionais e executivos.

Hoje, como em 1919[786], clama-se pela imprescindível ação internacional a fim de apaziguar a justiça social e melhorar as condições sócio--laborais (e de vida) dos cidadãos, cujo pleito permite-se sustentar em quatro considerações, propostas por VALTICOS (1983:113ss): *(i)* o fato de *"l'injustice, la misere et les privations ont été dans une grande mesure réduites dans les pays industrialisés, la plus grande partie du monde, et notamment le Tiers Monde, continue à connaitre des besoins urgents"*; *(ii)* o fato de *"les libertés essentieles qui conditionnent certains droits fondamentaux de l'homme, comme la liberté syndicale, continuent à subir de graves atteindre et, dans certaines pays, sont même en régression"*; *(iii)* o fato *"de la prise de conscience de certaines iniquités s'est développée et les groupes ou classes défavorisés ne se résignent plus à la situation qui à été longtemps"*; e, *(iv)* o fato de *"la justice sociale ne se limite plus à la classique 'tutelle des faibles' et à une action purement*

---

[784] Cf. OMC (2004a:39), cuja expressão pretende significar a construção de um *"network value of international cooperation in a world that is prone to conflict and fragmentation – one objective should be that in addressing the philosophy, as wells as the legal detail of trade policy and reform, all the intitutions engaged in this cooperative effort speak coherently (...) we include in this context not only the World Bank and IMF, bu other agencies of the UN – like UNCTAD and UNDP – as well as the donor governments who work so closely with developing countries"*.

[785] Cf. BÉLANGER (1999:235), que define a programação como o *"método de abordagem e tratamento dos problemas decorrentes do subdesenvolvimento"*.

[786] No momento em que a COIT dispõe em seu preâmbulo que *"la paz universal y permanente sólo puede basarse en la justicia social"*, ela vem demonstrar uma preocupação internacional inédita no tocante às melhorias da condição social dos homens, já a constituir *"une grand innovation en droit international"* (VALTICOS, 1983:112).

humanitaire tendant à corriger les abus les plus criants", mas, em sua visão global, exigir uma verdadeira solidariedade, com vistas a lutar por uma ordem social justa, alargadora dos seus horizontes, com interesses no bem comum e, principalmente, cumpridora do seu ideal de promover o desenvolvimento pleno de todas as nações.

Ademais, conquanto a necessidade das duas organizações internacionais – OMC e OIT – trabalharem em conjunto e de modo cooperado, as suas competências não podem ser sobrepostas e indefinidas. Com isso, na seara dos padrões sócio-laborais internacionais, resta fundamental à Organização Internacional do Trabalho o papel controlador e regulador dessa matéria, a fim de que possa fazer valer o seu principal (e mais correto e universal) meio de promoção das condições de trabalho, ou seja, a *cooperação*, que consiste *"sans aucun doute, au stade actuel de la société internationale, le meilleur instrument d'une action normative réaliste et durable"*[787].

Além disso, requer-se uma estreita (e enérgica) aproximação entre a OIT e as instituições financeiras mundiais, no sentido de providenciarem ações conjuntas que beneficiem aqueles países signatários pobres e adimplentes com os seus compromissos sócio-laborais, mediante assistências (aportes financeiros) condicionadas ao zelo e à promoção das políticas sociais internas e, portanto, não regradas em acordos unicamente pautados por uma cartilha política econômico-financeira raramente exitosa, funcional e coerente.

Tem-se clarividente que as forças externas não são suficientes para impulsionar os Estados à corrente do desenvolvimento[788], pois se faz preciso que eles próprios permitam-se[789] *(i)* um *"autojuízo"*, a fim de compreender os reais anseios internos, *(ii)* um *"autocontrole"*, no intento de conduzirem com "mãos visíveis" – ainda que com *algemas flexíveis* – o livre jogo da concorrência, a tornar estanque o mar de manipulações

---

[787] Cf. SERVAIS (1989:473).

[788] E, também, nem mesmo deveriam ser as *únicas*, para evitar que os esforços nacionais sejam paralisados ou que, mediante tal cooperação, se instale um novo tipo de dependência, pois, como salienta SAUTTER (1992:71), *"uma ajuda ao desenvolvimento só deve ser dada quando ela motivar os esforços próprios dos países recipiendários"*. Ademais, deve-se atentar para que essas ajudas e essa cooperação não se tornem um *fator bloqueador* do crescimento, que desincentive a prosperidade dos países albergados e torne-se "contra-producente" (v. ARAÚJO, 2005:481ss).

[789] Como assevera SACHS (2004:199), *"on a reaffirmé le principe que l'Etat-nation est et continuera d'être le principal lieu de la promotion du développement inclusif"*.

internas e possibilitar o ascendimento de todos ao patamar do bem-estar, *(iii)* uma *"autopurgação"*, na extirpação gradual e definitiva da corrupção e das políticas oligarco-burguesas[790], e *(iv)* uma *"autocatálise"*, na firmação rija e incondicional dos pilares sócio-econômicos, responsáveis por sustentar e formar a base motora-impulsora em direção ao desenvolvimento e por adelgaçar os desequilíbrios amalgamados no corpo da sociedade[791].

Tendo em vista que *"a acumulação conduz à criação de valores que se difundem na coletividade"*[792], é mister entender que hodiernamente as políticas nacionais dos PED devem ter em sua pauta duas metas principais: *(i)* o *máximo* aproveitamento das "vantagens comparativas" que lhes são disponíveis no comércio mundial, ou seja, espessar as suas receitas mediante uma maior inserção no mercado internacional pela comercialização de produtos intensivos em mão-de-obra; e *(ii)* a *máxima* concentração das receitas provenientes do comércio na estruturação do sistema educacional nacional, mormente nos níveis primários e técnicos, estrutura esta que será capaz de formar as bases para vindouros investimentos em pesquisa e tecnologia e, maiormente, de refletir na formação da consciência política dos cidadãos.

Ademais, para esses países periféricos, rechaça-se a idéia espúria de existir uma *"fatalidade"* no desenvolvimento (ou no subdesenvolvimento)[793], e, conquanto o trinômio "educação, tecnologia e infra-estrutura" sobressaia como, historicamente, uma imprescindível *constante* nesse processo, não se pode olvidar da necessidade (e do direito) das

---

[790] Na lição de FERREIRA (2000:32), *"não são Estados empenhados no desenvolvimento econômico aqueles que permitem a corrupção, na medida em que (...) tais práticas têm conseqüências profundamente negativas no desenvolvimento do investimento privdo e nos próprios sectores a que ele se dirige, assim como no fluxo de ajuda externa, na obtenção de receitas públicas e na menor qualidade da despesa pública".*

[791] De forma bastante contundente, FURTADO (2003:41) afirma que *"o desenvolvimento econômico (...) dificilmente se fará sem uma atitude participativa de grandes massas da população; toda autêntica política de desenvolvimento retira a sua força de um conjunto de juízos de valor que amalgamam os ideais de uma coletividade".* Ademais, prossegue o autor afirmando que *"se uma coletividade não dispõe de órgãos políticos capacitados para interpretar suas legítimas aspirações, não está aparelhada para empreender as tarefas do desenvolvimento".*

[792] Cf. FURTADO (1995:05).

[793] Como afirma MINC (1997:19), ao discordar das teses que subjugam o desenvolvimento como um *"estado de espírito"*, no momento em que indica como as causas comuns para o desenvolvimento uma *"grande quantidade de investimentos, escolarização desenvolvida e grande abertura para o mundo".*

nações adotarem seus particulares caminhos para o progresso, distante da *"censura totalitária do pensamento único"*[794].

Assim, dando os termos por findos, diante de uma possível combinação dessas variáveis expostas, com os contínuos esforços empregados pelos Estados, pela sociedade civil (e mercantil) e pelas organizações internacionais para o desenvolvimento global e, mormente, com a vontade de se enxergar a fluorescente verdade de que *"nenhuma sociedade pode certamente ser florescente e feliz se a maior parte dos seus membros for pobre e desgraçada"*[795], poder-se-á vislumbrar no futuro dos países periféricos um cenário modificado, renovado e mais equilibrado, no qual se constatariam melhores padrões sócio-laborais ou, quiçá, *standards* semelhantes àqueles vigentes no mundo desenvolvido, momento no qual se arriscaria acreditar na imposição de cláusulas sociais, somente então em prol, verdadeiramente, de toda a humanidade.

---

[794] Cf. NUNES (2003c:122). Ainda, v. FURTADO (2003:148ss).
[795] Cf. SMITH (2003:195).

DAS CONSIDERAÇÕES FINAIS

Hoje um outro *espectro* ronda o cenário global e assusta o mundo norte-ocidental: o espectro do desenvolvimento da periferia. Todos os agentes da velha Europa e da nova América boreal unem-se em uma santa aliança para conjurá-lo: os governos, as indústrias domésticas, os sindicatos e as organizações não-governamentais pretendem, com o argumento de "dumping social" (e de *altruísmo*), implementar cláusulas sociais nas relações multilaterais de comércio internacional, cuja conseqüência indica a imutabilidade da bivalente situação hodierna, com o congelamento do crescimento econômico, o estancamento das mudanças sociais e a irrealizabilidade de um "direito ao desenvolvimento" das nações do Terceiro Mundo.

Demonstrou-se que a inserção (e a integração) internacional das economias nacionais –conjugada às políticas públicas eficazes, sociais e democráticas – consiste em um essencial instrumento para o desenvolvimento, o mais factível caminho ao eldorado de Passárgada, quebrante da vanguarda imperialista e frustradora de um projeto hegemônico de controle mundial; no entanto, vislumbram-se pontos controvertidos de interesses, a exsurgir uma nova bipolarização de vontades, de idéias e de necessidades a separar o mundo desenvolvido daquele em desenvolvimento.

Embora desfeita de ineditismo, essa região nebulosa alcança a questão do vínculo entre normas-padrões de trabalho e comércio internacional – as *"cláusulas sociais"* – em um momento no qual a flexibilização das estruturas corporativas, a mobilização das indústrias, as livres e instantâneas trocas comerciais e a intensificação e o multilateralismo das relações econômicas internacionais despontam como co-responsáveis pelo advento de novos paradigmas do trabalho e do comércio, em uma simbiôntica relação capaz de reconfigurar tais concepções globais.

O tema da adoção de uma cláusula social multilateral nos tratados comerciais resta indubitavelmente complexo e multifacetado. Sabe-se que a tese liberalista falha quando o aumento da renda – resultado do desenvolvimento econômico – denota-se concentrado, não distributista e sem plano social (ausência-fracasso estatal para um desenvolvimento social, ou seja, ratificação do *não-desenvolvimento*); todavia, conquanto a ciência das adversidades encontradas não permita torná-la um vivo protótipo da imaculabilidade, os aguardados efeitos da globalização (máxime liberalização das trocas) constituem – inclusive de modo mais substancial à periferia – uma combinação positiva de aumentos de eficiência e de crescimento, de melhores condições laborais e de salários, de diminuição das desigualdades e de um recrudescimento do bem-estar coletivo. Seu ideal nutre-se das teorias do comércio internacional, postulados a asseverarem que o livre comércio mundial permitirá a cada país melhor aproveitar as suas vantagens comparativas, beneficiando-se da especialização na produção e na exportação daqueles bens nos quais são mais eficientes e cuja oferta doméstica revela-se mais abundante ("dotação relativa de fatores produtivos").

Destarte, como própria *raison d'être* desse comércio internacional, alguns países com vantagens comerciais no fator trabalho ("produtos intensivos em trabalho") propiciam às empresas nacionais a ampliação dos seus *market shares*. Eis, então, o *locus* adotado por diversos países em desenvolvimento (PED), os quais pretendem ingressar no jogo do mercado por intermédio do "fator mão-de-obra", característica refletora das realidades político-econômico-sociais domésticas que, por sua vez, denotam uma maior abundância, uma menor produtividade e um menor custo do trabalho – excesso de mão-de-obra não especializada e um ordenamento jus-laboral com forte apelo para a flexibilização das jornadas e dos contratos laborais e que permitem despontá-los como destinos da exteriorização do trabalho ocidental –, particularidades que resultam na transferência de centenas de milhões de pessoas *"da mais abjeta pobreza para uma situação ainda vil, mas significativamente melhor"* (P.Krugman), e cujo conjunto torna-se capaz de revestir esses Estados periféricos com cores menos opacas (ou mesmo não transparentes) para, então, finalmente fazê-los despontar no *teatro da vida*, embora ainda coadjuvantes do desempenho estelar das nações hegemônicas.

Esse momento dos PED, ainda que incipiente, contrapõe-se à situação do mercado de trabalho e às relações laborais encontradas no Primeiro Mundo, com um panorama pouco inspirador, sublinhado pela volumosa onda de deslocalizações e subcontratações de empresas, que repercute o irrealismo de serem mantidas noções quase insustentáveis para a presente disposição mundanal de *máquinas* (capital) e *homens* (social), ao mesmo tempo em que *capitalismos* (quase-onipresentes) e *socialismos* (quase--engavetados) parecem ainda querer percorrer veredas incomunicáveis e solitárias. Diante desse quadro, exsurge a brado acusatório de "dumping social" ou a medida simplista das "cláusulas sociais" como cômodos elementos para os países ricos arquitetarem uma solução para os crescentes problemas do desemprego e da perda de mercado e, macroscopicamente, para a (*pseudo*)democratização político-econômica mundial.

Com a inclusão desse instrumento abre-se a plena possibilidade para o uso dos mais subjetivos, arbitrários e individualistas critérios que embargam ou rejeitam as leis do (livre) comércio internacional, a dar azo às reinvestidas protecionistas dos países que se vêem à mercê da fuga de indústrias, da recolonização do capital e das importações de produtos da periferia.

Deve restar claro que esse "livre comércio", fruto mais íntimo da globalização como renovada ordem mundial, não representa, por um lado, a *panacéia* da humanidade contemporânea, como, por outro, não permite co-justificar o *"fim da história"* ou muito menos a chegada ao reino de *"Utopia"*; antes disso, há a necessidade de uma constante crítica e de uma revigorada análise da problematicidade inerente às revigoradas idéias de comércio e de trabalho como formas de se construir o desenvolvimento, o qual, em seu cerne, não pode prescindir de um ativo papel do Estado, funcionando como "algemas" para a *"mão invisível"* e impedindo a *"fetichização"* desse fenômeno global, o qual, reafirme-se, constitui um sistema de extrema *mais-valia* para o progresso dos PED se devidamente resguardados (ou minorados) os seus malefícios e as suas imperfeições, e, principalmente, se mantidas as idiossincrasias nacionais, cujas incongruências com qualquer mote universalista de padronização, como no caso de normas sócio-laborais, são patentes.

Essa globalização – como, portanto, um processo atual, real e talvez inexorável – deve apresentar, de maneira conjugada e intimista, um Estado (e seus independentes poderes) capaz de funcionar como um ente *onividente* – conquanto também vigiado – a fim de filtrar, fiscalizar e fomentar as mudanças e as intervenções do mercado no plano nacional, impedindo que as forças privadas (e, por vezes, também públicas) exorbitem os limites legal, moral e estrutural e murchem as expectativas de cada nação; diante disso, novamente, a irrazoabilidade de tais cláusulas, cegas de qualquer harmonia com as realidades nativas e inconseqüentes com os efeitos colaterais que provocam.

Outrossim, a idéia contrária à cláusula social não se desprende de uma *"ética antropocêntrica"* (I.KANT) e não pretende se direcionar à "ética mecanicista do capital", mas, antes, entende que há outros métodos (e caminhos) para ser alcançada a *boa* e *justa* sociedade, capaz de inserir plenamente os homens, a metamorfosear os rincões periféricos em microcentros minimamente mundializados, para se tornarem, então, lugares mais dignos em todas as faces deste processo de globalização que, apesar das arestas a serem aparadas (pelos próprios Estados, pela sociedade civil e pelas organizações internacionais), está *"ajudando ricos e pobres"* (J. BHAGWATI). Logo, não se pretende deslocar a pessoa humana (e, logo, o trabalhador) do foco central do processo de desenvolvimento, mas propulsar os Estados a certo nível de progresso para, então, ser-lhe possível assegurar e estimular as melhores condições de vida (e de trabalho), *urbi et orbi*.

Se os reclames primeiro-mundistas de uma ausência de equilíbrio nos padrões sócio-laborais já não fizessem sentido pelas irretroativas idéias de um "direito ao desenvolvimento" e de um justo e leal uso das vantagens comparativas – por intermédio do critério competitivo do *menor custo* – a crítica a esse desarrazoado pleito permite estabelecer uma analogia aos princípios da *"diferença"* e da *"igualdade de oportunidades"* como condicionantes de uma "justiça social" e cujos elementos são explicitamente necessários para a constituição do tratamento diferenciado exigido aos países periféricos – justificantes de uma desigualdade se houver a prosperidade e a maior (e melhor) oferta de oportunidades aos mais pobres –, a resplandecer como medida maior para ser verdadeiramente consubstanciado um direito ao desenvolvimento; por conseguinte, no caso em tela, *(i)* a desigualdade residiria na contemplação das diferenças de normas e padrões de trabalho serem justificadas pelas desconformidades sócio-econômicas entre os partícipes, na medida em que a simples e irrefletida sanção ao descumprimento das "normas internacionais trabalhistas fundamentais" (NITF) traria um desmedido prejuízo para os PED, entes mais débeis da relação e que não podem (e não devem) ser *(des)*privilegiados por um tratamento igual, e *(ii)* as iguais oportunidades para os desiguais atores aplicar-se-iam na necessária relativização das condições desses agentes envolvidos, cujas perspectivas de desenvolvimento – agora já ordenado como um dos direitos humanos fundamentais – manifestam-se em diferentes (e até negativos) níveis.

Ademais, tem-se que a consagração desse direito fundamental ao desenvolvimento – via a eficiente distribuição de renda e a eficaz aplicação dos recursos financeiros em política públicas sustentáveis (especialmente educação e treinamento técnico-especializado) e tendo como causa o crescimento econômico advindo de um intenso comércio internacional – permitiria aos Estados não cumprirem o prognóstico (ou a profecia) de um *"caos suicidário"* (AVELÃS N.) assente num livre comércio que se traduz meramente na pobreza indefinida e geometricamente progressiva. Assim, a realização desse direito constitui uma base válida, útil e necessária que serve como instrumento de reivindicação política nos mais diversos foros – internacionais, comunitários e mesmo nacionais –, tanto pelos PED diante dos países abastados como pela (maior) parcela da população excluída dos benefícios do próprio desenvolvimento nacional; e, para isso, não basta a empenho político doméstico, requer-se uma diligente cooperação multinacional e pluriorganizacional.

Por essa forma – e sempre tendo como premissa o *"desenvolvimento como liberdade"* (A.SEN) –, o advento das cláusulas sociais caracterizar-se-ia como uma imposição unilateral com efeitos multilaterais, a expurgar os PED de um (indicioso) processo de inserção sócio-econômica para redirecioná-los (ao contrário e em definitivo) ao *"caminho da servidão"*, ausente de direitos humanos fundamentais, de provisões mínimas ou de satisfações básicas. Insta salientar, entretanto, que não se trata de uma vã confiança ilimitada nos mecanismos de mercado como pretensos reguladores naturais e invisíveis dos padrões sócio-laborais, como, também, faz-se insensível qualquer crença de que uma postura medúsica dos países desenvolvidos seja capaz de persuadir (não-dolosamente) os demais na aceitação de padrões sócio-laborais intangíveis para as realidades nacionais – são, ambas, situações respectivamente insensatas e, senão perniciosas, incríveis.

Assim, o que resta não se distancia de um *juízo de realidade* na qual as instituições devidamente responsáveis pelo arbitramento e arrolamento das questões inerentes aos direitos humanos e laborais (ONU e OIT) devem ser intimadas com cada vez mais freqüência para impedir (ou minimizar) as discricionariedades nacionais não adequadas aos preceitos basilares previstos nos regimentos de ambas as organizações e a operar um ativismo cada vez mais engajado, fisicamente mais presente no cotidiano da periferia e mais disposto a promover um desenvolvimento humano-social intenso e crescente; por seu turno, cabe à OMC a busca pela igualização das liberdades econômicas – mas com a devida atenção às questões exceptivas alusivas aos PED – e pela catálise dessas economias em desenvolvimento, sempre como fiel cumpridora do seu papel de promotora (ainda que silenciosa) de um desenvolvimento econômico mundanal disperso e equilibrado. Evidentemente, aliado a essas instituições, o Estado persiste soberanamente como o grande responsável *(i)* pela sapiência em reconhecer os seus limites – *padrões* – sócio-econômicos básicos ajustáveis às vicissitudes nacionais – *padrões mínimos* –, *(ii)* pela promoção (ou minimamente pela permissão) do desenvolvimento interno, mediante medidas que permitam dispensar as fórmulas internacionais incabíveis e inócuas às multiplicidades cenográficas, e, *(iii)* pelo comprometimento com seus cidadãos, em especial àqueles das classes trabalhadoras e menos abastadas, mediante a inaceitabilidade de privilégios políticos e conluios corporativos.

Na forma prescrita, depreende-se que o discurso altruísta dos Estados-membros mais desenvolvidos traz, à surdina, a real idéia dessas cláusulas sociais, pois, a funcionar como *second best policy*, são apresentadas indiretamente com o fito de igualizar os custos laborais envolvidos nos processos produtivos, anulando a vantagem concorrencial dos PED e tendo como conseqüência – ora em um perfunctório exercício de futurologia – somente a reprodução selecionada dos efeitos indesejados dessa presente globalização, ou seja, a *concentração* e *exclusão* sócio-econômicas e a *perpetuação* das estruturas hegemônicas em detrimento dos países em desenvolvimento. Ademais, não se pode olvidar do paradoxismo da medida, pois uma eventual restrição às exportações de produtos originários dos PED, com esteio em supostos critérios de cunho social, além de alimentar iniciativas xenófobas (em resposta à "exportação de desemprego" provocada diretamente pelos trabalhadores imigrantes ou, indiretamente, pelos produtos importados), prejudicaria o avanço econômico de tais países, pois contribuiria para uma deterioração ainda maior das condições de trabalho (e de vida) de seus cidadãos, comprometendo os objetivos que a medida pretenderia atingir.

Esses países, em face do desenvolvimento atrasado – seja por escolhas próprias (*v.g.*, o caso dos sistemas ditatório-socialistas) ou por imposições e estratégias de mercado dos países ricos (*v.g.*, o caso dos sistemas de colonização) –, dispõem de normas e condições laborais intrínsecas à sua realidade e, por isso, não se admite qualquer pretensão de impor-lhes regras laborais substantivas ou sistemas de proteção social análogos aos vigentes nos países desenvolvidos, à medida que exigir de ambas as categorias de países propostas e práticas uniformes equivale a reclamar dos menores que assumam a responsabilidade de firmar cláusulas sociais "apropriadas" e "padronizadas" com o disposto na cartilha eleita pelos maiores, ordenando-os a adotar preços (e custos) em vigor nestes países

– inequivocamente, consiste em uma forma genuína (e nada virginal) de protecionismo que, mediante o argumento de dumping social, elastifica o rol dos institutos de proteção comercial, permitindo aos países desenvolvidos gozar das suas mais extravagantes formas e aplicabilidades, a depender apenas da criatividade e das suas mais despóticas e indefinidas aspirações.

Por sua vez, a acusação de que os PED praticam dumping social e concorrência desleal subsiste-se em argumentos de rasa fundamentação. Não obstante sempre se tenha utilizado tal fator como critério de competitividade internacional, apenas nos últimos anos – como efeito da maior liberdade nas trocas comerciais, da atuação eficiente, rigorosa e cooperativa de uma organização internacional (OMC) e do avanço tecnológico nos transportes e nas comunicações – se reconhece uma séria possibilidade dos PED penetrarem, efetivamente, no mercado internacional e gozarem das (poucas) vantagens que possuem como primordial maneira de, com o tempo, capacitá-los na conciliação dos objetivos do crescimento econômico – alimentados pelos ganhos da produtividade do trabalho – com a imperativa questão de proporcionar aos seus trabalhadores os mesmos (e porventura melhores) padrões sócio-laborais imiscuídos nas condições norte-ocidentais.

Não se trata de negar a absoluta inexistência (e admitir a franca e desregrada conivência) de situações desumanas de trabalho, mas de enfatizar que, afora tais situações – e sempre a querer uma busca incessante (e sana) por melhores condições de trabalho –, os padrões relativamente baixos não significam as conseqüências de decisões conscientes e dolosas dos PED, propulsoras de um deficiente ou inexistente conjunto de medidas e de políticas sociais e jus-laborais geradoras de uma concorrência desleal. No caso desses voluntários e artificiais acontecimentos, a própria OIT já permitira o uso pelos seus membros de ações repressores e cogentes, sendo tais pressões e punições perfeitamente justificadas e seus argumentos eternamente válidos; contudo, carece reconhecer que não se trata de caso comum e que a competitividade de tais territórios não se credita dessa forma ardil, mas tem fundamento em uma outra "vantagem": a pobreza – e as baixas taxas de investimento em insumos (capital, trabalho etc.) e de produtividade desses mesmos insumos –, intrinsecamente relacionada com o "não-desenvolvimento", o trabalho indecoroso e o módico custo da mão-de-obra, repousados em uma estrutura social própria, com salários e proteção social naturalmente inferiores.

Ao argumento infausto (e inadequado) de "dumping social" assoma--se o despropositado mecanismo das "cláusulas sociais", e, juntos, revestem-se desses variados adjetivos em razão das hipóteses em que são pretendidos (e pseudolegitimados) – *race to the bottom*, deslocalização, concorrência desleal e exportação de desemprego –, cujas conseqüências tornam os PED incapazes e indignos de, então aleijados, apoiarem-se sobre um comércio internacional carente de um dos seus pilares: as trocas baseadas nas vantagens concorrenciais (comparativas e competitivas).

Há alternativa. E está a ser dada e praticada no seio das organizações internacionais e, refletida em certas propostas nacionais desenraizadas do *pensée unique*. Cada qual do seu modo, reúnem-se ainda que por vias oblíquas à real globalização, não confundida com os discursos neoliberais ou com as idéias maniqueístas e diferente do dolosamente intentado pela maioria dos países hegemônicos (antidemocracia) e do proclamado pelos países periféricos (autoflagelação). Há a necessidade, porém, de serem anulados protecionismos e desfeitos preconceitos, os quais apenas mascaram a necessidade de um mundo livre, com opções de escolha e oportunidades de progresso.

Dessa forma, refuta-se com veemência a exploração humana em um trabalho indecente, os movediços sistemas de (in)segurança social e a contínua miserabilidade de salários e de condições laborais que freqüentemente infamam a paisagem do Terceiro Mundo; porém, piormente será retirar de seus países a possibilidade de ser transmutado e colorido esse cenário, uma vez que a "mundialização da justiça social" não se fará mediante a inflicção de tais cláusulas, mas com a oferta da plena possibilidade de desenvolvimento a todos os países – o qual é o grão-instrumento de transformação social. Faz-se manifesto o *facto* de que mesmo o mais impassível dos homens reconhece a importância-preponderância de se vislumbrar o comércio internacional e o crescimento-desenvolvimento econômico unicamente em uma perspectiva do desenvolvimento social, sem o qual aquele se torna inócuo e vazio; todavia, diante da aparente inevitabilidade do paradigma político-econômico vigente, nada resta aos PED – se continuamente permanecidos no melindre e na pacatez da imutabilidade desse *status* político-econômico – senão a intensa busca pelo mercado exportador e pelo "comércio extramuros", regulado e fiscalizado por um Estado intransigentemente ávido pela mais correta distribuição dos frutos advindos desses relacionamentos internacionais.

Resta, então, indiscutível as necessidades de serem consolidados os direitos do *"homem total"* (K.Marx), de não ser aceita a sua coisificação no trabalho, de não se pretender o extermínio dos direitos ancestrais do trabalhador, tal qual a imperiosidade de ser dispensada a louvação à ideologia da maximização do lucro – um *"crescimento miserabilizante"*, com fim em si próprio (ou, pior, mediante injustificáveis meios para serem logrados duvidosos fins); contudo, também não se pode fazer sopitar as esperanças e expectativas terceiro-mundistas pela restauração de um arbitrarismo nas regras das relações de comércio que erodem as suas vantagens concorrenciais e que asseguram as suas condições de perene pobreza, certamente incapazes de alterar o ambiente e o eterno estado de subdesenvolvimento. Roga-se, portanto, pelo pleno acontecimento da globalização e pela maior redistribuição do comércio mundial, a ser assegurada por organizações internacionais sólidas e democráticas que admitam (e pratiquem) o compromisso do tratamento específico e diferençado aos países em desenvolvimento ("princípio da igualdade material").

Deste modo, conquanto não se olvide da ordenação pretendida no cenário mundial ser complexa e difícil – mormente entre os campos da economia e do social –, o momento exige otimismo, interesse e solidariedade, mas, concomitantemente, não requer pretensões qualificatórias ou determinações quantitativas tão temerárias quanto estas idéias uniformizadoras idealizadas nas cláusulas sociais; diante disso, o verdadeiro desafio consistirá em fixar a natureza e a extensão da intervenção governamental na instituição das leis sócio-laborais necessárias à regulação entre o desenvolvimento nacional e a garantia da apropriada vida humana do trabalhador.

Com a devida vênia, admite-se que os PED, ao conseguirem dispor no mercado mundial produtos com preços diferenciados, mesmo que dependentes dos baixos custos de mão-de-obra, nada fazem além de beneficiarem-se dessa vantagem comparativa para, *a posteriori*, consolidarem-se no mercado global em setores comerciais intensivos em trabalho, acumularem riqueza, distribuírem e aplicarem esses recursos de maneira eficaz e, *ao final*, apresentarem verdadeiras "vantagens competitivas", mais estruturantes e permissivas de um sustentável desenvolvimento. Outrossim, reconhece-se que a competitividade desses Estados não se deve resumir (ou se perpetuar) no comércio desses produtos e no uso desta mão-de-obra, respectivamente não especializados e geralmente pouco qualificada; com cuidado, não se defende o infinito uso dessa vantagem relativa; no entanto, crê-se que há-de ser utilizado ao máximo tal diferencial, pois, de maneira terminante, deve-se entender que as organizações competitivas somente se mantêm (e, num plano distinto, surgem) em Estados competitivos, com instituições e cidadãos competitivos (e competentes).

Nos domínios comunitários essa matéria alcança uma maior particularidade pelas próprias origens consubstanciadoras do espaço comum. Destarte, como conseqüência normal resultante dos processos de integração (e expansão), a UE, o Mercosul e o Nafta devem assumir de modo indelegável uma dupla função: *interna*, como dinamizadora da convergência das economias e redutora do espaçamento entre os seus membros, e *externa*, como verdadeiro retumbo de uma voz comum, que busque agasalhar os interesses de todos os países. Conquanto exista o *ônus* do próprio ingresso ao espaço comunitário – visto que traz, junto aos inúmeros benefícios e vantagens, algumas necessárias contraprestações –, não se há-de conceber, dentre as possibilidades de harmonização, qualquer ambiente comunitário que pretenda unificar as realidades sociais em torno de normas únicas e inadaptadas às vidas nacionais, mas sim, face ao presente momento das *regionalizações*, acredita-se nas suas vias intermediárias, assentes na "aproximação" (como no caso da UE e do Nafta) ou na "coordenação" (como no Mercosul).

Neste ingente momento de renovação-reconstrução de paradigmas do trabalho – ora motivado em uma tuitiva-flexibilização, fundamentada no hibridismo da flexibilidade com a proteção estatal, firmada sob a plataforma econômico-financeira (para os países desenvolvidos) ou *jus-vigilante* (para os países em desenvolvimento) – e das relações internacionais (globalização), a induvidosa importância da efetividade das normas (convenções) da OIT refulge na presente (e freqüente) dicotomia entre os dois grupos de Estados, ora incapazes de produzir unissonantes idéias relacionadas aos padrões e às normas do trabalho, seja em função do lancinante abismo institucional que os separa (*macrosenso*), seja em função das distâncias materiais que caracterizam os seus ordenamentos e, por conseguinte, as suas relações de trabalho e de emprego (*microsenso*).

Na contenda a envolver as organizações internacionais do trabalho e do comércio sobre a sede e o meio de ação competentes da matéria, embora se admita a essencialidade de um envveredar *rítmico* de ambas, a idealizar um "desenvolvimento *lato sensu*" (político, econômico e social), reafirma-se a maior competência material da OIT em relação à OMC e advoga-se pela persuasão moral a qualquer medida economicamente sancionatória. Nesses termos, a própria máxima autoridade multilateral do comércio mundial reconheceu com a "Declaração Ministerial de Cingapura" as suas limitações nesse *métier*, conferindo à OIT um maior *status* e uma indiscutível *autoridade* para a regulamentação de normas e padrões laborais. Logo, pelo caminho da *regulação moral e cooperativa*

– não obstante se tenha notado exemplares excepcionalidades históricas – eliminar-se-ia a ameaça (e a prática) de penalidades comerciais contra os PED em prol de sérias políticas de *convencimento*, de *comprometimento*, de *fiscalização* e de *treinamento-educação* que, confluindo em um "tripartismo" de idéias – advindas da sua composição *sui generis* –, edifica um sistema de avanço social menos selvagem e mais justo, cabendo à OIT, *iuris et de iure*, comandar soberanamente essas questões.

Incorreto seria, entretanto, admitir uma *pretensa* plenipotência da OIT, assim como tão errônea seria qualquer assunção que admitisse uma OMC restrita às questões exclusivamente comerciais; aqui, contudo, o próprio preâmbulo do acordo constitutivo dessa organização reconhece como um dos seus objetivos a preocupação com a elevação do nível de vida e com o desenvolvimento sustentável, ou seja, não se serve como uma mera agente do livre-cambismo mundial – porém, a função que doravante os países desenvolvidos (e seu exército de sectários) pretendem incumbi-la exorbita o seu campo de atuação e, mais grave, faz desdizer os seus próprios preceitos basilares de repulsa ao protecionismo.

Assim, ao revés do aviamento de cláusulas sociais e da proclamação de sanções comerciais (restrições e embargos) ou financeiras (multas e retaliações) no seio da OMC, propugnam-se vias *alternativas* ou *indiretas*, assentes primordialmente no plano de ação da OIT, o qual se faz capaz de produzir, senão melhores resultados, reações adversas quase nulas. Ademais, como expediente de efetivamente serem validadas as regras da OMC e cumpridos os preceitos da OIT, clama-se por um *multilateralismo pragmático* e não um discurso vazio consolidado em arbitrariedades de postulados hegemônicos que, enquanto buscam nessas cláusulas um instrumento fautor do "comércio justo", insistem em ignorar a questão da redução dos subsídios agrícolas, cujo ideário protecionista – ausente de *"bases economicamente sãs"* (M. PORTO) – impede o crescimento (via mercado exportador de *commodities*) de diversos PED, em um inoportuno comportamento restritivo e desleal que estanca os possíveis avanços sociais.

Ao longo do tempo, com a continuidade desse panorama mundial favorável ao regimes social, política e economicamente democráticos e à plena globalização, a constatação de um massivo crescimento econômico ("bolo") nos PED tem a conseqüência lógica de significar uma *apoteótica* promoção das condições sócio-laborais e do bem-estar de todos os seus cidadãos ("fatias"). Por outro lado, cabe aos países desenvolvidos introduzirem políticas públicas internas no sentido de ser retomado um "direito *ao* trabalho", como meio *transitivo*, ainda não estrutural, e *de urgência*, como combate ao desemprego – e, portanto, não mais se servirem dessas escusas como recônditos argumentos para as cláusulas sociais, (im)prováveis tuteladoras dos seus mercados de trabalho –, para, depois, lançar um projeto revisionista que implemente um sistema (*v.g.*, uma *"flexicurité"*) a fim de renovar o "direito *do* trabalho", de modo a sobrevivê-lo e efetivá-lo como um indispensável modelo de equilíbrio das relações de trabalho e capital.

Ainda como formas indiretas de serem alcançados melhores níveis e normas de trabalho, a OIT – também em conjunto com as demais organizações internacionais, Estados, *stakeholders* e sociedade civil – deve concentrar-se na conformação de uma justiça social em sintonia com a *não-violação* dos universais direitos humano-laborais, cuja aplicabilidade pode ser otimizada por intermédio de instrumentos público-privados alternativos, válidos e eficazes que fomentem a consecução ascensional dos padrões sócio-laborais – "sistema geral de preferência", "códigos de condutas", "investimentos éticos" e *"social labelling"* – e, exponencialmente, mediante a formação-organização de uma comunidade internacional que, verdadeiramente, coopere com os PED na busca pelo crescimento econômico, na transferência de know-how e tecnologia, e, maiormente, na promoção de um progresso sustentável, harmônico e contínuo que garanta (e motive) o bem-estar de toda a sociedade e respeite os princípios fundamentais do direito humano ao desenvolvimento.

Destarte, se faz expressa a particular idéia – não obstante esteja razoavelmente manifestada do *incipit* ao *explicit* – da implementação de padrões sócio-laborais por intermédio de cláusulas sociais multilaterais *não representar* um maior ideal altruísta (ou de lealdade concorrencial), mas apenas se traduzir numa estratégia hegemônica adotada para fins protecionistas (e para a preservação do *status quo*) que, se efetivadas, conseguem minar ainda mais as perspectivas dos países periféricos, de maneira a fulgurar um paradoxalismo que congelaria o estado transitório (ou subestagnado) de desenvolvimento no qual se encontram, para, na continuação e com fins semi-eugênicos, serem conduzidos e isolados, *ad eternum*, no "monte de Taygeto".

Por fim, clarifica-se a lógica de todo esse cenário residente na cedência de amplos privilégios e concessões aos países periféricos, os quais têm o direito – acaso histórico – de participar *livre* e ativamente das transações econômicas internacionais e de arcar, *a priori*, o menos possível com as orientações e os padrões construídos secularmente pelos países centrais, cuja realidade ainda não encontra eco no Terceiro Mundo, o qual *(sobre)*vive amalgamado em incestuosas relações internacionais, em desditosos ambientes naturais e comerciais ou condenado por malogradas experiências sócio-políticas ou coloniais. Agora, portanto, clama--se pela consagração de um pleno "direito ao desenvolvimento", não apenas encrostado nas labirintosa retórica social (neo)liberal, mas, sobretudo, regido por um efetivo *Estado Social* e sublinhado na absoluta fruição e na justa liberalização das oportunidades econômicas globais como os principais meios de serem alcançadas e implementadas as políticas públicas nacionais necessárias àquele desenvolvimento, e, definitivamente, serem suprimidas as crassas e sombrias disparidades entre os dois mundos.

REFERÊNCIAS BIBLIOGRÁFICAS

Accioly, Elizabeth.
2004 – *Mercosul e União Européia: Estrutura Jurídico-Institucional.* 3.ª.ed. Curitiba: Juruá.

Addo, Kofi.
2002 – *The Correlation between Labour Standards and International Trade* (*in* "Journal of World Trade", vol. 36 / n.º 2). The Hague: Kluwer Law.

Almeida, Paulo Roberto de.
1998 – *OCDE, UNCTAD e OMC: uma Perspectiva Comparada sobre a Macroestrutura Política das Relações Econômicas Internacionais* (*in* "Guerra Comercial ou Integração Mundial pelo Comércio?", coord. Paulo B. Casella e Araminta de A. Mercadante). São Paulo: LTr.

Alston, Philip.
2005 – *Facing Up to the Complexities of the ILO's Core labour Standards Agenda* (*in* "European Journal of International Law", vol. 16 / n.º 3). Oxford: Oxford University Press.
2004 – *Core Labour Standards' and the Transformation of the International Labour Rights Regime* (*in* "European Journal of International Law", vol. 15 / n.º 3). Oxford: Oxford University Press.

Alves, José Augusto Lindgren.
1997 – *A Arquitetura Internacional dos Direitos Humanos.* São Paulo: FTD.

Amaral Jr., Alberto.
2002 – *O Mercosul e a Integração Americana* (*in* "A OMC e o Comércio Internacional", coord. Alberto do Amaral Jr.). São Paulo, Aduaneiras
1998 – *"Cláusula Social e Comércio Internacional"* (*in* "Política Externa", vol. 7 / n.º 3). São Paulo.

Amsden, Alice H.
1994 – *Macro-Sweating Policies and Labour Standards* (*in* "International Labour Standards and Economic Interdependence", ed. Werner Sengenberger / Duncan Campbell). Geneva: IILS.

Andrade, José Carlos Vieira de.
2004 – *Os Direitos Fundamentais na Constituição Portuguesa de 1976.* 3.ª ed. Coimbra: Almedina.

Anker, Richard.
 2000 – *L'Économie du Travail des Enfants: un Cadre de Mesure* (*in* "Revue Internationale du Travail", vol. 139 / n.º 3).
Anker, Richard; Chernyshev, Igor; Egger, Philippe; Mehran, Farhad; Ritter, Joseph A.
 2003 – *La mesure du Travail Décent: un Système d'Indicateurs Statistiques de l'OIT* (*in* "Revue Internationale du Travail", vol. 142 / n.º 2).
Araújo, Fernando Borges de.
 2005 – *Introdução à Economia*. 3.ª ed. Coimbra: Almedina.
Araújo Jr., José Tavares de; Naidin, Leane Cornet.
 1989 – *Salvaguardas, Dumping e Subsídios: a Perspectiva Brasileira* (*in* "Revista de Economia Política", vol. 9 / n.º 2).
Arrighi, Giovanni.
 1994 – *O Longo Século XX*. São Paulo: Malheiros.
Arthuis, Jean.
 1993 – *L'Incidence Économique et Fiscale des Délocalisations*. Paris: Economica.
Ashton, Thomas S.
 1977 – *A Revolução Industrial 1760-1830*. Lisboa: Publicações Europa-América.
Azúa, Daniel E. Real de.
 1986 – *O Neoprotecionismo e o Comércio Exterior*. São Paulo: Aduaneiras.
Balassa, Bela.
 1986 – *Les Nouveaux Pays Industrialisés dans l'Économie Mondiale*. Paris: Economica.
Baldwin, Robert E.; Meier, Gerala M.
 1968 – *Desenvolvimento Econômico: Teoria, História e Política*. São Paulo: JOU.
Bales, Kevin.
 2004 – *International Labor Standards: Quality of Information and Measures of Progress in Combating Forced Labor* (*in* "Comparative Labor Law and Policy Journal", vol. 24 / n.º 2). Illinois.
Banco Mundial
 2005 – *Global Development Finance 2005: Mobilizing Finance and Managing Vulnerability*. Washington.
Baran, Paul A.
 1977 – *A Economia Política do Desenvolvimento*. 3.ª ed. Rio de Janeiro: Zahar Ed.
Barbiero, Alan; Chaloult, Yves.
 1999 – *A Declaração Sociolaboral do Mercosul: Avanço na Dimensão Social?* (*in* "Revista Múltipla", vol. 4 / n.º 7).
Barbosa, Denis Borges.
 2002 – *A Doutrina da Concorrência* (*in* "Uma Introdução à Propriedade Intelectual"). 2.ª ed. RJ: Lumen Juris.

BARRAL, Welber Oliveira.
2000 – *Dumping e Comércio Internacional: a Regulamentação Antidumping Após a Rodada Uruguai.* RJ: Forense.
1998 – *Globalização, Neoliberalismo e Direito do Trabalho no Mercosul* (*in* "Globalização, Neoliberalismo e o Mundo do Trabalho", org. Edmundo de Arruda Jr. e Alexandre L. Ramos). Curitiba: Edibej.

BARROS, Alexandre Rands.
1995 – *Dependência, Dumping Social e Nacionalismo* (*in* "Revista de Economia Política", vol. 15 / n.º 3).

BARROS, Cássio Mesquita.
1998 – *Novos Marcos Jurídicos para as Relações Trabalhistas* (*in* "O Novo Paradigma do Emprego e o Futuro das Relações Trabalhistas", ed. Winfried Jung). São Paulo: Fundação Konrad-Adenauer-Stiftung.

BARTOLOMEI DE LA CRUZ, Hector G.
1994 – *International Labour Law: Renewal or Decline?* (*in* "The International Journal of Compartive Labour Law and Industrial Relations", vol. 10 / n.º 3). Oxford: Oxford University Press.

BATISTA, Paulo Nogueira
1994 – *Cláusula Social e Comércio Internacional: uma Antiga Questão sob Nova Roupagem* (*in* "Política Externa", vol. 3 / n.º 2).

BAUMAN, Zygmunt.
1999 – *Globalização: as Conseqüências Humanas.* Rio de Janeiro: Jorge Zahar Ed.

BEAULIEU, Eugene; GAISFORD, James.
2002 – *Labour and Environmental Standards: the "Lemons Problem" in International Trade Policy* (*in* "The World Economy", vol. 25 / n.º 1). Oxford: Blackwell.

BECKER, Gary S.
2002 – *La Naturaleza de la Competencia* (*in* "Libertas", ano 17 / n.º 33). Buenos Aires: Eseade.

BÉLANGER, Michel.
1999 – *Instituições Econômicas Internacionais: A Mundialização Económica e os seus Limites.* Lisboa: Piaget.

BENESSAIEH, Afef.
1998 – *Les États-Unis, la Clause Sociale et l'Art de la Vertu Démocratique* (*in* "Continentalisation", Groupe de Recherche sur l'Intégration Continentale). Montreal.

BESCOND, David; CHÂTAIGNIER, Anne; MEHRAN, Farhad.
2003 – *"Sept Indicateurs pour Mesurer le Travail Décent: une Comparaison Internationale* (*in* "Revue Internationale du Travail", vol. 142 / n.º 2). Genève: BIT.

BESELER, J. F.; WILLIAMS, A. N.
1986 – *Anti-Dumping and Anti-Subsidy Law: the European Communities.* Londres: Sweet & Maxwell.

Besse, Geneviève.
 1994 – *Mondialisation des Échanges et Droits Fondamentaux de l'Homme au Travail: quel Progrès Possible Aujourd'hui?* (*in* "Droit Social", n.º 11). Paris: Editecom.
Bhagwati, Jagdish.
 2005 – *In Defense of Globalization: It Has a Human Face* (*in* <http://www.columbia.edu/~jb38/Angelo%20Costa%20 Lecture%202005.pdf>, acesso em set/2005).
 2004 – *Em Defesa da Globalização: Como a Globalização Está Ajudando Ricos e Pobres.* Rio de Janeiro: Campus.
 2001 – *Free Trade and Labour* (*in* <http://www.columbia.edu/~jb38/ft_lab.pdf>, acesso em fev/05).
 1996 – *The Demands to Reduce Domestic Diversity among Trading Nations* (*in* "Fair Trade and Harmonization: Prerequisites for Free Trade?", vol. 1, ed. J.Bhagwati / R.Hudec). Cambridge: MIT Press.
 1995 – *Trade Liberlisation and 'Fair Trade' Demand: Addressing the Environmental and Labour Standards Issues* (*in* "The World Economy", vol. 18 / n.º 6). Oxford: Blackwell.
 1991 – *El Sistema de Comercio Internacional* (*in* "Pensamiento Iberoamericano", Volumen Especial). Madrid.
 1989 – *Protecionismo Versus Comércio Livre.* São Paulo: Nórdica.
Bittar, Carlos Alberto.
 1989 – *Teoria e Prática da Concorrência Desleal.* São Paulo: Saraiva.
Blanpain, Roger.
 1998 – *Comparative Labour Law and Industrial Relations in Industrialized Market Economics.* Hague: Kluwer Law.
Blengino, Chiara.
 2003 – *Il Lavoro Infantile e la Disciplina del Comercio Internazionale.* Milano: Giuffrè.
Bobbio, Norberto.
 1992 – *L'Età dei Diritti.* Torino: Einaudi.
 1988 – *O Futuro da Democracia.* Lisboa: Dom Quixote.
Bonavides, Paulo.
 2004 – *Do Estado Liberal ao Estado Social.* 7.ª ed. São Paulo: Malheiros.
Borjas, George J.
 2002 – *Labor Economics.* 2.ª ed. New York: MacGraw-Hill.
Boyle, Alan E.
 1999 – *Some Reflections on the Relationship of Treaties and Soft Law* (*in* "International and Comparative Law Quarterly", vol. 48 / n.º 4). Oxford: Oxford University Press.
Brand, Diana; Hoffman, Ralf.
 1994 – *Le Débat sur l'Introduction d'une Clause Sociale dans le Système du Commercial International: Quels Enjeux?* (*in* "Problèmes Économiques", n.º 2.400). Paris: La Documentaion Française.

BRAVERMAN, Harry.
 1987 – *Trabalho e Capital Monopolista: a Degradação do Trabalho no Século XX*. 3.ª ed. Rio de Janeiro: LTC.
BROWN, Drusilla K.
 2000 – *International Trade and Core Labor Standards: A Survey of the Recent Literature* (*in* <http://www.ase.tufts. edu/econ/papers/2005.pdf>, acesso: out/04).
BROWN, Drusilla K.; DEARDOFF, Alan V.; STERN, Robert M.
 2003 – *Child Labor: Theory, Evidence and Policy* (*in* "International Labour Standards", ed. Kaushik Basu / Henrik Horn / Lisa Román / Judith Shapiro). Oxford: Blackwell.
 1996 – *International Labor Standards and Trade: a Theoretical Analysis* (*in* "Fair Trade and Harmonization: Prerequisites for Free Trade?", vol 1, ed. J.Bhagwati / R.Hudec). Cambridge: MIT Press.
CAIRE, Guy.
 1996 – *Clause Sociale et Commerce International* (*in* "Revue Tiers-Monde", t. XXXVII / n.º 148). Paris: PUF.
CÁMARA BÓTIA, Alberto.
 2004 – *Viejas y Nuevas Perspectivas sobre el Trabajo Infantil* (*in* "Revista Española de Derecho del Trabajo", n.º 122).
CAMPBELL, Duncan.
 1994 – *Flux d'Investissements Faible Mobilité de la Main-d'Oeuvre et Qualité de l'Emploi* (*in* "Revue International du Travail", vol. 133 / n.º 2). Genève: BIT.
CAMPOS, João Mota de.
 1997 – *Direito Comunitário (vol.III): O Ordenamento Econômico*. 2.ª ed. Lisboa: Fund. Calouste Gulbenkian.
CAMPOS, Roberto. WILLIAMSON, John; STREETEN, Paul P.
 1977 – *Relação entre Crescimento Econômico e Bem-Estar Social* (*in* "Estudos sobre Desenvolvimento Econômico", Seminário Internacional sobre Economia e Desenvolvimento). Rio de Janeiro: IBGE.
CANOTILHO, José Joaquim Gomes.
 2003 – *Direito Constitucional e Teoria da Constituição*. 7.ª ed. Coimbra: Almedina.
CARDOSO, Fernando Henrique.
 1995 – *Desenvolvimento: o Mais Político dos Temas Econômicos* (*in* "Revista de Economia Política", vol. 15 / n.º 4).
CARREAU, Dominique e JUILLARD, Patrick.
 1998 – *Droit International Économique*. 4.ª ed. Paris: LGDJ.
CARVALHO, André Régis de.
 2002 – *Dumping Social e o Sistema Multilateral de Comércio: Breve História da Cláusula Social* (*in* "Revista da Amatra VI", n.º 18). Recife.

CARVALHO, Catarina N. de Oliveira.
    2001 – *Da Mobilidade dos Trabalhadores no Âmbito dos Grupos de Empresas Nacionais*. Porto: Pub.U.C..
CEREXHE, Étienne.
    1979 – *Le Droit Europeen, la Livre Circulation des Personnes et des Entreprises*. Bruxelles: Nauwelaerts.
CHARNOVITZ, Steve.
    2000 – *The International Labour Organization in its Second Century* (*in* "Max Planck Yearbook of United Nations Law", vol. 4). The Hague: Kluwer Law.
    1987 – *L'Influence des Normes Internationales du Travail sur le Système du Commerce Mondial: Aperçu Historique* (*in* "Revue International du Travail", v. 126 / n.º 5).
CHAU, Nancy H.; KANBUR, Ravi.
    2002 – *The Adoption of International Labor Standards Conventions: Who, When and Why?* (*in* "Brookings Trade Forum 2001"). Washington: Brookings Institution Press.
CHOLEWINSKI, Ryszard.
    1997 – *Migrant Workers in International Human Rights Law: Their Protection in Countries of Employment*. Oxford: Clarendon Press.
CHOMSKY, Noam.
    2003 – *Estados Párias: a Lei da Força nos Assuntos Internacionais*. Lisboa: Campo da Comunicação.
    1999 – *O que o Tio Sam Realmente Quer*. Brasília: Editora UnB.
CLARKE, Simon.
    1991 – *Crise do Fordismo ou Crise da Social Democracia* (*in* "Lua Nova: Revista de Cultura e Política", n.º 24). São Paulo: CEDEC.
CLEVELAND, Sarah H.
    2003 – *Why International Labour Standards?* (*in* "International Labour Standards: Globalization, Trade and Public Policy", ed. Robert Flanagan / William Gould IV). Stanford: SUP.
COHEN, Daniel.
    1997 – *Richesse du Monde, Pauvretés des Nations*. Paris: Flamarion.
COMISSÃO EUROPÉIA
    2003a – *Maior Unidade e Maior Diversidade*. Luxemburgo: SPOCE.
    2003b – *Enlargement: The Basics Arguments*. Luxemburgo: SPOCE.
    2003c – *Eurostat: Statistics Yearbook*. Luxemburgo: SPOCE.
    2003d – *Minimum Wages* (*in* "Statistics in Focus" 10/2003). Luxemburgo: SPOCE.
    2003e – *Social Protection: Expenditure and Receipts*. Luxemburgo: SPOCE.
    2002a – *Tratado da Comunidade Européia*. Luxemburgo: SPOCE.
    2002b – *Políticas para o Novo Alargamento*. Luxemburgo: SPOCE.

2002c – *Eurostat: Statistics Yearbook*. Luxemburgo: SPOCE.
2001 – *O Alargamento Continua*. Luxemburgo: SPOCE.
1997 – *Agenda 2000 (vol. I e II)*. Luxemburgo: SPOCE.
COTTIER, Thomas; CAPLAZI, Alexandra.
2000 – *Labour Standards and World Trade Law: Interfacing Legitimate Concerns* (*in* <http://www.humanrights.ch/cms/upload/pdf/000303_cottier_caplazi.pdf>, acesso em mar/05).
COUTINHO, Luciano G., FAJNZYLBER, Pablo; SARTI, Fernando; LEAL, João P. G.
1993 – *Estudo da Competitividade da Indústria Brasileira*. Brasília: MCT.
CUNHA, Miguel M. T. F. Gorjão-Henriques da.
1998 – *Da Restrição da Concorrência na Comunidade Européia: a Franquia de Distribuição*. Coimbra: Almedina.
CUNHA, Luis Pedro Chaves R. da.
2001 – *Standards Sociais e Ambientais no Comércio Internacional* (*in* "Separata do Boletim de Ciências Económicas"). Coimbra.
CRIVELLI, Ericson.
2001 – *Integração Econômica e Normas Internacionais do Trabalho no Mercosul* (*in* <http://www.ccscs.rg/ html_publicaciones _y_documentos/docs_serie_mercosur/pyd_docs_mercosur_doc3.htm>, acesso em fev/05).
DAL RI JR., Arno.
2003 – *O Direito Internacional em Expansão: Desafios e Dilemas no Curso da História* (*in* "Direito Internacional Econômico em Expansão", org. Arno Dal Ri Jr. / Odete Maria de Oliveira). Ijuí: Ed. Unijuí.
DELGADO, Ana Paula Teixeira.
2001 – *O Direito ao Desenvolvimento na Perspectiva da Globalização: Paradoxos e Desafios*. RJ: Renovar.
DELMAS-MARTY, Mireille.
2002 – *Europa: Laboratório da Globalização do Direito* (*in* "Revista Jurídica Consulex", n.º 132). Brasília: Consulex.
1999 – *A Mundialização do Direito: Probabilidades e Riscos* (*in* "Perspectivas do Direito no Início do Século XXI", Studia Iuridica n.º 41). Coimbra: Coimbra Ed.
DAN, Wei.
2001 – *A China e a Organização Mundial do Comércio* (Tese de Mestrado em Ciências Jurídico-Comunitárias, Faculdade de Direito da Universidade de Coimbra). Coimbra.
DI GIORGIO, Federico H.
2003 – *Cláusulas socials: Contenido Socio-Laboral de los Tratados Internacionales de Comercio* (*in* "Direito e Integração", org. Luis Otávio Pimentel). Florianópolis: Boiteux.
DI SENA JR., Roberto.
2003 – *Comércio Internacional e Globalização – a Cláusula Social na OMC*. Curitiba: Juruá.

DILLER, Janelle.
 1999 – *Responsabilité Sociale et Mondialisation: qu'Attendre des Codes de Conduite, des Labels Sociaux et des Pratiques d'Investissement?* (*in* "Revue International du Travail", v. 138 / n.º 2). Genève: BIT.

DOUGHERTY, James E.; PFALTZGRAFF JR., ROBERT L.
 2003 – *Relações Internacionais: as Teorias em Confronto*. Lisboa: Gradiva.

DUVAL, Hermano.
 1976 – *Concorrência Desleal*. São Paulo: Saraiva.

EDGREN, Gus.
 1979 – *Normes Équitables de Travail et Libéralisation du Commerce* (*in* "Revue International du Travail", v. 118/n.º 5).

EDMONDS, Eric V.
 2003 – *Child Labour in South Asia* (*OECD Social, Employment and Migration Working Papers, n.º 5*). Paris.

EGGER, Philippe.
 2003 – *Travail Décent et Competitivité: les Répercussions de l'Adhésion à l'Union Europèenne sur la Main-d'oeuvre* (*in* "Revue International du Travail", vol. 142 / n.º 1). Genève: BIT.

EGGER, Philippe; MAJERES, Jean.
 1997 – *Justice Sociale et Libéralisations: les Dilemmes de l'OIT* (*in* "Revue Tiers-Monde", t. XXXVIII / n.º 151).

ELIAS, Norbert
 1998 – *Envolvimento e Alienação*. Rio de Janeiro: Bertrand Brasil.

ELLIOT, Kimberly Ann.
 2004 – *Labor Standards, Development and CAFTA* (*in* "Policy Briefs 2004"). Washington: I.I.E.

ENGERMAN, Stanley.
 2003 – *The Evolution of Labor Standards* (*in* "International Labour Standards", ed. Kaushik Basu / Henrik Horn / Lisa Román / Judith Shapiro). Oxford: Blackwell.

ERMIDA URIARTE, Oscar.
 1999 – *Instituciones y Relaciones Laborales del Mercosur* (*in* "Las Dimensiones Sociales de la Integración Regional en América Latina", coord. Rolando Franco e Armando Di Filippo). Santiago: CEPAL.

FARIA, José Eduardo
 1998 – *Direito e Globalização Econômica: Implicações e Perspectivas*. São Paulo: Malheiros.

FEIS, Herbert.
 1927 – *La Legislation Internationale du Travail Envisagée du Point de Vue de la Doctrine Économique* (*in* "Revue International du Travail", v. 15 / n.º 4). Genève: BIT.

FERNANDES, António L. Monteiro.
2001 – *Por um Direito do Trabalho Competitivo* (*in* "Trabalho e Relações Laborais", Colecção Cadernos Sociedade e Trabalho I). Oeiras: Celta.
2000 – *Os Sentidos de uma Revisão 'Flexibilizante' das Leis do Trabalho* (*in* "Questões Laborais", n.º 13). Coimbra.
FERRATER MORA, José.
1994 – *Dicionario de Filosofía: Tomo IV*. Barcelona: Ariel.
FERREIRA, Eduardo Paz.
2004 – *Valores e Interesses: Desenvolvimento Económico e Política Comunitária de Cooperação*. Coimbra: Almedina.
2000 – *Desenvolvimento e Direitos Humanos* (*in* "Revista da Faculdade de Direito da Universidade de Lisboa", vol. XLI / n.º 1). Coimbra: Coimbra Ed.
FERREIRA, Pinto.
1993 – *Sociologia do Desenvolvimento*. 5.ª ed. São Paulo: Ed. Revista dos Tribunais.
FIELDS, Gary S.
2003a – *International Labor Standards and Decent Work: Perspectives from the Developing World* (*in* "International Labor Standards": Globalization, Trade and Public Policy", ed. Robert Flanagan / William Gould IV). Stanford: SUP.
2003b – *Travail Décent et Stratégies de Développement* (*in* "Revue International du Travail", v. 142 / n.º 2).
FINDLAY, Ronald.
1987 – *The New Palgrave: a Dictionary of Economics (vol. 1)*. London. Macmillan Press.
FLANAGAN, Robert J.
2003 – *Labor Standards and International Competitive Advantage* (*in* "International Labor Standards": Globalization, Trade and Public Policy", ed. Robert Flanagan / William Gould IV). Stanford: SUP.
FLORY, Thiébaut.
1995 – *La Communauté Européenne et le GATT: Evaluation des Accords du Cycle d'Uruguay*. Rennes: Apogée.
FLORY, Maurice.
1997 – *Mondialisation et Droit International du Développement* (*in* "Revue Générale de Droit International Public", t. 101 / n.º 3). Paris: Editions A. Pedone.
FORGIONI, Paula.
1998 – *Os Fundamentos do Antitruste*. São Paulo: Ed. Revista dos Tribunais.
FORRESTER, Viviane.
1997 – *O Horror Econômico*. São Paulo: Universidade Estadual Paulista.

FREEMAN, Richard B.
> 1994 – *A Hard-Headed look at Labour Standards* (*in* "International Labour Standards and Economic Interdependence", ed. Werner Sengenberger / Duncan Campbell). Geneva: IILS.

FRIEDMAN, Milton; FRIEDMAN, Rose D.
> 1980 – *Liberdade de Escolher*. Rio de Janeiro: Record.

FURTADO, Celso.
> 2003 – *Raízes do Subdesenvolvimento*. Rio de Janeiro: Civilização Brasileira.
> 1995 – *A Invenção do Subdesenvolvimento* (*in* "Revista de Economia Política", vol. 15 / n.º 2). São Paulo: CEP.
> 1974 – *O Mito do Desenvolvimento Econômico*. Rio de Janeiro: Paz e Terra.

GALBRAITH, John K.
> 1996 – *A Sociedade Justa: uma Perspectiva Humana*. 7.ª ed. Rio de Janeiro: Campus.

GARCIA JR., Armando Álvares.
> 1997 – *Conflito entre Normas do Mercosul e Direito Interno*. São Paulo: LTr.

GARCÍA RICO, Elena Del Mar.
> 2003 – *El Dumping Social y Ambiental y la Protección de los Derechos Sociales y Económicos* (*in* "Direitos Humanos e Poder Econômico: Conflitos e Alianças", coord. Danielle Annoni). Curitiba: Juruá.

GAUTIÉ, Jérôme.
> 2005 – *Les Economistes contre la Protection de l'Emploi: de la Dérégulation à la Flexicurité* (*in* "Droit Social", n.º 1). Paris: Editecom.

GAVALDA, Christian e PARLEANI, Gilbert.
> 1998 – *Droit des Affaires de l'Union Européenne*. 2.ª ed. Paris: Litec.

GHAI, Dharam.
> 2003 – *Trabajo Decente: Concepto e Indicadores* (*in* "Revista Internacional del Trabajo", vol. 122 / n.º 2).

GIDDENS, Anthony.
> 1997 – *The Consequences of the Modernity*. Stanford: Stanford University Press.

GÓMEZ ISA, Felipe.
> 1999 – *El Derecho al Desarrollo como Derecho Humano en el Ámbito Jurídico Internacional*. Bilbao: Deusto.

GONZÁLEZ CRAVINO, Santiago.
> 1999 – *Globalización, Integración y Cohesión Social: el Caso Mercosur* (*in* "Las Dimensiones Sociales de la Integración Regional en América Latina", coord. Rolando Franco e Armando Di Filippo). Santiago: CEPAL.

GOODHART, David.
> 1998 – *Social Dumping within the EU* (*in* "Beyond the Market: The EU and National Social Policy", ed. David Hine / Hussein Kassim). London: Routledge.

GORCE, Gaëtan; BARRAU, A.; CATALA, N.; FUCHS, G.;, LIGOT, M.; LEFORT, J.C.; BIANCO, J.L.
2000 – *L'Union Européenne face aux Risques de Dumping Social* (<http://www.assemblee-nationale.fr/europe/rap-info /i2423.pdf>, acesso em fev/04).

GOULD IV, William B.
2003 – *Labor Law for a Global Economy: The Uneasy Case for International Labor Standards* (in "International Labour Standards: Globalization, Trade and Public Policy", ed. Robert Flanagan / William Gould IV). Stanford: SUP.

GRANGER, Clotilde.
2005 – *Normes de Travail Fondamentales et Échanges Sud-Nord* (in "Économie Internationale", n.º 101). Paris.

GRANGER, Clotilde; SIROËN, Jean-Marc.
2004 – *La Clause Sociale dans les Traités Commerciaux* (in "Travail, Droits Fondamentaux et Mondialisation"). Paris: Bruylant.

GUIMARÃES, Paulo Machado.
2001 – *Supervisão e Inspeção na Lei Trabalhista da República Popular da China* (in "A Lei Trabalhista da República Popular da China: Texto Integral e Comentários", org. Antonia M. Vieira Loguercio). São Paulo: Anita Garibaldi.

GUIMARÃES, Samuel Pinheiro.
1999 – *Quinhentos Anos de Periferia: uma Contribuição ao Estudo da Política Internacional*. Porto Alegre: Contraponto.

GUSTIN, Miracy B. S.
1999 – *Das Necessidades Humanas aos Direitos: Ensaio de Sociologia e Filosofia do Direito*. Belo Horizonte: Del Rey.

GUTIÉRREZ-SOLAR CALVO, Beatriz.
2000 – *El Desplazamiento Temporal de Trabajadores en la Unión Europea*. Elcano: Aranzadi.

HABERLER, Gottfried
1976 – *Crescimento Econômico e Estabilidade*. Rio de Janeiro: Zahar Ed.

HANSENNE, Michel.
1996 – *Le Bureau International du Travail et la Clause Sociale* (in "Mondialisation et Droit Social: la Clause Sociale en Débat", coord. Denis Horman). Bruxelles: GRESEA.
1994 – *La Dimension Sociale du Commerce International* (in "Droit Social", n.º 11). Paris: Editecom.

HARRISON, Lawrence E.
1985 – *Subdesenvolvimento é um Estado de Espírito: a Questão Latino-Americana*. Rio de Janeiro: Record

HECKSCHER, Eli F.
1991 – *The Effect of Foreign Trade on the Distribution of Income* (in "Heckscher-Ohlin Trade Theory", ed. Harry Flam / June Flanders). Cambridge: MIT Press.

HILLGENBERG, Hartmut.
   1999 – *A Fresh Look at Soft Law* (*in* "European Journal of International Law", vol. 10 / n.º 3). Oxford.
HINOJOSA MARTÍNEZ, Luis M.
   2002 – *Comercio Justo y Derechos Sociales: la Condicionalidad Social en el Comercio Internacional*. Madrid: Tecno.
HUFBAUER, Gary; JONES, Reginald; SCHOTT, Jeffrey J.
   2002 – *North American Labor under NAFTA* (*in* "Policy Briefs 2002"). Washington: IIE.
HUGON, Paul.
   1959 – *História das Doutrinas Econômicas*. 6.ª ed. São Paulo: Atlas.
HUNT, E. K.
   1999 – *História do Pensamento Econômico: uma Perspectiva Crítica*. 17.ª ed. Rio de Janeiro: Campus.
IANNI, Octavio.
   2004 – *Teorias da Globalização*. 11.ª edição. Rio de Janeiro: Civilização Brasileira.
ISRAËL, Jean-Jacques.
   1983 – *Le Droit au Développement* (*in* "Revue Générale de Droit International Public", t. LXXXVII). Paris: Ed. AP.
JACINTO, José L. de Moura.
   2002a – *O Trabalho e as Relações Internacionais: a Função do Direito Internacional do Trabalho*. Lisboa: I.S.C.S.P.
   2002b – *A Regulação Internacional das Migrações* (*in* "Revista Portuguesa de Instituições Internacionais e Comunitárias", n.º 4). Lisboa: I.S.C.S.P.
JONES, Alison; SUFRIN, Brenda.
   2001 – *EC Competition Law: Text, Cases, and Materials*. Oxford: Oxford University Press.
KRUEGER, Alan. B.
   2003 – *The Political Economy of Child Labor* (*in* "International Labour Standards", ed. Kaushik Basu / Henrik Horn / Lisa Román / Judith Shapiro). Oxford: Blackwell.
KRUGMAN, Paul R.
   1999a – *Internacionalismo Pop*. Rio de Janeiro: Campus.
   1999b – *Globalização e Globobagens: Verdades e Mentiras do Pensamento Econômico*. 3.ª ed. Rio de Janeiro: Campus.
   1997a – *What Should Trade Negotiators Negotiate about?* (*in* "Journal of Economic Literature", vol. XXXV / n.º1).
   1997b – *In Praise of Cheap Labor* (*in* <http://web.mit.edu/krugman/www/smokey.html>, acesso em set/04).
KRUGMAN, Paul R.; OBSTFELD, Maurice.
   2001 – *Economia Internacional: Teoria e Política*. 5.ª ed. São Paulo: Makron.

KÜMMEL, Marcelo Barroso.
   2001 – *As Convenções da OIT e o Mercosul*. São Paulo: LTr.
LAFER, Celso.
   1998 – *A OMC e a Regulamentação do Comércio Internacional: uma Visão Brasileira*. Porto Alegre: Liv. do Advogado.
   1994 – *Dumping Social* (*in* "Direito e Comércio Internacional: Tendência e Perspectivas", coord. Luis O. Baptista / Hermes M. Huck / Paulo B. Casella). São Paulo: LTr.
LANDES, David S.
   2000 – *A Riqueza e a Pobreza das Nações: Por Que Algumas São Tão Ricas e Outras Tão Pobres*. 5.ª ed. Rio de Janeiro: Campus.
LANGILLE, Brian A.
   2005 – *Core Labour Rights: The True Story* (*in* "European Journal of International Law", vol. 16 / n.º 3). Oxford: Oxford University Press.
   2002 – *Eight Ways to Think about International Labour Standards* (*in* "Journal of World Trade", vol. 36 / n.º 2). The Hague: Kluwer Law.
   1996 – *General Reflections on the Relationship of Trade and Labor* (*in* "Fair Trade and Harmonization: Prerequisites for Free Trade?" – vol. 2, ed. Jagdish Bhagwati / Robert E. Hudec). Cambridge: MIT Press.
LARSEN, Flemming.
   2004 – *The Importance of Institutional Regimes for Active Labour Market Policies: the Case of Denmark"* (*in* <http:// www.tilburguniversity.nl/faculties/ frw/research/schoordijk/flexicurity/publications/papers/fxp2004_5.pdf>, acesso em jul/05).
LASTRA LASTRA, José Manuel.
   2001 – *Principios Ordenadores de las Relaciones de Trabajo* (*in* "Revista Española de Derecho del Trabajo", n.º 104).
LE GALL, Souad; AUSSILLOUX, Vincent.
   1999 – *Quel Poids Donner aux Normes Sociales dans le Commerce International?"* (*in* "Problèmes Économiques", n.º 2.641). Paris: La Documentaion Française.
LEARY, Virginia A.
   2003 – *Form Follows Function: Formulations of International Labor Standards – Treaties, Codes, Soft Law, Trade Agreements* (*in* "International Labour Standards: Globalization, Trade and Public Policy", ed. Robert Flanagan / William Gould IV). Stanford: SUP.
   1997 – *The WTO and the Social Clause: Post-Singapore* (*in* "European Journal of International Law", vol. 8 / n.º 1). Oxford: Oxford University Press.
   1996 – *Worker's Rights and International Trade: The Social Clause* (*in* "Fair Trade and Harmonization: Prerequisites for Free Trade?" – vol. 2, ed. J. Bhagwati / R.Hudec). Cambridge: MIT Press.

Lee, Eddy.
 1997 – *Mondialisation et Normes du Travail: un Tour d'Horizon* (*in* "Revue International du Travail", vol. 136 / n.º 2).
 1996 – *Mundialización y Empleo: se Justifican los Temores?* (*in* "Revista Internacional del Trabajo, vol. 115 / n.º 5).

Leebron, David W.
 2002 – *Linkages* (*in* "The American Journal of International Law", vol. 96 / n.º 1). Washington.

Lefresne, Florence.
 1993 – *Europe Sociale: l'Affaire Hoover* (*in* "Problèmes Économiques", n.º 3239). Paris: La Doc. Française.

Leitão, Adelaide Menezes.
 2000 – *Estudo de Direito Privado sobre a Cláusula Geral de Concorrência Desleal*. Coimbra: Almedina.

Leite, Jorge
 1998 – *Direito do Trabalho, vol. I*. Coimbra: Serviço Textos dos Serviços Sociais da UC.
 1997 – *Flexibilidade Funcional* (*in* "Questões Laborais", n.º 9/10). Coimbra: Coimbra Ed.
 1990 – *Direito do Trabalho na Crise* (*in* "Temas de Direito do Trabalho"). Coimbra: Coimbra Ed.

Lyon-Caen, Gérard e Lyon-Caen, Antoine.
 1993 – *Droit Social International et Européen*. 8.ª ed. Paris: Dalloz.

Loguercio, Antonia Mara Vieira.
 2001 – *A Lei Trabalhista da República Popular da China* (*in* "A Lei Trabalhista da República Popular da China: Texto Integral e Comentários", org. Antonia M. Vieira Loguercio). São Paulo: Anita Garibaldi.

Mah, Jai S.
 1997 – *Core Labour Standards and Export Performance in Developing Countries* (*in* "The World Economy", vol. 20 /n°6).

Maia, Plácido.
 2000 – *Deslocalização de Empresas e Emprego*. Lisboa: OEFP.

Marques, Alfredo.
 1988 – *Crescimento-Desenvolvimento: Exposição e Crítica dos Conceitos*. Coimbra: Comunicações FEUC.

Martínez, Pedro M. Soares.
 2001 – *Economia Política*. 9.ª ed. Coimbra: Almedina.

Martinez, Pedro Romano.
 1989 – *O Subcontrato*. Coimbra: Almedina.

Maskus, Keith E.
 1997 – *Should Core Labor Standards Be Imposed Through International Trade Policy?* (*in* "The World Economy", vol. 20 / n.º 6). Oxford: Blackwell.

Maskus, Keith E.; Martin, Will.
1999 – *Core Labor Standards and Competitiveness: Implications for Global Trade Policy* (*in* "Review of International Economics", vol. 9 / n.º 2). Oxford: Blackwell.

McRae, Donald M.
1996 – *The Contribution of International Trade Law to the Development of International Law* (*in* "Recueil des Cours de l'Academie de Droit International", vol. 260). The Hague: Martinus Nijhoff Publishers.

Mello, Celso D. de Albuquerque.
1993 – *Direito Internacional Econômico*. Rio de Janeiro: Renovar.

Miguel Beriain, Íñigo.
2003 – *Libertad Sindical y Derecho al Desarrollo: ¿Dos Conceptos Llamados a Encontrarse?* (*in* "Derechos y Libertades", ano VIII / n.º 12). Madrid.

Minc, Alain.
1999 – *As Vantagens da Globalização*. Rio de Janeiro: Bertrand Brasil.

Mishan, E. J.
1976 – *Desenvolvimento: a que Preço?* São Paulo: Ibrasa.

Moore, Mike.
2000 – *L'OMC, une Garantie pour le Progrès Économique et Social?* (*in* "Problèmes Économiques", n.º 2675). Paris.

Mosley, Hugh G.
1990 – *La Dimension Sociale de l'Integration Européene* (*in* "Revue Internationale du Travail", vol. 129 / n.º 2).

Myrdal, Gunnar.
1979 – *Teoria Econômica y Regiones Subdesarrolladas*. Ciudad de México: Fondo de Cultura Economica.

Moreau, Marie-Ange; Staelens, Patrick; Trudeau, Gilles.
1993 – *Noveaux Espaces Économiques et Distorsions Sociales* (*in* "Droit Social", n.º 7/8). Paris: Editecom.

Mota, Pedro Infante.
1998 – *A Organização Mundial do Comércio*. Brasília: Esaf/Gabtec.

Mounier, Alain.
1996 – *La Clause Sociale dans la Mondialisation de l'Economie* (*in* "Revue Tiers-Monde", t. XXXVII / n.º 148).

Moura, José Barros.
1995 – *Direito do Trabalho e Integração Econômica* (*in* "Questões Laborais", ano II, n.º 5).

Nasser, Rabih Ali
1999 – *A Liberalização do Comércio Internacional nas Normas do GATT--OMC*. São Paulo: LTr.

Neves, João L. César das.
1993 – *Dos Motores do Desenvolvimento* (*in* "Estudos de Economia", vol. XIV / n.º 1). Lisboa: ISE.

NIELSEN, Henrik K.
  1994 – *The Concept of Discrimination in ILO Convention n. 111* (*in* "International and Comparative Law Quarterly", vol. 43 / n.º 4). Oxford: Oxford University Press.
NUNES, António J. Avelãs.
  2003a – *Adam Smith e a Teoria da Distribuição do Rendimento* (*in* "Separata de Boletim de Ciências Econômicas").
  2003b – *Os Sistemas Económicos*. Coimbra: SASUC.
  2003c – *Neoliberalismo e Direitos Humanos*. Lisboa: Caminho.
  2003d – *Neoliberalismo, Capitalismo e Democracia* (*in* ""Separata de Boletim de Ciências Econômicas"). Coimbra.
  2002 – *NeoLiberalismo, Globalização e Desenvolvimento Económico* (*in* "Separata de Boletim de Ciências Econômicas").
OCDE (Organização para Cooperação e Desenvolvimento Econômico)
  2000 – *Comercio Internacional y Estándares Laborales Básicos*. Paris: OCDE.
  1996 – *Trade, Employment and Labour Standards: A Study of Core Workers' Rights and International Trade*. Paris.
OHLIN, Bertil
  1991 – *The Theory of Trade* (*in* "Heckscher-Ohlin Trade Theory", ed. Harry Flam / June Flanders). Cambridge: MIT.
OIT (Organização Internacional do Trabalho)
  2005 – *Una Alianza Global contra el Trabajo Forzoso*. Ginebra: OIT.
  2004 – *Por una Globalización Justa: Crear Oportunidades para Todos*. Ginebra: OIT.
  2003 – *La Hora de la Igualdad en el Trabajo*. Ginebra: OIT.
  2002a – *Un Futuro Sin Trabajo Infantil*. Ginebra: OIT.
  2002b – *Every Child Counts: New Global Estimates on Child Labour*. Geneva: ILO.
  2001a – *A Global Agenda for Employment*. Geneva: ILO.
  2001b – *Seguridad Social: Temas, Retos y Perspectivas*. Ginebra: OIT.
  1999 – *Un Travail Décent*. Genève: BIT.
  1998 – *Déclaration de l'OIT relative aux Principes et Droits Fondamentaux au Travail*. Genève: BIT.
OLIVEIRA, Manfredo Araújo
  2003 – *Desafios Éticos da Globalização*. Curitiba: Ed. Paulinas.
OLIVEIRA, Silvia Menicucci de.
  2005 – *Barreiras Não Tarifarias no Comércio Internacional e Direito ao Desenvolvimento*. Rio de Janeiro: Renovar.
OMC (Organização Mundial do Comércio)
  2005 – *World Trade Developments in 2004 and Prospects for 2005*. Geneva: WTO.
  2004a – *The Future of WTO*. Geneva: WTO.
  2004b – *International Trade Statistics 2004*. Geneva: WTO.

ORTEGA Y GASSET, Jose.
1948 – *La Rebelion de las Masas*. 11.ª ed. Madrid: Revista de Occidente.
PANAGARIYA, Arvind.
2001 – *Labor Standards and Trade Sanctions: Right End Wrong Means* (*in* <ftp://ftp.sinica.edu.tw/pub/doc/econ-wp/it/ papers/0309/0309004.pdf>, acesso em ago/05).
PAPOLA, Trilok Singh.
1994 – *International Labour Standards and Developing Coutries* (*in* "International Labour Standards and Economic Interdependence", ed. Werner Sengenberger / Duncan Campbell). Geneva: IILS.
PASTORE, José.
1994 – *Flexibilização dos Mercados de Trabalho e Contratação Coletiva*. São Paulo: LTr.
PECES-BORBA MARTÍNEZ, G.; FERNANDÉZ LIESA, C. R.; LLAMAS CASCÓN, A.
2001 – *Textos Básicos de Derechos Humanos*. Madrid: Aranzadi.
PEREIRA, Antônio Garcia.
2001 – *O Futuro do Direito do Trabalho ou o Futuro Direito do Trabalho?* (*in* "Trabalho e Relações Laborais", Colecção Cadernos Sociedade e Trabalho I). Oeiras: Celta.
PEREIRA, Potyara A. P.
2002 – *Necessidades Humanas: Subsídios à Crítica dos Mínimos Sociais*. 2.ª ed. São Paulo: Cortez.
PERROUX, François.
1967 – *A Economia do Século XX*. Porto: Herder.
PIOVESAN, Flávia C.
2004 – *Direitos Sociais, Econômicos e Culturais e Direitos Civis e Políticos* (*in* "Revista Internacional de Direitos Humanos", ano 1 / n.º 1). São Paulo: SUR.
PORTES, Alejandro.
1994 – *By-Passing the Rules: the Dialectics of Labour Standards and Informalization in Less Developed Countries* (*in* "International Labour Standards and Economic Interdependence", ed. Werner Sengenberger / Duncan Campbell). Geneva..
PORTER, Michael E.
1998 – *A Vantagem Competitiva das Nações*. 12.ª ed. Rio de Janeiro: Elsevier-Campus.
1985 – *Competitive Advantage*. New York: Free Press.
PORTO, Manoel Carlos Lopes.
2004 – *Economia: um Texto Introdutório*. 2.ª ed. Coimbra: Almedina.
2002 – *A Europa e a China no Quadro Mundial* (*in* "Boletim da Faculdade de Direito da Universidade de Macau", ano 6 / n.º 13). Macau.
2001 – *Teoria da Integração e Políticas Comunitárias*. 3.ª ed. Coimbra: Almedina.

1996 – *Coesão e Integração num Europa Alargada* (*in* "Temas de Integração", vol. 1 / n.º 1). Coimbra.
1994 – *Portugal, o Uruguai Round e a União Européia*. Coimbra.
1986 – *Proteccionismo* (*in* "Pólis: Enciclopédia Verbo da Sociedade e do Estado", vol. 4). Lisboa: Verbo.
1979 – *O Argumento das Indústrias Nascentes* (Separata do Boletim da FDUC). Coimbra: Coimbra Ed.

POSENATO, Naiara.
2003 – *Breves Considerações sobre os Países em Desenvolvimento no Âmbito do GATT e da OMC* (*in* "Direito Internacional Econômico em Expansão", org. Arno Dal Ri Jr. / Odete M.ª de Oliveira). Ijuí: Ed.Unijuí.

POSNER, Michael; NOLAN, Justine.
2003 – *Can Codes of Conduct Play a Role in Promoting Workers' Rights?* (*in* "International Labour Standards: Globalization, Trade and Public Policy", ed. Robert Flanagan / William Gould IV). Stanford: SUP.

RAINELLI, Michel.
1998 – *Nova Teoria do Comércio Internacional*. Bauru: Edusc.

RAMALHO, Maria do Rosário P.
2003 – *Ainda a Crise do Direito Laboral: a Erosão da Relação de Trabalho 'Típica' e o Futuro do Direito do Trabalho* (*in* "Estudos de Direito do Trabalho", vol. 1). Coimbra: Almedina.

RATNER, Steven R.
2001 – *Corporations and Human Rights: a Theory of Legal Responsability* (*in* "The Yale Law Journal", vol. 111/ n.º 3).

RAYNAULD, André; VIDAL, Jean-Pierre.
1999 – *Labour Standards and International Competitiveness*. Northhampton: Edward Elgar Publishing.

RAWLS, John.
2002 – *Uma Teoria da Justiça*. 2.ª ed. São Paulo: Martins Fontes.

REDINHA, Maria Regina G.
1998 – *A Precariedade do Emprego – uma Interpelação ao Direito do Trabalho* (*in* "I Congresso Nacional de Direito do Trabalho", coord. António José Moreira). Coimbra: Almedina.
1995 – *A Relação Laboral Fragmentada: Estudo sobre o Trabalho Temporário* (*in* "Stvdia Ivridica", n.º 12). Coimbra.

REIS, Henrique Marcello dos.
2005 – *Relações Econômicas Internacionais e Direitos Humanos*. São Paulo: Quartier Latin.

RENOUVIN, Pierre.
1994 – *Histoire des Relations Internationales, vol.1: Du Moyen Age à 1789*. Paris: Hachette.

RIGOTTO, Raquel
2002 – *Democratizou-se a Poluição?* (*in* "Revista de Geografía y Ciencias Sociales" – vol. 6 / n.º 111). Barcelona: Universidad de Barcelona.

RIT (Revue Internationale du Travail)
 1964 – *Le Coût de la Main-d'Oeuvre en tant que Facteur du Commerce International* (in "Revue Internationale du Travail", vol. 89 / n.º 5). Genève: BIT.
ROBORTELLA, Luiz Carlos Amorim.
 1994 – *O Moderno Direito do Trabalho*. São Paulo: LTr.
ROCHA, Francisco Sérgio Silva.
 2001 – *Da Remuneração* (in "A Lei Trabalhista da República Popular da China: Texto Integral e Comentários", org. Antonia M. Vieira Loguercio). São Paulo: Anita Garibaldi.
RODIÈRE, Pierre.
 2002 – *Droit Social de L'Union Européenne*. 2.ª ed. Paris: Dalloz.
RODRIGUES, Eduardo Lopes.
 1987 – *Política Comunitária de Defesa contra o Dumping*. Lisboa: BFN.
RODRIGUES, H. Nascimento.
 2003 – *A Inevitabilidade do Diálogo Social*. Coimbra: Almedina.
RODRÍGUEZ-PIÑERO, Miguel.
 1990 – *El Futuro de la Concertación Social* (in "La Concertación Social tras la Crisis", coord. Antonio Ojeda). Barcelona.
RODRIK, Dani.
 1997 – *Has Globalization Gone Too Far?* Washington: I.I.E.
 1996 – *"Labor Standards in International Trade: Do They Matter and What Do We do About Them?"* (in "Emerging Agenda for Global Trade: High Stakes for Developing Countries", ed. R. Lawrence / D. Rodrik). Washington.
ROMAGNOLI, Umberto.
 2005 – *Divagación sul Raporto tra Economia e Diritto del Lavoro* (in "Lavoro e Diritto", ano XIX / n.º 3). Bologna: Il Mulino.
ROSSETTI, José Paschoal.
 2000 – *Introdução à Economia*. 18.ª ed. São Paulo: Atlas.
ROSTOW, Walt Whitman.
 1961 – *Etapas do Desenvolvimento Econômico*. Rio de Janeiro: Zahar Ed.
ROTHSCHILD, K. W.
 1957 – *Teoría de los Salários*. Madrid: Aguilar.
RUGY, Anne de.
 2000 – *Dimensão Económica e Demográfica das Migrações na Europa Multicultural*. Oeiras: Celta.
RUSSOMANO, Mozart Victor.
 1995 – *Princípios Gerais de Direito Sindical*. 2.ª ed. Rio de Janeiro: Forense.
SACHS, Ignacy.
 2004 – *Dévelopemment Inclusif et Travail Décent pour Tous* (in "Revue International du Travail", v. 143 / n.º 1-2).

Salomão Filho, Calixto.
2003 – *Direito como Instrumento de Transformação Social e Econômica* (in "Revista de Direito Público da Economia", n.º 1). Belo Horizonte: Fórum.
Sanna, Silvia.
2003 – *Reflexos da Liberalização do Comércio na Tutela Internacional dos Direitos Sociais Fundamentais* (in "Direito Internacional Econômico em Expansão", org. Arno Dal Ri Jr. / Odete M.ª de Oliveira). Ijuí: Ed. Unijuí.
Santos, Boaventura de Souza.
2002 – *Pela Mão de Alice: o Social e o Político na Pós-Modernidade*. 8.ª ed. Porto: Afrontamento.
Santos, Boaventura de Souza; Reis, José; Marques, Maria M. Leitão.
1990 – *O Estado e as Transformações Recentes da Relação Salarial: a Transição para um Novo Modelo de Regulação da Economia* (in "Temas de Direito do Trabalho"). Coimbra: Coimbra Ed.
Sapir, André.
1995 – *The Interaction Between labour Standars and International Trade Policy* (in "The World Economy", vol. 18/n.º 6).
Sarlet, Ingo Wolfgang.
2003 – *A Eficácia dos Direitos Fundamentais*. 3.ª ed. Porto Alegre: Livraria do Advogado.
Sautter, Hermann.
1992 – *O Papel da Economia Social de Mercado como Princípio de Ordenamento para as Relações econômicas entre os Países Desenvolvidos e os Países Industrializados* (in "Economia Social de Mercado: um Modelo Transferível?", org. Reinold Biskup et al.). São Paulo: Fundação Konrad-Adenauer-Stiftung.
Schaff, Adam.
1995 – *A Sociedade Informática*. São Paulo: Unesp/Brasiliense.
Schumpeter, Joseph A.
1944 – *Teoria del Desenvolvimiento Económico*. Ciudad de México: Fondo de Cultura Economica.
Sen, Amartya.
2000a – *Desenvolvimento como Liberdade*. São Paulo: Companhia das Letras.
2000b – *Travail et Droits* (in "Revue International du Travail", v. 139 / n.º 2). Genève: BIT.
1999 – *The Possibility of Social Choice* (in "The American Economic Review", vol. 89 / n.º 3). Nashville: AEA.
1998 – *Pobreza e Fomes: um Ensaio sobre Direitos e Privações*. Lisboa: Terramar.
Servais, Jean-Michel.
2004 – *Politique de Travail Décent et Mondialisation : Réflexions sur une Approche Juridique Renouvelée* (in "Revue International du Travail", v. 143 / n.º 1-2). Genève: BIT.

2001 – *Elementos de Direito Internacional e Comparado do Trabalho*. São Paulo: LTr.

1989 – *La Clause Sociale dans les Traités de Commerce: Prétention Irréaliste ou Instrument de Progrès Social?* (*in* "Revue International du Travail", v. 128 / n.º 4). Genève: BIT.

SINGER, Paul.
2003 – *Globalização e Desemprego: Diagnóstico e Alternativas*. 4.ª ed. São Paulo: Contexto.

SINN, Hans-Werner.
2003 – *Social Dumping in the Transformation Process?* (*in* "The New Systems Competition"). Oxford: Blackwell.

SIROËN, Jean-Marc.
1998 – *A Quoi Sert l'OMC? Le Débat autour de la Clause Sociale* (*in* "Revue de l'IRES", n.º 29). Paris: IRES.

1996 – *Développement Économique et Développement Social: l'Incidence de la Clause Sociale* (*in* "Revue de l'IRES", n.º 21). Paris: Institut de Recherches Economiques et Sociales.

SMITH, Adam.
2003 – *Inquérito sobre a Natureza e as Causas da Riqueza das Nações*. São Paulo: Martins Fontes.

SPYROPOULOS, Georges.
2002 – *Le Droit du Travail à la Recherche de Nouveaux Objectifs* (*in* "Droit Social", n.º 4). Paris: Editecom.

STANDING, Guy.
1999 – *Global Labour Flexibility: Seeking Distributive Justice*. London: MacMillan.

STARKE, Linda.
1999 – *As Cinco Etapas da Evolução Moral da Empresa* (*in* "O Novo Paradigma nos Negócios"). São Paulo: Cultrix.

STERN, Robert M.
2003 – *Normes de Travail et Accords Commerciaux* (*in* "Révue d'Économie du Développemente", n.º 4). Bruxelles.

STERN, Robert M.; TERRELL, Katherine.
2003 – *Labor Standards and the World Trade Organization* (*in* <http://www.fordschool.umich.edu/rsie/working papers/Papers476-500/r499.pdf>, acesso em dez/04).

STIGLITZ, Joseph.
2002 – *Emploi, Justice Sociale et Bien-Être* (*in* "Revue Internationale du Travail", vol. 141 / n.º 1-2). Genève.

STRATHERN, Paul.
2003 – *Uma Breve História da Economia*. Rio de Janeiro: Jorge Zahar Ed.

Suranovic, Steven.
 2002 – *International Labour and Environmental Standards Agreements: Is This Fair Trade?* (*in* "The World Economy", vol. 25 / n.º 2). Oxford: Blackwell.
Süssekind, Arnaldo.
 1999 – *A Globalização da Economia e a Organização Internacional do Trabalho* (*in* "Revista Gênesis", n.º 3).
 1997 – *Perspectivas do Direito do Trabalho numa Economia Globalizante* (*in* "Anais dos Seminários da Escola Judicial do TRT 3.ª Região – 1995/1997"). Belo Horizonte.
 1994 – *Convenções da OIT*. São Paulo: LTr.
Swinnerton, Kenneth A.
 1997 – *An Essay on Economic Efficiency and Core Labour Standards* (*in* "The World Economy", vol. 20 / n.º 1). Oxford.
Talamona, M.; Legranzi, G.
 2001 – *Social and Fiscal Dumping in the European Monetary Union* (*in* "Economie Internazionale", n.º 2). Genova.
Thorstensen, Vera.
 2001 – *Organização Mundial do Comércio: as Regras do Comércio Internacional e a Nova Rodada de Negociações Multilaterais*. 2.ª. ed. São Paulo: Aduaneiras.
 1998 – *A OMC e as Negociações sobre Comércio, Meio Ambiente e Padrões Sociais* (*in* "Revista Brasileira de Política Internacional", vol. 42 / n.º 2). São Paulo.
Treu, Tiziano.
 1992 – *La Flexibilité du Travail en Europe* (*in* "Revue Internationale du Travail", vol. 131 / n.º 4-5). Genève.
Trindade, Antônio A. Cançado.
 1992 – *A Proteção Internacional dos Direitos Humanos*. São Paulo: Saraiva.
 1990 – *Direito das Organizações Internacionais*. Brasília: Escopo.
Tros, Frank.
 2004 – *Towards 'Flexicurity' in Policies for the Older Workers in EU-countries?* (*in* <http://www.tilburguniversity.nl/ faculties/frw/research/schoordijk/flexicurity/publications/papers/fxp2004-9-tros_irec_utrecht.pdf>, acesso em jul/04).
Truyol y Serra, António.
 1998 – *Historia del Derecho Internacional Público*. Madrid: Tecnos.
UNDP (Program de Desenvolvimento das Nações Unidas)
 2005 – *Human Development Report 2005*. New York.
Valticos, Nicolas.
 1998 – *Normes Internationales du Travail et Droits de l'Homme. Où en Est-on à l'Approche de l'An 2000?* (*in* "Revue Internationale du Travail", vol. 137 / n° 2. Genève: BIT.
 1983 – *Droit International du Travail*. 2.ª ed. Paris: Dalloz.

1978 – *Instituições Especializadas* (*in* "As Dimensões Internacionais dos Direitos do Homem", org. Karel Vasak). Lisboa: Editoria Portuguesa de Livros.

Van Liemt, Giysbert.

1992 – *La Mondialisation de l'Économie : Options des Travailleurs et Stratégies des Entreprises dans les Pays à Coûts Salariaux Élevés* (*in* "Revue International du Travail", v. 131 / n.º 4-5). Genève: BIT.

1989 – *Normes Minimales du Travail et Commerce International: une Clause Sociale Serait-Elle Opérante?* (*in* "Revue International du Travail", v. 128 / n.º 4). Genève: BIT.

Vaz, Isabel.

1993 – *Direito Econômico da Concorrência*. 1.ª ed. Rio de Janeiro: Forense.

Vindt, Gerard.

1999 – *500 Anos de Capitalismo: a Globalização de Vasco da Gama à Bill Gates*. Lisboa: Temas e Debates.

Viner, Jacob.

1966 – *Dumping: a Problem in International Trade*. New York: AK.

Weber, Max

2001 – *A Ética Protestante e o Espírito do Capitalismo*. 2.ª. ed. São Paulo: Pioneira.

Williamson, John.

1988 – *A Economia Aberta e a Economia Mundial: um Texto de Economia Internacional*. 8.ª ed. RJ: Campus.

Williamson, John; Streeten, Paul P.; Due, John F.; Singer, Hans W.

1977 – *Estudos sobre Desenvolvimento Econômico*. Rio de Janeiro: IBGE.

Willig, Robert D.

1998 – *Economic Effects of Antidumping Policy* (*in* "Brookings Trade Forum 1998"). Washington: BIP.

ÍNDICE

PREFÁCIO	11
APRESENTAÇÃO	15
MAPA PRELIMINAR	19
ABSTRACT	23
RÉSUMÉ	25
ABREVIATURAS	27
DAS CONSIDERAÇÕES INICIAIS	29

CAPÍTULO 1
DO COMÉRCIO INTERNACIONAL, DO DESENVOLVIMENTO E DO PROTECIONISMO

1.1. DO COMÉRCIO INTERNACIONAL: HISTÓRIA E TEORIAS	39
1.1.1. Das Relações de Comércio Internacional: um Breve Regresso Histórico	39
1.1.2. Da Liberalização das Economias: o Percurso de Adam Smith à OMC	44
1.1.3. Das Teorias do Comércio Internacional: Clássicas e Neoclássicas ...	53
1.1.4. Da Globalização: o Ambiente Atual em Exposição	59
1.2. DA BUSCA PELO DESENVOLVIMENTO	64
1.2.1. Da Paisagem Conceitual, dos Fatores, das Etapas e da sua Relação com o Comércio Internacional	64
1.2.2. Do Desenvolvimento Econômico para o Desenvolvimento Lato Sensu	72
1.2.3. Do Direito ao Desenvolvimento no Âmbito Jurídico Internacional .	74
1.3. DO PROTECIONISMO COMERCIAL	81
1.3.1. Do Painel Geral	81
1.3.2. Do Neoprotecionismo	84
1.3.3. Dos Resultados Pretendidos	90

CAPÍTULO 2
DAS RELAÇÕES DE TRABALHO E DE EMPREGO

2.1. DA HISTÓRIA PARA NOVOS PARADIGMAS E UM RENOVADO PANORAMA – O FIM DOS ANOS DOURADOS E UM PLANETA COMO MÃO-DE-OBRA DISPONÍVEL	93

2.2. DA RENOVAÇÃO TUITIVA-FLEXIBILIZANTE DOS ORDENAMENTOS
LABORAIS – A PRECISA RECUPERAÇÃO DE UM MODELO 103

CAPÍTULO 3
DO DUMPING SOCIAL

3.1. DO DUMPING 117
    3.1.1. Dos Caminhos à Concorrência Desleal e à Infração da Ordem Econômica 117
    3.1.2. Dos Conceitos e dos Elementos Caracterizadores 120
    3.1.3. Do Regime Normativo na Organização Mundial do Comércio 127

3.2. DO DUMPING SOCIAL 129
    3.2.1. Da Ocorrência e dos seus Efeitos na Esfera Social 129
    3.2.2. Das Hipóteses Factíveis e Conseqüenciais – Pseudolegitimação? 133
    3.2.3. Da Questão do "Valor Normal" 140
    3.2.4. Do Descalabro Prático e Conceitual 141

3.3. DAS VANTAGENS CONCORRENCIAIS 145
    3.3.1. Das Vantagens Comparativas e Competitivas 145
    3.3.2. Dos Custos do Fator Trabalho: a Mão-de-Obra como Critério Comparativo na Competição Comercial 150
    3.3.3. Da Deslocalização das Unidades de Negócios 153
        3.3.3.1. Da Liberdade Econômica e Organizacional 156
        3.3.3.2. Da Tiflose Cínica 157

CAPÍTULO 4
DAS CLÁUSULAS SOCIAIS

4.1. DA DIAGNOSE PRÉVIA 161
    4.1.1. Do Conteúdo Histórico-Enunciativo 161
    4.1.2. Dos Aspectos Típico-Funcionais 167
        4.1.2.1. Do Labor à Força 172
        4.1.2.2. Do Labor Mirim 175
        4.1.2.3. Da Não-Discriminação no Trabalho 186
        4.1.2.4. Da Livre Associação e da Plena Negociação Coletiva 191
        4.1.2.5. Dos Rendimentos: a Escolha entre a Espórtula e o Mínimo (Básico) 198

4.2. DOS PROTAGONISTAS: INDUTORES, ISOLANTES E INTERMEDIÁRIOS ... 205
    4.2.1. Dos Motivos Direcionais 205
    4.2.2. Da Postura dos Estados 206
        4.2.2.1. Das Estruturas Hegemônicas e Desenvolvidas 208
        4.2.2.2. Dos Países Periféricos e em Desenvolvimento 214
    4.2.3. Da Postura da União Européia (UE) 219
        4.2.3.1. Da UE no Caso do "Alargamento Vermelho" 220
            4.2.3.1.1. Do Alargamento para o Leste 220

Índice 365

        4.2.3.1.2. Dos Princípios da Concorrência e da Não-Discriminação em Síntese 222
        4.2.3.1.3. Do Ambiente Protecionista 225
        4.2.3.1.4. Das Sensíveis Proteções e Normas Sociais 226
        4.2.3.1.5. Do Temor Infausto 228
    4.2.4. Das Posturas do Mercosul e do Nafta 230
    4.2.5. Do Papel da Organização Mundial do Comércio (OMC) 238
    4.2.6. Do Papel da Organização Internacional do Trabalho (OIT) 247

CAPÍTULO 5
DA CLÁUSULA SOCIAL COMO MECANISMO À PADRONIZAÇÃO SÓCIO-LABORAL NO COMÉRCIO INTERNACIONAL

5.1. DOS ARGUMENTOS ORDINÁRIOS À ACEITABILIDADE – UMA APOCALÍPTICA APOTEOSE 257
    5.1.1. Da Proteção da Vida Humana com uma *Faceta* Dissimulada 257
    5.1.2. Da Extirpação da Concorrência Desleal – um *Face-Lifting* 263
    5.1.3. Da Exportação de Desemprego em *Face* dos Tenros Sistemas Jus-Laborais da Periferia 268
    5.1.4. Da Busca pela Alta Uniformização: *Faz-se* a Utopia 273

5.2. DOS ARGUMENTOS PREFERENCIAIS À REJEIÇÃO – UMA DEFESA DESENVOLVIMENTISTA 278
    5.2.1. Do Pungente Abismo entre os Dois Mundos: *Há VIdas* com Distintos Cenários 278
    5.2.2. Das Dificuldades *Havidas* na Realização dos Padrões Mundiais diante dos Rumos do Direito Laboral 282
    5.2.3. Do Recôndito Protecionismo *Ávido* pela Inserção da Cláusula Social 286
    5.2.4. Das Sanções Comerciais como *Avio* Ineficaz e Insensato 290
    5.2.5. Do Comércio Internacional (Globalização), das Vantagens Concorrenciais (Custos Sócio-Laborais) e do Direito ao Desenvolvimento (Crescimento e Avanço Social) Bem *Avindos* 296

5.3. DAS IDÉIAS (IN)DIRETAS, DAS VERDADES VIÁVEIS: CAMINHOS PARA A CONSECUÇÃO ASCENCIOSAL DE PADRÕES SÓCIO-LABORAIS MUNDIAIS 300
    5.3.1. Do Trabalho Decente em Sintonia com a Justiça Social 301
    5.3.2. Dos Mecanismos Público-Privados Alternativos 306
    5.3.3. Da Cooperação Internacional e das Políticas Nacionais para um Desenvolvimento Sustentável 319

DAS CONSIDERAÇÕES FINAIS 325

REFERÊNCIAS BIBLIOGRÁFICAS 339